*L'écriture du féminin chez Zola
et dans la fiction naturaliste*

Writing the Feminine in Zola
and Naturalist Fiction

Anna Gural-Migdal (éd.)

L'écriture du féminin chez Zola et dans la fiction naturaliste

Writing the Feminine in Zola and Naturalist Fiction

PETER LANG

Bern · Berlin · Bruxelles · Frankfurt am Main · New York · Oxford · Wien

Information bibliographique publiée par «Die Deutsche Bibliothek»
«Die Deutsche Bibliothek» répertorie cette publication dans la «Deutsche Nationalbibliografie»; les données bibliographiques détaillées sont disponibles sur Internet sous ‹http://dnb.ddb.de›.

British Library and Library of Congress Cataloguing-in-Publication Data:
A catalogue record for this book is available from *The British Library*, Great Britain, and from *The Library of Congress*, USA

Images de couverture: Edouard Manet: *Before the Mirror (Devant la glace)*, 1876. Oil on canvas, 36 1/4 x 28 1/8 inches. Solomon R. Guggenheim Museum, Thannhauser Collection, Gift, Justin K. Thannhauser. 78.2514.27.

Réalisation de couverture: Thomas Jaberg, Peter Lang SA

ISBN 3-906769-41-0
US-ISBN 0-8204-6257-8

© Peter Lang SA, Editions scientifiques européennes, Bern 2003
Hochfeldstrasse 32, Postfach 746, CH-3000 Bern 9
info@peterlang.com, www.peterlang.com, www.peterlang.net

Tous droits réservés.
Réimpression ou reproduction interdite par n'importe quel procédé, notamment par microfilm, xérographie, microfiche, microcarte, offset, etc.

Imprimé en Allemagne

A la mémoire de Monique Fol (1933-1999)

Ce recueil d'articles est dédié à la mémoire de Monique Fol, fondatrice de l'AIZEN® (Association Internationale Zola et le Naturalisme) et de la Revue internationale d'études naturalistes, Excavatio.® *Professeur Fol a été l'initiatrice de ce projet dont elle a longuement discuté avec moi. Qu'elle soit remerciée chaleureusement pour avoir encouragé la publication de ce livre.*

Remerciements

Je tiens à exprimer mes plus vifs remerciements à mon assistante, Lesley Heidinger, qui a passé de nombreuses heures de travail à taper le manuscrit, ainsi qu'au Dr Gust Olson qui a conçu sa mise en page. Je suis également reconnaissante au Dr Carolyn Snipes-Hoyt d'avoir relu et corrigé avec minutie les articles en anglais. Qu'il me soit permis de témoigner ma gratitude à Nancy L. Weston ainsi qu'à mon époux, Andrew Migdal, qui m'ont tous deux offert leur aide généreuse lors de la réalisation de ce projet. Un grand merci aussi à tous les auteurs des articles parus dans cet ouvrage.

Nota bene: Les textes publiés dans ce livre ont initialement paru dans la Revue internationale d'études naturalistes, *Excavatio®*, dont je suis la directrice.

Sommaire

Introduction par Anna Gural-Migdal   1

Première partie
Maîtresses, ouvrières et mères

De Barbey d'Aurevilly à Zola : Le personnage de la maîtresse ou de la concubine dans quatre romans de la deuxième moitié du XIXe siècle
Catherine Boschian-Campaner   29

Zola's Female Discourse : The *Orality* of the Text
Linda Beane Katner   47

Characterizations of Group Discourse by Working-Class Women in Emile Zola's *Rougon-Macquart* Series
Linda Beane Katner   61

La *mère mégère* in Zola
Susan S. Hennessy   73

Sterile Maternity : An Analysis of the Spiritual Mothers in *Au Bonheur des Dames*, *La Joie de vivre*, *Le Rêve* and *L'Argent*
Susan S. Hennessy   83

Fonction réaliste et fonction symbolique : Sur les scènes d'accouchement dans quelques romans d'Emile Zola
Jurate Kaminskas   93

Deuxième partie
Subversions au féminin

Jewellery in the *Rougon-Macquart*: A Glittering Revelation
Danielle Kent Bishop — 109

Zola's Women: A Chink in the Armour: A Study of
Une Page d'amour and *L'Œuvre*
Danielle Kent Bishop — 121

Le Vêtement dans *Pot-Bouille* et *Au Bonheur des Dames*:
De l'art de la séduction à la manipulation
Chantal-Sophie Castro — 145

Les genres esthétiques de *Madame Sourdis*
Servanne Woodward — 169

Le prêtre, la femme, la famille: *La Conquête de Plassans*
Maria Watroba — 185

Creativity and the Feminine in Zola's *La Joie de vivre*
Robert Ziegler — 205

L'esthétique du portrait féminin dans *Le Docteur Pascal*
Catherine Boschian-Campaner — 219

The Matter with Jeanne: Narrative and the Nervous Body
in Zola's *Une Page d'amour*
Susan Harrow — 237

Myopia and the Model: The Making and Unmaking of Renée
in Zola's *La Curée*
Susan Harrow — 251

Women and the Commune: Zola's Revisions
Leslie Ann Minot — 271

Speaking Inside and Outside of the Bourgeois Salon
Lydia Belatèche   285

Viewpoint and Gendered Space : Berthe Morisot's *On the Balcony*,
Meudon and Emile Zola's *Une Page d'amour*
Elizabeth Rogers Lanois   303

Nana, figure de l'entre et de l'autre
Anna Gural-Migdal   313

L'écriture de la Mort dans *Germinal*
Anna Gural-Migdal   331

Françoise dans *La Terre* : Le sacrifice d'une victime désignée
ou le triomple de la divinité païenne
Martine Cremers   345

Baudelaire, Zola, et la femme-charogne
Jeremy Wallace   357

Les Sœurs Macquart : « Femmes expérimentales »
Jeremy Wallace   371

Leib und Körper : Dialogue entre scientisme et fiction
Ruth Schürch-Halas   381

Germinie Lacerteux au service des sciences sociales
Julia Przybos   391

Troisième partie
Au Bonheur des Dames

Itinéraires de la femme seule à Paris : Pour une lecture
renouvelée de *Au Bonheur des Dames*
Jurate D. Kaminskas   409

La Machine, l'argent et l'eau de rose :
Le vrai « bonheur des dames » zolien
Laura C. Hartog — 423

Denise ou la vertu attentatoire dans *Au Bonheur des Dames*
Véronique Cnockaert — 437

Shopping for an « I » : Zola's *The Ladies' Paradise*
and the Spectacle of Identity
Eleanor Salotto — 449

For the Pleasure of Ladies : Theft, Gender, and Object Relations
in *Au Bonheur des Dames*
Rosemary Peters Crick — 471

A propos des auteurs — 489

Introduction

Anna GURAL-MIGDAL

L'étude de la représentation de la femme dans la fiction naturaliste, et plus particulièrement chez Zola, ne remonte véritablement qu'au début des années 1970. Durant cette décennie sont effectivement parus à intervalles rapprochés trois ouvrages importants en ce qui a trait à ce sujet : en 1973, Jean Borie a ouvert la voie avec un essai s'intitulant *Le Tyran timide: Le naturalisme de la femme au XIXe siècle*, suivi d'Anna Krakowski avec *La Condition de la femme dans l'œuvre d'Emile Zola* (1974) et de Chantal Bertrand-Jennings dont le livre *L'Eros et la femme chez Zola: De la chute au paradis retrouvé* (1977) amorce une interprétation féministe du texte zolien. Cet engouement soudain de la part de la critique, ayant partie liée avec l'émergence de l'émancipation féminine, ne fait que confirmer qu'il y avait une véritable lacune à combler.

Pourquoi avoir été à la remorque d'un effet de mode pour aborder un tel sujet quand on sait que la question féminine est au cœur du naturalisme, ne serait-ce que parce qu'il est fondé en partie sur l'idée de reproduction, donc de fécondité ? La femme, loin d'être reléguée au second plan dans le récit naturaliste, apparaît au contraire très souvent comme celle qui gère l'économie de l'intrigue. L'exemple le plus probant en est très certainement le personnage de Lisa dans *Le Ventre de Paris* de Zola. Cette Circé, en présidant au travail des graisses et à leur transformation en liquide nourricier, est investie d'une autorité sacrée qui a charge d'assurer la béatitude continuelle des Gras. Le leitmotiv métonymique de sa rondeur apparaît comme un élément de cohésion figurative du personnage qui oblige sa cohérence et sa « stabilité » narrative, tout le faire de Lisa étant en effet dévolu au maintien et au retour d'une immuabilité diégétique. Florent, l'opposant, demeure seul face à la charcutière et à tous ses adjuvants, qui incarnent l'implacabilité de l'ordre établi. Le texte convoque ainsi à travers elle une féminité utopique dotée d'une puissance « paternelle » transcendante et imaginaire.

La conception de la femme chez Zola repose à la base sur un effacement des frontières du masculin et du féminin, confusion des sexes que l'écrivain doit d'ailleurs à son époque. Etant donné sa hantise de la différence, on peut se demander pourquoi Zola attache tant d'importance à la femme et lui octroie le devant de la scène dans plusieurs de ses romans? Quelle est la fonction spécifique de ses personnages féminins? Une autre question importante qui intéresse cette étude est celle du stéréotype ou d'une catégorisation universalisante de la féminité. Est-ce que la représentation de la femme chez Zola et dans la fiction naturaliste en général entérine l'idée d'une permanence du féminin ou au contraire échappe-t-elle à toute figure, y compris au mythe de la diabolisation ou de l'exaltation, pour faire valoir une ambiguïté, une indétermination qui correspondrait à l'effacement des sexes? Par ailleurs la question fondamentale de l'influence du milieu comme source de vérité dans la théorie naturaliste nous amène à interroger le discours conscient ou inconscient de la société que fait entendre la représentation de la femme. Il y a également lieu de se demander quelles sont les significations sociales de l'écriture du féminin, en particulier celle du corps, comme le fait par exemple Janet Beizer en s'interrogeant sur la littérarité hystérique au XIXe siècle. Un tel questionnement ne pourrait se faire sans examiner la poétique de la représentation de la femme. Il convient aussi de cerner les stratégies d'écriture qui permettent la construction du féminin selon un effet de réel ou un principe de naturalisation. A moins qu'il faille refuser, ainsi que le suggère Naomi Schor, un a priori de la féminité pour mettre l'accent sur une herméneutique de l'ouverture et de l'énigme.

La représentation de la femme : Borie, Krakowski et Jennings

Les ouvrages de Borie, Krakowski et Jennings, bien qu'ils soient axés sur une approche théorique et idéologique différente, ont en commun de fonder leur étude de la représentation de la femme sur un principe de catégorisation universalisante et à partir de l'idée d'une permanence de la féminité. Comme le souligne à juste titre Clive Thomson, « ce n'est qu'à la fin de son livre que Chantal Bertrand-Jennings suggère une autre façon de parler de la femme chez Zola (ce que l'on appellera dans les années 1980 l'étude du ‹féminin›) » (8). Jennings amorce cette idée que la féminité n'est pas une donnée immanente en émettant l'hypothèse que la femme idéale est à la limite « celle-qui-n'est-pas », la « non-femme ».

Ce qui frappe chez ces trois auteurs, c'est la complémentarité de leurs propos, comme si au fil de leur démarche respective, on s'éloignait peu à peu d'une interprétation déguisée du texte zolien pour cerner davantage la femme dans sa spécificité, dans ce qu'elle est par l'écriture. Les études de Borie et de Krakowski optent essentiellement pour un point de vue historique et thématique; celle de Chantal Bertrand-Jennings explore l'imaginaire de l'écriture par le biais du fantasmatique. Dans la première partie du *Tyran timide*, Borie analyse les conditions socio-historiques qui ont engendré le culte de la femme comme nature au XIXe siècle, d'abord à travers le discours du célibataire, ensuite à travers le discours libéral féministe de Michelet. La deuxième partie de cet ouvrage étudie la représentation de la femme dans *La Joie de vivre* de Zola, selon une approche thématique de type freudien, ayant l'avantage de souligner le vide, le manque originel qui caractérise la femme. On peut reprocher à l'auteur, en dépit de la justesse de ses propos, de se cantonner dans l'éternel féminin en ce qui a trait à son analyse du roman de Zola, et de ne faire valoir aucun devenir historique de la femme. Il considère que l'histoire est un domaine réservé à l'homme et réduit la situation de la femme dans la société du XIXe siècle au « sublime » ou au « rien ». Krakowski dans *La Condition de la femme dans l'œuvre d'Emile Zola* montre certes un fond immuable de l'être et considère, comme Borie, la femme à travers deux abstractions, l'Idéal et la Nature. Mais contrairement à lui, dans son désir de mettre l'accent sur la condition sociale de la femme et l'histoire des idées, elle envisage l'émancipation féminine en tant que droit fondamental à la dignité. Elle considère également que la femme a un rôle historique à jouer puisqu'elle est dispensatrice du Bien, donc appelée à régénérer le monde et à y faire régner l'harmonie. Jennings, dans *L'Eros et la femme chez Zola*, émet un point de vue opposé à celui de Krakowski car son analyse lui fait constater que les fantasmes et les tabous sexuels dont la femme est investie, attestent de la perception maléfique qu'on a de son sexe. L'homme va donc selon elle tenter de neutraliser l'influence néfaste de sa compagne en construisant un monde meilleur où elle n'a aucune part.

Borie, et Krakowski en particulier, ont tendance à lire l'œuvre de Zola à travers leur propre interprétation ou à la lumière des intentions que l'écrivain a formulées. La perspective analytique de Krakowski est effectivement de nature plutôt extratextuelle afin de cerner, comme le suggère Mitterand, « un propos du romancier sur le monde » (Préface à *La*

Condition de la femme dans l'œuvre d'Emile Zola, ii). Toutefois le point de vue moral qu'elle adopte sur la féminité l'empêche d'avoir une véritable position critique et son analyse de la femme n'échappe pas à une simplification manichéenne. Selon elle, si Zola dépeint des types féminins négatifs, c'est pour mettre de l'avant des héroïnes « positives ». S'il montre le vice, c'est pour enseigner la vertu. Krakowski essaye conséquemment de disculper la femme en tant que membre passif d'un ordre social établi. Borie, lui, fait valoir un point de vue plus critique à travers son interprétation de Freud dans le contexte du roman zolien. Il déplore par exemple la domestication de la sexualité féminine alors que Krakowski voit en elle le meilleur moyen pour Zola de contribuer au renouvellement de la représentation traditionnelle des femmes. L'auteur du *Tyran timide* montre que la femme est le lieu d'intrication des contraires, à la fois incarnation et interdiction du sexe, ce qui la destine à une sorte d'impossibilité. Jennings pousse plus loin la démonstration en s'attachant à tous les niveaux du texte pour mettre de l'avant une vision mythique infernale de la sexualité. Elle condamne sévèrement la fonction servile de la femme désireuse de racheter son sexe en maternant l'homme dans le but de devenir un simple reflet du Moi viril.

Krakowski, désireuse de démontrer que Zola a répudié la glorification romantique de la courtisane et de la passion sexuelle pour transcender la polarisation ange/démon, écarte de ce fait la dimension mythique du personnage féminin. Borie, quant à lui, n'essaie pas de montrer un visage rassurant de la femme en éludant par exemple sa part démoniaque. Malgré un pessimisme de la nature en ce qui a trait à la féminité, il décèle, dans le recours à l'utopie entre autres, « une tentative contradictoire d'adaptation à une autre nature, toute puissante et soumise, dont le seuil d'accès est la figure mythique de la femme » (38). Jennings analyse la femme en tant que mythe puisqu'elle « est mesurée uniquement dans ses rapports avec l'homme et appréhendée par l'inconscient masculin dans sa spécificité féminine c'est-à-dire dans son altérité et dans son sexe » (8).

Pour Borie, le paternalisme célibataire conduit naturellement à une entreprise didactique car l'homme n'a plus qu'une existence potentielle et théorique du fait qu'il ne se réalise qu'à travers le couple. Krakowski pense le couple et l'éducation de façon positive, comme le seul moyen pour la femme de s'épanouir et de s'émanciper. Cette dernière trouve son véritable équilibre dans le mariage et la maternité. Epouse et mère, tels sont les principaux rôles dévolus à la femme selon elle. Encore là Krakowski fait valoir un point de vue moral puisqu'elle voit l'égarement amoureux comme une source d'angoisse et de destruction. Elle suggère que Zola préfère la mère à la vierge car son œuvre est un hymne à la fécondité. Borie montre de son côté que sous le libéralisme démocrate et le régime de la libre entreprise, la famille centrée sur l'épouse et la mère fournit un rempart contre la solitude, l'anomie et la révolution. Jennings, elle, ne constate aucune valorisation de la femme par la fécondité chez Zola, si ce n'est à partir des *Quatre Evangiles*.

En fait Borie comme Krakowski ont tous deux pour point de référence la « bonne mère » ou « l'épouse idéale », et font d'ailleurs part de leurs réserves envers les personnages aux qualités masculines. Pour Krakowski les qualités de la femme dépendent du bon fonctionnement de son organisme, et la raison de ses défauts se trouve dans la névrose. Chez Borie la mère tolérante et nourricière n'est déjà plus qu'un objet partiel. Même si l'auteur considère que le manque chez la femme peut-être source d'épanouissement, l'exemple de Pauline dans *La Joie de vivre* vient prouver le contraire. Bien qu'elle soit censée incarner un personnage sain, sa victoire sur la névrose n'est pas totale puisque son désir demeure insatisfait. *La Joie de vivre* représente la cellule familiale par excellence et l'ambivalence du roman en ce qui a trait à l'image maternelle. Chez Jennings, la femme incarne de par sa fonction utérine, le pullulement de la vie, et « tout contact avec elle est appréhendé comme un enlisement dans la matière, provoquant chez l'homme une réaction de répulsion, d'effroi, d'angoisse ou de fuite » (46). La femme-matière apparaît ainsi comme un piège de la nature, liée au cycle de la génération donc à la mort, contraire en cela à la bonne nature de la mère nourricière associée à la vie et à la santé. L'angélisme et l'érotisme effréné deviennent alors des solutions de fuite devant une conception aussi négative du sexuel. Ce n'est plus l'image de la mère nourricière ou de l'ange au foyer qui est « l'essence » de la féminité mais celle de la courtisane comme Nana, somme des projections fantasmatiques masculines.

Les ouvrages de Borie, Krakowski et Jennings alimentent en somme une réflexion sur la conception naturaliste de la femme. Borie en particulier offre un point de vue socio-historique démystificateur montrant que le culte de la femme en tant que nature n'est là que pour masquer le fait qu'elle soit reléguée à un rôle subordonné dans la société. Jennings propose un déplacement de la conception naturaliste de la femme. La question qu'elle se pose en fin de compte est de savoir s'il n'y aurait pas « un naturalisme au second degré, dans l'écriture duquel on retrouve les fantasmes, les tabous, les idéaux et même les structures d'un genre de société toujours nôtre, intériorisés et rendus mythiques, donc exemplaires ». (131)

L'écriture du féminin : Schor et Beizer

Naomi Schor a suivi la voie de l'analyse féministe ouverte par Chantal Bertrand-Jennings dans le domaine des études sur Zola, bien qu'elle en ait modifié complètement les enjeux en s'opposant d'emblée à un a priori de la catégorie de la féminité. Elle met de l'avant l'idée d'un formalisme féministe post-structuraliste s'attachant à lire le féminin au seul niveau textuel. La question qu'elle se pose dans la préface de *Breaking the Chain: Women, Theory and French Realist Fiction* (1985), fonde sa façon d'envisager l'analyse du féminin. Elle se demande s'il n'y a pas une littérarité féminine spécifique au roman réaliste, le réalisme étant selon elle ce moment paradoxal où la littérature ne peut ni accommoder l'altérité de la femme ni exister sans elle. Schor privilégie la nature linguistique inhérente à la relation ludique des femmes au discours théorique paternaliste. Ce qui l'intéresse, c'est le code herméneutique, car elle désire proposer une poétique de la lecture qui ne tienne pas uniquement compte de l'écriture du corps mais aussi de la chaîne d'équivalences paradigmatiques où est tenue la femme. Dans son analyse de *Nana*, elle établit un lien entre l'énigmatique et l'herméneutique : « In a word, *Nana* is the enigmatic, which is to say hermeneutic object par excellence » (35), faisant valoir une perspective analytique du féminin sous le signe de l'opaque. Le mythe de la féminité renvoie au mythe des origines en plus d'être intimement lié à l'énigme de la différence sexuelle. Tout le siècle de Zola, du fait de l'intérêt de la science pour l'hérédité, est un questionnement sur les rôles sexuels. Le roman du XIXe siècle manifeste une angoisse de la différence et une « crise des distinctions », ce qui est rendu manifeste par la prolifération de personnages masculins efféminés ou de femmes viriles, sans mentionner la multiplication de ces extrêmes que sont l'androgyne ou le castrat, cas d'indifférenciation sexuelle qui s'inscrivent dans la théorie infantile de la sexualité. Le facteur de la bisexualité, point essentiel de la réflexion de Freud sur le sexe, devient donc selon Schor une notion particulièrement éclairante pour la lecture du féminin chez Zola. Freud montre que la femme souffre du « complexe de masculinité » c'est-à-dire de la castration. Et à ne pas vouloir reconnaître cela, Zola s'en tient au déni de l'Autre donc à un narcissisme masculin.

Schor considère regrettable la négligence critique envers *Une Page d'amour*, car ce roman instaure à la fois le mythe et la démystification de la féminité. L'énigme y est liée à l'activité littéraire qui fait se confondre le texte et le sexe, Nana, l'actrice, étant remplacée par Hélène, la lectrice. Le statut de la femme apparaît ici comme une combinaison d'objet herméneutique et de sujet. Entre son manque initial de curiosité et sa sérénité finale, Hélène fait son éducation érotique. La sexualité est pour elle une sorte d'étrangeté qui envahit son corps pour le rendre inquiétant. *Une Page d'amour* reprend donc les clichés du XIXe siècle sur le conflit entre la passion et l'amour maternel. L'énigme de la féminité y prend sa source dans une phase pré-œdipale, celle où la fillette a pour unique objet d'amour sa mère. Zola transpose ce stade pré-œdipien à l'âge de la puberté. Mère et fille privilégient le désir onaniste comme activité sexuelle, la fille afin de garder sa mère pour elle, la mère pour se garder des hommes. Jeanne qui désire savoir tout en refusant la connaissance, est sa mère réprimée. Nana, Hélène et Jeanne sont ainsi liées par la ressemblance car leur sexualité est similaire, bien que leur statut social soit différent. De même dans *Germinie Lacerteux* des frères Goncourt, la maîtresse et la servante sont non seulement liées l'une à l'autre par une domesticité rattachée à leur sexe et une relation quasi maternelle, mais aussi par une laideur commune. Schor, à travers cette métaphore du lien, de la chaîne, montre que la fiction naturaliste opère une « dénaturation » du féminin. Germinie Lacerteux, en devenant le paradigme de la femme naturalisée, se voit privée de son origine propre et du discours qui est le sien, celui de la femme du peuple. La femme apparaît également dénaturée chez Zola, car le texte la fait exister en deçà ou au-delà du principe de plaisir, dans les marges d'une page d'amour.

La réflexion de Janet Beizer dans *Ventriloquized Body: Narratives of Hysteria in Nineteenth-Century France* (1994) à l'instar de celle de Naomi Schor, met l'accent sur la lecture, en particulier sur l'interprétation que la femme fait de la représentation de son propre corps à travers la métaphore du ventriloque. L'hystérie montre que le corps est le site de gestes et de vibrations que le narrateur masculin traduit en mots. Beizer désire se pencher sur cette littérarité hystérique qui, comme la figure d'une femme muette dont le corps produit cependant la matière de l'histoire, ne dit rien et signifie tout. Elle montre que le concept d'hystérie en tant que maladie associée à la sexualité féminine, devient le reflet d'une époque et permet une série de constatations culturelles et esthétiques. Dans sa relecture des romans de Zola où la métaphore centrale est celle de l'hystérie et de la dégénérescence héréditaire, l'auteur de *Ventriloquized Bodies* peut seulement faire semblant de prononcer ce qui n'a pas de voix et s'efforcer d'exposer le discours qui est parlé à sa place.

Elle voit dans le personnage de Clotilde cet insistant paradigme de la fantaisie, de l'extravagance, du mythe attaché au féminin qui, tout au long du cycle, échappe de façon sporadique à sa couverture réaliste. On doit la série des *Rougon-Macquart* à ce personnage qui redit l'histoire originale et originelle, dont elle seule a été témoin avant l'autodafé ayant tout détruit à l'exception des traces de l'intrigue. *Les Rougon-Macquart* deviennent donc le récit de Clotilde, une histoire transgressive, interdite, qui se donne à lire comme une fuite. Cela fait de ce cycle un discours qui se déplace de l'organe vocal à l'organe sexuel pour régénérer le texte, en une sorte d'écriture féminine anachronique. Beizer entrevoit donc comme Schor la possibilité d'un déplacement du sexe vers le texte.

Le but de cet ouvrage est de prolonger, d'approfondir, de corroborer ou d'infléchir ces constatations sur l'écriture du féminin chez Zola et dans la fiction naturaliste, à la lumière de nouvelles théories ou selon une perspective critique récente. Comme aucun ouvrage de synthèse n'est paru sur ce sujet depuis 1994,[1] nous proposons un recueil de trente

---

1 Le livre d'Odile R. Hansen, *La Chute de la Femme. L'Ascension d'un Dieu victimisé dans l'Œuvre d'Emile Zola* (New York : Peter Lang, 1996), ne s'attache pas tant à l'écriture du féminin qu'à la perception de la femme chez Zola en rapport avec l'imaginaire et les fantasmes qui parcourent la vie et l'œuvre de cet écrivain.
L'ouvrage de Romana N. Lowe, *Sacrificial Rituals and Spectacles of Writing in Baudelaire, Zola and Cocteau* (New York : Peter Lang, 1997) contient un chapitre consacré à l'écriture du féminin dans la fiction zolienne. Dans ce chapitre, Lowe entreprend d'analyser selon une perspective critique girardienne, les personnages de Nana, Albine et Christine. Elle explique en ces termes les objectifs de son étude : « My analysis will direct the reader's attention to the death of heroines as a ritual sacrifice based on the need to silence the inner voice of a *male author's desire* » (89) (c'est l'auteur qui souligne).

articles. Une importance toute particulière a été accordée aux *Rougon-Macquart* d'Emile Zola, pour la valeur emblématique de cette série en tant que fiction naturaliste et pour son caractère visionnaire qui, en ce début du XXIe siècle, lui confère des résonances extrêmement actuelles. Certains auteurs ont contribué au présent ouvrage avec deux articles plutôt qu'un, ces textes devant être envisagés comme les deux parties d'un diptyque qui se mettent en contraste ou en valeur. La sélection des textes s'est faite en mettant sur un même pied d'égalité spécialistes de renom et jeunes chercheurs talentueux en provenance des deux côtés de l'Atlantique, afin de faire connaître leurs travaux et de favoriser la circulation du savoir en ce qui a trait aux études zoliennes et naturalistes.

Figures de la femme

La première partie de cet ouvrage est consacrée aux trois plus importantes figures de la femme dans la fiction naturaliste, *Les Rougon-Macquart* en particulier : la maîtresse, l'ouvrière et la mère. Selon Anna Krakowski, Zola a élaboré « une sociologie personnelle » permettant d'appréhender la femme selon son mode d'insertion dans la société. L'auteur suggère que la courtisane est née de « l'expansion suprême de la mondanité et de l'accroissement de la promiscuité » (157). Krakowski propose une évaluation manichéenne des héroïnes zoliennes, qu'elle divise en héroïnes positives et négatives. Elle fait par exemple valoir les qualités essentiellement féminines de l'ouvrière, telles que la patience ou la résignation. Mais l'image qu'elle privilégie surtout, comme Jean Borie d'ailleurs, est celle de la « bonne mère » qui répond aux exigences d'une interprétation morale du roman naturaliste. Naomi Schor, de son côté, fait valoir un point de vue féministe en soulignant que le texte romanesque zolien est inféodé à l'idéologie de la mère nourricière et de la femme au foyer. N'y a-t-il pas lieu de nuancer toutes ces constatations et de montrer par exemple que le véritable réalisme zolien se trouve dans une neutralisation de la lecture interprétative ? Zola ne valorise-t-il pas la courtisane, en dépit d'une péjoration de la luxure, du fait qu'il privilégie la marge par une rhétorique de l'excès et du métissage ? Les cinq études consacrées aux figures de la femme reprennent pour reformuler autrement les propos des critiques précédents, confirmant ainsi les dires de ces derniers par une approche théorique nouvelle, ou au contraire les infirmant pour montrer que l'ambivalence est le propre de la fiction naturaliste.

Catherine Boschian Campaner interroge le point de vue moral du naturalisme à travers l'analyse du personnage à la fois aliénant et envoûtant de la maîtresse ou de la concubine dans *Marthe* de Huysmans, *Nana* de Zola, *Sapho* de Alphonse Daudet et *Une Vieille Maîtresse* de Barbey d'Aurevilly. L'étude stylistique du portrait de ces quatre personnages féminins relève d'un cadre social et des stéréotypes admis par toute une époque. L'auteur repère chez les naturalistes un vocabulaire de la misère, des sèmes communs et un choix esthétique aux fondements moraux puisque la description a également pour but de montrer ce qui a conduit un personnage à sa déchéance. Cette étude met ainsi en lumière un paradoxe : les écrivains naturalistes soi-disant ennemis du ton moralisateur donnent davantage le dégoût du vice que Barbey d'Aurevilly, lequel se prétend « moral » dans ses préfaces. « En bref, l'écriture naturaliste serait plus moralisante que l'écriture fantastique dans la mesure où la sublimation du texte par lui-même est d'emblée refusée », suggère Boschian Campaner. C'est dans la nature même du regard naturaliste d'être moral puisque le choix esthétique est en soi porteur d'une éthique.

Dans la même veine stylistique, Linda Beane Katner propose une analyse du discours féminin ouvrier et commerçant dans quatre romans des *Rougon-Macquart* : *Au Bonheur des Dames*, *Germinal*, *L'Assommoir* et *Le Ventre de Paris*, afin de montrer qu'il diffère du discours masculin. Elle examine comment Zola s'est efforcé d'amplifier l'authenticité des voix féminines, ne serait-ce par exemple qu'à travers une poétique de la ponctuation. Katner constate que dans ces quatre romans les femmes utilisent le discours soit pour attaquer soit pour se défendre, s'adressant directement à l'objet de leur colère afin d'exprimer leurs émotions. Ainsi le discours des femmes contribue-t-il à l'oralité du texte. La parole féminine correspond donc à ce que Borie appelle une « naissance orale ».

L'auteur poursuit sa réflexion dans un deuxième article où elle propose cette fois une typologie des discours féminins de groupe qu'elle divise en trois catégories : le discours du chœur, le discours de la foule et le discours de la rumeur. Ces différentes formes de discours, constate Katner, confèrent pour la première fois dans le roman une voix authentique aux femmes de la classe ouvrière et commerçante. Le discours du chœur commente les événements qui se déroulent dans l'histoire comme

Introduction 11

c'est le cas du trio dans *Le Ventre de Paris*. *Germinal* offre le meilleur exemple d'un discours féminin de foule. Finalement, ainsi qu'on peut le voir dans *L'Assommoir*, le discours de la rumeur devient la principale source d'information. A cet effet le groupe apparaît comme le lieu d'une parole collective féminine qui affirme son pouvoir en influant sur le cours des événements.

Susan Hennessy recourt à l'analyse socio-discursive pour s'interroger sur la figure de la mère. Son étude reprend l'idée amorcée par Borie d'une sorte d'impossibilité de la femme, car elle montre que la division du sexe et de la reproduction en deux sciences séparées fait épouser par la société de la fin du XIXe siècle le paradoxe de la maternité asexuée. Cette contradiction a pour résultat d'engendrer la figure aliénée de la mère. Selon Hennessy, Zola construit la figure de la mère castrée, de la mégère, comme reflet d'attentes sociales, pour faire valoir son ambivalence en ce qui a trait à la figure idéale de la mère. La castration se pose dès lors comme le véhicule d'une critique sociale qui force également le lecteur à repenser la question de la maternité.

Hennessy continue son étude de la figure de la mère en s'interrogeant sur les mères non-biologiques. L'analyse de ce paradigme lui permet d'approfondir la philosophie de la maternité dans le contexte de la société française du XIXe siècle axée sur une économie de la production et une éthique de la régénération. Même si elles ne sont plus vierges, les mères spirituelles de Zola sont représentées par des images qui connotent la sainteté et laisse prévoir une mission plus élevée : la rédemption de l'humanité. Ces femmes confirment donc la nécessité de la destruction et de la perte pour une renaissance de la société. Elles reflètent également la vision que Zola a du progrès comme une force qui porte inexorablement en avant. A travers l'impossibilité biologique, l'écrivain laisse aussi entrevoir la victoire de la reproduction mécanique sur la reproduction physique. La maternité ressurgit de façon symbolique puisqu'elle est représentée matériellement comme un profit venant de la production. L'auteur en conclut cependant que le fait de substituer à la reproduction naturelle une reproduction mécanique rattachée au masculin, prive la femme d'un pouvoir qui lui est inhérent.

Pour terminer cette réflexion sur la figure de la mère, Jurate Kaminskas propose une analyse de trois scènes d'accouchement, celui d'Adèle dans *Pot-Bouille*, de Louise dans *La Joie de vivre* et de Lise dans *La*

Terre. Inspirée des travaux de Julia Kristeva sur le pouvoir de l'horreur et l'abjection, cette étude tente de cerner les motifs affiliés aux scènes d'accouchement afin de mettre en lumière certaines constantes de l'imaginaire zolien. L'auteur des *Rougon-Macquart* manifeste son anxiété biologique de la maternité en décrivant l'accouchement à l'aide d'images dévalorisantes qui le donnent à lire comme un état d'entre-deux symptomatique d'une mutation ou d'une menace à l'intégrité de l'être. L'auteur, à l'instar de Jean Borie dans *Zola et les Mythes*, suggère que « l'enfantement est une diarrhée, il est excrémentiel, il est mortel ». Kaminskas essaie de déterminer en dernier lieu si la scène d'accouchement joue un rôle symbolique quelconque dans l'économie structurale des *Rougon-Macquart*. Elle constate que l'accouchement est essentiellement un acte d'expulsion violente à travers lequel Zola « exprime ses propres fantasmes et impose une certaine vision du monde ». Ainsi la naissance apparaît comme un malheur dans *Les Rougon-Macquart*, à l'exception du *Docteur Pascal*. L'auteur en arrive à la conclusion que la femme, par l'accouchement, est source de l'abject donc bouc émissaire.

Subversions au féminin

La deuxième partie de cet ouvrage est la plus importante puisqu'elle contient dix-neuf articles qui, dans la lignée des travaux de Schor et de Beizer, proposent une interprétation textuelle du féminin comme paradoxe faisant valoir la complexité et l'ambiguïté du texte naturaliste. Il s'agit par exemple d'examiner comment les stratégies déployées par l'écriture du corps, du vêtement ou de la parure cautionnent la perception de la femme comme objet passif et valeur d'échange, en même temps qu'elles donnent à interpréter le féminin en tant que donnée active et mouvante, présence-absence qui se réinvente sans cesse par son pouvoir subversif.

Danielle Kent Bishop montre que sous le règne de Napoléon III, alors que la cour de France est la plus brillante d'Europe, la parure féminine fait figure de métaphore de la société. En cette époque du capitalisme naissant où la valeur d'usage se dégrade de plus en plus, la rivière de diamants lie des mondes disparates tels que le demi-monde et l'aristocratie. Et si le fossé entre Renée Saccard et Laure d'Aurigny est grand, il est comblé par le collier, substitut socialement acceptable pour les mains d'Aristide Saccard. Le lien impose ainsi sa structure à l'ensemble de *La Curée* et, loin d'être simplement ornemental, il régit le mécanisme de l'intrigue. A l'instar d'un effet kaléisdoscopique, il est sujet à de fréquentes permutations. A cet égard la parure féminine devient porteuse de connotations péjoratives et apparaît emblématique des apparences trompeuses. Ainsi le caractère subversif de la parure se révèle à travers l'ironie de la signification, car derrière l'éclat du bijou se cache l'ignominie et la froideur du métal.

Faisant écho à l'analyse précédente, le vêtement féminin est perçu par Kent Bishop comme langage du corps. Il constitue selon elle une armure vitale pour la femme, à travers laquelle se dessinent les échelons d'une décence/descente avec ses points de fléchissement. En étant associé à l'armure, le vêtement permet donc de classifier métaphoriquement celle qui le porte, qu'elle soit combattante ou non. Le type de personnage féminin le plus révélateur est sans doute la faussaire qui, à l'instar de Lisa Quenu, préfère l'armure à l'amour et, sous des dehors passifs, fait tout pour le maintien de l'ordre. On peut donc parler d'une nature paradoxale du vêtement puisqu'il connote tantôt la force tantôt la fragilité.

Chantal-Sophie Castro poursuit cette réflexion sur le vêtement qui ne révèle pas simplement un «effet de réel» mais permet d'établir un ordre de lecture. Elle constate que le costume, en plus d'être un enjeu économique, détermine un type particulier de relation sociale entre l'homme et la femme au XIXe siècle, axé sur la séduction et la manipulation. La femme est à la fois celle qui manipule et exploite l'homme, en même temps qu'elle est soumise à l'autorité maritale et ne possède aucun pouvoir financier.

Ces analyses des subversions au féminin permettent également de montrer les effets retors de la fiction naturaliste qui, au moment où elle croit démystifier la féminité, la reconduit au mythe. Ne désamorce-t-elle pas aussi en usant de l'ironie les stéréotypes culturels du féminin qu'elle fait valoir?

Servanne Woodward tente justement de déterminer une mythologie zolienne de la création en rapport avec la notion de *gender* dans *Madame Sourdis*. Elle suggère que l'art au féminin est contractuel, commercial et que, chez Zola, il se rapporte à la mode vestimentaire et à la psychologie des femmes. La manière dont Madame Sourdis accède à la peinture évoque le vêtement puisqu'elle se met dans sa « peau d'artiste ». Le féminin apparaît ainsi comme l'expression d'un manque car, au niveau artistique, il cherche la rupture et la discontinuité pour s'immiscer artificiellement dans l'activité de représentation. Paradoxalement, c'est la femme qui gère l'économie de la reproduction, rejoignant de ce fait l'archétype mythique de la continuation et de la sauvegarde du monde auquel elle est associée.

Maria Watroba, Robert Ziegler et Catherine Boschian-Campaner montrent tous trois comment l'écrivain naturaliste conçoit son activité créatrice en rapport avec le féminin. Watroba établit une opposition entre le prêtre conquérant qui séduit Marthe Rougon pour propager le mensonge de la religion, et le romancier, habile soldat du vrai ayant pour mission de détourner la femme de l'illusion romanesque. C'est cependant la femme qui l'emporte sur l'abbé misogyne car il ne jouit que d'un empire éphémère voué à l'échec, Félicité tirant toutes les ficelles en coulisse. La chute du prêtre lucifériste garantit la réussite de l'écrivain naturaliste qui se concilie le lectorat féminin à l'aide de stratégies faisant valoir sa mission salvatrice et assurant la réception positive de son roman.

Robert Ziegler émet l'hypothèse que Lazare Chanteau est le complément négatif de son créateur dans *La Joie de vivre*. Contrastant avec le pessimisme et la misogynie à la Schopenhauer qu'embrasse Lazare, la bonne humeur et la personnalité effacée de Pauline, qui lui permettent de triompher des circonstances les plus difficiles de la vie, servent alors de véhicule au romancier naturaliste pour plaider la cause de la générosité, du courage et de la vie. A cet égard le féminin se voit attribuer un rôle positif, puisque Pauline est celle qui sauve l'écrivain de l'impasse et empêche l'écriture d'aboutir à l'absurdité.

Si la critique a exploré de façon minutieuse dans les œuvres de Zola l'idéologie naturaliste, le caractère scientifique et social de ses romans, il semble qu'elle ait quelque peu négligé l'aspect esthétique de son écriture. Catherine Boschian-Campaner s'attache au fait que Zola brosse le portrait de Clotilde, le personnage féminin principal du *Docteur Pascal*, en usant de procédés et de points de vue empruntés aux arts plastiques tout comme Barbey d'Aurevilly dans ses *Diaboliques*, avec cependant une esthétique très différente. Elle en conclut que *Le Docteur Pascal* s'apparente à la modernité fin-de-siècle, car on y décèle « du point de vue esthétique, un cadre et, du point de vue moral, un code ». Alors que d'Aurevilly explore l'effet à produire sur les sensations du lecteur, Zola privilégie « la transmission d'une réalité dans sa totalité », en y incorporant l'aspect esthétique et éthique. Cette conception artistique du portrait aboutit à une sublimation mythique du féminin qui permet à l'écrivain de subvertir les données du naturalisme.

Au XIXe siècle, la femme est considérée comme une « éternelle malade » car elle doit subir la grossesse, les menstrues et la ménopause, en plus d'être sujette à l'hystérie. Ainsi que l'affirme Beizer, l'important n'est pas tant ce que le « corps malade » exprime en soi, que la façon dont il est récupéré métaphoriquement par le discours masculin pour exprimer les angoisses, les peurs, les répulsions d'une époque hantée par une obsession de la rationalité. On peut se demander si le corps féminin, outre qu'il est le site de la maladie, n'est pas aussi le corps-texte fictif de tous les possibles et de toutes les proliférations, où la normalité se revoit à la lumière de la folie pour rassembler toutes les marges telles que le non-dit, le délire, l'étrangeté ou la subversion.

Susan Harrow montre que la maladie de Jeanne, dans une *Page d'amour*, est la source du récit et le catalyseur de l'intrigue. En mettant l'accent sur la visibilité du corps malade, son imprévisibilité violente et sa lisibilité variable, Zola révèle le thème important des nerfs. Jeanne est prédisposée autant biologiquement que socio-culturellement à l'état nerveux, donc son corps est appelé à dire l'histoire de ce désordre. Le texte somatique traduit et substitut le non-dit du texte psychique qui le commande, alors le corps offre ses propres réponses aux dilemmes et aux conflits de la pensée. Le récit nerveux de l'enfant entre ainsi en compétition avec le grand récit du patriarcat et de l'ordre moral bourgeois.

Harrow approfondit sa réflexion en examinant les tentatives faites par Renée Saccard dans *La Curée* pour aborder la question de l'identité subjective à travers les étapes du voir, de la visualisation et de la reconnaissance de soi jusqu'à la déconstruction finale de son propre mythe. Renée désire prendre le contrôle de son corps, jusqu'alors site du plaisir visuel masculin et lieu de convergence de la spéculation, du politique, de l'esthétique et de l'érotique. Le récit est donc celui d'une lutte contre cette forme de maladie qu'est la myopie, afin de voir clairement. L'histoire mobilise les structures du visuel et du spéculaire, les répétant, les modifiant et les transformant dans une chaîne de significations qui conduit de l'obscurité à la lucidité.

Leslie Ann Minot envisage aussi la réification du corps féminin comme maladie afin de poser le problème du lien entre la représentation de la sexualité et du politique dans le contexte de la Commune. Se basant sur les écrits de Paul Lidsky et de Neil Hertz, elle constate que la misogynie de Zola se révèle plus particulièrement dans le rapport qu'il établit entre la prostitution et la consommation, entre les femmes et la culture matérialiste. En définitive le romancier laisse poindre un paradoxe, le corps féminin étant devenu le centre du monde bien que privé de tous points de repères identitaires.

Zola apparaît comme un des premiers écrivains pour qui le problème de l'expression littéraire se confond avec une lutte contre l'espace. Le mouvement du personnage dans l'espace ou le mouvement de l'espace contre le personnage ne rend-il pas sensible à tout moment l'affrontement de l'homme et du monde ? C'est aussi au sein de l'espace que les personnages féminins dans la fiction naturaliste éprouvent leur existence et tentent de la vivre en expérimentant le réel comme recherche créatrice de la vérité. D'où cette lutte sourde très moderne entre la névrose et l'effort constant pour réintégrer la réalité. Ce qui intéresse plus particulièrement les analyses que nous proposons sur ce topos, c'est non seulement l'interprétation du féminin en rapport avec un système de lieux, mais aussi la sexualisation de l'espace. On sait que la femme dans la deuxième moitié du XIXe siècle est davantage identifiée à la sphère privée. Il convient donc de voir en quoi sa représentation, sa construction, sa dynamique, tout comme son itinéraire narratif, sont tributaires d'une symbolique architecturale de l'espace. Outre qu'il faille se poser la question de la transgression des lieux, il est intéressant d'examiner comment la focalisation dessine un espace social à l'intérieur du roman naturaliste.

Lydia Belatèche se penche sur la critique que Zola et les Goncourt cherchent à faire des salons bourgeois destinés à un seul sexe à la fois, en faisant la description d'espaces alternatifs destinés à l'homme et à la femme. Se référant aux théories contemporaines de la différenciation du langage selon le sexe, en particulier celles proposées par Robin Lakoff et Marina Yaguello, Belatèche conclut que Zola et les Goncourt, malgré leur désir de créer des lieux mixtes de communication, se heurtent au problème social de l'inégalité linguistique entre les sexes sans véritablement pouvoir le résoudre.

De son côté Elizabeth Rogers Lanois désire montrer comment l'utilisation du point de vue amène le spectateur à l'analyse des barrières entre les espaces sociaux à la fin du XIXe siècle. Dans *Une Page d'amour*, la focalisation est semblable à celle de la peinture de Morisot, *Sur le balcon, Meudon*, en ce qu'elle privilégie une position de supériorité. En adoptant le point de vue du narrateur, Zola mine la connaissance visuelle des observatrices et souligne que l'appartenance au sexe féminin leur impose des limites en fonction de la traditionnelle séparation des sphères privées et publiques. Ainsi le point de vue n'est pas seulement utilisé à des fins informatives ou descriptives, mais aussi pour traduire une position idéologique. A travers leurs innovations artistiques en matière de focalisation, Morisot et Zola prouvent combien l'idéal de la femme au foyer était une réalité sociale pour les bourgeoises de la ville au XIXe siècle.

L'auteur de ces lignes, quant à elle, met à contribution le concept spatial de « l'entre-deux » tel que proposé par Hélène Cixous pour analyser la littérarité de Nana. L'écriture de ce personnage est effectivement celle d'un corps mettant en scène son mystère, sa promiscuité, sa déconstruction tant aux niveaux du *gender* que de l'espace et du temps. A la lumière de cette étude, on constate que la représentation du féminin dans *Nana* offre une double lecture. D'une part, la féminité est représentée de façon outrepassée, dégradée, parodique. D'autre part, cette parodie du féminin poussé à ses limites, exposé à tous les affects, ouvert à toutes les fantaisies, déjoue paradoxalement la représentation phallocentrique, en permettant l'inscription d'un désir autre sur le corps.

Dans la fiction naturaliste, le corps féminin connote non seulement la maladie, la destruction et la mort, mais encore fait-il valoir l'ambivalence de la maternité à travers, par exemple, le symbolisme du ventre comme machine de mort et organe de vie. La mort est aussi un thème important du roman naturaliste du fait qu'il met de l'avant une vision entropique du monde. David Baguley, dans *Naturalist Fiction: The Entropic Vision* (1990), affirme à cet égard que « at the heart of the naturalist vision, [...], there is a poetics of disintegration, dissipation, death, with its endless repertory of wasted lives, of destructive forces, of spent energies, of crumbling moral and social structures [...] (222) ». Ce qui apparaît comme un des fondements du naturalisme, c'est que la vie et la mort y sont envisagées comme deux forces complémentaires. Cette coexistence rétablit en fait la relation dialectique dans laquelle se trouvent les deux principes,

Eros et Thanatos, qui organisent la vie mais qu'une vision idéaliste nous a habitués à dissocier systématiquement. On peut dès lors se demander si la relation du féminin à la mort n'est pas le lieu d'une tension, d'un principe déstabilisateur appelé à convoquer la régénérescence.

Je tente à cet égard de démontrer, à partir des théories de Bataille et de Blanchot, que le roman *Germinal* de Zola tire sa substance d'une conception naturaliste de la sexualité en même temps qu'il se libère de cette conception pour exalter une métaphysique de la mort. Les mineurs transcendent leur instinct de reproduction pour en faire une donnée culturelle en tant que force menaçante. En fait leur fécondité signifie le désordre et la mort. Le sacrifice du mâle et du bourgeois permet aux femmes de la classe ouvrière de transgresser les limites de la représentation sexuelle et sociale afin d'acquérir du pouvoir. A la fin la mort réunit les oppositions et consacre le mélange des classes. Vouées à un destin similaire, Cécile et Catherine finiront par devenir égales. Dans la mort toutes deux échappent à la loi naturelle de leur milieu pour accéder à la vérite de leur être. La Mort apparaît comme un paradoxe puisqu'elle est à la fois une force positive et négative, une tension entre exhaustion et renouvellement.

Comme la mine, la terre représente une force mythique qui domine la destinée des individus et est une des sources principales de la violence. Dans ce contexte, Martine Cremers entreprend d'analyser, selon une perspective critique girardienne, le personnage de Françoise dans *La Terre* pour établir dans quelle mesure celle-ci incarne la victime émissaire. Elle montre de plus que le sacrifice de la femme est étroitement lié au triomphe de la terre, cette divinité païenne qui occupe le centre de la vie paysanne.

Jeremy Wallace à son tour se penche sur le thème de la mort à travers l'image de la femme-charogne que Zola emprunte à Baudelaire pour sa description de Nana. Un réseau d'associations est tissé par l'auteur des *Fleurs du Mal* autour du corps de la femme qui connote la putréfaction, la maladie, le vice, la nature, l'animalité, la mort et la destruction. Ces connotations péjoratives sont mises à profit par Zola dans sa description du rôle corrupteur joué par le corps de la femme dans la société du Second Empire. La femme-charogne, double féminin de la bête humaine, en plus de faire converger les esthétiques baudelairienne et zolienne, vient ainsi semer le trouble et remettre en cause l'étanchéité et la permanence des classes sociales.

A la fin du XIXe siècle, la médicalisation et la psychiatrisation du discours social connaît une forte expansion. L'interaction des champs scientifique et littéraire est donc liée à une époque. L'hégémonie positiviste issue des théories scientifiques de Darwin, Lucas, et plus particulièrement de Taine avec son idée de moment, de race et de milieu, prédétermine le discours littéraire naturaliste. L'idée de progrès constitue le fondement idéologique du champ scientifique. Mais à l'idée positive d'un progrès inéluctable et continu, conçu comme évolution déterminée, soumise à des lois et à un développement ordonné, s'oppose l'idée de dégradation, d'agonie, qui devient un facteur d'angoisse. La question qu'il convient de se poser est donc la suivante : de quelle façon Zola et les écrivains naturalistes tentent-ils de concilier la doctrine expérimentale comme expression d'une volonté de savoir à leur imaginaire nourri de fantasmes et d'obsessions ? Comment peuvent-ils envisager l'étude du corps féminin de façon clinique et objective tout en lui faisant produire la matière fictive et idéologique de l'histoire ?

Jeremy Wallace offre une étude comparant la vie de Gervaise Macquart dans *L'Assommoir* et celle de Lisa Macquart dans *Le Ventre de Paris*, pour tenter de mettre en évidence le projet expérimental d'Emile Zola. En effet, il s'agit moins pour cet écrivain d'imposer des destinées à ses personnages que de les placer dans des milieux qui auront sur eux des effets variables. Le cas de Lisa et de Gervaise sert donc à illustrer non pas les effets d'un même milieu sur deux spécimens, mais au contraire, les effets de deux milieux différents sur le même spécimen. En dépit de l'insistance de Zola sur les tares héréditaires de ses personnages, *Le Ventre de Paris* et *L'Assommoir* montrent bien à quel point le romancier naturaliste, en fin de compte, considère le milieu comme un facteur déterminant pour la femme.

Ruth Schürch-Halas emprunte les notions phénoménologiques de *Leib* (corps vécu) et de *Körper* (corps physique) à Drew Leder, pour mettre en lumière chez Zola l'articulation entre le corps scientifique qui découle d'un discours du savoir et le corps fantasmatique qui relève de la fiction. Schürch-Halas montre la contamination de ces deux discours dans *Les Rougon-Macquart*. Dans ses conclusions sur l'écriture du corps féminin, l'auteur considère que « le *Leib* institutionnel du patriarcat pèse lourd sur le corps de la femme ». Par exemple, dans *La Joie de vivre*, « le *Leib* de la sainte qui se sacrifie pour les autres, tend à s'atrophier et, par conséquent, à se confondre avec le *Körper*, cadavre disséqué et tronqué, dépourvu de tout signe de vie ». Ainsi, la conception du corps féminin chez Zola reste ancrée dans le dualisme corps/esprit.

Julia Przybos prend pour point de départ l'idée de Michelet, que le mariage est l'institution la plus apte à garantir un besoin d'intimité, et cela en dépit de ses imperfections. Germinie Lacerteux et Sempronie de Varandeuil tentent de recréer à elles deux une famille de substitution. Elles finiront par former un couple tout aussi imparfait que le mariage. Leur relation repose sur un mensonge, et la mort de la bonne établit la transparence nécessaire à l'intimité parfaite. *Germinie Lacerteux* débouche, selon Przybos, sur un paradoxe : « l'union des deux vieilles filles est parfaite lorsqu'elle n'est plus possible ». Le sort de la femme célibataire est donc plus malheureux que celui de la femme mariée. L'originalité des Goncourt tient à ce qu'ils éprouvent la nécessité de vérifier une théorie en imaginant des situations alternatives. L'intuition des frères Goncourt trouvera une formulation doctrinale dans le concept d'exhaustion proposé par Pierre Duhem.

Pour une relecture de *Au Bonheur des Dames*

La dernière partie de cet ouvrage propose une relecture de *Au Bonheur des Dames*, un roman important du fait qu'il apparaît emblématique de la représentation de la femme et de l'écriture du féminin chez Zola. Le personnage de Denise y correspond en apparence au stéréotype idéaliste de la « femme sage et aimante qui éclaire d'une lumière égale la route de l'homme » (59). Denise ne fait-elle pas valoir également un devenir historique de la femme qui se développe et s'affirme par le Bien puisqu'au lieu de semer le désordre, elle fait régner l'harmonie dans son milieu ? N'est-elle pas celle qui réclame un assainissement des conditions de travail dans le magasin pour rendre à la femme ouvrière sa vraie dignité et l'amener sur la voie de la justice sociale ? A ce titre, le personnage de Denise semble permettre à Zola de poser le problème de la femme sous sa vraie lumière. La femme ne peut ni ne doit rester éternellement un facteur passif qui, de temps en temps, sous une forme abjecte, prend sa revanche en ébranlant sournoisement les bases du monde. En fait Denise incarne de prime abord un personnage aux qualités essentiellement féminines et correspond à ce que Krakowski définit comme les « héroïnes positives », selon un point de vue moraliste faisant valoir l'équilibre et la santé contre la débauche et l'hystérie. Zola lui fait éviter les égarements de la passion. Elle est aussi valorisée en tant que femme du peuple. Elle semble préfigurer la droiture et la bonté qui est à la base de la conception idéale du féminin dans *Les Quatre Evangiles*, où la femme devient le symbole d'un monde régénéré où c'en est fait du conflit des sexes.

L'étude de Jurate Kaminskas montre toutefois que Denise Baudu échappe au stéréotype que l'on croit déceler en elle de prime abord. Si, dans *Au Bonheur des Dames*, Zola adapte pour son compte certaines structures du conte de fées qui semblent perpétuer une image de la femme passive, soumise, et objet du désir de l'homme, il est important de reconnaître que *Au Bonheur des Dames* déconstruit en même temps une telle définition de la femme. Il semble, selon l'auteur, que toute la stratégie narrative et discursive du roman consiste en effet à nier des qualités qu'on dit féminines. Denise n'est par exemple ni belle ni coquette. Son refus de participer à l'idéologie dominante faisant de la femme une valeur d'échange, la condamne à une solitude qui s'avère toutefois déterminante dans la formation de sa conscience et, loin de favoriser le renoncement à la différence qu'elle porte en elle, renforce le caractère persuasif de sa voix intérieure. Selon Kaminskas, ce personnage est « la voix de l'*autre* femme, celle que la mère, la fille et l'épouse portent en elles mais ne peuvent faire entendre ». Marginale, déracinée, Denise détient une liberté de parole qui fait sa force. Pour le montrer, l'auteur emprunte à l'analyse bakhtinienne et fait valoir l'importance du dialogisme dans la construction de l'identité, tant féminine que masculine. A ce titre, Kaminskas rejoint l'idée émise par Schor que, chez Zola, il est impossible de décrire les hommes sans les femmes. La voix de la femme n'est pas unique mais multiple, voire même hybride, du fait qu'elle assimile les mots de l'homme et s'arroge la parole autoritaire masculine pour la transformer en une parole à elle. En fin de compte Kaminskas interroge un renversement implicite des données en ce qui a trait à la question du pouvoir. Denise ne prendrait-elle pas sournoisement sa revanche en devenant une machine à exploiter les hommes, tout comme le magasin est une « mécanique » à exploiter les femmes ?

Comme celle de Jurate Kaminskas, l'étude de Laura Hartog se penche sur la structure narrative de *Au Bonheur des Dames*. Hartog constate, à la lumière des études narratologiques de Janice Radway sur le roman à l'eau de rose, que *Au Bonheur des Dames* s'apparente davantage à ce genre qu'à la fiction naturaliste, ne serait-ce que parce qu'à la fin, la belle orpheline épouse un homme de pouvoir à qui tout réussit. Cela confirme le côté paternaliste du récit où la jeune fille doit son bonheur à un bienfaiteur qui la sauve. Par ailleurs, Hartog fait remarquer que le système métaphorique de ce roman connote une conception réifiée de la femme. L'omniprésence de l'image de la femme décapitée apparaît comme le symbole cynique de sa dégradation et du « rôle que lui fait jouer la société du Second Empire ». Toutefois Denise refuse son destin de femme décapitée, prise dans les rouages d'une machine. Son succès est dû au fait qu'elle garde la tête sur les épaules. Non seulement le lecteur constate qu'elle est le complément parfait d'Octave, sa « meilleure moitié », mais encore remporte-t-elle une victoire sur lui, puisqu'il acquiert une nouvelle sagesse grâce à elle et renonce à son dédain de la femme. Toutefois, selon Hartog, il s'agit d'une demi-victoire, étant donné que le pouvoir de Denise au sein du magasin et les changements qu'elle propose pour améliorer les conditions de travail, restent du domaine du féminin. Octave demeure celui qui gère véritablement le capital.

Véronique Cnockaert, à l'instar de Chantal Bertrand-Jennings, rejette la conception de la femme idéale et montre que le féminin s'affirme essentiellement en tant que principe maléfique. Comme Naomi Schor qui suggère une poétique de la lecture prenant en considération la « chaîne » qui unit les femmes dans la fiction réaliste, Cnockaert fait valoir la constitution d'un paradigme du féminin au sein duquel les personnages deviennent des figures « interchangeables ». Ainsi considère-t-elle que Nana et Denise s'équivalent puisque « l'une, en tant que figure de gaspillage, est la face éclatante du vice et l'autre, figure de rétention, en est la face cachée ». Elle remet en cause l'idée que Denise est un personnage positif. C'est plutôt dans l'ambivalence que Zola campe ce nouveau personnage, entre l'ange et la Méduse. Ainsi l'auteur en vient à conclure que Zola ne travestit pas le mythe de la femme diabolique, « il le développe au contraire, le métaphorise et l'habille d'une peau toute neuve ».

Eleanor Salotto se propose d'analyser la construction identitaire de la femme à partir de l'image du magasin qui reflète les vastes changements politiques, sociaux et technologiques de la fin du XIXe siècle. Le magasin apparaît comme le lieu ambivalent d'une écriture du féminin. On pourrait penser que le commerce fait de la femme une victime succombant aux tentations que les hommes ont créées pour elle. Mais Salotto émet l'hypothèse que le magasin sert plutôt à déconstruire l'image de la femme domestiquée. Il instaure également une conception performative de l'identité puisqu'au XIXe siècle chacun se voit comme un objet à regarder. L'identité devient donc étalage, vitrine, et se donne à lire comme une série d'images qui la rendent mouvante. Le magasin fonde la textualité du corps de la femme et donne lieu à une écriture du féminin. A ce titre, cette étude relève davantage des nouveaux enjeux de l'analyse féministe dans le domaine des études sur Zola. Salotto met de l'avant l'idée postmoderne d'une identité mouvante et indéterminée de la femme, axée sur une discontinuité métonymique du féminin qui empêche l'identifiable, en dépit de cette fascination du texte pour habiller la femme et faire d'elle un être définissable. Ainsi le magasin décloisonne les catégories du masculin et du féminin comme le fait Zola. Le pouvoir féminin nous est révélé par l'attention que le texte porte aux femmes. « Le Bonheur des Dames » met aussi en scène le désir de l'homme pour un féminin qui est en voie de disparition.

Finalement, l'article de Rosemary Peters-Crick s'inscrit dans la continuité de l'étude précédente, puisqu'il prend pour objet d'analyse les effets de la culture commerciale dans la France de la fin du XIXe siècle. Les magasins révèlent un nouveau phénomène relatif au commerce: la cleptomanie. Ce qui est également nouveau, c'est la volonté ou l'anxiété de cataloguer cette nouvelle classe de voleurs que sont les femmes. Ces dernières posaient non seulement problème au vocabulaire des études criminelles, médicales et psychologiques, mais encore rendaient-elles impossible toute classification puisqu'on ne pouvait concevoir qu'elles puissent commettre de tels délits. Selon l'auteur, la cleptomanie chez les femmes a donc dû être envisagée médicalement et socialement comme l'hystérie, car elle défiait la représentation sociale masculine. Peters-Crick se propose ainsi d'étudier ce phénomène dans le cadre d'une éthique de l'échange économique, et analyse l'écriture du féminin à travers la signification et la spécificité des objets volés. Se référant entre autres aux travaux de Mélanie Klein, cette étude met l'accent sur la notion psychanalytique de relation à l'objet. L'auteur en arrive à la conclusion que la femme ne pouvait être socialement qualifiée de cleptomane à la fin du XIXe siècle, malgré son désir de s'affirmer par le vol. La cleptomanie, ainsi que le montre *Au Bonheur des Dames,* a pour résultat contraire de la ranger du côté des lunatiques qui souffrent de désordres utérins ou psychologiques.

Conclusion

D'un côté, les écrivains naturalistes entérinent la permanence du féminin, en particulier en ce qui a trait au modèle normatif de la « femme au foyer » mise sur un piédestal en tant qu'épouse, mère et éducatrice. De l'autre, le féminin échappe, du moins en partie, à toute figure, y compris au mythe de la diabolisation et de l'exaltation, pour faire valoir une ambiguïté, une indétermination qui correspondent à une confusion des sexes, propre à la deuxième moitié du XIXe siècle.

Dans le roman naturaliste, les significations sociales de l'écriture, en particulier celle du corps, mettent en place une littérarité du féminin dont les résonances sont très actuelles. En effet l'idée d'« autocréation » apparaît importante, car elle fait valoir que la femme ne peut plus être enfermée dans les limites d'une figure immuable, puisqu'elle s'invente par la subversion, par une volonté d'échapper à la représentation même. On voit poindre chez elle un désir de sortir de soi pour s'ouvrir à l'altérité et retrouver ce mystère qui est de l'ordre du refus.

Certes, le discours conscient ou inconscient que la société fait entendre sur la femme dans la deuxième moitié du XIXe siècle n'échappe pas à l'hégémonie positiviste de son époque qui légitime toute catégorisation de la femme. Mais par delà cette volonté de systématiser la conception de la femme, l'idée de progrès scientifique convoque un mythe général de transformation faisant surgir une angoisse de l'incertitude, de la dégénérescence et du vide, ainsi qu'un besoin individuel et collectif de se remettre en question. A cet état de crise fait dès lors écho une herméneutique du féminin comme métamorphose, ouverture et énigme.

Et c'est justement parce que des écrivains comme Zola ou les Goncourt, bien que misogynes en apparence, ont réussi, par l'écriture, à subvertir de l'intérieur la représentation de la femme, que l'épuisement a pu céder le pas au renouvellement dans la fiction naturaliste.

Bibliographie

Baguley, David. *Naturalist Fiction: The Entropic Vision*. Cambridge: Cambridge University Press, 1990.
Beizer, Janet. *Ventriloquized Body: Narratives of Hysteria in Nineteenth-Century France*. Ithaca: Cornell University Press, 1994.
Bertrand-Jennings, Chantal. *L'Eros et la femme chez Zola: De la chute au paradis retrouvé*. Paris: Klincksieck, 1977.
Borie, Jean. *Le Tyran timide: Le Naturalisme de la femme au XIXe siècle*. Paris: Klinksieck, 1973.
—. *Zola et les mythes ou de la nausée au salut*. Paris: Seuil, 1971.
Hensen, Odile R. *La Chute de la femme. L'Ascension d'un Dieu victimisé dans l'œuvre d'Emile Zola*. New York: Peter Lang, 1996.
Krakowski, Anna. *La Condition de la femme dans l'œuvre d'Emile Zola*. Paris, Nizet, 1974.
Lowe, Romana N. *The Fictional Female. Sacrificial Rituals and spectacles of writing in Baudelaire, Zola, and Cocteau*. New York: Peter Lang, 1997.
Schor, Naomi. *Breaking the Chain. Women, Theory and French Realist Fiction*. New York: Columbia University Press, 1985.
Thomson Clive. « Introduction: Zola, la femme, le féminin ». *Les Cahiers naturalistes* 69 (1995): 7-11.

Partie I

Maîtresses, ouvrières et mères

De Barbey d'Aurevilly à Zola : Le personnage de la maîtresse ou de la concubine dans quatre romans de la deuxième moitié du XIXe siècle

Catherine BOSCHIAN-CAMPANER

S'il est une rêverie poursuivie par beaucoup d'écrivains, c'est bien celle d'une femme dont les appas et les délices offerts ne tariraient pas. Barbey d'Aurevilly, en 1851 avec *Une Vieille Maîtresse*, Huysmans, avec *Marthe*, en 1876, Zola avec *Nana*, en 1879, et Alphonse Daudet avec *Sapho*, en 1884, ont créé chacun un personnage de femme de ce type, un personnage aliénant et envoûtant qui se trouve en marge de la société. Certes, les auteurs cités font montre de bien des divergences, mais il n'empêche qu'une même fascination pour un personnage féminin dispensateur de voluptés coupables semble les réunir. Les femmes de Zola, Huysmans et Daudet, se ressemblent, entre autres, par une même origine sociale et ne sont pas sans lien avec la Vellini de Barbey d'Aurevilly, laquelle fut créée avant la vogue naturaliste. Justement, nous allons comparer ces héroïnes, Vellini, Marthe, Sapho et Nana, en commençant par considérer leurs portraits ; nous analyserons ensuite la sorte d'amour inspirée par les femmes dépeintes et la manière dont les quatre écrivains l'ont mise en scène. Nous nous interrogerons chemin faisant sur les possibles caractéristiques d'une écriture dite naturaliste et d'une autre, inclassable mais aux accents fantastiques, celle de Barbey d'Aurevilly.

Zola a trouvé, en tête de ses contemporains, que Sophie était une sorte de Manon Lescaut[1] : la remarque pourrait s'adresser en fait aux quatre héroïnes de notre étude. La belle infidèle de L'Abbé Prévost inaugurait un type de personnage féminin sur lequel beaucoup d'écrivains allaient loucher. La littérature romantique, tout particulièrement, a généré bon nombre de Manon Lescaut, enfantement qui a intéressé les critiques. E. Lecarme-Tabone s'est, elle, penchée sur « trois réécritures romanesques »

---

[1] Voir Léon Cellier : « Le mythe de Manon et les romantiques français » in *L'Abbé Prévost, Actes du Colloque d'Aix-en-Provence,* Jean Fabre, éd. (Aix-en-Provence : Ophrys, 1965) 2-68 et James P. Gilroy, *The Romantic Manon and Des Grieux: Images of Prevost's Heroine and Hero in 19th Century French Literature* (Sherbrooke : Naaman, 1980).

de *Manon Lescaut* dans la deuxième moitié du XIXe siècle, à savoir *La Dame aux camélias* d'Alexandre Dumas fils, *Sapho* d'Alphonse Daudet ainsi que *La Câlineuse* d'Hugues Rebell, et en a conclu que l'on retrouvait dans ces romans le couple libertin de l'œuvre du XVIIIe siècle mais que « la culpabilité se déplace pour se concentrer sur la femme qui, piège adorant ou monstre perfide, s'empare de l'homme qu'elle enferme dans les rets d'une sensualité toute-puissante ».[2] Ce qui est également le cas de Vellini, l'héroïne d'*Une Vieille Maîtresse*, roman que nous allons résumer brièvement.

Ryno de Marigny, un noble, est tombé amoureux, dans un temps précédant la diégèse, d'une Espagnole avec qui il a eu une liaison orageuse et passionnée. Sur le point d'épouser la noble et pure Hermangarde, il se confesse de son passé à la grand-mère de la jeune fille. Cette confession, vécue un peu comme une expiation, précédera le retour de Ryno à sa terrible et fascinante maîtresse. Qui est Vellini? « Fille adultérine d'une duchesse portugaise réfugiée en France et d'un toréador », donc, fruit déjà du péché, d'un amour s'étant moqué des barrières sociales et morales, elle ensorcelle irrémédiablement les hommes qui la rencontrent, et ce, en dépit d'un physique d'abord peu attractif. Voilà comment Ryno la décrit la première fois où il l'aperçoit: « Ce que je voyais ne m'émerveillait pas. Figurez-vous, marquise, une petite femme, jaune comme une cigarette, l'air malsain, n'ayant de vie que dans les yeux, et dont tout le mérite aperçu par moi était dans un bras rond et fin tout ensemble, qu'elle venait d'ôter de sa mitaine ».[3] Un de ses amis, le comte de Mareuil dit à Ryno: « J'étais comme vous; je l'ai trouvée laide; mais vous verrez quels sont les incroyables prestiges de cette laideur! »[4] Avant de nous conter en quoi peuvent bien consister ces prestiges, Ryno dresse la biographie de sa maîtresse dont on apprend « qu'à quinze ans elle ne savait ni lire, ni écrire, et qu'elle passait une partie de ses journées couchée par terre aux pieds de sa mère ».[5] A la mort prématurée de cette dernière, elle resta sans ressources car sa mère « n'avait pris pour elle aucune disposition d'avenir. C'était là tomber de bien haut sur le pavé de

---

2 Eliane Lecarme-Tabone, « *Manon, Marguerite, Sapho et les autres...* », *Romantisme* 76 (1992-ii) 36.
3 Jules-A. Barbey d'Aurevilly, *Une Vieille Maîtresse*, *Œuvres complètes*, vol. 1 (Paris: Gallimard, « Bibliothèque de La Pléiade », 1964) 267.
4 Barbey d'Aurevilly, *Une Vieille Maîtresse* 268.
5 Barbey d'Aurevilly, *Une Vieille Maîtresse* 270.

Malaga. Aussi ne voulut-elle pas y rester ».⁶ Vellini épouse Sir Reginald Annesley, un Anglais anticonformiste, et c'est dans cette position que Ryno la rencontre.

Après le roman de Barbey d'Aurevilly, nous résumerons pour commencer celui de Huysmans parce que ce dernier était, rappelons-le, un disciple de Barbey, et que ses œuvres, d'abord naturalistes, évolueront ensuite vers le fantastique. Si Marthe n'est pas la fille d'une duchesse et d'un toréador, elle est tout de même le fruit d'une union un peu disparate puisque son père, un « artiste peintre », épouse, « au moment où il commençait à être connu du public »⁷ une ouvrière en perles fausses. Les deux parents ne tardent pas, comme ceux de Vellini, à mourir, et Marthe se trouve contrainte d'exercer le métier de sa mère. Son premier portrait est moral : « C'était, au reste, une singulière fille. Des ardeurs étranges, un dégoût de métier, une haine de misère, une aspiration maladive d'inconnu, une désespérance non résignée, le souvenir poignant des mauvais jours sans pain, près de son père malade ; la conviction, née des rancunes de l'artiste dédaigné, que la protection acquise au prix de toutes les lâchetés et de toutes les vilenies est tout ici bas ».⁸ Initiée à la vie par les femmes de l'atelier dont les conversations roulent toujours « sur l'homme », Marthe amorce sa chute en acceptant les avances d'un vieux monsieur riche qui la suit chaque soir, avant de devenir « vassale du premier venu, ouvrière en passions ». Après s'être mise en ménage avec un jeune homme qui mourra et avoir mis au monde un enfant qui mourra également, elle est recrutée en tant que chanteuse au théâtre de Bobino. C'est là que Léo, un poète séduit par le personnage de théâtre, la femme vêtue de parures extravagantes, s'éprend d'elle. Les amants vivent en concubinage, et, l'argent faisant défaut, ce « suicide d'intelligence que l'on nomme un *collage* »⁹, pèse à Léo. Une séparation lui rendra tout son amour alors que Marthe est retournée à la prostitution. Quand l'héroïne désirera reconquérir Léo, celui-ci aura trouvé une autre femme « comme maîtresse, inférieure à Marthe », mais qu'il juge honnête. Succombant malgré tout

---

6   Barbey d'Aurevilly, *Une Vieille Maîtresse* 270.
7   Joris-Karl Huysmans, *Marthe: Histoire d'une fille* (Paris : UGE, « 10/18 », 1975) 36.
8   Huysmans, *Marthe* 38.
9   Huysmans, *Marthe* 70.

encore une fois à son attirance physique pour Marthe, il manque de « retomber sous le charme, tant elle était fascinante cette gouge aux prunelles claires ! », seulement les deux amants comprennent que rien ne sera plus comme avant. Marthe retourne à son tripot et s'adonne à la boisson. Léo se marie, ce qu'il n'envisageait pas de faire avec Marthe.

A l'instar de Marthe, l'héroïne de *Sapho* est une femme dont l'avilissement s'explique par le milieu. Jean Gaussin, un étudiant issu de la noblesse, tombe amoureux de cette courtisane dont il cherche à connaître le passé mystérieux. Sapho, de son vrai nom Fanny Legrand, parle de sa famille en ces termes : « c'était si laid, si bas… »[10] (133). Elle est « née au Moulin-aux-Anglais, dans la banlieue, de ce père, ancien dragon, qui faisait le service des voitures de Paris à Châtillon, et d'une servante d'auberge, entre deux tournées de comptoir. Elle n'avait pas connu sa mère, morte en couches ; seulement les patrons du relais, braves gens, obligèrent le père à reconnaître sa petite et à payer les mois de nourrice »[11] (133). Son père est un ivrogne qui n'aurait pas hésité à mettre Fanny sur le trottoir si une veuve avec laquelle il s'était installé ne l'avait protégée. Sapho et Léo s'installent ensemble. Comme dans *Marthe*, le concubinage émousse l'amour du jeune homme qui ne cesse cependant de retomber dans les filets de Sapho dont les pratiques érotiques ont sur lui un empire incomparable. La quittant pour se marier avec une fille de son rang, il annule finalement ses projets parce qu'il ne peut se passer de Sapho. Mais, celle-ci part avec un ancien amant sorti de prison dont elle élève déjà le fils.

Avec *Nana*, Zola veut créer un personnage de belle courtisane, issue du peuple, à l'exemple des courtisanes romaines. Nana, la fille de Gervaise et de Coupeau, — orpheline dans *Nana* — a fait son apparition dans *L'Assommoir* où elle est décrite à dix ans avec « les yeux pleins de vice »[12] quand elle regarde Lantier, aguichant les hommes dès l'âge de treize ans. Bien qu'elle manque de talent, c'est pourtant une actrice très applaudie grâce à son physique érotique. Tous les hommes en sont fous. Nana, elle, s'amourache de Fontan, un acteur de la troupe qui la bat : « Elle l'aimait trop ; de lui, c'était encore bon, d'être giflée ».[13] Fontan la

---

10 Alphonse Daudet, *Sapho* (Paris : Flammarion, 1888) 133.
11 Daudet 133.
12 Emile Zola, *L'Assommoir*, vol. 2 (Paris : Gallimard, « Bibliothèque de La Pléiade », 1961).
13 Emile Zola, *Nana* (Paris : Garnier Flammarion, 1968) 243.

tape et la trompe, puis finit par la chasser. Nana va alors être entretenue par le comte Muffat qui lui permet de vivre sur un grand pied alors qu'elle continue à avoir des relations avec les uns et les autres : « Alors, Nana devint une femme chic, rentière de la bêtise et de l'ordure des mâles, marquise des hauts trottoirs ».[14] C'est une femme entretenue, une cocotte comme on en verra fleurir chez Proust. Elle est en outre mère d'un enfant, un pauvre bambin chétif qui mourra de la petite vérole peu avant elle.

Après cette indispensable présentation des œuvres, nous reproduisons maintenant les principaux portraits des quatre personnages. La Vellini d'*Une Vieille Maîtresse* est, on l'a dit, d'abord jugée laide par Ryno, également narrateur second, lequel la décrit de la sorte : « C'était un visage irrégulier. Elle était vêtue d'une robe de coupe étrangère, de satin sombre à reflets verts, qui découvrait des épaules très fines d'attache il est vrai, mais sans grasse plénitude et sans mollesse. On eût dit les épaules bronzées d'une enfant qui n'est pas formée encore. Ses cheveux, tordus sur sa tête, étaient retenus par des velours verts. Deux émeraudes brillaient à ses oreilles et des bracelets – faits de cette pierre mystérieuse – s'enroulaient comme des aspics autour de ses bras olivâtres ».[15] Mais, poursuit Ryno, « le mouvement qu'elle fit pour passer dans la salle à manger [...] révolutionna mes idées [...] Une autre femme sortit de cette femme. Deux éclairs, je crois, partirent de cette épine dorsale qui vibrait en marchant comme celle d'une nerveuse et souple panthère, et je compris, par un frisson singulier, la puissance électrique de l'être qui marchait ainsi devant moi ».[16] Avec « la raie élargie de ses cheveux tombés », son « buste svelte et sans sexe », et son visage « ténébreux et ardent », Vellini est d'une « laideur impressive audacieuse et sombre, – la seule chose digne de remplacer la beauté perdue sur la face d'un Archange tombé ».[17]

Considérons maintenant le portrait de Marthe et celui de Nana, tous deux très proches. La description de Marthe est faite alors que celle-ci entre en scène :

---

14 Zola, *Nana* 297.
15 Barbey d'Aurevilly, *Une Vieille Maîtresse* 272.
16 Barbey d'Aurevilly, *Une Vieille Maîtresse* 273.
17 Barbey d'Aurevilly, *Une Vieille Maîtresse* 278.

> Marthe parut: le charivari cessa. Elle était charmante avec son costume qu'elle avait elle-même découpé dans des moires et des soies à forfait. Une cuirasse rose, couturée de fausses perles, une cuirasse d'un rose exquis, de ce rose faiblissant et comme expiré des étoffes du Levant, serrait ses hanches mal contenues dans leur prison de soie; avec son casque de cheveux opulemment roux, ses lèvres qui titillaient, humides, voraces, rouges, elle enchantait, irrésistiblement séduisante![18]

Nana, est, comme Marthe, attendue dans la salle de spectacles:

> A ce moment, les nuées, au fond, s'écartèrent, et Vénus parut. Nana, très grande, très forte pour ses dix-huit ans, dans sa tunique blanche de déesse, ses longs cheveux blonds simplement dénoués sur les épaules, descendit vers la rampe avec un aplomb tranquille, en riant au public. Et elle entama son grand air: Lorsque Vénus rôde le soir...[19]

Nana chante mal, bouge sans beaucoup de grâce, mais fait rire le public qu'elle titille. « Nana avait gardé son rire, qui éclairait sa petite bouche rouge et luisait dans ses grands yeux, d'un bleu très clair. A certains vers un peu vifs, une friandise retroussait son nez dont les ailes roses battaient, pendant qu'une flamme passait sur ses joues. [...] les hommes braquaient leurs jumelles ».[20]

La voix lui manque, elle ne peut achever, « Alors, [...] elle donna un coup de hanche qui dessina une rondeur sous la mince tunique, tandis que, la taille pliée, la gorge renversée, elle tendait les bras. Des applaudissements éclatèrent. Tout de suite, elle s'était tournée, remontant, faisant voir sa nuque où des cheveux roux mettaient comme une toison de bête; et les applaudissements devinrent furieux ».[21]

Voici enfin le portrait de Sapho: « Jeune, belle? Il n'aurait su le dire... Du long fourreau de lainage bleu où sa taille pleine ondulait, sortaient deux bras, ronds et fins, nus jusqu'à l'épaule; et ses petites mains chargées de bagues, ses yeux gris larges ouverts et grandis par les bizarres ornements de fer lui tombant du front, composaient un ensemble harmonieux ».[22] Cette courte séquence descriptive est complétée plusieurs

18 Huysmans, *Marthe* 31.
19 Zola, *Nana* 42.
20 Zola, *Nana* 43.
21 Zola, *Nana* 45.
22 Daudet, *Sapho* 7.

pages plus loin par une autre : « Et vraiment il lui fallait du courage pour ne pas la prendre tout de suite entre ses bras, car elle était bien tentante et d'un grand charme avec sa toute petite tête au front bas, au nez court, la lèvre sensuelle et bonne, et la maturité souple de sa taille dans cette robe d'une correction toute parisienne, moins effrayante pour lui que sa défroque de fille d'Egypte ».[23]

Fanny a trente-sept ans, approximativement l'âge de Vellini, alors que Marthe et Nana sont de très jeunes femmes.

Nous comparerons les différents portraits en partant, puisque c'est un élément commun aux quatre, du segment portant sur la manière dont est caractérisée la robe de chaque héroïne. Dans le portrait de Vellini, le substantif « robe » est développé par une triple caractérisation dont le dernier élément s'articule en deux volets autour de l'incise « il est vrai », laquelle va appeler la réfutation du cliché des épaules découvertes à cette époque selon lequel les épaules exhibées se doivent d'être grasses. La phrase suivante reprend les éléments de la caractérisation laquelle concerne ici la façon, la matière et la couleur de la robe. Les mots et groupes de mots « reflets verts », « velours verts », « émeraudes », « olivâtres », « tordus », et « aspics », appartenant respectivement aux champs lexicaux du « vert » et du « serpent », se conjuguent pour former un réseau lexical du « danger », voire du « diabolique ». Cette dominante est prolongée par l'image de la panthère qui contribue à présenter Vellini comme une créature primitive. Les substantifs déjà forts de « puissance » et « magnétisme » sont caractérisés par des épithètes qui rattachent Vellini à une catégorie d'êtres exceptionnels, d'une essence différente des autres, et dont l'attraction est physique au sens le plus large.

Dans le portrait de Marthe, on retrouve un travail du style comparable à celui de Barbey. Ainsi, les phrases où s'enchâssent les développements insérés entre virgules, la recherche de l'effet donné, par exemple, par la caractérisation de rose devenu substantif (« ce rose faiblissant et comme expiré des étoffes du Levant »), et l'utilisation d'adverbes longs en « -ment » antéposés à l'adjectif pour l'hypercaractériser, témoignent, tout comme les allitérations en [k] (« cuirasse rose, couturée [...] d'un rose exquis... »), d'une grande recherche dans le style. Les adverbes saturent ici la caractérisation, on le voit avec : « son casque de cheveux opulemment

---

23 Daudet, *Sapho* 24.

roux » et « irrésistiblement séduisante ». Par la suite, la triple caractérisation de la bouche rappelle encore le style aurevillien, de même que le fait d'achever la phrase par un point d'exclamation. A l'image de Barbey d'Aurevilly, Huysmans se sert, d'un vocabulaire recherché (« désespérance » plutôt que « désespoir », « prunelles » plutôt qu'« yeux »...) et rarement redondant ; loin d'user de tours attendus, il utilise des associations de mots marquantes. Les substantifs sont toujours habillés d'adjectifs riches ou de compléments du nom souvent complétés par des relatives ou des incises généralement déconcertantes qui font en quelque sorte rebondir le sens. Chez les deux écrivains, on remarque une même luxuriance, voire excessivité. Mais, Huysmans appartient pourtant bien à l'école naturaliste dans la mesure où tous les éléments servant à la caractérisation du costume de Marthe, comme par exemple la relative, « qu'elle avait elle-même découpé dans des moires et des soies à forfait », désignent une origine, un contexte social. Le fait que Marthe ait confectionné elle-même son costume et qu'elle ait utilisé du tissu soldé est indicatif de la classe qu'elle occupe dans la société. Dans la phrase suivante, la caractérisation « fausses » pour désigner les perles renforce le même sème, à l'instar de l'expansion de rose, repris en tant que substantif et développé avec une comparaison de nature péjorative (« de ce rose faiblissant et comme expiré des étoffes du Levant »). Toutes ces notations tiennent bien compte d'un code social.

Dans la séquence décrivant Nana, l'évocation de la tenue du personnage est sobre, la jeune femme porte une « tunique blanche de déesse ». La caractérisation est ici simple et attendue, elle découle du rôle de Vénus que joue Nana sur scène. L'ensemble de cette séquence comprend plus d'informations concrètes sur l'identité et le physique du personnage que les précédentes. Ses attitudes également sont décrites avec précision. La caractérisation tend ainsi à une plus grande information, et non à un approfondissement, du portrait ou de l'émotion provoquée par le personnage. La comparaison « comme une toison de bête » est ajoutée sans que des sèmes proches l'aient annoncée auparavant, et, dans celle-ci, ce n'est pas Nana qui est comparée à une bête, ce sont ses cheveux, précision qui affaiblit l'image, même si celle-ci rejaillit sur l'ensemble du personnage. Nana possède, c'est indéniable, des points communs avec Marthe, et plusieurs critiques ont reconnu leur parenté en concluant que Zola, en mettant en scène une courtisane, s'était certainement inspiré du personnage de Huysmans ; il faut dire aussi que, comme le note Roger Ripoll dans son introduction au roman, Zola suivait un mouvement amorcé dès les premières années du Second Empire, et que « certains traits de Nana sont donc conformes aux stéréotypes admis par toute une époque ».[24]

Concernant le portrait de Sapho, la description du vêtement comme un « long fourreau de lainage bleu », est d'une grande sobriété : les adjectifs sont simples et ne dépareraient pas dans un catalogue de vêtements. Les autres éléments de caractérisation du personnage sont informatifs mais ne contribuent pas à former l'unité finale. Si l'instance narrative conclut à « un ensemble harmonieux », les éléments disparates du portrait ne semblent pas y concourir ; on songe ici à la légende d'un tableau qui imposerait une interprétation surprenante. Le tout est réaliste dans la mesure où il y a des informations assez objectives, excepté le jugement final.

Le style de Zola et Daudet est moins riche que celui de Huysmans et Barbey dont la recherche lexicale et la syntaxe complexe répondent à une esthétique plus sophistiquée. Mais, si ce trait sert pour Huysmans un projet naturaliste, il contribue chez Barbey à l'approfondissement de l'impression éprouvée.

Outre des différences stylistiques, les séquences ci-dessus présentent deux types de narration et de focalisation.

Dans *Une Vieille Maîtresse*, les portraits de Vellini sont brossés à la première personne, soit par le héros Ryno, soit par d'autres personnages fascinés eux aussi par cette femme ; les marques de la subjectivité sont évidentes et nombreuses. Plusieurs modalisateurs nous renvoient au « je-voyant », ce qui n'est pas le cas dans les autres portraits. L'impression quasi surnaturelle provoquée par Vellini ne peut être rendue que par le biais d'un regard subjectivé : un portrait à la troisième personne nuirait à l'efficacité impressive produite par le personnage. C'est, par ailleurs, là, un des traits du fantastique où, pour mieux ressentir l'intrusion du surnaturel, le lecteur doit être à même d'éprouver les sensations décrites avec la subjectivité d'un personnage appartenant à la diégèse. Ce procédé sert une esthétique de l'étonnement, tout comme le fait d'articuler le portrait de Vellini en deux volets, l'un négatif, le second réfutant le premier.

---

24 Zola, *Nana* 12.

Les femmes des autres œuvres sont décrites à la troisième personne, la « non-personne » comme l'appelle Benveniste. Dans *Nana* et *Marthe*, le sujet autour duquel s'organise la perspective est formé par l'ensemble des spectateurs sans que cette focalisation soit exprimée. Dans le portrait de Sapho, la notation « Il n'aurait su le dire » montre cependant que le héros est censé voir le personnage, et qu'il y a donc focalisation interne, mais cette focalisation interne semble plus formelle que réelle dans la mesure où ce qu'est censé penser le personnage de Gaussin reste relativement neutre. On peut déduire de ce sondage que la narration à la troisième personne sert mieux le projet naturaliste que la première, mais tout en s'interrogeant sur le degré de réalisme d'une telle démarche.

Les personnages ainsi décrits ont des points communs que nous allons mettre en évidence avant de constater comment faire vivre ces femmes permet aux quatre auteurs de décliner certains thèmes.

Parmi ce que l'on pourrait appeler les « topoï » des littératures réaliste et naturaliste on retrouve ici, pour commencer, la description d'habitudes liées à la condition de « fille », à la déchéance morale : Marthe, Nana et Sapho cherchent refuge dans l'alcool qui précipite leur chute ; Vellini quant à elle, fume, comme Sapho qui est décrite « roulant entre ses doigts, posant sur tous les meubles, l'éternelle cigarette qui aveulit la journée des filles ».[25]

Ces « vices » sont, pour les femmes, dans la littérature de cette époque, liés à la déchéance morale. On peut compter aussi au nombre de ces « topoï » celui de l'homosexualité féminine ; ainsi, Nana et Sapho, sont également lesbiennes, comme Madeleine dans *La Femme de Paul* de Maupassant pour ne citer qu'un exemple. Dans *Marthe*, où les termes abondent qui signifient misère morale et physique, la déchéance est dite fascinante pour les filles : « Comme toutes les malheureuses que la misère et l'embauchage ont traînées dans les clapiers d'une ville, elle éprouvait, malgré elle, malgré l'horrible dégoût qui l'avait assaillie lors de ses premières armes, cet étrange regret, cette maladie terrible qui fait que toute femme qui a vécu de cette vie retourne s'y plonger un jour ou l'autre ».[26] L'expression claquante « clapiers d'une ville », tout comme plus haut « vassale du premier venu » et « ouvrière en passions » qui sont des

---

25 Daudet, *Sapho* 102.
26 Huysmans, *Marthe* 55.

groupes de nature oxymorique, dénoncent, par un style d'une grande impressivité, le sordide de la vie des « filles ». Par ses oxymores avilissants qui naturalisent la description en indiquant le milieu de manière implicite, Huysmans revivifie le « topos » de la dépravation. Son vocabulaire, plus franchement naturaliste encore par sa crudité que celui de Zola et Daudet, possède un impact considérable qui sublime en creux le sordide, fait en quelque sorte apparaître dans la réalité quelque chose de fantastique. Stylistiquement parlant, il semblerait qu'il n'y ait pas « une » mais « des » écritures naturalistes : celle de Huysmans étant d'une complexité et d'une richesse plus grande que celles de Daudet et de Zola. Huysmans prendra d'ailleurs ses distances avec le naturalisme à partir de 1884 avec *A Rebours*, et, dans une préface rédigée vingt ans après la première parution de cette œuvre, il écrira que le roman naturaliste lui semblait usé : « cette école, [le naturalisme] qui devait rendre l'inoubliable service de situer des personnages réels dans des milieux exacts, était condamnée à se rabâcher, en piétinant sur place ».[27]

La peinture du milieu, sordide forcément, et l'importance de l'hérédité sont des « topoï » évidemment développés dans *Marthe*, *Nana* et *Sapho*, les trois romans « naturalistes », mais le second « topos » est également présent dans *Une Vieille Maîtresse*. Seulement, s'il s'agit pour les premiers romans d'une hérédité expliquant la déchéance, il s'agit pour Vellini d'une hérédité du cœur, de l'héritage d'une certaine aptitude à la passion. Celle-ci naît pour Barbey de ce qui est singulier, ici d'un couple parental oxymorique dans ses origines sociales. En effet, la mère de Vellini a fait preuve d'un tempérament passionné, elle s'est moquée des convenances pour vivre son amour, et Vellini, la créature asociale née de cette union tumultueuse et morganatique saura aimer avec la même ardeur ; en outre, fruit du péché, elle entraînera les autres au péché.[28]

Le dernier que nous relèverons ici est le « topos » que nous nommerons celui de la prostituée au grand cœur. Filles vouées au plaisir, les quatre

---

27 Joris-Karl Huysmans, « Préface écrite vingt ans après le roman », *A Rebours* (Paris : UGE « 10/18 », 1975) 55.
28 On sait que chez Barbey, la faute se transmet dans la filiation, comme par exemple dans *Un Prêtre marié* où Calixte Sombreval expie la faute de son père, le prêtre impie, (voir C. Boschian-Campaner, « La culpabilité dans *Un Prêtre marié* de Barbey d'Aurevilly » in *Actes du colloque « Barbes d'Aurevilly, Ombre et Lumières »*, [José-Marc Bailbé, éd. Rouen : Université de Haute-Normandie, 1990] 149-55).

héroïnes de ces œuvres fascinent les hommes honnêtes et les débauchent en leur faisant connaître les arcanes du vice, mais, à l'imitation de Nana qui est qualifiée de « bonne fille », les trois autres héroïnes se rapprochent du stéréotype évoqué : malgré les liens de certaines avec le diable, aucune des quatre n'est fondamentalement mauvaise. Nana aime son petit garçon et ne désire pas sciemment faire du mal à quelqu'un, Vellini ne veut pas qu'Hermangarde souffre de sa relation avec Ryno et se montre généreuse avec les pauvres, Sapho recueille le pauvre garçon dont le père est en prison et l'aime comme son fils ; quant à Marthe, elle pleure lorsque son amant lui annonce que sa mère est malade, et tout ce qui évoque l'enfance l'émeut profondément. Ce trait de la femme dépravée qui pleure en songeant à son enfance est par ailleurs souvent repris dans les romans réalistes : nous pensons en particulier à la magnifique scène de *La Maison Tellier* de Maupassant où, à la communion d'une enfant, toutes les filles de joie fondent en larmes parce que cette cérémonie leur rappelle une enfance où elles étaient innocentes. Autre point commun, aucune de ces femmes ne semble faite pour la maternité. Sapho n'a pas d'enfant, Vellini, Marthe et Nana, quant à elles, en ont un qui meurt en bas âge.

Chez ces femmes, l'ensorcellement ne vient pas, même pour les plus gracieuses, de la beauté mais plutôt d'une sorte de charme pervers. Ce sont avant tout des expertes en amour, elles séduisent parce qu'elles ont partie liée avec le vice. Vouées aux liaisons scandaleuses et au concubinage, Vellini, Marthe, Nana et Sapho se révèlent attirantes comme les abîmes. Analysons donc à présent la sorte d'amour inspiré par les femmes dépeintes.

Nana, Zola l'affirme lui-même, représente la dépravation des mœurs, thème qui est à la mode dans le dernier quart du dix-neuvième siècle mais que l'écrivain veut traiter en « anatomiste ».[29] Ce dernier se dit persuadé qu'« un fer rouge est le meilleur remède pour une plaie où s'est mise la gangrène »[30], ce qui est une réflexion étonnante de la part de quelqu'un qui ne se veut absolument pas moralisateur. Il écrit en outre : « Le sujet philosophique est celui-ci : Toute une société se ruant sur le cul. Une meute derrière une chienne, qui n'est pas en chaleur et qui se

---

29 Zola, *Nana* 413.
30 Emile Zola, *Les Rougon-Macquart*, édition établie par Henri Mitterand, vol. 2 (Paris : Gallimard, « Bibliothèque de la Pléiade », 1961) 1655.

moque des chiens qui la suivent. *Le poème des désirs du mâle*, le grand levier qui remue le monde. Il n'y a que le cul et la religion ».[31]

Nana a révélé les plaisirs de la chair au comte Muffat dont elle est la première aventure, et celui-ci, fervent catholique, la perçoit comme liée au diable : « Tout son être se révoltait, la lente possession dont Nana l'envahissait depuis quelque temps l'effrayait, en lui rappelant ses lectures de piété, les possessions diaboliques qui avaient bercé son enfance. Il croyait au diable. Nana, confusément, était le diable, avec ses rires, avec sa gorge et sa croupe, gonflées de vices. Mais il se promettait d'être fort. Il saurait se défendre ».[32] Même si Zola affirme le caractère éminemment symbolique de Nana, qui représenterait l'avilissement de toute une classe sociale, il n'empêche que ce personnage, très érotisé, semble être l'incarnation de ses propres fantasmes.

Vellini pousse les hommes à la même sorte d'amour. La passion de Ryno pour cette femme est brutale et physique : « Je voulais *l'avoir* à tout prix ».[33] « C'était un amour qui me brûlait le sang et la pensée ; c'était le faisceau de tous les désirs en un seul ».[34] « Elle m'allumait des sens jusque dans le cœur ! »[35] « Oui, notre amour [...] était surtout physique et sauvage. Seulement la possession, ordinairement si meurtrière, le vivifiait, l'accroissait, au lieu de l'anéantir. [...] les sens fatigués n'étaient jamais assouvis ! Vellini, d'entre toutes les femmes peut-être, était la seule qui savait en éterniser les voluptés délirantes ».[36] Avec Vellini, « L'ivresse croissait, mais la satiété ne se dressait pas au fond de l'ivresse ». Frôler sa peau après son mariage avec Hermangarde bouleverse Ryno car « Le corps, comme l'âme, a ses ressouvenances ».[37] La pureté et la beauté de la jeune Hermangarde, l'épouse de Ryno n'ont pas été assez forts par rapport au poids du passé. La corruption de Vellini l'emportera, et Ryno brisera son mariage en retournant à sa vieille maîtresse. Même si le comte Muffat perçoit Nana comme un suppôt de Satan, l'héroïne aurevillienne est, des quatre, la créature la plus diabolique, celle dont la conduite est

---

31 Zola, *Les Rougon-Macquart* 1655.
32 Zola, *Nana* 156.
33 Barbey d'Aurevilly, *Une Vieille Maîtresse* 285, mis en italique par Barbey d'Aurevilly.
34 Barbey d'Aurevilly, *Une Vieille Maîtresse* 300.
35 Barbey d'Aurevilly, *Une Vieille Maîtresse* 274.
36 Barbey d'Aurevilly, *Une Vieille Maîtresse* 301.
37 Barbey d'Aurevilly, *Une Vieille Maîtresse* 473.

la moins rationnelle. Par ailleurs, Vellini semble déjà liée au diable par le biais de la transformation fantastique dont elle est l'objet, et cet aspect est marqué par une série de signaux : le vert des vêtements, le vert étant la couleur diabolique par excellence, les bijoux en émeraude, pierre très présente pour ses fortes connotations dans les contes d'Hoffmann, ainsi que la comparaison avec les aspics, serpents que l'on trouve aussi chez le même auteur et dont le symbolisme n'est pas à rappeler. Vellini possède un visage « ténébreux », et nous croyons qu'il faut ici prendre l'adjectif dans son sens fort, en le rattachant au substantif « ténèbres » au sens religieux d'enfer, cette créature étant en effet un prince des ténèbres au féminin. Notre interprétation est avalisée par l'allusion, plus loin dans le portrait, à « un Archange tombé ». Si les archanges ont à l'instar des anges un sexe indécis, Vellini pourrait en être un, elle, qui, en dépit d'une « chute audacieuse des reins », a un « buste svelte et sans sexe » et qui est « agaçante comme l'Androgyne d'une volupté qui n'a pas de nom ».[38] Opposée à la pure Hermangarde, la jeune épouse, Vellini représente le Mal qui attise la jouissance, en effet, avec elle, « les sens fatigués n'étaient jamais assouvis ! Vellini, d'entre toutes les femmes peut-être, était la seule qui savait en éterniser les voluptés les plus délirantes ».[39] On notera au passage le « d'entre toutes les femmes » qui rappelle le « Je vous salue Marie », Vellini étant en quelque sorte une vierge « en creux ».

Tout comme Vellini, Sapho exerce sur son amant une emprise de nature essentiellement sexuelle. Celle-ci décuple lorsque Gaussin a connaissance de sa vie de luxure : « D'abord réservée avec la jeunesse de son amant dont elle respectait l'innocence, la femme ne se gênait plus après avoir vu l'effet, sur cet enfant, de son passé de débauche brusquement découvert, la fièvre de marécage dont elle lui avait allumé le sang. Et les caresses perverses si longtemps retenues, tous ces mots de délire que ses dents serrées arrêtaient au passage, elle les lâchait à présent, s'étalait, se livrait dans son plein de courtisane amoureuse et savante, dans toute la gloire horrible de Sapho ».[40] Sapho qui a derrière elle un « passé de débauche », a « allumé le sang » de Gaussin avec sa science du vice, cette « fièvre de marécage ». Ses caresses sont « perverses », et c'est tout

---

38 Barbey d'Aurevilly, *Une Vieille Maîtresse* 472.
39 Barbey d'Aurevilly, *Une Vieille Maîtresse* 273.
40 Daudet, *Sapho* 103.

ce qui fait « la gloire horrible de Sapho ». Ce sont ces pratiques qui attachent les hommes « tous enragés de vice et de corruption ». L'emprise du passé est dans *Sapho* présentée comme accablante, les expressions pour le dire rejoignent celles d'*Une Vieille Maîtresse*. Quand Gaussin tombe amoureux d'une jeune fille de son milieu, il s'en ouvre au dénommé Césaire en ces termes : « ...Quoi qu'il arrive, ce sera la délivrance que cette rencontre et cet amour. Tu connais ma vie ; tu as compris, [...] que je n'ai pas pu m'affranchir. Mais ce que tu ne sais pas, c'est que j'étais prêt à sacrifier fortune, avenir, tout, à cette habitude fatale où je m'enlisais un peu plus chaque jour. Maintenant, j'ai trouvé le ressort, le point d'appui qui me manquait ; et pour ne plus laisser de recours à ma faiblesse, je me suis juré de ne retourner là-bas que libre et séparé... A demain l'évasion... »[41] Mais Gaussin n'arrivera pas en fait à se délivrer de Sapho qu'il quittera pour mieux lui revenir et envisager de s'embarquer avec elle pour Arica, au Pérou où il a demandé à être nommé. Il a donc rompu à la dernière minute un mariage qui recevait l'aval de ses parents : « Il allait écrire à Bouchereau, [...] l'histoire de sa vie depuis la première rencontre avec cette femme quand elle lui avait posé sa main sur le bras, jusqu'au jour où, se croyant sauvé, en plein bonheur, en pleine ivresse, elle le ressaisissait par la magie du passé, cet horrible passé où l'amour tenait si peu de place, seulement la lâche habitude et le vice entré dans les os... »[42] On notera la force des expressions : « son passé de débauche », « la fièvre de marécage », « les caresses perverses », « la gloire horrible ». Le passé a, comme dans *Une Vieille Maîtresse*, un pouvoir de fascination mortifère. Gaussin parle de cette liaison qu'il appelle « habitude fatale » comme d'un esclavage épouvantable, il dit ne pas avoir réussi à s'« affranchir », verbe que l'on retrouve à plusieurs reprises dans le roman de Barbey d'Aurevilly. Ce sont, lit-on, ces pratiques qui attachent les hommes « tous enragés de vice et de corruption ». Gaussin, lorsqu'il veut la quitter, est ressaisi « par la magie du passé » où ne se trouve que « la lâche habitude et le vice entré dans les os... »

Il en va de même de Ryno qui ne semble pas choisir de retomber dans les bras de Vellini : il est irrésistiblement attiré par un passé de voluptés assujettissant. Il l'écrit dans une lettre : « Et Vellini n'eut qu'à se montrer,

---

41 Daudet, *Sapho* 277.
42 Daudet, *Sapho* 360.

une seconde fois, sur cette plage où je m'étais sauvé d'elle, pour me rejeter dans l'esclavage de cet asservissant passé, immortel comme la pensée, indestructible en nous quand on l'a vécu ».[43]

Si, dans *Marthe*, le passé est également présenté comme asservissant, c'est pour l'héroïne elle-même qui demeure captive de sa vie de débauche : « Comme toutes les malheureuses que la misère et l'embauchage ont traînées dans les clapiers d'une ville, elle éprouvait, malgré elle, [...] cet étrange regret, cette maladie terrible qui fait que toute femme qui a vécu de cette vie retourne s'y plonger un jour ou l'autre ».[44] Le passé apparaît donc comme le détenteur d'un pouvoir quasi magique enfermant les créatures dans un cercle satanique où les choses se perpétuent éternellement.

Les quatre romans étudiés présentent, quant au personnage féminin principal, des analogies, mais si l'on devait opposer les trois œuvres dites naturalistes à celle de Barbey d'Aurevilly, on pourrait dire que c'est essentiellement la manière dont les auteurs perçoivent la réalité qui les différencie. Barbey d'Aurevilly décrit fidèlement une réalité dont il perçoit avant tout le fantastique. Selon cette idée mise dans la bouche du narrateur du *Dessous de cartes d'une partie de whist* que « l'enfer, vu par un soupirail, devrait être plus effrayant que si, d'un seul et planant regard, on pouvait l'embrasser tout entier ».[45] Vellini, dont on ne connaît pas les sentiments et dont les motivations sont obscures, fascine davantage que si ses faits et gestes étaient expliqués : son personnage conserve un mystère qui le rend fantastique à un certain degré. Nous ne la connaissons qu'à travers le regard de Ryno qui est celui d'un homme subjugué, et c'est ce qui donne en partie sa dimension fantastique au texte et au personnage.

Evoquer le personnage de la concubine ou de la maîtresse dans quatre œuvres de la deuxième moitié du dix-neuvième siècle nous a amenée à repérer chez les naturalistes un lexique de la misère, des sèmes communs et un choix esthétique aux fondements idéologiques – voué à l'échec, qui est de vouloir reproduire la réalité et d'analyser implicitement, par la description entre autres, ce qui a conduit un personnage à sa déchéance. Dans les quatre romans, le vocabulaire du vice est abondant, mais, s'il

---

43 Barbey d'Aurevilly, *Une Vieille Maîtresse* 514.
44 Huysmans, *Marthe* 55.
45 Barbey d'Aurevilly, *Une Vieille Maîtresse* 133.

s'avère très péjoratif chez les trois naturalistes où domine l'idée de déchéance, la luxure brille chez Barbey d'Aurevilly d'un éclat inégalé, elle est magnifiée et ce qui est boueux et marécageux se trouve rehaussé par l'éclat des jouissances ressenties.

La présente étude met ainsi en lumière quelque chose de paradoxal : les écrivains naturalistes, qui se disent ennemis du ton moralisateur, donnent davantage le dégoût du vice, présenté dans leurs romans comme avilissant et destructeur, que Barbey d'Aurevilly, lequel se prétend « moral » dans ses préfaces. En bref, l'écriture naturaliste serait plus moralisante que l'écriture tendant vers le fantastique dans la mesure où la sublimation du texte par lui-même est d'emblée refusée, et où le regard naturaliste s'avère en définitive masqué d'*a priori*, normatif dans son esprit.

Par rapport aux trois autres personnages féminins, Vellini occupe dans cette galerie des courtisanes une place particulière grâce au regard et à l'écriture de Barbey d'Aurevilly, écriture qui se révèle peu sujette aux variations du goût : indépendante de toute école, elle n'obéit qu'à ses propres critères qui sont ici apparentés aux caractéristiques du fantastique. Le regard émerveillé de celui qui observe « par un soupirail » pour contempler une femme courtisane hors du commun sait, libre de tout critère sociologique ou moral « naturaliste », en discerner l'originalité absolue pour restituer à cette réalité de femme tout son fantastique.

Bibliographie

Barbey d'Aurevilly, Jules-A. *Une Vieille Maîtresse. Œuvres complètes*. Vol 1. Paris : Gallimard, « Bibliothèque de La Pléiade », 1964.

Boschian-Campaner, Catherine, « La culpabilité dans *Un Prêtre marié* de Barbey d'Aurevilly » in *Actes du colloque « Barbey d'Aurevilly, Ombre et Lumière »*. José-Marc Bailbé, éd. Rouen : Université de Haute-Normandie, 1990.

Cellier, Léon. « Le mythe de Manon et les romantiques français » in *L'Abbé Prévost. Actes du Colloque d'Aix-en-Provence*. Jean Fabre, éd. Aix-en-Provence : Ophrys, 1965.

Daudet, Alphonse. *Sapho*. Paris : Flammarion, 1888.

Gilroy, James P. *The Romantic Manon and Des Grieux: Images of Prevost's Heroine and Hero in 19th Century French Literature.* Sherbrooke: Naaman, 1980.

Huysmans, Joris-Karl. « Préface écrite vingt ans après le roman ». *A Rebours.* Paris: UGE, « 10/18 », 1975.

–. *Marthe: Histoire d'une fille.* Paris: UGE, « 10/18 », 1975.

Lecarme-Tabone, Eliane. « Manon, Marguerite, Sapho et les autres... ». *Romantisme* 76 (1992-ii): 23-41.

Zola, Emile. *L'Assommoir.* Vol. 2. Paris: Gallimard, « Bibliothèque de la Pléiade », 1961.

–. *Nana.* Paris: Garnier Flammarion, 1968.

–. *Les Rougon-Macquart.* Vol. 2. Paris: Gallimard, « Bibliothèque de la Pléiade », 1961.

Zola's Female Discourse: The *Orality* of the Text

Linda BEANE KATNER

Zola combines a number of literary techniques in innovative ways to achieve a surprising degree of orality in certain of his novels. According to the *Oxford English Dictionary*, the word *orality* refers to the « quality of being oral, or orally communicated. » Webster's *Third New International Dictionary* further defines orality as that which has « the quality or state of being oral. » The *Oxford English Dictionary* defines *oral* as that which is « uttered or communicated in spoken words; transacted by word of mouth; spoken, verbal. » In Zola's novels, the reader has the sense not only of reading the words on the page, but of hearing the voices of the characters as they speak. In this article, I will discuss how Zola uses various literary techniques in order to achieve an oral quality for his text.

This analysis of the orality of Zola's novels in the *Rougon-Macquart* series stems from an in-depth analysis of each piece of speech by women in *Germinal*, *L'Assommoir* and *Le Ventre de Paris*. Each piece of discourse was analyzed and arranged by speaker for each chapter. The discourse was labeled direct or indirect, and it was noted whether the discourse was summarized, paraphrased, or suppressed – either by other characters or the narrator. The length and function of each piece of discourse, its punctuation, rhythm, and subject matter was recorded. For comparison purposes, I have undertaken a similar analysis was done on male discourse in *Germinal*.

As a result of this analysis of discourse in Zola's text, striking differences in the characteristics of female and male discourse surfaced. First, I will discuss the poetices of punctuation in Zola, analyzing the use of ellipses and exclamation points; then I will discuss Zola's use of popular language and the *style indirect libre*, with concluding remarks on the overall effects of such techniques. These discussions will show how female discourse differs significantly from male discourse in the *Rougon-Macquart* series, and how Zola was striving to amplify authentic women's voices in the text, (re)producing in striking detail the nuances and subtleties of the female discourse of his time.

Ellipses

The poetics of punctuation in female speech is often exaggerated by an excessive use of ellipses, question marks and exclamation points, thus differing from male speech. The use of ellipses varies with the situation, as the ellipses have different meanings in female speech – they can indicate a change of intonation, the formation of a question, the loss of a train of thought, a search for words, the trailing off of a sentence, an interruption by an outside source, a hesitation for any number of reasons and a giving way to another speaker. Whereas men only occasionally use ellipses, they are incorporated into speech to an excessive degree by women of all classes.

Quotations used for illustrating this analysis of female punctuation in Zola will be presented as follows. Each quotation will represent part of a single conversation, and all corresponding lines spoken by the chosen character will be quoted, thus achieving a more complete picture of the density of punctuation marks. A slash [/] within a quotation will be used to note the intervening speech of another person. Numbers in parentheses will be used as reference points in the analysis.

The following three examples of ellipses are representative of this discourse phenomenon. In *Le Ventre de Paris*, Mlle Saget is a character who punctuates nearly every thought with ellipses. In the first chapter, she runs into Mme Lecœur:

> Oh! Mme Lecœur, si on peut dire... (1) Vous savez, une femme seule, je vis de rien... (2) J'aurais voulu un petit chou-fleur, mais tout est si cher... (3) Et le beurre, à combien, aujourd'hui? / Oui, oui, je ne sais pas, j'ai encore un peu de graisse... (4) Et votre nièce? / Vous étiez si bonne pour elle... (5) Elle devrait gagner de l'argent; les fruits sont avantageux, cette année... (6) Et votre beau-frère? / Toujours le même, hein? C'est un bien brave homme... (7) Je me suis laissé dire qu'il mangeait son argent d'une façon... (8). (*Le Ventre de Paris*, 80)[1]

Eight of the twelve sentences end in ellipses and four in question marks. It is clear from the conversation that Mlle Saget is soliciting information from Mme Lecœur. Note that all the ellipses occur at the end of and not

---

1 Emile Zola, *Le Ventre de Paris* (Paris: Garnier-Flammarion, 1971). All references to *Le Ventre de Paris* are from this edition.

within Mlle Saget's sentences. She is thus completing each thought before pausing. However, the overall effect is fragmented as Mlle Saget uses rather short sentences.

Her first four ellipses accomplish different things. The first is a vague reply to Mme Lecœur's question asking if she has stopped by in order to shop. Mlle Saget goes shopping first and foremost to gather information, and only secondly to buy things, which she rarely does. The pause of the first ellipsis prepares the way for the protestation that Mlle Saget needs practically nothing, while the second pause lets the words sink in. The third ellipsis emphasizes Mlle Saget's hesitation over price, as she pauses to calculate exactly how much she is willing to pay for the cauliflower. The fourth ellipsis again shows her hesitation to purchase anything that is not for sale at a rock-bottom price.

Effectively turning the conversation to a more personal level, Mlle Saget characteristically probes for information on la Sarriette and Gavard. Mlle Saget uses her knowledge that Mme Lecœur and her niece are feuding in order to ingratiate herself with the older woman. Mlle Saget chooses her words carefully for maximum effect, pausing between each sentence in order to give her words weight and importance, as in ellipses five and six. Ellipses seven and eight are meant to provoke further commentary from Mme Lecœur, who has shown an unwillingness to discuss her brother-in-law Gavard. Mlle Saget baits her with these two pauses, and they bear fruit, as Mme Lecœur goes on to complain at great length about Gavard.

The second example occurs when we first meet Gervaise in *L'Assommoir*. Her relationship with Lantier is failing, and she laments her situation after a particularly ugly confrontation with him:

> Ah! si vous n'étiez pas là, mes pauvres petits!... (1) Si vous n'étiez pas là!... (2) Si vous n'étiez pas là!... (3) / Tu le vois bien, peut-être... (4) Je vais laver tout ça... (5) Les enfants ne peuvent pas vivre dans la crotte. / De l'argent! où veux-tu donc que je l'aie volé?... (6) Tu sais bien que j'ai eu trois francs avant-hier sur ma jupe noire. Nous avons déjeuné deux fois là-dessus, et l'on va vite, avec la charcuterie... (7) Non, sans doute, je n'ai pas d'argent. J'ai quatre sous pour le lavoir... (8). (*L'Assommoir*, 42-43)[2]

---

2   Emile Zola, *L'Assommoir* (Paris: Garnier-Flammarion, 1969). All references to *L'Assommoir* are from this edition.

The punctuation of Gervaise's discourse reflects her emotions. Eight of the twelve sentences end in ellipses.

Zola introduces Gervaise's initial lamentation with the comment that she repeats it twenty times or more. The first three ellipses correspondingly indicate the repetition of the lamentation as a refrain. Pauses four and five come in response to Lantier's questioning of Gervaise as to where she is going. Gervaise carefully chooses her response, and these two ellipses reflect this deliberate wording. A further question from Lantier as to whether Gervaise has any money provokes her imitative retort, « De l'argent ! » Incredulity about Lantier's question is reflected in Gervaise's next question and pause. Pause seven follows a rational explanation of how what little money she had was spent, and offers Gervaise a moment to collect her thoughts for the final response to Lantier's question about money. The final ellipsis gives added impetus to her concluding remark that she herself refuses to earn money the way other women do, a not-so-veiled jab at prostitution and a personal claim of honest behavior.

Later at the wash house, Gervaise has a conversation with Mme Boche in which she gives an extremely fragmented account of her life history. Gervaise is beating her laundry during the conversation, punctuating her discourse with rhythmic and forceful strikes. The din of the surrounding machines and women working necessitates that Gervaise shout, thereby rendering her discourse even more abrupt :

> Oui, oui, blanchisseuse... (1) A dix ans... (2) Il y a douze ans de ça... (3) Nous allions à la rivière... (4) Ça sentait meilleur qu'ici... (5) Il fallait voir, il y avait un coin sous les arbres... (6) avec de l'eau claire qui courait... (7) Vous savez, à Plassans... (8) Vous ne connaissez pas Plassans ?... (9) près de Marseille ! (*L'Assommoir*, 47)

All of Gervaise's thoughts expressed in each fragment are complete, with the exception of thought six, cut in two by an ellipsis. Gervaise is working deliberately and rhythmically, and her discourse is spoken during the pauses between her strikes. Because Gervaise is working rhythmically, she has time for only limited discourse between her strikes, and these fragments of discourse have approximately the same length. Gervaise offers quite a bit of information in these utterances, despite their brevity. Note that this discourse is not interrupted by another speaker, but by her own personal motions. Gervaise provides closure to her account with an exclamation point. This example of ellipses is quite distinct from other situations, because work obligations enter the rhythm of Gervaise's discourse and affect its punctuation.

These examples analyze discourse by women who probe for or give information, gossip and argue. The excess of ellipses contained within these exchanges attests to the variety of meanings and uses that such ellipses hold. What is perhaps surprising is that so many ellipses do not indicate a general inarticulateness of the women speakers. Women are not pausing because they are groping for words, stumbling over structures or pronunciation, or losing their train of thought – Zola's women, on the contrary, are very articulate. Women pause because they are interrupted, choosing their words carefully, soliciting information, provoking responses, or working.

How can the plethora of ellipses in Zola's female discourse be interpreted? Why do women literally speak in ellipses, whereas men make only occasional use of pauses? Given what we know of Zola's search for the most realistic representation possible in his writing, it can be argued that women's obsessive use of ellipses is explained in part by their actual speaking behavior. It is quite clear that Zola's goal of producing a realistic depiction of society during the Second Empire included the authentic (re)production of the spoken word, with its particular rhythms, ebbs and flows. Zola's attention to detail in his realistic use of ellipses enhances the orality of the text.

Exclamation Points

The animated style of working-class female discourse is also realistically captured in Zola's novels. Women liberally use exclamation points when they are angry or excited, freely revealing their emotions during confrontations and in other situations. The following examples will show the varied use of exclamation points by women. Following a bitter quarrel with Lisa in *Le Ventre de Paris*, la Normande vents her anger:

> Elle est polie, cette grande bête de Quenu! (1) Est-ce qu'elle ne vient pas de me dire que je ne vendais que du poisson pourri! (2) Ah! (3) je vous l'ai arrangée!... (4) En voilà une baraque, avec leurs cochonneries gâtées qui

> empoisonnent le monde! (5) / Moi! (6) mais rien du tout! (7) pas ça, tenez!... (8) J'étais entrée très poliment la prévenir que je prendrais du boudin demain soir, et alors elle m'a agonie de sottises... Fichue hypocrite, va, avec ses airs d'honnêteté! (9) Elle payera ça plus cher qu'elle ne pense. / Le cousin! (10) vous croyez au cousin, vous!... (11) Quelque amoureux, ce grand dadais! (12) / Laissez donc! (13) est-ce qu'on sait jamais, avec ces grosses sainte nitouche, qui ne sont que graisse? Je voudrais bien la voir sans chemise, sa vertu!... (14). (*Le Ventre de Paris*, 130-31)

The first five exclamation points are a direct result of la Normande's anger at the charcutière. La Normande directs her fury at Lisa with insults punctuated by exclamation points. Exclamation points six through eight are laced with indignation as la Normande replies to Mlle Saget's inquiry as to what she has done to provoke the fight. Exclamation point nine emphasizes another attack on Lisa. The conversation then deteriorates into a full verbal onslaught of the charcutière, with Mlle Saget, La Sarriette and Mme Lecœur joining in. Emotions expressed here include anger, indignation and spitefulness.

Mlle Saget then asks a leading question about Florent, which la Normande jumps on with exclamation points ten through twelve. To protestations by the other two women that Lisa's virtue was unquestionable, la Normande retorts with exclamation points thirteen and fourteen. This excessive use of exclamation points to punctuate an angry discourse is not unusual, rather it is characteristic of Zola's female discourse. Zola's women are quick to take offense, and equally quick to vent their anger to anyone who will listen, which leads to heated exchanges loaded with exclamation points.

Catherine Maheud provides an interesting example of animated speech in *Germinal*, because her personality is normally so resigned. However, emotions overwhelm her subservient manner in two instances. The first takes place during the prolonged mob scene where Chaval is attacked for being a scab, and emotion overwhelms Etienne's reason. He seizes the moment to challenge Chaval to a duel. Catherine throws herself at Etienne, striking him as she protests:

> Lâche! (1) lâche! (2) lâche!... (3) Ce n'est donc pas de trop, toutes ces abominations? Tu veux l'assassiner, maintenant qu'il ne tient plus debout! (4) Vous êtes des lâches! (5) des lâches!... (6) Tuez-moi donc avec lui. Je vous

saute à la figure, moi! (7) si vous le touchez encore. Oh! (8) les lâches! (9). (*Germinal*, 335)³

Catherine's anger is a mix of protectiveness, outrage and indignation. Exclamation points one, two, three, five, six and nine stress Catherine's repeated initial objection to the mob's (and Etienne's) treatment of Chaval. She feels the mob is cowardly to beat a defenseless man and expresses this forcefully by repeatedly labeling the crowd « lâche. » Exclamation point four further emphasizes Catherine's objection to Chaval's treatment. Number seven stresses Catherine's threat to attack Etienne if he continues to beat Chaval. Even though the threat is comical because of Catherine's slight stature, it is nonetheless sincere. Exclamation point eight is an interjection which prepares the way for the repetition of Catherine's insult of the crowd. Catherine effectively uses her anger to face down the crowd, and save her lover from being beaten to death.

The final example covers the prolonged scene where Catherine and Etienne are trapped deep in the mine. Catherine's emotions swing wildly from fear — of Chaval, of darkness, of being alone, of being trapped, of starvation and death — to momentary and passing hope and jubilation. Catherine goes in and out of consciousness, hallucinates regularly, and reacts to the images, both perceived and real, in her mind. Her discourse here does not stem from a single conversation *per se*, but represents her communication during the prolonged scene. Catherine plaintively speaks to Etienne:

> Ah! (1) mon Dieu! (2) emmène-moi. Ah! (3) mon dieu! (4) j'ai peur, je ne veux pas mourir... Emmène-moi! (5) Emmène-moi! (6) Emmène-moi! (7) Emmène-moi! (8) Je ne veux pas mourir... Je ne veux pas mourir... / Ah! (9) mon Dieu! (10) c'est vrai... ça recommence, mon Dieu! (11) / Oh! (12) laisse, tu me casses les os. / Ah! (13) tue-moi aussi, ah! (14) mourons tous les deux! (15) / la mort souffle la lampe. / Ecoute! (16) Non, non, pas ça, là-bas, écoute! (17) / Hein! (18) est-ce une chance que j'aie appuyé la tête!... (19) / Dis donc, regarde... Qu'est-ce que c'est? / C'est lui, mon Dieu! (20). (*Germinal*, 477-87)

---

3 Emile Zola, *Germinal* (Paris: Garnier-Flammarion, 1968). All references to *Germinal* are from this edition.

Catherine is not always lucid during this period, and the distress of no food or water affects her discourse, which is fragmented, repetitive, excited, and sometimes incoherent. Fear and hope drive her emotions and punctuate her interjections and remarks. Interjections accented with exclamation points three and four repeat one and two. Numbers five through eight emphasize Catherine's repeated distress call for Etienne to save her and take her away. Exclamation points nine, ten, thirteen and fourteen again repeat the first two interjections.

Number twelve accentuates a variation on the theme « Ah! » (« Oh! »), and whereas eleven and twenty also echo earlier exclamations, they are now attached to specific observations that terrify Catherine. Exclamation point fifteen emphasizes Catherine's impassioned suggestion that they die together. Numbers sixteen and seventeen offer more hope, as Catherine excitedly draws to Etienne's attention that she hears the distant taps of rescue workers. Exclamation points eighteen and nineteen triumphantly stress Catherine's expression of joy that she has heard the taps. Horror and despair return in exclamation point twenty, as Catherine and Etienne are taunted by the dead, bloated body of Chaval, floating at their feet.

What can be gleaned from this analysis of punctuation in Zola? It is clear that Zola's verbally-oriented women often mix emotion with their discourse. Such emotion is rich and varied, corresponding to particular situations and speakers. Women do use exclamation points much more frequently than men. Is this to say that Zola's women are more excitable than men? Perhaps, but it is also clear that these women feel more free to express their anger, fear, and excitement than do men, and that this characteristic leads to an excessive use of exclamation points.

These women express their emotions directly to the object of their anger, as well as recounting said experiences after the fact to sympathetic friends. So much verbal confrontation is rarely seen between men, who are much more likely to physically fight, than verbally fight. In addition, men are less likely to commiserate later with their friends, thus explaining in part the unequal use of exclamation points. Zola's men keep their anger and emotions locked inside, or vent it physically on others. In conclusion, Zola's use of exclamation points enhances the orality of the text, because the reader more easily « hears » its emotion, phrasing and intonation.

Style indirect libre and Popular Language

In addition to the creative use of punctuation shown in female discourse of the *Rougon-Macquart*, Zola incorporated different narrative styles and introduced popular language into his works. Zola's achievements in these two domains complement the oral quality of his texts, which I will now discuss with particular reference to *L'Assommoir*. It is well known that the publication of *L'Assommoir* was very controversial and that Zola was denounced as obscene and insulting to working people for the language and content of the book (Deffoux 58-88). However, in one of the few analyses that were made of the work at the time, Huysmans saw the originality and importance of the language used in *L'Assommoir*:

> Un but presque impossible à atteindre, un but que personne n'avait, dans tous les cas, tenté de poursuivre encore: faire parler le peuple tel qu'il parle, raconter, dans sa langue, ses malheurs ou ses joies, et créer en même temps une œuvre d'art, voilà ce qu'a tenté de réaliser et ce qu'a réalisé l'auteur des *Rougon-Macquart*. Ses personnages ne parlent pas l'argot proprement dit, ils ne dévident pas le jars, ils ne parlent pas non plus la langue verte, célébrée par Delvau, *ils parlent l'idiome qui leur est propre*, un idiome pittoresque et férocement enluminé, un idiome intelligible à tout, quoi qu'on en dise, l'idiome des faubourgs enfin. [my italics][4]

Huysmans recognized both the innovation of Zola's adoption of popular language for *L'Assommoir* and the daunting task such an enterprise represented. In Zola's investigations of the working-class neighborhoods of Paris, he made extensive notes on and immersed himself in the language used in these communities.[5] In addition, Zola supplemented his first-hand experience and knowledge with the popular language dictionaries of the time. The overall effect of these endeavors was that Zola was able to credibly and effectively use the popular language of the Parisian working-class neighborhoods, not by imposing it on his characters, but by enabling his characters to use it as their living counterparts did.

4   Huysmans, quoted in Descaves, ed., « Emile Zola et *L'Assommoir* » in *Les Rougon-Macquart*, édition établie par Henri Mitterand, vol. 2 (Paris: Gallimard, « Bibliothèqe de la Pléiade », 1961) 182.
5   See Emile Zola, *Carnets d'enquêtes: Une ethnographie inédite de la France* (Paris: Terre Humaine/Poche, 1986).

Marcel Cressot also recognizes the enormity of the Zola's accomplishment in his use of popular language, making the critical distinction that Zola does not just use or incorporate popular language into his text, but *writes* in popular language. According to Cressot, such writing is not simply a case of inserting a popular language expression here and there in the text, but of making a character *think* in the popular language, which is an infinitely more difficult task. Cressot further posits that dictionaries are insufficient as for the complexity of this task; what is required is a thorough understanding and mastery of the popular language in all its nuances (Cressot 209).

A second innovation in Zola's text is the creative use of *style indirect libre*, which complements and enhances the inclusion of popular language. To clarify, Zola was not the first author to incorporate popular language into his text or use *style indirect libre* as a narrative form. The free indirect style had been widely used as early as the Middle Ages, only to disappear with the advent of baroque and classical literature (Niess 124). Whereas Balzac and Stendhal pioneered the reapparition of *style indirect libre* in French literature, it was Flaubert who propelled the narrative technique into a position of importance, and then Zola who took it to new heights, establishing *style indirect libre* as a « most useful midpoint between formal indirect style and the *contemporary style parlé*» (Niess 124).

Zola's use of the free indirect style helped him attain his goal of the realistic depiction of Second Empire society. Through this literary technique, Zola's characters in *L'Assommoir* are able to intimately reveal their inner thoughts without always having to express them in direct discourse. The *style indirect libre* expresses with equal effectiveness not only direct speech, but also all varieties of unexpressed thoughts, including visions, feelings, passions, dreams and imaginings (Niess 126). Zola uses the free indirect style as a bridge in order to move from his bourgeois authorial position closer to the actual lives and thoughts of working-class characters. The end result is that the novel provides a more vivid, spontaneous portrait of these characters. Whereas the general impact of Zola's innovative use of popular language and the *style indirect libre* has been previously discussed by critics[6], it is the painstaking application of pop-

---

6 For a broader discussion of the use of *style indirect libre* and popular language in Zola, see Edwin P. Grobe, « Narrative Technique in *L'Assommoir*, » *L'Esprit Créateur* 11.4 (1971):

ular language and the *style indirect libre* to working class female discourse which is pertinent to this discussion.

Zola's goal for *L'Assommoir* was to fully and accurately depict the working class of the *faubourgs*, thus allowing the readers an intimate glimpse never before seen of the lives and thoughts of the working-class women of Paris. The *style indirect libre* and the adoption of popular language therefore offered Zola two superb vehicles with which to achieve his goal. As a narrator using the *style indirect libre* and popular language, Zola adopts the mentality of the working-class people of the rue de la Goutte-d'Or, and lets the characters speak for themselves.

Zola becomes so involved in popular language, that it influences even his clearly narrative passages. The effect is highly realistic, and the end result is a text which is demonstrably closer to ordinary speech than to literary dialogue. The women of the working class are therefore triply exposed to readers — by their inclusion in the novel, by the use of authentic language, and by the free indirect style. These techniques allow us to enter into the women's private thoughts, which are personally expressed.

Niess identifies four types of *style indirect libre* found in *L'Assommoir*: 1) conventional, where there is a perceptible difference between comments made by the author and those made by the character; 2) choral, where a group articulates the reaction or comment, without a definite attribution to the idea expressed; 3) ambiguous, where the narrator's style descends too closely to the character's level of thought and speech, therefore making it difficult to establish who is speaking or thinking; and 4) where it is clear that Zola is expressing his own ideas (Niess, 130).

Discourse by working-class women in *L'Assommoir* embodies these four types of free indirect style. The following example of the choral type of the *style indirect libre* is included for illustrative purposes[7]:

56-66, Jacques Dubois, L'Assommoir *de Zola: Société, discours, idéologie* (Paris: Librairie Larousse, 1973), Robert J. Niess, « Remarks on the *Style Indirect Libre* in *L'Assommoir*, » Nineteenth-Century French Studies 3.1-2 (1974-1975): 24-35, and Marcel Cressat, « La Langue de *L'Assommoir* », *Le Français moderne* 8.1 (1940): 207-18.

[7] Examples of the other types of *style indirect libre* in *L'Assommoir* are as follows: 1) conventional – Gervaise discusses her views about relationships on page 66; 2) ambiguous – the Lorilleux arrive at Gervaise's house for her birthday party, and react to the banquet spread before them on pages 223-24; 3) Zola clearly expresses his own ideas – Zola discusses the adolescent Nana on page 360.

> Le quartier trouvait Gervaise bien gentille. Sans doute, on clabaudait sur son compte, mais il n'y avait qu'une voix pour lui reconnaître de grands yeux, une bouche pas plus longue de ça, avec des dents très blanches. Enfin, c'était une jolie blonde, et elle aurait pu se mettre parmi les plus belles, sans le malheur de sa jambe. (*L'Assommoir*, 157-58)

The collective voice of the neighborhood is exclusively, or overwhelmingly, constituted by women and thus, can be seen to be representative of female group discourse. This passage is reflective of the neighborhood women's initial positive attitude towards Gervaise. Furthermore, it illustrates how the use of the *style indirect libre* renders opinions more credible, because they originate from the primary source.

In this passage, the neighborhood women mentally size up Gervaise, judging her individual features and finally coming up with the overall judgment – she is a pretty blond. The reader senses that he or she is among these women, experiencing live the unfolding of the collective opinion and its conclusion. The reader is in fact much closer to these opinions than if they had been objectively expressed by the author or related in direct discourse. The very collectivity of the discourse would render expression by direct discourse clumsy at best. The *style indirect libre* thus allows for a seamless expression of these ideas, unhindered by formal locutions.

The following example illustrates another interesting facet of the *style indirect libre* – the articulation of working-class wisdoms, or old-wives' tales prevalent at the time (Dubois 147). The free indirect style lends authenticity to the proverbs and expressions. In this lengthy passage, which I will quote only in part, Zola explores the psychological dilemma which Gervaise faces, taking care of both Lantier and Coupeau:

> Entre ces deux messieurs, Gervaise ne riait pas tous les jours. Elle n'avait pas à se plaindre de sa santé, Dieu merci! Elle aussi devenait trop grasse. Mais deux hommes sur le dos, à soigner et à contenter, ça dépassait ses forces souvent. Ah! *Dieu de Dieu! un seul mari vous esquinte déjà assez le tempérament!...* Les jours où ils rentraient furieux, c'était sur elle qu'ils tombaient. *Allez-y! tapez sur la bête!...* Lantier, au contraire, choisissait ses sottises, allait chercher les mots *que personne ne dit* et qui la blessaient plus encore. *Heureusement, on s'accoutume à tout...* Au bout de la semaine, elle avait la tête et les membres cassés, elle restait hébétée, avec des yeux de folle. *Ça use une femme, un métier pareil.* [my italics] (*L'Assommoir*, 300)

Using the *style indirect libre*, Zola delineates between Gervaise's individual reactions to the situation, and those reactions (italicized) which are representative of typical working-class women.[8] The expressions in italics are common sayings used to characterize a working-class woman's situation. By making this distinction, Zola adds poignancy to this description of Gervaise's suffering and draws attention to the universality of her situation. It is not just Gervaise who is trapped in a dreadful domestic situation – the popular sayings she uses attest to the general prevalence of unhappy households. Zola is again revealing the profound sympathy he feels for the working class in general, and for women in particular.

The *style indirect libre* in *L'Assommoir* is not always precisely delineated, as there are moments when the narrative style itself is ambiguous. The end result is that it is sometimes difficult to determine just where the free indirect style begins, and where authorial narration ends. Whereas some critics have attempted to quantify the presence of the different narrative styles in the novel[9], mere numbers have no relevance to this discussion. Let it suffice to say that the *style indirect libre* is omnipresent in the novel and is used in nearly every exchange. As such, its impact on female discourse can not be underestimated.

The different types of *style indirect libre* offer these glimpses and thereby provide for the reader an accurate, authentic portrayal of the lives of working-class women. The free indirect style puts the reader in touch with the private mentalities and innermost thoughts of the female characters and offers an introduction to the popular wisdoms, predetermined attitudes, and collective reasonings of the time. The *style indirect libre* gives working-class women a second possibility for articulating their thoughts, in addition to direct discourse. Through the free indirect style of narration, working-class women actually assume responsibility for part of the novel's narration, as the author/narrator (Zola) steps aside to let them speak and express themselves. The overall affect of this is that the narration becomes polyphonic[10], with the characters sharing the narrative duties with the author. The reader finishes *L'Assommoir* with a more instinctive, profound understanding of the working-class women of Paris, precisely because of these two phenomena – the free indirect

8   For a general discussion of this characteristic of Zola's *style indirect libre*, see Grobe 64.
9   For one example of an attempt to quantify the *style indirect libre* in *L'Assommoir*, see Dubois.
10 The term *polyphonic* is defined here as *many-voiced*.

style and the use of popular language. Even though the discussion of popular language and the free indirect style concentrates on *L'Assommoir* in this section, the basic principles and theories of the analysis can be applied to other novels as well.

Zola innovatively created an overwhelmingly *oral* text in his novels, that the reader *hears* as well as reads. The surprising *orality* of the text is achieved through punctuation, intonation, and phrasing, as well as the extensive and inspired use of popular language and the *style indirect libre*. Zola's creative use of these literary techniques heightens the reader's appreciation for and knowledge of the discourse habits and speech patterns of working-class women of the Second Empire in Paris.

Bibliography

Cressat, Marcel. « La Langue de *L'Assommoir* ». *Le Français moderne* 8.1 (1940): 207-18.

Deffoux, Léon. *La Publication de L'Assommoir.* Paris: Société française d'éditions littéraires et techniques, 1931.

Dubois, Jacques. L'Assommoir *de Zola: Société, discours, idéologie.* Paris: Librairie Larousse, 1973.

Grobe, Edwin P. « Narrative Techniques in *L'Assommoir.* » *L'Esprit Créateur* 11.4 (1971): 56-66.

Brian, Nicholas and Gregor, Ian. *The Moral and the Story.* London: Faber & Faber, 1962.

Niess, Robert J. « Remarks on the *Style Indirect Libre* in *L'Assommoir.* » *Nineteenth-Century French Studies* 3.1-2 (1974-1975): 124-35.

Place, David. « Zola and the Working Class: The Meaning of *L'Assommoir.* » [1877] *French Studies* 28 (1974): 39-49.

Zola, Emile. *Au Bonheur des Dames.* Paris: Livre de Poche, 1984.

–. *L'Assommoir.* Paris: Garnier-Flammarion, 1969.

–. *Carnets d'enquêtes: Une ethnographie inédite de la France.* Paris: Terre Humaine/ Poche, 1986.

–. *Germinal.* Paris: Garnier-Flammarion, 1968.

–. *Les Rougon-Macquart.* Vol. 2, Paris: Gallimard, « Bibliothèque de la Pléiade », 1961.

–. *Le Ventre de Paris.* Paris: Garnier-Flammarion, 1971.

Characterizations of Group Discourse by Working-Class Women in Emile Zola's *Rougon-Macquart* Series

Linda BEANE KATNER

Emile Zola privileges female group discourse in the *Rougon-Macquart*, giving it power and force, and a life of its own. Female group discourse influences the unfolding of events in many novels and supersedes male group discourse in effectiveness and importance. The women of the working-class live and work surrounded by each other, and participate in activities that bring them together and allow, even encourage, group discourse. Zola shows women of the working-class gathering together on a daily basis in streets, shops, markets, and in their homes to exchange information or provide commentary on the day's events. Historically, individual working-class women have had little opportunity to effectively improve their personal and professional lives. By bringing together and uniting their voices, working-class women attempt to pool their resources in order to influence and change the world around them.

Four discernible types of group discourse by women exist in Zola's *Rougon-Macquart* – group discourse that assumes the defined role and function of a classical Greek Chorus, discourse in the form of rumors, discourse in a defined milieu and discourse in a crowd or mob. The four types of group discourse occur with differing frequency, and have varying importance in the four novels. Each type of group discourse will be examined in turn.

Female Group Discourse in a Greek Chorus

In group discourse serving the function of a Greek Chorus, the group speaks either in a coordinated fashion about events as they unfold in the story, or a leader speaks with followers repeating or embellishing the original discourse. The Chorus either stands apart from the action, observing, commenting on, and/or explaining events, or it integrates itself directly into the action. In all cases, the declarations of the Chorus hold great weight with its audience, which is the people of the surrounding neighborhood. The Chorus is in a privileged position to directly influence public behavior and opinion, and acts independently of the narrator.

The best example of this type of discourse in the *Rougon-Macquart* is a trio of female characters in *Le Ventre de Paris* – Mlle Saget, la Sarriette, and Mme Lecœur. These women are constantly present in the novel to comment on and interpret unfolding events. They keep a vigilant watch over the neighborhood and gather information on a continual basis. The Chorus keeps tight control of rumors and is an omnipresent force in the novel. As the leading speaker of the Chorus, Mlle Saget fully realizes that information can be extremely valuable. She is defined by her role of Chorus speaker and has little or no other interest or purpose in life. La Sarriette and Mme Lecœur leave their shops at a moment's notice if something extraordinary is happening in the neighborhood. All three women give priority to their activities as Chorus members in the novel.

The Chorus, under the direction of Mlle Saget, uses information as one would wield a weapon. In a position of power that comes as a result of having information, the Chorus extorts favors from its audience. The behavior of the Chorus follows a pattern. Information is gathered, often by Mlle Saget who devotes her entire day to this activity, and shared with the others. Then it is discussed and dissected endlessly, with all members giving their opinions, until they agree on a unified interpretation. After the judgement is reached, it is given to the audience. The fortunes of several characters in the novel rise and fall with the judgement of the Chorus, including M. Gavard, Lisa, la Normande, Florent, and others.

We are first introduced to members of the Chorus on Florent's first day in Paris. Mlle Saget and Mme Lecœur are having a conversation when we meet them, and the latter comments that she has left her shop unattended to talk with Mlle Saget. They are thus initially defined by their gossiping together, which will be their first and foremost activity in the novel. The women discuss Mme Lecœur's feelings toward her niece, la Sarriette, and her brother-in-law Gavard. Mme Lecœur expresses a deep disdain for Gavard, which will guide her behavior as a Chorus member. While conversing, Mlle Saget and Mme Lecœur observe Florent's surprise reunion with Gavard. The women's two primary activities – talking and observing – thus merge in this revelatory scene.

Gavard fully understands the importance or danger of this merger, and reacts quickly, « Ne restons pas là, venez... il y a des yeux et des langues de trop »[1]. Gavard thereby reduces Mlle Saget and Mme Lecœur to eyes and tongues, a symbolization which effectively depersonalizes them. The fact that the women observe this important reunion foreshadows their close involvement in the destinies of both men. Mme Lecœur's rancor against Gavard and Mlle Saget's piqued curiosity about Florent's identity, find expression in this scene and these emotions will drive the women's individual and collective behavior.

Chorus members are present to observe and provide commentary for successive neighborhood events. They scrutinize and publicize Gavard's offering the post of fish inspector to Florent, la Normande's quarrel and eventual reconciliation with Lisa, the involvement of Florent and Gavard in Lebigre's political club, Florent's lessons with Muche at la Normande's house, Lisa's reaction to neighborhood rumors, and the subsequent arrests of Florent and Gavard. The Chorus functions like a machine that collects and feeds on information, processes it, and produces rumors in its wake. Without information, the Chorus has no « fuel, » and cannot function. Zola notes, in fact, that Mlle Saget becomes almost incapacitated because she cannot initially identify Florent.

The principle techniques of the Chorus in action are exaggeration, invention, accusation, insult, emotion, and repetition. The Chorus is the unquestioned champion of grudges and revenge and is consulted by la Normande and others during the course of the novel. The power of the Chorus to spread information and influence public behavior and opinion is well recognized by its audience. When a condemnatory judgement is reached, it rings true like prophesy, because the community follows the dictums of the Chorus. Gavard and Florent are first condemned by the Chorus before being betrayed by the community.

Zola's Chorus shares many characteristics of a classical Greek Chorus: it is composed of women; these women are omnipresent in the novel and offer commentary and explanation of what is going on; the women are to some extent marginalized individually, but gain a degree of power and strength by uniting their voices; and the Chorus has authority with its audience, which looks to it for guidance. In addition, the women recognize

---

[1] Emile Zola, *Le Ventre de Paris* (Paris: Garnier-Flammarion, 1971) 82.

the centrality of their roles as Chorus members and abandon other pursuits when important events occur. The group discourse of the Chorus therefore plays an important role in *Le Ventre de Paris*.

Female Group Discourse As Rumors

Whether spread by individuals or groups, rumors have tremendous influence on the behavior of individuals and the community. Zola presents rumor-mongering and gossip as a favorite activity of women, thus making rumors a predominantly female tool of discourse. Rumors are created, spread and listened to primarily by women and are often taken seriously by spreaders and victims alike. The power of the rumor to influence the course of events cannot be underestimated, as will be shown in the following examples.

Both individuals and groups effectively circulate rumors in *Le Ventre de Paris*. If an individual initiates a rumor, she often relies on groups in order to more widely circulate her information. Mlle Saget, la Normande and la Mère Méhudin all tell their information to groups, but for differing purposes. Mlle Saget, in her role as Chorus speaker, spreads rumors to strengthen her control over information, and thereby increases her power, and that of the Chorus. In contrast, la Normande and her mother, la Mère Méhudin, spread rumors in order to gain sympathy from neighbors and exact personal revenge.

We can follow the steps of a day in the life of a rumor when the secret about Florent's past is circulated in the neighborhood. The rumor starts out as a brief narrative whispered by members of the Chorus. As the rumor is spread, new versions are created, and the episodes of the story become longer. The story achieves the status of a legend as rumor-mongers freely ad-lib and exaggerate, stretching their imaginations. What starts out as a simple truth very quickly explodes and achieves near epic proportions.

Mlle Saget is a case study of a woman who lives to control and spread rumors. She fully recognizes that having information about someone else signifies having the means to control them. Consequently, Mlle Saget divulges nothing about herself to the neighborhood women. Considering information to be more important than money, she makes daily rounds of the shops, soliciting « payments » in food for her information. The shopkeepers oblige Mlle Saget, because they fear the wrath of her « langue redoutée » ; they recognize the power that both she and the Chorus have.

Various characters in *Le Ventre de Paris* recognize the power of rumors and are affected by them. Mlle Saget is thwarted in her information gathering because of rumors spread by Gavard and Clémence. Florent and Gavard are brought down in part because of rumors spread by the Chorus. And Lisa modifies her behavior to stave off the consequences of damaging rumors about Florent. Even though she dismisses rumors about Uncle Gradelle's inheritance and her feud with la Normande as benign, she takes rumors about her family and livelihood very seriously. After the rumor about Uncle Gradelle's death in the kitchen hurts business, Lisa sells the shop and opens a new one. Lisa's behavior toward Florent is also constantly motivated by neighborhood rumors. She initially accepts Florent into the family, but withdraws her support when Florent's political activities stir negative rumors in the neighborhood. In order to keep abreast of these rumors, Lisa flatters Mlle Saget.

Rumors play an important, though smaller role in *Au Bonheur des Dames*. In this novel, individuals and groups spread rumors, which influence individual and collective behavior. However, such activity mainly centers on sales clerk Denise Baudu. Denise's tenure in the mantle department is very difficult because coworkers make her life miserable. She suffers greatly from gossip about her appearance, her competence, her past, her personal affairs and moral conduct. Denise's rivals use the rhetorical techniques or weapons of supposition, invention, imagination and exaggeration against her. Unsubstantiated rumors are accepted as truth by the workers of the department store. Denise even loses her position because of rumors spread about her supposed moral misconduct. She will later decide to quit for the sake of appearance. We can fully see the power of rumor here, taking precedence over clear fact.

Rumors also play an important role in *L'Assommoir* and influence the behavior of Gervaise. Rumors circulate extremely well in a fixed environment — the market in *Le Ventre de Paris*, the department store in *Au Bonheur des Dames*, and the neighborhood in *L'Assommoir*. The individuals who effectively use groups of women to spread rumors in *L'Assommoir* are Mme Boche, Mme Lorilleux, Virginie, and Maman Coupeau. As concierge, Mme Boche is in a natural position to spread worrying rumors about

Lantier to Gervaise, which provoke the fight scene with Virginie at the wash house. Hoping to seek personal revenge from that humiliating defeat, Virginie later spreads troubling rumors to Gervaise about Lantier. The wash house battle caused by rumors thus becomes the catalyst for further rumors. Maman Coupeau also spreads damaging rumors about Gervaise's sexual misconduct.

However, it is the forked tongue of Mme Lorilleux which does the most damage to Gervaise's reputation. Mme Lorilleux attacks Gervaise about her friendship with Goujet, the boutique's extensive renovations, her relations with Lantier, and her treatment of Nana. This continued assault of rumors finally comes to fruition when Gervaise sleeps with Lantier and neighborhood opinion is irreversibly changed against her. The loss of neighborhood support and her own moral degradation condemn Gervaise. The degree to which rumors influence Gervaise varies in relation to her fortunes in the novel. She is initially very sensitive to the negative rumors spread about her, but dismisses the rumors when she attains financial security and acceptance by the neighborhood. As her moral integrity deteriorates, Gervaise increasingly rejects what others say about her. In her marginalized state, concerns about survival take precedence over the state of her reputation in the neighborhood.

We have seen how women use rumors as a powerful tool to further their own ambitions, seek revenge, or block the success of others. Rumors have the power to change individual and collective behavior and thus, they act as motivating elements in society. Rumors are an important type of discourse in Zola's working-class neighborhoods.

Female Group Discourse in a Defined Milieu

Defined Milieu group discourse is occupationally or locationally delineated. This discourse is typically characterized by fragmentary utterances, often spoken in unison with unidentified speakers. In addition, Defined Milieu discourse tends to be passive, spoken in reaction to events or other discourse. We find this type of discourse spoken by the laundresses and florists of *L'Assommoir*, the fishwives of *Le Ventre de Paris*, and the clerks of *Au Bonheur des Dames*.

Zola opens *L'Assommoir* with an extraordinarily vivid description of neighborhood workers going to their jobs. His description of the women workers is significant: « Aux ouvriers avaient succédé les ouvrières, les brunisseuses, les modistes, les fleuristes... elles allaient par bandes de trois ou quatre, causaient vivement, avec de légers rires et des regards luisants jetés autour d'elles... »[2]. The male workers, drinking, coughing and spitting, *but not conversing*, have already passed by. We will see that the women workers, in general, continue their conversations at the workplace, rendering more bearable otherwise tedious jobs. The men, on the other hand, work in grim silence – for example, Goujet and his co-workers at the foundry, the zinc workers at the construction site, and the miners at the mines.

Later in the morning, Zola introduces us to the laundresses at the wash house where Gervaise and Mme Boche take their laundry. The laundresses are intrigued by the ensuing battle between Gervaise and Virginie, and are at first highly amused. But their amusement turns to approbation when the fight worsens. Speaking all at once, and unidentified, the laundresses react to the action and give their opinions. Without names attached to the discourse, it is lost in a sea of faces. Zola also attributes the women's discourse to *le lavoir*, thereby identifying the women by their function or location. At other times Zola uses *la rue*, *la maison*, *le quartier*, *le coron*, and *l'atelier* to mean the women who live and/or work in these places.

The workers in Gervaise's boutique form a second Defined Milieu discourse. They often engage in frivolous conversation, gossiping about the clients or each other, seeking diversion from their monotonous work. However, it is clear that work and conversation do not mix well, because the amount of conversation in the boutique is in direct inverse relation to the amount of work done. As conversations increase, Gervaise's morals decline and the boutique suffers. A break for the workers means a chance to chat together, sharing confidences and dreams. The workers try to extend these breaks as long as possible because talking is much more pleasurable than working.

The discourse of the florist apprentices supervised by Mme Lerat forms a third Defined Milieu group. In the loose atmosphere of the workshop,

---

2   Emile Zola, *L'Assommoir* (Paris: Garnier-Flammarion, 1969) 39.

experimenting with and expressing sexual ideas in discourse precede direct action. The apprentices engage in elaborate sexual innuendos and word plays and are thus accomplished wordsmiths who practice their verbal craft even as they learn an occupation. Zola emphasizes that the formation at the workshop inspires sexual behavior to complement or fulfill verbal aspirations. As with Gervaise's workers, the apprentices would rather talk than work and find overtly sexual pleasure in discourse.

In *Le Ventre de Paris*, the fishwives form a Defined Milieu group. They are an integral barometer of the feelings of the neighborhood women. When la Normande learns that Florent will be the new inspector, she leads the fishwives' revolt. They invent new provocations each day, causing Florent to thus ruminate that his pupils were never this vicious. The fishwives are likened to hungry animals of prey, ready to verbally shred their victims. Florent is driven to end the fishwives' revolt through a brutal show of force, which earns him their respect and admiration. In fact, the fishwives support Florent until the neighborhood pressures them to abandon the inspector.

We have seen how the Defined Milieu workers use speech to escape from tedious work. Defined Milieu group discourse is important because it shows how discourse is shaped by occupation and work surroundings. This type of discourse is more spontaneous than planned and more passive than that of the Chorus or of rumors.

Female Group Discourse in a Crowd or Mob

Germinal offers the best example of the force of group discourse by women in a crowd or mob. Women miners and miners' wives gather together before and during the strike to discuss and protest their working and living conditions. As the economic situation of the coron worsens, the crowd discourse becomes increasingly militant, changing from discussion to protests and recommendations to damage property and harm persons seen as symbolic of the hated company regime. In mass demonstrations, this discourse reaches a frenzied pitch of violence and vitriol which far surpasses male group discourse. Crowd discourse gathers power of its own and grows in importance even as it is expressed, and reaches by far the highest level of emotion and energy of the four types of discourse.[3] There are four major scenes in *Germinal* which illustrate crowd discourse by women.

The first crowd scene happens in reaction to Mme Hennebeau's visit to the coron. La Levaque et la Maheude are chatting when the bourgeois visitors arrive and entire groups of women soon form outside, commenting and speculating on the visit. News of the visit spreads quickly and incites the curiosity of « le coron entier », that is the women of the coron. As the women comment on the visit, their remarks are unidentified. The dialogue is animated, full of speculations about suspected financial and moral misconduct of la Maheude and Mme Hennebeau. When the visitors finally leave, there is an explosion of garrulous voices and gestures from the gathered women. But their mood changes abruptly as three o'clock tolls in the coron. The workers are returning from the mine and the women rush home « dans un effarement de ménagères que trop de café et trop de cancans avaient mises en faute. »[4] The fact that the women feel guilty for their discourse is significant. They feel that their domestic duties come first – talking together is thus presented as a luxury which detracts from domestic responsibilities.

The second crowd scene is provoked by the miners' pay, which has been reduced because the miners are organizing. The women of the coron react forcefully to this news – they open their doors and shout into the streets, as if their houses were not capable of containing their lamentations. The women call to their neighbors, seeking solace in the presence of each other. They come together to find strength and to unify their voices. As the women lament the disastrous pay, rain is falling, becoming heavier as the discourse becomes more violent. Speech is again unidentified, thus reflecting the globality of the sentiments expressed.

The women discuss the dire economic consequences of this development. The mood worsens when la Brûlé provokes the crowd by mentioning that the bourgeois managers have been buying fresh fish. The symbol of fish, a luxury, enrages the women and leads to a heated discussion of the workers having their day and claiming their rights, because the company takes food from their mouths. Their forceful

---

3   For a broader discussion of other aspects of group action by women in Zola, see Naomi Schor's *Zola's Crowds* (Baltimore: Johns Hopkins University Press, 1975).
4   Emile Zola, *Germinal* (Paris: Garnier-Flammarion, 1968) 127.

protests inspire the men to decide to strike later that night. While the women are outside, freely venting their anger, the men are confined inside, and silent. This is a startling role reversal, because we expect the women to be bound by the confines of the home, with the men moving freely. But the women's forum is the streets — fixed structures cannot hold their cries and fury.

Throughout the prolonged third scene, women physically and emotionally take center stage in the revolt. Their voices overwhelm Etienne's pleas for reason, as authority passes to la Brûlé. She incites the crowd to violence as it stampedes from mine to mine. Zola uses rich images to portray the women of the marauding mob. Starving and bedraggled, they use their sex as a tactical weapon to shield the men, who follow behind in herd-like confusion. Babies are waved in the air as flagbearers would carry a standard, and the younger women, who brandish clubs and sticks, are likened to female warriors. Most fascinating are the old women who scream so loudly that their vocal cords stretch to the breaking point. Chaval, Cécile and Maigrat all suffer the wrath of the women. After falling to his death, Maigrat's corpse is insulted, then castrated. The scene ends with a grisly parade of the castrated penis impaled on the end of la Brûlé's stick, followed by screaming women. Emotions have completely overwhelmed reason at this point.

The fourth scene details a very tense battle between the miners and their wives, and the soldiers who are guarding le Voreux. Etienne's voice of reason is again overwhelmed by the women's fighting words. The women take the initiative by expressing their protest and discontent, while the men listen passively. The crowd verbally taunts the soldiers, but is outgunned, as it were, because mere words are ineffective against the soldiers' loaded rifles and bayonets. The women therefore resort to physical force as they pelt the soldiers with bricks. La Maheude reflects the mood of the women as she verbally shames her passive husband into participating in the attack. Lacking personal initiative, Maheud is representative of the men in that he takes orders from his wife. This reversal of stereotypical roles is again unexpected, yet significant. Pushed to the breaking point by the attacking crowd, the soldiers eventually fire on the mob.

Crowd discourse by women is powerful in *Germinal*. Zola's women champion the call to justice. They inspire the strike by refusing to accept reduced pay, galloping to the front lines of the mob and lashing out at hated symbols of authority. The women embrace a leadership role in the strike and encourage revolt by example. Women end up much more articulate than men in mixed gender crowd scenes, a point which leads to my conclusion.

This analysis of group discourse by the women of the working-class in Emile Zola's *Rougon-Macquart* series has yielded significant and sometimes surprising results. We have seen how these women have taken advantage of work and daily living situations in order to unite their voices in group discourse. Whether intentional or spontaneous, Zola's women seek each other out to share information, comment on events, plot strategy, complain or offer advice or consolation. Marginalized from the male power and authority hierarchy, women create their own communication systems and often use discourse to their advantage as a power tool. It can be argued that Zola's working-class women find more strength and legitimacy in uniting their voices, than they can find on an individual basis.

If we compare group discourse by working-class women with the discourse of their counterparts, striking differences surface. Firstly, discourse between working-class women, whether on an individual or group basis, is much more prevalent than either discourse between women and men, or between men. Zola's women are very verbally oriented, and freely express their opinions. Women are more often portrayed gathering in groups than are men and are depicted more often in working situations. When men are shown working, they work in silence. In mixed-gender crowds, men often remain silent until encouraged or shamed by the women to speak out. In addition, there is no corresponding male group to the female Chorus of *Le Ventre de Paris*. As well, we have seen how gossiping is an overwhelmingly female activity. Zola's working-class women speak out as never before in French literature, and we still hear them today.

Bibliography

Schor, Naomi. *Zola's Crowds*. Baltimore: Johns Hopkins University Press, 1975.

Zola, Emile. *Au Bonheur des Dames*. Paris: Livre de Poche, 1984.
–. *Germinal*. Paris: Garnier-Flammarion, 1968.
–. *L'Assommoir*. Paris: Garnier-Flammarion, 1969.
–. *Le Ventre de Paris*. Paris: Garnier-Flammarion, 1971.

La *mère mégère* in Zola

Susan S. Hennessy

Zola's attitudes toward women's rights and women's roles as wife and mother have often fueled lively debate among his readers, whether they consider his fiction or his political writings. His statement, « Il faut avant tout libérer la femme, libérer son corps, libérer son cœur, libérer son intelligence » (*Mes Haines*, 10 : 91) contrasts strongly with this opinion on woman's place in society : Il faut « rétablir le couple... en employant la femme pour le bien et l'amélioration de l'homme » (*Mes Haines*, 10 : 87).[1] In other words, women deserve freedom as long as they use it for the betterment of their spouses. Chantal Jennings talks at length about this contradictory viewpoint, showing how Zola's ambivalent conception of women gives rise to characters who are contradictory at best.

The female figure I would like to discuss today is at the heart of this questioning of traditional male/female roles in nineteenth-century French society. As Barthes says in his discussion of the characters of Balzac's *Sarrasine*, « [T]he symbolic field is... that of castration : of *castrating/castrated, active/passive.* »[2] Some of the more celebrated mother figures of *Les Rougon-Macquart* portray this sexual alienation and indistinction through violent, castrating behavior.[3] If, as Jennings states, Zola « prend... la défense de la femme en qui il voit un être bafoué et asservi par l'homme et la société »,[4] we must recognize *a priori* that the *mère mégère* is an exception, for she is anything but pushed around. At the same time, if she stands out for her independence, she is also maligned for it, since « l'émancipée... fait parfois figure de monstre »,[5] The castrating or monstrous mothers of *Les Rougon-Macquart*, such as Eléonore Josserand of *Pot-Bouille*, and la Grande of *La Terre*, inspire fear and contempt. In all instances, their hateful manner and violent acts can be

---

1 Chantal Jennings, « Zola féministe ? » *Les Cahiers naturalistes* 45 (1973) : 10.
2 Roland Barthes, *S/Z*, trans. Richard Miller (New York : Hill and Wang, 1974) 36.
3 Emile Zola, *Œuvres Complètes,* 41 vols. (Paris : Fasquelle, 1929). References to *Les Rougon-Macquart* will be given in parenthetical form.
4 Jennings 174.
5 Jennings 13.

described as castration since they demonstrate an assertion of power over and a domination of their victims.

As is often the case in Zola's work, the physical descriptions of the mothers play a determining role in their personalities and foreshadow their behavior. Eléonore Josserand, la Grande, la Brûlé of *Germinal*, and M`me` Chanteau of *La Joie de vivre* are all described as figures of war, monsters, animals or witches. These seemingly facile classifications are signi--ficant since each incarnation commands respect through fear. M`me` Josserand « [avait]... l'air d'un sergent prêt à punir d'une gifle une faute de théorie » (11 : 58). M`me` Chanteau «... était là, debout, barrant le palier ainsi qu'une sentinelle » (13 : 155). La Grande... « marchait le bâton levé, ne sortait jamais sans sa canne d'épine, dont elle se servait uniquement pour taper sur les bêtes et le monde... obéie par tous dans un aplatissement de terreur » (16 : 39). «... [L]es femmes s'avançaient... la Brûlé, la Levaque, la Mouquette... comme des soldats partis pour la guerre. »[6]

By using military analogies, Zola emphasizes the characters' status as masculinized women. Moreover, represented as warriors, they implicitly carry the threats of death and destruction. Female sexuality as threatening is certainly a common motif in Zola, and as Brian Nelson tells us, sexual alienation most often occurs within the context of marriage,[7] yet there is another effect to consider. While the masculinization of these women solidifies their position as castrating mothers, it also allows them to usurp the role of husband/father in the family, thereby disturbing the balance of the family structure.

Eléonore Josserand literally orchestrates her family's every movement, obtaining obedience via her formidable body – « la nudité terrifiante de [cette] femme » (11 : 30), « ses terribles épaules » (31) and the omniprésent threat of violence. « Sa face carrée, aux joues tombantes, au nez trop fort, exprimait une fureur tragique de reine qui se contient... » (29-30). The result is an ineffectual (read castrated) husband : « Sa femme

---

[6] Emile Zola, *Germinal* (Paris : Garnier-Flammarion, 1968) 326. This edition differs from that of *Les Rougon-Macquart* referenced in this paper. All subsequent references to the Garnier-Flammarion edition of *Germinal* will be in parenthetical form.

[7] Brian Nelson, « Zola and the Bourgeoisie : A Reading of *Pot-Bouille*, » *Nottingham French Studies* 17.1 (1978) : 69.

l'anéantissait, quand elle étalait cette gorge de géante, dont il croyait sentir l'écroulement sur sa nuque » (30).

La Grande's characterization as queen and that of la Brûlé as *une furie* imply menacing female figures. Both are described as birds of prey: la Grande « avait la tête décharnée d'un oiseau de proie, sur un long cou flétri, couleur de sang » (16 : 39); la Brûlé semblait « terrible avec ses yeux de chat-huant » (85). Both women are referred to as a *carcasse* (*Germinal*, 86 ; 16 : 423) and have a « bouche serrée comme la bourse d'un avare » (*Germinal*, 85 ; 16 : 70), a description symbolic of sexual rejection. For la Grande, « Le nez de la famille, chez elle, se recourbait en bec terrible ; des yeux ronds et fixes, plus un cheveu, sous le foulard jaune qu'elle portait, et au contraire toutes ses dents, des mâchoires à vivre de cailloux » (16 : 39); her appearance denotes her predatory will to survive. La Brûlé's demeanor reinforces her characterization as an unpredictable and forbidding termagant. « C'était la Brûlé, effrayante de maigreur, le cou et les bras à l'air, accourue d'un tel galop, que des mèches de cheveux gris l'aveuglaient » (414).

The harshness of such description is indicative of the extent to which Zola must go in order to create an imperious mother figure. Indeed, the *mère mégère* is the antithesis of Zola's typical woman, who, in most cases, is subject to an unshakeable fate of submission and service to men. As Jennings points out, « les vertus féminines qu'il glorifie et donne en partage à ses héroïnes ont le côté passif, voire négatif de celles qui ont toujours été l'apanage de la femme traditionnelle. »[8] Characteristics of independence, initiative, authority, and ambition that are criticized in Zola's female characters and lauded in male protagonists are essential to the makeup of the castrating mother. The implication is that this figure needs to embody male attributes in order to persevere. In effect, it is apparent that a powerful mother can be neither feminine nor entirely female. Such a refusal to integrate authority with femininity and with motherhood is indicative of a larger anxiety that surfaces repeatedly in Zola's depictions of female protagonists who challenge the dominant patriarchal structure in any way.

Recalling battles like that between the laundresses in *L'Assommoir*, Naomi Schor reminds us of Zola's perpetuation of the myth that women

---

8 Jennings 15.

are innately more violent than men.⁹ The cases to follow support this myth. La Grande attempts to motivate her imbecilic grandson, Hilarion, by beating him: « Elle eut le tort, pour l'exciter de le frapper à la nuque, du bout de sa canne... [E]lle le cinglait aux flancs, aux cuisses, partout... » (16: 423). More than just tyrannizing Hilarion, la Grande's beating affirms her own authority. Her power is further proven when Hilarion turns on her and attempts to rape her. She prevents the rape and avoids her own subjugation by killing Hilarion:

> [B]rusquement, il se rua sur elle... La brute la violait, cette aïeule de quatre-vingt-neuf ans, au corps de bâton séché, où seule demeurait la carcasse fendue de la femelle. Et, solide encore, inexpugnable, la vieille ne le laissa pas faire, put saisir la cognée, lui ouvrit le crâne, d'un coup. (423)

The image of an eighty-nine-year-old woman struggling with Hilarion, « cette brute stupide et contrefaite, aux muscles de taureau » (16: 423), embodies the central elements of castration and domination in Zola's work, underscoring the premise that domination is always sexual in origin. Castration has undeniable sexual overtones here since Hilarion's attempted rape is stopped by a tool used for chopping. By analogy, his attempt to assert sexual dominance is terminated much as emasculation eliminates the sex drive in male animals. The suggestion of animality adds to this motif: «... [Il] se rua sur elle. Alors elle se crut renversée, piétinée, étranglée; » Hilarion's anger «...se tournait en une rage de mâle... » and la Grande is « la carcasse fendue de la femelle » (423). Yet Zola turns the tables by following Hilarion's overpowering animal desires and la Grande's split open (vulnerable) carcass with the triumph of the la Grande, who is suddenly *inexpugnable* – meaning she cannot be penetrated. Rather, it is she who splits open Hilarion by hitting him with a hatchet. Her vulnerabilities – age, size and relative weakness – are oddly discounted while Hilarion's brute strength and his impulsive behavior lead to his death.

The shifting of power that takes place in this pivotal scene – from la Grande's initial authority, to Hilarion's attempted domination and then

---

9 Naomi Schor, *Zola's Crowds* (Baltimore: Johns Hopkins University Press, 1978) 104.

to la Grande's ultimate killing of Hilarion – is implausible because of the odds that la Grande must overcome. If the woman's victory is unlikely, her figurative superiority as head of the family allows her to triumph, and this triumph signifies a few crucial points: she is a dangerous and even fatal woman who is herself immortal: « Elle les enterrerait tous... Haute et maigre, sa canne sous le bras, elle restait plantée au milieu des tombes, sans aucune émotion, avec la seule curiosité et cet ennui de mourir qui arrivait aux autres » (509-10). Her continued domination necessitates the subjugation and the death of those around her. In the course of the novel, she buries four (younger) family members. From this portrayal of the castrating mother, Zola suggests that power for the woman comes through the death of others, reminding the reader that women always carry within them death and destruction. Ironically though, la Grande's immortality and authority depend on her position as matriarch of the Fouan family: « Elle exigeait des égards, en reine riche et redoutée » (183). Her authority could not be manifested without the compliance or existence of the relatives whom she treats as her subjects. Another illustration of this paradigm is seen in *Germinal*, where la Brûlé, like la Grande, spurns her only daughter, based on the daughter's choice of a husband. This one-sided rejection further emphasizes the mother's underlying dependency on family to assert her authoritative position.

The similarities between la Brûlé and la Grande go far beyond maternal rejection and appearance, however. The main commonality of the two characters are the violent acts that they commit. La Brûlé executes the most direct act of castration in the memorable scene where she tears the sex organ from Maigrat's dead body:

> On entendit la voix aigre de la Brûlé. – Faut le couper comme un matou!... Et la Brûlé, de ses mains sèches de vieille, écarta les cuisses nues, empoigna cette virilité morte... Elle finit par emporter le lambeau, un paquet de chair velue et sanglante, qu'elle agita, avec un rire de triomphe: – Je l'ai! je l'ai! (362)

Although Maigrat's castration befits the sexual ignominies that he committed, la Brûlé's community revenge is only symbolically meaningful. Nonetheless, it is a powerful symbol of the collective female rage of the exploited, brutalized community. It also supports Zola's anxiety about devouring and castrating female sexuality since it is solely a group of women who attack and dismember Maigrat: «C'étaient les femmes qui se précipitaient, prises de l'ivresse du sang» (361). This popular, bisexual uprising that turns into a female destruction of male authority is evocative of Freud's interpretation of «Medusa's Head» and the castration complex – the men are *glacés* as la Brûlé displays this *virilité morte* and cackles triumphantly.[10]

The sheer number of female characters rendered sexually ambiguous in *Les Rougon-Macquart* is noteworthy for its implications in late nineteenth-century French society. Schor remarks that

> The proliferation of androgynous protagonists in nineteenth-century French novels bespeaks a generalized breakdown in valid criteria for sexual classification, reflecting no doubt a questioning of traditional male/female roles in contemporary society.[11]

This anxiety of differentiation most certainly plays a part in Zola's development of characters like la Brûlé or Eléonore Josserand. But their existence as an archetype and their influence in the narratives are two different matters. I would like now to look at how the *mère mégère*, in her role as mother, successfully influences and controls others, and what this control says about the revolutionary potential of forceful female characters.

The deployment or withholding of knowledge by mothers is another form of domination. Mothers possess unique knowledge that empowers them. The best example is Félicité Rougon, who succeeds in her goal for power precisely due to her status as mother: she knows all of her sons' secrets. Withholding knowledge, however, is best described in *La Joie de vivre*, where Mme Chanteau neglects to inform her niece, Pauline, of her puberty. Although Mme Chanteau has been advised by the doctor to notify Pauline of her imminent menstruation, she chooses to leave Pauline in the dark: «Cependant, comme le médecin insistait, elle promit de parler, n'en fit rien le soir, remit ensuite de jour en jour» (13 : 56). Subsequently, Zola recounts Pauline's discovery of her blood-soaked bed sheets with overtones of violence and death:

---

10 Sigmund Freud, *Sexuality and the Psychology of Love* (New York: Macmillan Publishing Company, 1963) 212-13.
11 Schor 102.

> Assise au milieu du lit, les couvertures rejetées, la jeune fille appelait sa tante d'un cri continu, blanche de terreur et elle écartait sa nudité ensanglantée... dans son attitude raidie de blessée... Sa voix défaillait, elle croyait que ses veines se vidaient par ce ruisseau rouge... – Tout est fini, je vais mourir. (56)

The connection is easily established: Mme Chanteau's unwillingness to share her knowledge leads to Pauline's naive confrontation with her own womanhood in a scene that likens the aunt's deliberate silence to murder. Moreover, Mme Chanteau's unwillingness to inform Pauline is a mother's tacit refusal to acknowledge female sexuality. Already detached from her own sexuality, Mme Chanteau attempts to insure that Pauline, too, will deny her sexuality.

In the case of Mme Josserand, the deployment of knowledge is key to her role as matchmaker. With the goal of marrying off her two daughters, Eléonore undertakes their instruction on how to catch a husband with the gravity befitting a general going to war. Ultimately, it is through manipulating social situations and rigorously coaching her youngest daughter that Eléonore succeeds in snagging a husband for Berthe.

One consequence of castrating behavior in Zola's work is the shift in the balance of power between man and woman. This is epitomized by Maigrat's castration in *Germinal,* but is also evidenced in less overt ways. In *Pot-Bouille,* M. Josserand is totally incapable of fulfilling his paternal role, figuratively paralyzed by fear of his wife. Ironically, his influence reaches its apex upon his death, which Eléonore uses to downplay her daughter's infidelity. M. Chanteau in *La Joie de vivre* is literally paralyzed, (crippled by gout) thus conveniently left out of the spousal decision-making. Fear of confrontation keeps him from interfering in his wife's scheming and thus, indirectly facilitates her hurtful treatment of Pauline. The husbands of la Brûlé and la Grande are absent, leaving the field wide open for female domination, although one senses that these spouses would have been equally pusillanimous in their interactions with such aggressive wives. Are we to infer that the balance of power between men and women or husbands and wives is an all or nothing proposal for Zola? The writing of this avowed feminist does not convince us that a couple can manage their family on an equal basis. If Zola presents the reader with feminine models of strength and independence, the malevolent hyperbole that he uses to characterize their appearance and their actions pushes these mother figures beyond the brink of admiration.

Yet surprisingly, the destructiveness of these characters occasions moments of female solidarity that would appear to justify their actions and force the reader to re-examine his perceptions of the *mère mégère*. Taking once again the scene of Maigrat's mutilation as an example, we are made aware of the women's sisterhood – not only by their group attack, but also by the implication that Mme Maigrat enjoyed watching the attack.[12]

Eléonore's duplicitous manœuvres are condoned in *Pot-Bouille*, where Berthe's marriage is based upon a non-existent dowry. On the wedding day, when Mme Josserand lies to her prospective in-laws regarding the dowry, she is tacitly supported by other female characters – « elles se comprirent sur un coup d'œil, un esprit commun de défense les rapprocha » (11 : 178).

This female solidarity is an important consequence to consider since it enlarges the scope of inquiry from a few specific characters to a whole range of female protagonists who do not portray characteristics of domination or castration, but who support them in other women. Though it may be reductive to say these occurrences symbolize a battle of the sexes, this is an issue that Zola deemed significant in his time, as witnessed by the number of articles he wrote that address women's liberation. To explain in part the contemptible behavior of these women, Zola also reminds us that they are, after all, parents. Thus there is a tacit attempt to sanction the dominating behavior of mothers in the name of their maternal zeal. Mme Chanteau mistreats Pauline, for whom she is legal guardian, but acts in the best interests of her son, « peu soucieuse au fond de ce qui n'était pas le plaisir de son fils » (13 : 75). Eléonore's strategies are somewhat justified, for she is simply trying to conform to society's rules regarding marriage and family.

Because some of Zola's mothers are deceitful in order to help their children, they are shielded by the universally accepted paragon of devoted parenting. At the same time, the reader is forced to question the

12 Jennings 2.

very legitimacy of such an ideal. According to these mothers, no lie is too harmful, no infamy too evil to prevent the mother from acting in her child's interests.

The ambiguity in Zola's castrating women comes from the covert admiration expressed for their heroism, their perseverance and the sense of maternal obligation that guides them. If Zola portrays la Grande as a cruel and heartless old hag, he also lauds her sagacity and her will to survive; she is the most feared and the most revered character of *La Terre*. La Brûlé, described as a raging harpy, displays courage and devotion to the miners' uprising that equals that of *Germinal*'s hero Etienne, and she dies fighting for the cause of her people. Mme Chanteau, for all of her spiteful attacks on Pauline, has the energy and enthusiasm that her husband lacks. She fills the roles of mother as well as father, and strives to help her son attain his goals. Mme Josserand sacrifices her pride in order to marry off her daughter and to mend that marriage when it falters. She takes advantage of every situation offered, even the death of her husband, to insure that her daughter has a socially acceptable position.

In sum, Zola's stance proves to be unclear. While he condemns the hurtful actions of this group of mothers, his contempt is tempered by regard for their maternal zeal. What is more, the acts of castration by the mother figure are portrayed in part as reactions to the stifling social expectations that press in on her, as well as to the political and economic limitations that she faces as a citizen with few rights. Joan Manheimer's work on « murderous mothers » in Victorian fiction appropriately designates these characters as vehicles of social criticism that force the reader to question society's assumptions regarding motherhood.[13] Consciously or not, Zola, by painting such extreme and frightening pictures of monstrous mothers, is asking his readers to do the same.

Bibliography

Barthes, Roland. *S/Z*. Trans. Richard Miller. New York: Hill and Wang, 1974.

---

13 Joan Manheimer, « Murderous Mothers: The Problem of Parenting in the Victorian Novel, » *Feminist Studies* 5.3 (Fall 1979): 533.

Freud, Sigmund. *Sexuality and the Psychology of Love*. New York: Macmillan Publishing Company, 1963.

Jennings, Chantal. «Zola féministe?». *Les Cahiers naturalistes* 45 (1973): 1-22.

Manheimer, Joan. «Murderous Mothers: The Problem of Parenting in the Victorian Novel.» *Feminist Studies* 5.3 (Fall 1979): 530-546.

Nelson, Brian. «Zola and the Bourgeoisie: A Reading of *Pot-Bouille*.» *Nottingham French Studies* 17.1 (1978): 58-70.

Schor, Naomi. *Zola's Crowds*. Baltimore: Johns Hopkins University Press, 1978.

Zola, Emile. *Germinal*. Paris: Garnier-Flammarion, 1968.

–. *Œuvres complètes*. 41 vols. Paris: Editions Fasquelle, 1929.

Sterile Maternity: An Analysis of the Spiritual Mothers in *Au Bonheur des Dames, La Joie de vivre, Le Rêve* and *L'Argent*

Susan S. HENNESSY

> [J]amais elle ne serait femme, et elle vieillirait dans la stérilité... Elle voulait vivre, et vivre complètement, faire de la vie... A quoi bon être, si l'on ne donne pas son être? (13: 264); Elle baissait un regard désespéré vers ses hanches, vers son ventre de vierge... Dans la largeur de son flanc, aurait tenu un fils solide et fort. C'était un regret immense de son existence manquée, de son sexe de femme qui dormirait stérile... (328)[1]

Like Pauline in this passage from *La Joie de vivre*, a number of female characters in *Les Rougon-Macquart* are motherly, yet have no natural children: Denise Baudu in *Au Bonheur des Dames*, Caroline Hamelin in *L'Argent*, and Hubertine in *Le Rêve* are all part of the non-biological mother contingent. My search for an appropriate appellation for these female characters, with maternal characteristics, but who are not biological mothers, points to the ambiguity that comprises each of them. Their unrealized motherhood stems from various sources: youth, virginity, sterility and lack of mate. But what remains constant for all of these women is a desire Zola's inclusion of these sterile characters shows an unresolved paradox in the series: to what end does he implant a strong desire (and ability) to mother in childless women? How does this paradigm reflect Zola's philosophy on motherhood in general, his promotion of a materially productive society and the regenerative ethic of nineteenth-century French society?

I would like to explain my choice of the expression, « spiritual mother », by enumerating some of their common characteristics: each woman's mother has died, thus the orphaned women lose their maternal role model before they can become mothers in turn. The maternal knowledge traditionally imparted from mother to daughter is not passed

---

1 Emile Zola. *Œuvres complètes*. 41 vols (Paris: Editions Fasquelle, 1929). All references to *La Joie de vivre, Au Bonheur des Dames, Le Rêve*, and *L'Argent* are from this edition.

on to these women. As a result, reproduction is impossibility for all of them. Hubertine gives birth to a stillborn baby on the same night that her mother dies; she has remained childless since her mother damned her and disinherited her on her death bed. Pauline's virginity and lack of mate keep her from conceiving a child. Caroline is sterile for reasons unknown, though Zola implies that her lifestyle is not feminine enough (for she is well educated and has traveled extensively). Denise's virginity and her role as a substitute mother for her brothers contribute to her unrealized reproductive potential.

However, these women yearn to be mothers. Pauline's frustration was seen in the opening quotation. Caroline «...avait coutume de dire qu'un seul chagrin était resté saignant en elle, celui de n'avoir pas eu d'enfant» (19 : 60). «...[E]lle s'attendrit, émue... profondément remuée dans sa maternité de femme restée stérile» (153). For Hubertine, love is worthless and happiness is unattainable when it is not validated by motherhood: « – Non, je ne suis pas heureuse... Une femme qui n'a point d'enfant, n'est pas heureuse... Aimer n'est rien, il faut que l'amour soit béni » (17 : 168). Only Denise does not yearn for biological motherhood; she already has her two younger brothers whom she cares for with *des tendresses maternelles*.

Purity is another aspect these characters share. While only Denise and Pauline remain chaste, all of the women are circumscribed by images of lightness and whiteness which affirm their saintly demeanor and foretell their higher mission: the redemption of humanity. Denise, «...chétive pour ses vingt ans, l'air pauvre... paraissait plus mince encore... son teint fatigué déjà, sous sa chevelure pâle » (12 : 7, 11). Pauline's purity is apparent when she is still a child, «... ses joues blanches et sa bouche rose avaient une douceur immobile de bouquet... son visage immobile reprit sa transparence laiteuse de camélia» (13 : 26). Caroline is blindingly white:

> ...ses cheveux blancs superbes, une royale couronne de cheveux blancs... Dès vingt-cinq ans, elle était ainsi devenue toute blanche... son visage encadré d'hermine... Mais, certainement, cette toison blanche, cette blancheur envolée de fins cheveux de soie, adoucissait sa physionomie un peu dure...
> (19 : 58)

Finally, despite their frustrations with personal hardship, each woman displays an abundance of hopefulness. Caroline's optimism is so puzzling to her that she describes it as a flaw: «– Dites-moi pourquoi je ne peux pas être triste... Non, ça ne dure pas, ça n'a jamais duré, je ne peux pas être triste, quoi qu'il arrive» (19: 74). Hubertine's prayers for forgiveness and a child last more than twenty years. Denise and Pauline put aside their own misfortune and demonstrate their optimism by giving unselfishly to others.

By endowing these women with a positive outlook, heightened maternal qualities and a strong desire to mother, Zola suggests that women's mothering capacity parallels the engendering of happiness and success in society in general. As seen in the spiritual mothers, maternal nurturing rather than reproduction generates a fulfilled and productive society.

Zola's inclusion of spiritual mothers in *Les Rougon-Macquart* prompts assorted interpretations. As mouthpieces for Zola's idealistic tendencies, these characters promote a vision of a progressively utopic society like that seen in his later novels. Each spiritual mother participates in or witnesses destruction and recreation. Denise perceives *le grand magasin* first as «la machine qui écrasait le pauvre monde» (12: 2443), and then, as «l'œuvre invincible de la vie, qui veut la mort pour continuelle semence. Elle ne se débattait plus, elle acceptait cette loi de la lutte...» (409-10). Caroline's experience with *la bourse* is related in a similar manner: «Quelle force mystérieuse, après avoir édifié si rapidement cette tour d'or, venait donc ainsi de la détruire?... Partout, des cris de douleur s'élevaient, des fortunes s'effondraient avec le bruit des tombereaux de démolitions...» (19: 385). Nonetheless, «Elle respira fortement, soulagée, plus heureuse déjà, avec la sensation de l'invincible espoir qui revenait et grandissait... La vie telle qu'elle est dans sa force, si abominable qu'elle soit, avec son éternel espoir» (42: 6027). Both women confirm the necessity of loss and destruction for the rebirth of society. In essence, by accepting devastation and rejoicing in *l'éternel espoir*, the spiritual mothers reflect Zola's vision of progress as a force which inexplicably and irresistibly carries them along.

By placing these characters in a realm of expanding technology and mechanical production, Zola implies that the spiritual mothers, through their lack of biological children, forego human reproduction in favor of mechanical production. Denise's dream for the department store demonstrates a substitution of material production for reproduction in a paragon of social progress: « Parfois, elle s'animait, elle voyait l'immense bazar idéal, le phalanstère du négoce, où chacun aurait sa part exacte des bénéfices, selon ses mérites, avec la certitude du lendemain assurée d'un contrat » (12 : 373). Denise's ultimate impact is more than an improved quality of life for the employees – « Au Bonheur des Dames » becomes a world unto itself: « Toute la vie était là, on avait tout sans sortir, l'étude, la table, le lit, le vêtement. *Le Bonheur des Dames* se suffisait, plaisirs et besoins... » (374); the department store functions as a microcosm for Zola's socialist idealism and stems from Denise's motherly nature. Her maternal nurturing transforms a *machine* into a self contained world, where production of merchandise and mother-related « goods, » such as personal security and well-being, are provided in a material manner. In short, Denise labors to build a womb that nurtures, but that remains nonetheless physically separate from her. Her mothering only occurs on a symbolic level, represented as a material, production-related benefit.

As non-reproductive mothers, the characters provide a view of motherhood that is manifestly non-threatening. In other instances in *Les Rougon-Macquart*, Zola's depictions of childbirth underscore his anxiety regarding maternity in general. For Lise giving birth in *La Terre*, her vagina threatens to devour: it becomes « un trou béant... une vraie cathédrale où le mari devait loger tout entier » (16 : 266). Louise Chanteau's childbirth in *La Joie de vivre* features the author's view of birth as a fear of death: « l'enfantement dans le sang et dans l'ordure, faisant craquer le ventre des mères, élargissant jusqu'à l'horreur la fente rouge, pareille au coup de hache qui ouvre le tronc et laisse couler la vie des grands arbres » (394). Thus, the spiritual mothers, non-reproductive women are essentially innocuous; and they conserve the non-threatening, socially productive aspects of motherhood, like maternal affection, selflessness, and optimism.

The similarity between these characters and the Virgin Mary explains in part Zola's paradoxical concept of non-reproductive, maternal women. The saintliness of Denise, Pauline, Caroline and Hubertine, represented both by chastity and by an angelic appearance, precludes the sexual activity necessary for procreation.

While Pauline, Caroline and Denise are likened to the virgin physically, as seen in their pure countenance, Hubertine resembles the Virgin on an ideological level, in her emphasis on obedience and duty to others: « son grand air fort et doux, sa raison droite, d'un parfait équilibre » : (17 : 11) mirrors her spiritual peace and quiet acceptance of life's obligations: « il fallait obéir à Dieu... » (11); « Le bonheur, pour nous misérables, n'est que dans l'humilité et l'obéissance... » (52).

In « Stabat Mater, » Julia Kristeva discusses the origins of the cult of the Virgin Mary and its relationships to artistic creation: « [L]'apprivoisement de cette économie (du Maternel ou du narcissique primaire) est la condition de la réalisation artistique, littéraire ou picturale [...] ».[2] Kristeva's supposition — that literary creation occurs through the writer's integration and sublimation of the maternal economy — allows greater insight into the similarities between Zola's idealized women characters and the Virgin Mary. It also offers an explanation of why Zola creates such exalted yet contradictory characters. Sublimation, the acceptable expression of unacceptable (sexual) impulses[3], parallels the very process by which Denise, Pauline, Hubertine and Caroline are rendered virginlike. Physical reproduction, a consequence of sexual intercourse, is suppressed (by Zola) and reappears as spiritual reproduction in the characters' desire to mother. What is more, the outwardly virtuous demeanor of each woman counterbalances her less obvious sensuality and unfulfilled sexual desire. Hence, Caroline, described as a pure and virginal woman, is attractive, but in a maternal way:

> ...ses cheveux blancs superbes, une royale couronne de cheveux blancs, d'un si singulier effet sur ce front de femme jeune encore, âgée de trente-six ans à peine... Ses sourcils, restés noirs et très fournis, gardaient une jeunesse, une étrangeté vive à son visage encadré d'hermine. Elle n'avait jamais été jolie... Mais, certainement, cette toison blanche... adoucissait sa physionomie un peu dure, lui donnait un charme souriant de grand'mère, dans une fraîcheur et une force de belle amoureuse. (19 : 58)

This passage identifies both desirability and inaccessibility through images of whiteness and age, setting up a series of contradictions

---

2 Julia Kristeva, « Stabat Mater » in *The Kristeva Reader,* Toril Moi, ed. (Oxford: Basil Blackwell, 1986) 227.
3 David Guralnik, ed., *Webster's New World Dictionary*, second edition (New York: Simon and Schuster, 1980).

whereby the sexual is negated by the non-sexual. What is at first seductively bizarre – *un si singulier effet... l'étrangeté vive* – becomes soothingly charming and wholesome. In later descriptions, Caroline's «taille admirable» (67) is minimized by her simple «robe noire» (66); her engagement to a businessman (and chance for legitimized sexual fulfilment) is cancelled when the man marries someone else. Even her romantic episode with Saccard is dismissed, since «elle lui appartint, sans joie ni pour l'un ni pour l'autre» (967). Each emergence of sexuality is squelched by Caroline's immanent virtue or matronly appearance. Although Caroline is the only unmarried, sexually active woman of the four under scrutiny, Zola maintains her purity through transcendence; all of Caroline's distressing (sexual) experiences are obstacles to surmount which heighten her goodness and her joy for living.

Zola's own satisfaction with the characters (often described in his notes as «ideal women») may stem precisely from this opposition between purity and desire, which allows him to relate the acceptable (virtuous) qualities of the women and their forbidden sexual yearnings without the socially-prescribed necessity of condemning the latter. By suppressing the sexual activity that is inherent in reproduction and the maternal role, and emphasizing the maternal love of his characters, Zola attempts to have it both ways. His physically sterile women, inaccessible yet desirable, or desirable because inaccessible, reflect the revered paradox that the Virgin Mary incarnates.

Kristeva explains how the Virgin's extraordinary circumstances allot her tremendous influence:

> D'une part, il s'agira d'homologuer la Mère au Fils en développant le thème de l'immaculée conception... en la privant ainsi de pécher, de la priver de mort... Ensuite, il s'agit de lui donner des lettres de noblesse, un pouvoir... puisque Marie sera proclamée reine, dotée des attributs et des attirails de la royauté et, parallèlement, déclarée mère de l'institution divine sur terre, de l'Eglise.[4]

This spiritual power manifested in the Virgin is echoed by the mystical powers:

---

4 Kristeva 228.

> ...[O]n l'admirait pour la force de sa volonté... [E]lle était l'âme même de ce monde, elle seule importait, elle pouvait d'un mot précipiter ou ralentir le colosse, abattu à ses pieds. Cependant, elle n'avait pas voulu ces choses... sans calcul, avec l'unique charme de sa douceur. Sa souveraineté lui causait parfois une surprise inquiète: qu'avaient-ils donc tous à lui obéir? (12: 375)

Queenly attributes, like those conferred upon the Virgin, are also apparent in Caroline, with her «royale couronne de cheveux blancs» (19: 58), and Hubertine, whose husband «...vivait aux pieds de sa femme, dans un culte, une de ces passions conjugales, ardentes et chastes comme de continuelles fiançailles» (17: 24); both characterizations command reverence and devotion. Pauline, like Denise, has mystic abilities, exemplified in her miraculous resurrection of her newborn godson:

> C'était un besoin grandissant de vaincre, de faire de la vie... Et sa bouche ne quitta plus la petite bouche, elle partageait, elle vivait avec le petit être, ils n'avaient plus à eux qu'une haleine, dans ce miracle de résurrection, une haleine lente, prolongée, qui allait de l'un à l'autre comme une âme commune. (13: 327)

The Virgin Mary's position as mother of the Catholic church makes her representative of Christianity on the whole. Both the family (as mother and daughter of Christ and wife of God[5]) and outside of the family (as a mortal being), the Virgin is uniquely qualified to reflect the human and spiritual aspects of Christianity. I see a similar representation in Caroline, Pauline and Denise. The latter two are described as the very soul of humanity: Denise is «l'âme même de ce monde» (12: 375); Pauline has «une âme commune» (13: 327) with her godson; Caroline's life is a microcosm of humanity: «J'ai pensé souvent que mon cas est, en petit, celui de l'humanité...» (19: 75). The result of this spiritual link between each woman and the world around her is a universalization of female power, recognized as woman's ability to transform humanity through mothering. Better described as a life force, this beneficent power is a result of each character's elimination of sexual love and espousal or maternal love. As in Denise's case, «...la demoiselle avait la force d'une femme adorée qui se refuse» (12: 422).

---

5 Kristeva 232.

«Stabat Mater» provides additional insight into Zola's implied analogies between his spiritual mothers and the Virgin Mary. It hinges on the relationship between sexuality and death:

> Puisqu'elles s'impliquent mutuellement, on ne saurait éviter l'une sans fuir l'autre. Cet ascétisme applicable des deux sexes est formulée vigoureusement par saint Jean Chrysostome. (*De la virginité*: «Car là où il y a mort, il y a aussi copulation sexuelle; et là où n'y a pas de mort, il n'y a pas non plus de copulation sexuelle».[6])

The connection between sex and death is not uncommon in Zola's work; he makes similar parallels throughout *Les Rougon-Macquart*, most memorably in *La Bête humaine*, when Jacques Lantier's murderous desire occurs simultaneously with his sexual desire for Séverine: «...[I]l la serra davantage, mettant dans cette pression ce qu'il ne disait point: son émotion, son désir sincère d'être bon pour elle, l'amour violent qu'elle n'avait cessé de lui inspirer. Et il avait encore voulu la tuer, ce soir-là...» (18:324).

However, the fusion of death and sex is markedly absent in the novels with Pauline, Denise, Caroline and Hubertine. This would seem to indicate an effort on the author's part to single out and, perhaps, spare these characters the fatal consequences of sexual intercourse. The Virgin, as a result of her immaculate conception (and thus her lack of sin), does not die but rather is assumed into the heavens: «Marie ne meurt pas, mais comme en écho aux croyances orientales... où les corps humains passent d'un lieu à l'autre dans ce flux éternel qui est en lui-même un calque du réceptacle maternel – elle transite».[7] Mary's avoidance of death relegates her to a super-human level of existence that can also be seen in the spiritual mothers. These women are given the status of sainthood by the author, and while their purity lends them fictional immortality, it also earns them unconditional praise from Zola. The spiritual mothers are among the few women characters in *Les Rougon-Macquart* who are not simultaneously admired and maligned.

---

6   Kristeva 229.
7   Kristeva 232.

Zola's endeavor to create an ideal woman is wholly successful when one considers the functions and features of the angelic women characters discussed here. Their promotion of social progress conveyed in their ability to nurture a productive society meets an important requisite for Zola's avowed optimism and hope for the future. Their non-functioning reproductive organs eliminate the anxiety-ridden aspects of biological motherhood and enable the women to maintain their desirability as well as their purity. The similarities between the Virgin Mary and these characters provide a deeply-rooted cultural basis for Zola's and the reader's endorsement of virginity as a defining characteristic. Ultimately, the virgin mother supports a male fantasy that conflates maternal love and sexual love; she eliminates the unconscious yet overwhelming consequences of engulfment and death, all the while providing the emotional sustenance that is part of a love relationship. Finally, the spiritual mother acquiesces to male-dominated mechanical production instead of her own physical reproduction and thereby places this inherently female function into male hands.

Bibliography

Kristeva, Julia. «Stabat Mater» in *The Kristeva Reader*. Toril Moi, ed. Oxford: Basil Blackwell, 1986.
David Guralnik, ed. *Webster's New World Dictionary*. Second Edition. New York: Simon and Schuster, 1980.
Zola, Emile. *Œuvres complètes*. 41 vols. Paris: Editions Fasquelle, 1929.

Fonction réaliste et fonction symbolique : sur les scènes d'accouchement dans quelques romans d'Emile Zola

Jurate KAMINSKAS

Dans un entretien qu'il accorde à Philippe Gille, journaliste au *Figaro*, le 16 novembre 1887, Zola s'explique ainsi sur *La Terre* qu'il vient de publier chez Charpentier :

> Nous avons cent morts célèbres en littérature. Je m'étais promis de tenter trois accouchements : les couches criminelles et clandestines d'Adèle, dans *Pot-Bouille* ; les couches tragiques de Louise, dans *La Joie de Vivre* ; et je viens, dans *La Terre*, de donner les couches gaies de Lise, la naissance au milieu des éclats de rire. Ceux qui, m'ont accusé de salir la maternité n'ont rien compris à mes intentions. Oui, le paysan, si sa femme et sa vache sont grosses en même temps, s'inquiétera plus peut-être de la vache. Allez-y voir ! Quant à l'acte de la génération, j'ai au contraire cherché à le relever en le traitant d'une façon simple et biblique. Comme tout ce qui est vrai, j'ai voulu, je le répète, le faire entrer dans la littérature. (Speirs/Signori 16)[1]

Comme on pourrait s'y attendre, le roman n'a pas manqué de susciter une vive réaction de la part de la critique. Si dans sa lettre du 15 novembre 1887 Huysmans reste élogieux : « Et malgré toute la cruauté placide du livre, je trouve qu'il dégage, moi, ce livre, une gaieté énorme. Les deux accouchements sont surprenants de joie – la tête d'enfant qui fait la pompe, le vétérinaire, sont d'une noce énorme », (*Œuvres Complètes*, 5 : 1533)[2] il n'en est pas ainsi pour d'autres disciples de Zola qui dans le *Manifeste des Cinq* font une critique acerbe du roman : « [...] la note ordurière est exacerbée encore, descendue à des saletés si basses que, par instants, on se croirait dans un recueil de scatologie : le Maître est descendu au fond de l'immondice ». (*Œuvres Complètes*, 5 : 1528) Par ailleurs, la scène d'accouchement de Lise rappelle les scènes des romans précédents :

---

[1] Dorothy Speirs et Dolorès Signori, *Entretiens avec Zola* (Ottawa : Presses de l'Université d'Ottawa, 1993).
[2] In Emile Zola, *Œuvres complètes*, 15 vols. (Paris : Cercle du livre précieux, 1966-1970). Toutes références aux *Œuvres complètes* renvoient à cette édition.

celle de *Pot-Bouille* où Adèle, la domestique accouche d'un enfant bâtard, celle où Louise dans *La Joie de Vivre*, met au monde un enfant si chétif qu'il ressemble à « un insecte nu ». Céard et Huysmans tous deux avaient fait part à Zola de leur vive admiration devant le tour de force que l'écrivain venait de réaliser dans *Pot-Bouille*. Pour Huysmans, « l'accouchement si bonhomme dans son horreur » constitue « une nouvelle note que [l'auteur a] donnée là dans sa série – un rire noir mais poussé par un bon enfant ». (*Œuvres Complètes*, 5 : 1634) Quant à Céard, dans sa lettre du 19 avril 1882, il signale, parmi les scènes qu'il trouve superbes, « surtout et avant tout l'accouchement d'Adèle. Cela, mon cher Zola, est bien particulier, bien nouveau, dans votre œuvre et domine vos plus fortes pages. C'est un chef-d'œuvre d'humanité lamentable, de dignité triste et de technicité austère. Vous n'imaginez pas l'émotion qui vous prend à la lecture de ce chant de poésie médicale tout plein d'apitoiement pour les souffrances de la chair et la misère des déshérités. Vous avez découvert là une nouvelle beauté littéraire : ça se sent, ça, au frisson inconnu qui nous a tous couru dans le dos en vous lisant... » (*Œuvres Complètes*, 5 : 1635) Devant d'autres qui l'accusent de « spéculer sur l'obscénité » (*Le Voltaire* 31 août 1880) Zola s'en défendra en expliquant : « Les convenances n'existent pas pour moi, jamais je ne tiens compte du parti mondain du public, parce que l'œuvre lui est supérieure et le dépasse ». (*Le Figaro* 16 novembre 1887)

Pourquoi avoir « tenté ces trois accouchements » ? La psychnalyse, comme le montre Frederick Brown dans sa monumentale biographie de Zola, expliquerait ainsi le phénomène : « Birth is in fact the first of all dangers to life, as well as the prototype of all the later ones that we fear; and this experience has probably left its mark behind it in that expression of emotion which we call anxiety. » (Brown 270) En dernier lieu, les scènes d'accouchement chez Zola participent-elles de la « documentation de surface » ou de « la documentation profonde » pour reprendre les termes de Henri Mitterand ?

Nous voyons dans *Pot-Bouille*, *La Joie de Vivre* et *La Terre*, les même possibilités de lectures, ce qui justifie le choix de ces trois œuvres pour notre étude. Nous tenterons de mettre en relief, dans chacune des scènes d'accouchement, quelques aspects qui nous apparaissent comme des constantes révélant une parenté entre les trois scènes.

Pot-Bouille

Zola met en évidence la naïveté de la malheureuse servante qui, croyant d'abord qu'elle « engraissait » seulement, cache « les nausées, les maux de tête intolérables, la constipation terrible dont elle souffrait » (367).[3] Elle est prise au dépourvu par les douleurs qui surviennent : « Aussi n'avait-elle fait aucun préparatif, ignorante des symptômes, incapable de se rappeler ni de calculer une date, sans idée, sans projet » (367). La narration suit la progression du travail depuis les « légères douleurs », « les pincements », « les piqûres » jusqu'aux « tranchées sourdes », aux « coliques » qui l'obligent à se lever pour promener « sa laideur douloureuse » (309). Il y a aussi la notation de fièvre : « Sa langue se desséchait, une soif ardente la tourmentait tandis que des plaques rouges lui brûlaient les joues » (368). Par ailleurs, ce qui l'étouffe n'est pas seulement cette fièvre qui la consomme, c'est également « le poids intolérable qui pesait sur sa chair » (369). Curieuse obstination de la malheureuse à étouffer les cris devant la douleur qui la déchire : « [...] elle mordait les draps, pour étouffer sa plainte, le han ! terrible et involontaire du bûcheron qui fend un chêne » (369-70). La débâcle est annoncée par la rupture des eaux : « son ventre crevait », « des eaux ruisselèrent » (369). Quant au travail d'expulsion, « c'étaient heureusement des couches superbes, une présentation franche du crâne » (370). Le passage se dégage : « Enfin, les os crièrent, tout lui parut se casser, elle eut une sensation épouvantée que son derrière et son devant éclataient, n'étaient plus qu'un trou par lequel coulait la vie » (370). Aux détails scatologiques du début : « Elle serait fraîche, le lendemain, s'il lui fallait courir a son pot toute la nuit ! Cette idée d'un embarras d'entrailles l'avait préoccupée dans la soirée » (367), s'ajoutent les notations de la fin de la scène : « une mare d'excréments et de glaires sanguinolentes » dans laquelle roule l'enfant, ce « quelque chose de gluant entre les cuisses, dont elle ne savait que faire » (370). Lorsqu'elle tire sur le « boyau », le cordon ombilical, « tout un paquet finit par tomber et elle s'en débarrassa en le jetant dans le pot » (370).

---

3   Emile Zola, *Pot-Bouille*, vol. 3 (Paris : Gallimard, « Bibliothèque de la Pléiade », 1964). Toutes les références à *Pot-Bouille* renvoient à cette édition.

La Joie de Vivre

Chez Louise, nous retrouvons la naïveté d'Adèle – tempérée cette fois par une certaine pudeur. Elle se fâche, demandant qu'on la laisse tranquille : « A huit mois, que voulez-vous que la sage-femme puisse y faire ? » (371)[4]. Elle ne veut pas entendre parler de médecin : « C'étaient en elle une pudeur maladive de femme coquette, un malaise de se montrer dans l'abandon affreux de la souffrance, qui même devant son mari et sa cousine, lui faisaient serrer le peignoir autour de ses pauvres reins tordus » (373). Comme Adèle, elle est dévorée d'une soif ardente provoquée par la fièvre qui monte : « Sa gorge sans salive avait des mouvements pénibles d'étranglement » (386). Ici aussi, Zola note l'intensification des douleurs. Les secousses sont de plus en plus nombreuses et frénétiques. Ces douleurs, qui « ne la quittaient plus » (370), deviennent des « tranchées affreuses » (370), « une sensation d'étau qui lui aurait serré le ventre, dans un écrasement de plus en plus étroit » (374). Les douleurs de la dilatation et de l'expulsion exigent d'elle « des efforts atroces de tout son être » (385). La rupture des eaux est « ce flot », « ce ruissellement qui sortait d'elle » (384). L'image de l'étouffement est reprise lorsque l'enfant tâche de sortir : « Mais il était arrêté par l'étranglement de l'organe, qu'il ne pouvait franchir » (394). Plus peut-être que dans la description de la scène d'accouchement de la domestique, nous assistons ici à l'envahissement du lieu par la nausée, les vomissements, les ordures, les saletés, les eaux sales qui coulent. Louise « étalant sa maternité ensanglantée et béante » (398) inspire à la fois pitié et horreur : « l'enfantement dans le sang et dans l'ordure, [faisait] craquer le ventre des mères, élargissant jusqu'à l'horreur cette fente rouge, pareille au coup de hache qui ouvre le tronc et laisse couler la vie des grands arbres » (394). Enfin, « la pauvre main du petit être qui voulait vivre, qui semblait chercher à tâtons un secours dans ce monde, où elle arrivait la première » (395) ajoute au pathétique de ces images écœurantes dont Zola crible la scène. Il n'est pas surprenant que Lazare se détourne, incapable de regarder davantage. Les derniers instants des couches de Louise sont décrits de façon

---

4 Emile Zola, *La Joie de vivre*. Paris : Fasquelle, 1971. Toutes les références à *La Joie de vivre* renvoient à cette édition.

détaillée : « Des excréments jaillirent, l'enfant tomba dans un dernier effort sous une pluie de sang et d'eaux sales » (399). Boucherie ou naissance ? Le lecteur ne sait plus trop ce qu'il faut en penser, et ces dernières couches ne lui facilitent pas la tâche : à Louise il « semblait qu'on la fendait à l'aide d'un couperet, très lourd, comme elle avait vu séparer les bœufs » (397) et la main du docteur était, « souillée et sanglante comme la main d'un boucher » (396).

La Terre

La scène d'accouchement dans *La Terre* est assez déconcertante, car Lise accouche en même temps que la vache. La mise en parallèle de ces événements a provoqué l'indignation de la critique qui a accusé Zola de « salir la maternité ». Buteau consent à aller chercher un vétérinaire pour la Coliche mais il n'y aura pas de médecin pour Lise. C'est la vache qui aura les couches les plus difficiles, vu la mauvaise présentation du veau. L'image prend ici une résonance particulière – elle n'est pas sans rappeler l'accouchement de Louise dans *La Joie de Vivre*. En invitant la comparaison entre le veau et le pauvre Paul, Zola réactualise le réseau d'images qui lui est associé à la naissance de l'enfant. Ici c'est le vétérinaire qui se transforme en boucher : « le vétérinaire continuait son dépeçage, dans la litière trempée de sang et de glaires, une pénible et sale besogne, dont il sortait abominable, souillé de haut en bas » (953)[5]. L'opération finie, Buteau apporte la tête du veau à Lise pour la lui montrer.

En plein « travail », Lise aurait voulu quand même rester avec la vache dans l'étable et c'est donc par la force que la Frimat et la Bécu la ramènent dans sa chambre. A première vue, c'est à la scène de vêlage qu'appartiennent les deux coups de théâtre : il s'agit d'abord du découpage du veau par le vétérinaire, scène qui soulève le cœur de Françoise, incapable de regarder davantage « cette vision de chairs découpées toutes vives » (952) ; puis, à la fin de la scène Patoir apporte à la chambre de l'accouchée le deuxième veau, celui-ci vivant, que la Coliche vient de mettre au monde.

---

5   Emile Zola, *La Terre*, vol. 4 (Paris : « Bibliothèque de la Pléiade », 1966). Toutes les références à *La Terre* renvoient à cette édition.

Il s'opère, en fait, dans ce passage un glissement entre les soupirs, les cris de douleur de Lise qui « sans cesser le travail, poussant plus rude, les muscles tendus, les cuisses gonflées, parut prise d'un inconsolable désespoir » (953) et les lamentations de tous devant la perte du premier veau. L'instant capital est celui où Françoise regarde la tête de l'enfant de Lise qui « sortait et rentrait à chaque effort, dans un perpétuel jeu de cache-cache » (953). Cette image est reprise plus loin par le « jeu de pompe » et « boulet près de partir » (954). Bien que le ton du paragraphe reste plutôt comique (Françoise prise d'un fou rire, fait semblant de tousser), le lecteur y reconnaît néanmoins certains traits caractéristiques des autres scènes examinées ci-dessus, notamment cette fascination devant les ouvertures, les orifices. Ici nous relevons la notation d'une « cavité ronde », du « trou bâillant d'un tonneau défoncé » (953). Françoise, immobilisée, est prise tout entière par « la fascination de cette gueule braquée sur elle » (953). A plusieurs reprises, Zola revient sur ce trou béant qui devient « une vraie cathédrale où le mari devait loger tout entier » (953). A ces observations ajoutons que les rires de Lise descendus dans son ventre « poussaient d'un souffle de tempête » (954). L'expulsion est présentée simplement comme « le glouglou d'un goulot géant qui se vidait » (954).

Que conclure sur « ces îlots de fascination » (174)[6] (expression qu'emploie Julia Kristeva pour qualifier les scènes d'accouchement dans l'œuvre de Céline)? S'arrêter à la description du processus serait toutefois insuffisant; il faudrait poursuivre nos analyses. Bien sûr, Zola veut faire croire qu'il s'agit là d'un simple document médical, d'une étude physiologique, mais il est clair que pour notre romancier il est question de quelque chose de plus fondamental. Jean Borie a très bien montré que derrière le langage scientifique de Zola se cache une « logorrhée libératrice » (28), que les termes du type « couler », se soulager « lâcher tout » reviennent souvent dans ses textes. Dans son œuvre on trouverait même des scènes de ce que Borie appelle « naissance orale » (31).[7]

---

6 Cf. Julia Kristeva, *Pouvoirs de l'horreur. Essai sur l'abjection* (Paris: Seuil, 1980).
7 Cf. Jean Borie, *Zola et les Mythes* (Paris: Seuil, 1972).

Entre les trois passages que nous venons d'examiner les comparaisons implicites et explicites abondent. Relevons dans les trois scènes les détails qui se répètent et font motif. On y reconnaît plusieurs thèmes et images récurrents : le thème de l'eau, la hantise d'être enterré vivant, le cauchemar du tunnel, les nausées suscitées par le pullulement, le grouillement. Nous prendrons comme point de départ de cette deuxième partie de notre travail, les propos de Claude Seassau pour qui « le naturalisme de Zola crée un réalisme symbolique, il n'a de réaliste que l'apparence, il dissimule une vérité plus profonde ; on peut dire que Zola considère le réel comme un palimpseste qu'il faut gratter pour découvrir ce qu'il cache. Ses romans sont à l'image de cette conception, il convient de la gratter comme des palimpsestes pour découvrir ce que cache leur réalisme » (14)[8]. Derrière la description objective se profile donc des éléments qui se trouvent au centre de son imaginaire et qui définissent sa manière particulière.

Dans *Les Apprentissages de Zola*, Colette Becker examine les premiers écrits de Zola auxquels elle assigne une fonction thérapeutique : « Le conte et la nouvelle permettent [...] d'exprimer par le biais de la fiction, ce qu'on ne peut pas dire ouvertement » (132).[9] A ce sujet, plusieurs contes de Zola montrent déjà une première mise en texte d'un ou de plusieurs éléments que nous avons trouvés réunis dans les scènes d'accouchement. Ces eaux qui explosent, terribles, charriant tout dans leur chemin, il en a déjà été question dans « L'inondation » et « Les Quatre Journées de Jean Goudron ». L'intérêt principal de la nouvelle « Les Quatre Journées de Jean Goudron » est de montrer l'insertion de l'homme dans le cycle naturel par la correspondance qui s'établit entre l'âge et les saisons. La dernière partie raconte l'inondation provoquée par la Durance qui déborde. Le narrateur raconte comment lui-même, son épouse Babet et leurs deux enfants s'abandonnent aux eaux : « la rivière me jeta sur les cailloux, pareil à un de ces paquets d'herbe qu'elle laissait dans sa course » (68). On sait que, dans *La Joie de Vivre*, l'eau représente une force indomptable contre laquelle les digues érigées par Bonneville sont impuissantes. D'autres fois, « flot », « marée », « vague » sont employés dans un sens métaphorique. Colette Becker nous signale que

---

8   Claude Seassau, *Emile Zola : Le réalisme symbolique* (Paris : José Corti, 1989).
9   Colette Becker, *Les Apprentissages de Zola* (Paris : PUF, 1993).

parfois c'est le peuple qui est présenté comme « un flot formidable qui déferle par vagues, sa force comparable à celle de l'inondation » (319). L'envahissement de l'espace par un « flot » est une scène récurrente dans *La Fortune des Rougon*, *Le Ventre de Paris*, *Germinal* et constitue, en fait, le thème commun à *Pot-Bouille*, *La Terre* et *La Joie de Vivre*. De quelle peur inconsciente Zola nous parle-t-il à travers ces scènes ? « No sooner do walls fall down than the person whose being they composed loses definition, spilling out or withering, merging with others or yielding to some intruder, » (362) précise Frederick Brown. « Anomie threatens every little niche and anomie always manifests itself as a flood. » (362)[10] Souvent, donc, dans les contes et nouvelles comme dans les romans de la série des *Rougon-Macquart*, l'eau porte cette connotation négative qui invite une association avec la mort.

Eaux néfastes, donc eaux dangereuses toutes empreintes du souvenir du père, ce malheureux ingénieur mort avant de pouvoir réaliser son projet de canaliser les eaux et donner ainsi une source de vie à Aix. En publiant son poème, « Le canal », le fils ne cherchait-il pas déjà à rivaliser avec le père, à le dépasser, en mettant en scène un héros qui arrive à dompter les eaux ? N'a-t-il pas, en plus, subi l'influence paternelle en prenant la décision de préparer le nouveau baccalauréat-ès-sciences ? Pourtant, comme le précise Colette Becker, « si celui-ci a fourni à son fils une image d'énergie triomphante, il lui a également donné celle de l'échec, de l'effort vaincu qui, dans les *Rougon-Macquart* contrebalance celle du dynamisme victorieux » (8).

L'eau qui coule se transforme en sang. Bachelard nous a bien appris que « pour l'imagination matérielle tout liquide est une eau. Pour l'imagination, tout ce qui coule est de l'eau » (158).[11] Ce sang qui inonde les pages de *La Fortune des Rougon*, de *Germinal*, de *La Bête Humaine*, de *La Terre* – on en voit la première trace dans la nouvelle de jeunesse de Zola qui porte le titre, « Le Sang ». Cette nouvelle est particulièrement importante parce que s'y déclare non seulement la peur d'être emporté par ce ruisseau devenu torrent, puis fleuve, mais parce que deux trajectoires s'y entrelacent de manière révélatrice, ce que nous voyons dans plusieurs

---

10 Frederic Brown, *Zola: A life* (Blatimore: Johns Hopkins, 1996).
11 Cf. Gaston Bachelard, *L'Eau et les rêves. Essai sur l'imagination de la matière* (Paris: José Corti, 1991).

romans et notamment dans ceux de l'accouchement qui font l'objet de la présente étude. Il s'agit de « gouffres noirs », de fuites le long de passages bas et étroits. Une lecture attentive de l'œuvre de Zola nous permet de conclure avec Colette Becker que « passages étroits, corridors étroits, allées étroites, chambres donnant sur une haute muraille reviennent dans les romans depuis *La Confession de Claude,* constante de l'imaginaire zolien » (352).

C'est justement de cette peur d'être enterré vivant qu'il est question dans « La Mort d'Olivier Bécaille ». Un couple pauvre arrive à Paris et, dès son installation dans une chambre meublée, le mari, un petit employé, est victime d'une syncope qui laisse croire qu'il est mort. La pauvre épouse, tout en pleurant le défunt, s'affaire aux préparatifs pour l'enterrement. Olivier, conscient de tout ce qui se passe autour de lui, est incapable de donner aucun signe de vie. Le pire de ses cauchemars se réalise : la bière est fermée, descendue dans la fosse et recouverte de terre. La suite de la nouvelle raconte comment au fond de ce fossé « le brusque réveil » si ardemment souhaité se produit, il revient à lui, sort de son trou et remonte à la surface. Les passages les plus hallucinants sont ceux qui décrivent ses contorsions surhumaines : « Alors je commençais par des poussées légères, les bras en avant, avec les poings… Je finis par donner toute ma force, je poussai du corps entier, si violemment que mes os criaient. Tout d'un coup je me mis à crier, à hurler » (134). Dans une curieuse mise en abyme, Zola fait raconter par son personnage le cauchemar qu'il fait lorsqu'il est enterré vivant : « Alors commençait une longue et affreuse agonie […] Nous étions prisonniers dans une sorte de cave sans issue […] Rien n'était plus effrayant que ce trou, ainsi muré tout entier sous terre, comme enterré vivant, avec ses voyageurs qui mouraient un à un » (132). La critique est d'accord pour voir dans ce cauchemar du tunnel des souvenirs d'une fièvre typhoïde contractée en 1858 et que Zola raconte dans « Printemps : Journal d'un convalescent ». Dans ces tunnels, on vit, en quelque sorte, entre la vie et la mort, dans des états de « vie seconde » (Becker 298) où « la chair semble morte tandis que les pensées flottent, librement » (Becker 298).

Lors de notre analyse des éléments orchestrés dans les trois scènes d'accouchement nous avons aussi relevé la nausée. Il peut être question des nausées ressenties par l'accouchée ou bien des nausées suscitées chez le lecteur ou ceux qui assistent à la scène. Rappelons-nous les termes par lesquels la littérature naturaliste a été désignée : « littérature brutale », « littérature putride », « littérature malsaine », alors que Zola cherchait avant tout à donner des œuvres – « vivantes et vraies ». Les sueurs, des plaies ouvertes, béantes, les eaux sales, les excréments évoquent effectivement des images qui peuvent révolter. Zola semble prendre un plaisir morbide à décrire des corps qui se disloquent, se décomposent, prenant des formes grotesques. Images de l'abject, si nous entendons par l'abjection « une de ces violentes et obscures révoltes de l'être contre ce qui le menace et qui lui paraît venu d'un dehors ou d'un dedans exorbitant, jeté à côté du possible, du tolérable, du pensable » (Kristeva 9). Cet état d'abjection, précise Kristeva, n'est jamais provoqué par un objet précis mais plutôt par un concours d'éléments et de circonstances : « Dégoût d'une nourriture, d'une saleté, d'un déchet, d'une ordure. Spasmes et vomissements qui me protègent. Répulsions, haut-le-cœur qui m'écarte et me détourne de la souillure, du cloaque, de l'immonde » (10). C'est donc par une réaction d'auto-défense que Kristeva explique le sentiment de profonde répulsion qu'inspire la contemplation de certaines scènes. De nouveau le lecteur sent une autre hantise percer sous le discours scientifique. Pour Kristeva, « ce n'est donc pas l'absence de propreté ou de santé qui rend abject, mais ce qui perturbe une identité, un système, un ordre. Ce qui ne respecte pas les limites, les places, les règles, l'entre-deux, l'ambigu, le mixte » (12). Images de pullulement, de grouillement, de décomposition. Zola utilise fréquemment ces images dévalorisantes pour suggérer cet état « d'entre-deux » symptomatique d'une mutation ou pour avertir d'une menace à l'intégrité de l'être. Ce type de description est prédominante dans *La Faute de l'abbé Mouret*, *Le Ventre de Paris*, *Pot-Bouille*, *La Terre* où la peur du grouillement révèle la peur de l'indistinct, où nous voyons l'homme au niveau de l'animal, où toutes les formes et substances se mélangent. Qui n'a partagé le vertige de Serge devant l'envahissement du Paradou ? Le lecteur de Zola n'oubliera pas facilement non plus l'écœurement qu'il a ressenti devant la description de la décomposition du visage de Nana.

Arrivés au terme de notre étude des composantes de la scène d'accouchement telle qu'elle se présente chez Zola, nous pouvons conclure avec Jean Borie que pour cet auteur « l'enfantement est une diarrhée, il est excrémentiel, il est mortel » (31). Il est clair que dans les trois romans qui nous concernent la scène d'accouchement constitue un moment privilégié du texte et en tant que tel joue un rôle primordial dans l'élaboration du sens que Zola cherche à donner à son roman. L'objectif de la dernière partie de ce travail sera de déterminer si la scène d'accouchement joue un rôle symbolique quelconque dans l'économie structurale de l'ensemble. La question n'est plus pourquoi la mise en scène de l'accouchement mais plutôt pourquoi ces tableaux dans *Pot-Bouille*, *La Joie de Vivre*, et *La Terre*.

Or, Jean Borie, dans *Zola et les Mythes*, a déjà montré que « la société est à l'image du corps physique, une totalité organique fermée : les organes sociaux sont solidaires comme ceux du corps, de telle façon que la maladie d'un seul d'entre eux s'étendra fatalement et affectera l'ensemble de l'organisme » (19). L'accouchement est essentiellement un acte d'expulsion violente. Dans la structure de *Pot-Bouille*, de *La Joie de Vivre*, et de *La Terre*, la scène d'accouchement occupe une place stratégique en ce qui concerne la structure de l'œuvre. Souvent elle annonce ou répète l'exclusion d'un des personnages de l'univers romanesque – la femme de l'ouvrier dans *Pot-Bouille*, Jean dans *La Terre*. Un petit monde clos se protège en expulsant un élément gênant, contagieux ou qui simplement représente un non-moi.

Dans *La Joie de Vivre*, il est difficile de voir au premier abord comment le roman tout entier serait une variation sur la scène d'accouchement, comment la scène d'accouchement annoncerait la structure de l'ensemble, ce qui semble être le cas pour *Pot-Bouille* et *La Terre*. Si, comme dans les romans déjà analysés, les personnages se définissent par leur parcours, les deux personnages éliminés de *La Joie de Vivre* sont Madame Chanteau et Véronique, la première emportée par une maladie de cœur, la deuxième se suicidant sans que le lecteur sache jamais pourquoi.

Il est vrai que toute l'histoire se passe sous le signe de l'exploitation de Pauline par les Chanteau. Dans un premier temps, Madame Chanteau fait semblant d'emprunter sur les rentes de sa nièce mais au fur et à mesure que le récit avance les « vols » deviennent plus fréquents et plus importants. Le texte dit bien que Madame Chanteau finit par « vivre sur le tiroir du secrétaire, emportée, ne résistant plus » (100). L'argent prêté à Lazare pour l'exploitation des algues est également gaspillé. Les trente mille francs de Pauline sont mangés en une dizaine d'années. Dans les conflits qui opposent Pauline et Louise, c'est toujours à Pauline qu'on donne tort. C'est sur son compte que Madame Chanteau vomit « des tas d'horreurs » (205). Et sur son lit de mort, elle accuse Pauline de vouloir l'empoisonner. Victime de ces existences parasitaires, c'est enfin Pauline elle-même, devant l'installation de Lazare et Louise dans la maison familiale, qui se décide à partir pour prendre le poste qui lui a été proposé par le docteur Cazenove. Ce départ définitif prévu pour le lendemain est remis à cause des couches de Louise et Pauline finit par revenir sur sa décision de quitter Bonneville. Elle restera pour soigner le petit Paul. Comment donc lier ce récit aux deux autres ?

Tout s'éclaire lorsqu'on regarde l'évolution de Pauline dans le texte. C'est sur la dialectique générosité/jalousie (donc égoïsme) que s'articule le personnage. Ces crises de jalousie dont il est souvent question dans le texte, « les aises jalouses qui l'affolaient pour une heure : c'était un écrasement lent, comme une masse tombée sur elle, et dont le poids la broyait davantage à chaque minute » (301) représentent la tare qui la ramène au niveau des autres êtres parasitaires du texte. Car chez elle, il y a une « hérédité d'avarice » léguée par sa mère Lisa Macquart. Le texte met en valeur la libération progressive de Pauline, faite de plusieurs renoncements dont le premier est bien sûr sa décision de céder Lazare à Louise : « Jamais elle ne s'était sentie si légère, si haute, si détachée. Tout finissait, elle venait de couper les liens de son égoïsme : elle n'espérait plus en rien ni en personne ; et il y avait au fond d'elle, la volupté subtile du sacrifice » (306). Un peu plus loin nous lisons, « A quoi bon être, si on ne donne pas son être » (323). Mais donner son être, n'est-ce pas être mère ? Or, nous savons que Pauline restera vierge, donc mère en puissance seulement. C'est vrai que vers la fin du texte elle fait un rêve où elle se voit enceinte, mais le seul enfant auquel elle donnera le souffle sera celui de Louise : « elle partageait, elle vivait avec ce petit être, ils n'avaient à eux deux qu'une haleine » (402). Ainsi, en « se dépensant avec sa charité débordante » (402), Pauline prend la place de ces mères dont le texte se débarrasse : Madame Chanteau, Véronique, Louise, toutes de mauvaises mères égoïstes. N'oublions pas que Véronique, seul soutien de Pauline contre l'exploitation des Chanteau, passe de l'autre côté après la mort de sa maîtresse. Elle prend la place de la mauvaise mère. Son comportement imite, dans ce sens, celui de Madame Chanteau qui abandonne Pauline après l'avoir ruinée, quoique dans les deux cas les causes de la rupture soient différentes – l'égoïsme dans le cas de Madame Chanteau qui a trouvé une nouvelle proie ; le remords d'avoir été infidèle à sa maîtresse pour Véronique. Louise ne serait jamais en mesure de produire autre chose que des avortons. Le texte est assez clair à ce sujet. A la naissance, le petit Paul ressemble à un insecte nu. Louise ne s'occupe guère du petit qui reste à la charge de Pauline. Elle rêve de « voir du monde » (431), rêve qui est la réplique de celui de son mari qui veut « filer ailleurs, très loin, tenter des aventures » (431).

Jusqu'au moment des couches de Louise, nous voyons Pauline se débarrasser progressivement de ses mauvais instincts pour pouvoir assumer pleinement ses fonctions maternelles. Mère nourricière et chaleureuse, elle attire « cette vermine », ces enfants qui constituent « le dernier degré de la misère et de l'abjection » (418): la petite Prouane, le fils Houteland, la petite Tourmel, la petite Gonon. « Elle s'était dépouillée de tout, son rire éclatant sonnait le bonheur » (439), dit le texte. « Triomphe d'abnégation » précise Zola dans son premier plan détaillé de ce chapitre.

Dans ses dossiers le Docteur Pascal présente Pauline comme « la plus humaine des filles ». A ses yeux, comme pour Zola, elle représente un modèle à émuler. En se débarrassant de ses tares (avarice, jalousie, égoïsme), elle se libère en même temps de son hérédité, de ce qui lui avait été légué par la branche des Macquart. En consacrant sa vie au service des autres, Pauline marque la distance prise vis-à-vis des ancêtres, vis-à-vis des êtres égoïstes et parasitaires. Elle préfigure déjà Clotilde du *Docteur Pascal*.

Si, en introduisant les scènes d'accouchement dans *Pot-Bouille*, *La Joie de Vivre* et *La Terre*, Zola cherche avant tout à « faire vrai », notre analyse des trois romans en question montre qu'il y exprime ses propres fantasmes et impose une certaine vision du monde. Par leur fonction de mise en abyme de l'œuvre entière, elles invitent aussi à une réflexion tout autre. Dans les trois cas, la naissance de l'enfant n'est pas envisagée comme un événement heureux. Adèle déposera son enfant dans un passage, Louise mettra au monde un avorton et Lise aurait voulu un garçon. Trois classes sociales distinctes à l'intérieur desquelles le même schéma se dessine : le milieu n'est pas accueillant pour l'enfant. Le texte rapporte l'infanticide de la piqueuse de bottines. Adèle comprend bien que la vie de sa fille sera la réplique de la sienne, « encore une malheureuse ! De la viande à cocher ou à valet de chambre » (*Pot-Bouille*, 371). Le roman a pu nous montrer que le peuple/les ouvriers, source de l'abject dans la mentalité bourgeoise en deviennent les boucs émissaires. Et Lise, de même semble regretter le sort d'une fille dans cette société paysanne patriarcale que Zola peint dans *La Terre*. A première vue, la situation semble tout autre dans *La Joie de Vivre*. Il s'agit d'un garçon, mais chétif, maladif, d'un sang appauvri. Il semble manquer des ressorts nécessaires pour se battre et survivre dans un monde brutal d'égoïstes et de parasites. Avec la naissance de l'enfant inconnu, fils de Clotilde et de Pascal, nous sortons du cycle des *Rougon-Macquart* criblé de tares et de fatalités héréditaires. Une ère nouvelle commence. Pour la première fois, naître n'est pas un malheur.

Bibliographie

Bachelard, Gaston. *L'Eau et les rêves. Essai sur l'imagination de la matière.* Paris : José Corti, 1991.
Becker, Colette. *Les Apprentissages de Zola.* Paris : PUF, 1993.
Borie, Jean. *Zola et les Mythes.* Paris : Seuil, 1972.
Brown, Frederick. *Zola : A Life.* Baltimore : Johns Hopkins, 1996.
Franzen, Nils-Olof. *Zola et « La Joie de vivre ». La Genèse du roman. Les Personnages. Les Idées.* Stockholm : Almqvist & Wilksell, 1958.
Kristeva, Julia. *Pouvoirs de l'horreur. Essai sur l'abjection.* Paris : Seuil, 1980.
Seassau, Claude. *Emile Zola : Le réalisme symbolique.* Paris : José Corti, 1989.
Speirs, Dorothy et Signori, Dolorès. *Entretiens avec Zola.* Ottawa : Presses de l'Université d'Ottawa, 1993.
Zola, Emile. « Le Sang » in *Contes à Ninon. Œuvres Complètes.* Vol. 9. Paris : Cercle du livre précieux, 1968.
–. « Les Quatre Journées de Jean Goudron » in *Nouveaux Contes à Ninon. Œuvres complètes.* Vol. 9. Paris : Cercle du livre précieux, 1968.
–. « La Mort d'Olivier Bécaille » in *Naïs Micoulin. Œuvres complètes.* Vol. 9. Paris : Cercle du livre précieux, 1968.
–. « Printemps » in *Autres Contes et Nouvelles. Œuvres complètes.* Vol. 9. Paris : Cercle du livre précieux, 1968.
–. *La Joie de Vivre.* Paris : Fasquelle, 1971.
–. *Œuvres complètes.* 15 vols. Paris : Cercle du livre précieux, 1966-1970.
–. *Pot-Bouille.* Vol. 3. Paris : Gallimard, « Bibliothèque de la Pléiade », 1964.
–. *La Terre.* Vol. 4. Paris : Gallimard, « Bibliothèque de la Pléiade », 1966.

Partie II

Subversions au féminin

Jewellery in the *Rougon-Macquart*: A Glittering Revelation

Danielle KENT BISHOP

> Thus Ornament is but the guiled shore
> To a most dangerous sea; the beauteous scarf
> Veiling an Indian beauty; in a word,
> The seeming truth which cunning times put on
> To entrap the wisest.[1]

The revelatory power of jewellery, whether manifest on a personal or social plane, has long been acknowledged. The be-decking, or otherwise, with trinkets is itself an indicator of personality, self-image, aspirations and values equal to selection of apparel: it may likewise reflect the parent epoch's spirit. During the Terror, when adornment could condemn its wearer to the guillotine, a more austere look found general favour. Napoleon I reintroduced past splendours, augmenting them with magnificent commissions designed to compliment the beauty of the Empress Josephine, a policy repeated by his successor. « French leadership in both jewellery and dress was decisively affirmed with the proclamation of Napoleon III as Emperor in 1852, for with his Empress Eugenie, he made his court the most brilliant in Europe [...]. »[2] At the helm, « [...] Eugenie took up again the role of leader of fashion [...] the sheer beauty of the Empress was beyond question, as were her dresses [...] and her magnificent parures. »[3] These latter, forming part of her hallmark and recognisable to any contemporary, require definition in the present age. « In the second half of the century elaborate necklaces were sometimes made so that they could be dismantled at various points and turned into a *parure* consisting of a shorter necklace, one or two brooches

---

1 Peter Alexander, ed., « The Merchant of Venice, » *The Complete Works of Shakespeare*, vol. 3 (London: Collins, 1975) 97-101.
2 Diana Scarisbrick, *Jewellery* (London: Batsford, 1984) 56.
3 Claude Frégnac, *Jewellery from the Renaissance to Art Nouveau* (London: Weiderfield and Nicolson, 1965) 111.

and a bracelet. »⁴ Within the novels of Emile Zola, this centrepiece provides an appropriate metaphor for the role of jewellery, whilst linking rings and separate objects into its underlying functions.

Each segment of a parure can be treated as an individual item, whilst yet forming part of a homogenous whole. Likewise seemingly opposing poles within the novel can be linked by the mechanism of jewellery to form part of the grand design. Though bestriding social boundaries is a uniquely male privilege, the insurmountable gulf between la belle Madame Saccard and Laure d'Aurigny (*La Curée*) is bridged by a necklace which caresses alike the flesh of society wife and courtesan, a glitteringly acceptable substitute for the hands of an Aristide Saccard. The diamond *rivières* descend rope-like, linking government, military, and aristocratic spheres to that of Nana's demi-monde, curving upwards again to the *haute société*. This stone might be said to be emblematic of the Second Empire, for it is the most brilliant and yet the hardest, its constant refraction of light indicating an endemically restless quality. Though mirror-like, it does not reveal but rather dazzles, blinding its admirers to the true nature of the transaction by which it is acquired. These chill, impersonal gems are warmed by the beautiful shoulders which furnish their showcase, indifferent to whether they are those of the « honnêtes femmes » or the « impure illustre » (1 : 337).⁵ Women are united in desiring their coldly sensual touch, approximating to that of the Second Empire male hands encircling flesh purchased either for a lifetime's wedlock, or an illicit encounter.

This follows the tradition that « [i]n European culture [...] jewels have essentially been the gift of the man to the woman, the expression of a wish for physical possession. »⁶ The link with artists such as Lucas Cranach, who have depicted nymphs and goddesses wearing chains has been recognised, notably by Jean Borie who embodies just such a Cranach work in the cover of his seminal œuvre, *Le Tyran timide. Le Naturalisme de la femme au dix-neuvième siècle*. By such means, the connection between the *haute société* and the world of female servitude is under-

---

4 Guido Gregorietti, *Jewellery through the ages* (London : Hamlin, 1970) 249.
5 All bracketed textual quotations are taken from *Les Rougon-Macquart*, édition établie par Henri Mitterand, 5 vols. (Paris : Gallimard, « Bibliothèque de la Pléiade », 1960-1967).
6 J. Anderson Black, *A History of Jewels*, Introduction by E. Lucie-Smith (London : Oribis, 1974), Introduction.

lined in *La Curée*. Renée's progressive self-abasement is illustrated in two stages. Appearing before the Emperor she is thus adorned: « [...] à ses poignets, des bracelets sans une ciselure, et sur sa tête, un étroit diadème d'or, un cercle uni qui lui mettait comme une auréole » (1 : 439). Though reflecting the ideal of classical purity, the simple gold bands also echo the bonds of servitude.[7] That the « auréole » indicates society's approval is patent, for enslavement to the Emperor is not merely acceptable, but desirable. Renée's later slave guise at the *bal travesti* bears no such endorsement. Indulging her passion for her step-son Maxime, she here publicly flaunts her subjugation, « Dans les cheveux, une couronne de fleurs des champs; aux chevilles et aux poignets, des cercles d'or. Et rien d'autre. Elle était nue » (1 : 555). But on becoming fully cognisant of the true value placed on her by these two men in her life, shame and anger assail her. A society woman reveals that degree of flesh sanctioned by contemporary moral codes: the slave has no right of decision and can be stripped at will. Renée attributes her nudity with its concomitant shame to the men who should have protected her, but who instead leave her with nothing but the gold slave bands at ankles and wrists. They have paid for these tokens of bondage, whilst yet fashioning her into a similar adornment. Saccard « [...] la tordait dans les flammes de sa forge, se servant d'elle, ainsi que d'un métal précieux, pour dorer le fer de ses mains » (1 : 575). Renée's function has been merely to gild his iron hands: she has been distorted to serve his whim.

But jewellery bridges other worlds; gold chains support Madame Lorilleux of *L'Assommoir*, but they demand much in return. Though her days are passed in fashioning them, they in turn are fashioning her into the prematurely aged, unkempt and sour old woman of thirty. Doubtless she had imagined that these chains over which she had wrought so long and hard would act as ladders to a better life, but the sole token of this is, as yet, a black silk dress. The « ladders » act rather as fetters, confining every generous impulse, whilst her servitude to the precious metal confirms in her those characteristics typical of a miser.

---

7   In the early nineteenth century, the feminine ideal was to emulate the classical purity of Greek statues. The ideal jewel to compliment these dresses was simple gold band bracelets. This classical revival survived well into the century.

Angélique (*Le Rêve*) does not forge her own fetters: they are rather a legacy of the fecklessness of her mother who abandoned her in infancy. Although not branded with a mark of ownership, she must nevertheless wear about her neck evidence of her date of entry to the institution to which she is consigned. « Elle le devinait un collier d'esclave » (4 : 956). This is removed at about the age of six, but thereafter, she senses its indentation. Throughout the novel, this undercuts her visions of Angélique the bride, bedecked with jewels, « [...] au cou, aux poignets, des ruissellements de pierreries et de perles » (4 : 946) : it unconsciously echoes Hubertine's words « Comment peux-tu rêver d'un prince ? Tu épouserais donc un homme plus riche que toi ? » (4 : 855). The dream is realised, and Angélique in her pearl-embossed dress does marry her prince, but the price is death. It might be inferred that the collar has penetrated the flesh to the point of strangulation, « [...] ce collier de bête domestique [...] : il lui restait dans la chair, elle étouffait » (4 : 956). This neckband contrasts markedly with that of Clorinde, « [...] un vrai collier de chien en velours noir » (*Son Excellence*, 2 : 333). The domestic dog resignedly wears the collar placed about him by his master, whereas Clorinde proclaims her allegiance by fastening the « collier » with her own hands. The diamonds sparkling on their black backcloth and the bell with its pearl clapper are designed to rivet the attention of viewers, in general, and Rougon, in particular. Never previously has the statesman been seared by such pangs of jealousy, for common tenets of servitude have been overturned. « Elle avait voulu ce servage » (2 : 333). Whilst Angélique's collar bears information, clear to all who open the medal, Clorinde's message is overt to all with sufficient social acumen to interpret it. The former's choker of shame is the latter's declaration of status.

Worlds which initially seem totally disparate are seen to be underpinned by the same values, these encapsulated in an item of jewellery. In *La Terre*, a back street brothel and a rose garden are juxtaposed to contrast the sordid with the idyllic, yet the same hands have created both with pride and meticulous care. A « vieille alliance d'or », the property of Elodie's dead mother, traverses these spheres and is bestowed upon her daughter who kisses it passionately and vows to wear it throughout her life. This keepsake, which Elodie regards with such reverence, has little to recommend it but that it encircled her mother's finger for twenty years, « [...] un de ces bijoux de grosse joaillerie commune, si usée [...] » (*La Terre*, 4 : 657). One might argue that Elodie's devotion betokens an affection which over-rides all considerations of appearance or connection with the brothel, valuing it solely as a last link with her departed mother, but one is constantly aware of ironic undertones. Upon declaring that she will assume direction of the business, Elodie again kisses the ring with which her grandmother wishes her, in turn, to be married. It is as if she is wed primarily to the business, just as Nenesse consents specifically in order to further his material prospects. Should his attitude towards the brothel resemble that of Estelle's feckless husband, rather than that of M. Charles, Elodie may well fulfil her grandfather's prophecy « Quand tu l'auras usée autant que ta mère [...] tu pourras te reposer... » (4 : 657), like her mother, permanently at rest.

As the parure is uniquely feminine, *Rougon-Macquart* women are threaded together, coded by the gems with which they are associated. Of all stones, pearls have always been considered most suitable for young girls: the sheen might be analogised with their skin: symbolically they represent modesty, and in that unique value for which they are prized, they summarise virginity.[8] In *Une Page d'amour*, the Virgin Mary in the church is « couronnée de perles » (*Une Page d'amour*, 2 : 916), whilst that most chaste of heroines, Angélique wears a pearl studded dress for the marriage which naturally remains unconsummated. Throughout is echoed the sixteenth-century contention that this gem is exclusively appropriate to the adornment of royalty. Pearls are further associated with tears, most usually of sorrow, but perhaps too, of ecstasy since here supreme happiness is instantly subsumed in death. Of the gems which le Docteur Pascal gives to Clotilde, it is the pearls alone which she retains. In eulogising her beauty, Zola describes them as « la parure naturelle de cette chair de soie » (*Le Docteur Pascal*, 5 : 1112), implying that skin of such translucence finds its ideal counterpart in such stones. The word, « parure », is dual-faceted in meaning, indicating both a set of ornaments and decoration, in general: here, it seems to contain a number of constituent parts – youth, beauty, modesty, innocence and simplicity. « Il

---

8   The « rosebud garden of girls » was expected to « glimmer in satin and pearls [...] diamonds were for the amrried alone, whilst the young would have to be content with pearls. » Mary Peter, *Collecting Victorian Jewellery* (London: MacGibbon and Kee, 1970) 26.

faisait comme partie de sa pudeur, il était de sa chair, si simple, si enfantin » (5 : 1217). Clotilde represents the final distillation of Zola's concept of ideal womanhood, and thus, despite these virginal qualities, he permits the relationship to be consummated. There are clearly Biblical parallels with the parable of the pearl of great price. Pascal delivers up all his substance, not to purchase Clotilde, but rather, to adorn the « pearl » which, in his advanced years he has been so fortunate as to win, and who indeed represents the kingdom of heaven to him. So closely are pearls allied with Clotilde and Pascal's relationship, that these alone are retained when all other gems which he has showered upon her have been sold. They seem to have become part of her very being. « [...] et il sembla qu'elle sortait un peu de sa nudité intime, que tout le bouquet vivant de son corps s'exhalait de cet unique bijou, gardé sur sa peau [...] » (5 : 1132).

Not only does the woman's choice of jewellery reflect her projected image, but additionally, it may assume a protective function. Aunt Elizabeth's (*La Curée*) gift of a necklace of coral, a traditionally amuletic stone, is unsuccessful in shielding Renée from the laughter and mockery of the other girls at school, perhaps because she is not conversant with the mores of the milieu into which she has consigned her niece.[9] Renée cannot wear the necklace as she has done within the hôtel Béraud : it is only after she has refashioned her presentation of the trinket that it attracts universal admiration within the other context. « Et le collier et le bracelet de corail lui semblaient plus jolis sur la peau de son cou et de son bras » (*La Curée*, 1 : 573). Knowledge of prevailing etiquette should advise her choice of protective jewels and Renée's awareness extends to the parameters of that which permissible : her blue guard outfit with its imitation sapphire buttons is outrageous, but acceptably so. Submitting to the judgement of another is dangerous, as her first meeting with Maxime illustrates. Sensing that her costume requires some addition, she does not seriously ponder the question herself, but rather accepts a thirteen year old boy's advice. This is to lower her neckline and substitute « un collier avec une grosse croix » (1 : 406), a major error, for daytime décolletage is inappropriate, and though amuletic in nature, the cross's

---

9   « In fact jewellery started with corals which were given as a Christening present and these, because of their ancient protective function remained popular from beginning to end of the reign. » Peter 92.

protective qualities are nullified by its proposer's callow judgement.[10] It should be added that the Catholic revival which accompanied the Romantic movement led to a sustained demand for devotional jewellery throughout the epoch, but this unique instance of upbringing and fashion in tandem is marred by Renée's abrogation of prevailing etiquette, an error which she subsequently repeats. The society woman affords an exclusive showcase for her husband's wealth and, in so doing, vaunts her own status. The prostitute alone, in affirmation of her desirability, may be adorned by multiple donors. Renée diverges from this convention by seeking to obtain a replica of Sylvie's bracelet via her stepson, rather than Saccard and thus the trinket furnishes a further link in her downward spiral into degradation.

Zola presents a marked dichotomy between those major figures who do, and those who do not depend upon jewellery for protection. In *Le Ventre de Paris*, la belle Normande strengthens the impression of her presence, her beauty and of her status within the community by her identification with a profusion of baubles. In contrast, no gem on Lisa Quenu's person is ever described. Indeed, her exterior itself has assumed the characteristics of a diamond, « superbe(s), carré(s), luisant(s) » (*Le Ventre de Paris*, 1: 639), whilst within, all is similarly adamantine. The marble and glass around her emit that same hard glitter, just as assuredly as they proclaim her wealth. Denise Baudu, of *Au Bonheur des Dames*, is also described without jewellery: though her friend Pauline sets off for the country « des bijoux au cou, et aux mains » (*Au Bonheur des Dames*, 3: 522), she goes unadorned. Even when better circumstanced, Mouret notices that Denise's silk dress remains « sans un bijou » (3: 645). Neither woman needs jewellery to protect her: each has the strength to take charge of her own future. Though here the lack of trinketry is emphasised, Zola remains silent regarding certain women of assured moral stature. Words are unnecessary: Pauline, Mme Hédouin and Hélène Grandjean would defy such trifles. Interestingly, Satin (*Nana*), though a prostitute, likewise never adorns herself with gems. Instead, she wears « un cœur d'or », in ironic consistency with the Madonna-like innocence of her appearance.

10 The cross « [...] signifies the Christian belief of atonement and symbolises salvation and redemption ». Nancy Schiffer, *The Power of Jewellery* (West Chester, Pennsylvania: Schiffer Publishing, 1988) 224.

Though the components may be separated, they yet remain part of the parent parure. A single item of jewellery may pass along a chain of people, creating various formations but ultimately locking them into an ineluctable destiny. One such « parure » consists of Grandmorin, Séverine, Roubard, Lantier and Cabuche in *La Bête humaine,* all linked by the watch mechanism. The four actively concerned with the movement of this timepiece all suffer in terms of life or liberty: though the fifth, Lantier, has committed major crimes, his involvement has been purely passive and he, thus, evades swift retribution. Time and a component necklace from the parure both demonstrate the linear dimension, but the component multi-faceted jewels find expression in the forming and reforming of clusters around a single object. This underpins the essential « detective » feature of the novel, refraction creating a kaleidoscopic swirling movement which obscures the strictly linear progression. Regrouping fires and curtails plot impetus through freezing characters into brief juxtapositions, thus augmenting tension. Concealment of the watch within the clusters presents a challenge to both participating and reading treasure hunters. The murder features the Grandmorin/Séverine/Roubard clustering, but when Roubard has gambled away the stolen money it changes to Grandmorin/Séverine/Jacques, as the female protagonist entrusts her lover with the old man's watch. This is sustained for the train crash, when Séverine retrieves the item, but is permuted to Grandmorin/Séverine/Cabuche by the latter's removal of her trinkets including the all-concealing handkerchief.

The full parure can be dismantled to form a demi-parure of three basic components, visualised in triangular form but equally reflective of the dynamics within the tripartite giver/wearer/viewer relationship, fundamental to the era.[11] One such formation consists of Steiner/Simonne/ the race-going public in *Nana.* Prior to the couple's arrival, attention focuses firmly upon Nana, whom everyone approaches to pay homage, but Simonne's toilette arrests this trend for it is Nana who commends the banker's latest fancy. In the words of Richard B. Saphir, « Great gems went with great people... gems were the historical perfume of the rich and powerful... »[12] Steiner's time of recession has manifestly ended, and

---

11 « But the basic constituents of a parure remained the same – headdress, necklace, brooch, with a variation on emphasis. » Peter 25.
12 Schiffer 6.

money from the Bourse is once more undulating in a diamond stream over the figure of a prostitute. In this world of female rivalry, Simonne's status has risen to new heights. A further permutation is offered in the Muffat/Nana/reader triangle. A sapphire parure in a shop window has attracted Nana's gaze, and Muffat resolves to bestow it upon her, despite the sacrifice involved. As she stretches out in the bed her foot is to touch it, revealing his surprise gift, but all goes awry. Nana's mood is unpropitious and she disdainfully remarks that the necklace seems inferior to the remembered version. To the reader, observing from his standpoint in the triangle, this incident seems to characterise their relationship. The prostitute, driven by mood or whim has the discrimination of a magpie, momentarily attracted by a glint here, a sparkle there, incapable of appreciating the jewel's intrinsic worth or beauty, and totally oblivious of any sacrifice involved in its acquisition: such is the goddess upon whom the aristocracy bestow the remnants of their patrimonies as oblations. The doom of the ancient order has clearly been sealed, and the reader's response is devoid of sympathy, for it seems fitting. Nana's derision anticipates her subsequent treatment of Philippe's gift: her disdain extends to her lovers, their wealth, their status, and their values. A more prudent woman might have hoarded their offerings as insurance: secure in the awareness of her infinite allure, Nana is supremely confident that future Steiners and Muffats will shower tributes upon her matchless body.

During this epoch, as has been stated, certain elaborate and intricately wrought necklaces were designed to be dismantled to form a parure. Thus, the latter may bear an inherent sense of not being what it seems, for in reality, it is an assemblage of items. This deceptiveness of appearance finds its counterpart within the text in Zola's extensive use of irony. *La Bête humaine* furnishes a paradigm. Séverine is seen by her husband as « un bijou délicat qu'il jugeait précieux » (*La Bête humaine*, 4 : 1001), but it is her own jewel which sets in train the whole tragedy wherein Roubard compels his « bijou délicat » to commit murder. The ring which she wears upon her wedding finger – Zola recounts that her husband « Toujours il la lui avait connue là » (4 : 1012) – in truth poses the greatest threat to her marriage. Had it been perhaps a maternal bequest, its conjunction with her wedding ring would have caused no comment: indeed, the two rings might have been held to represent the two most cherished loves of her life. Instead, it proves to be the gift of her seducer, a fact which is revealed immediately following her husband's speculation that she might be Grandmorin's daughter. Roubard takes her hand in his and plays with the ring when suddenly, Aladdin-like, the genie of truth appears before him. Zola's ironic permutations upon the theme of that most fashionable of trinkets, the snake ring, parallel in number the variations possible within the parure.[13] At this period, the emblem of the serpent, «[...] signified the love which outlives the limits of human life,»[14] a particularly potent example of irony since the «love» encapsulated by this ring outlives Grandmorin and is laid to rest only in Séverine's own death. The red of its jewelled eyes signifies the life force, finally extinguished in the red room, scene of the original sin. Roubard stamps upon the ring, as though trying to obliterate the whole degrading episode and its participants, but this does not suffice. Indeed, throughout the history of jewellery, «Many people have believed in a connection between the ring and the wearer so what happens to one affects the other»[15]: events following Séverine's seduction assume a circularity which renders her death almost inevitable. It is as if the Zolian bonding of defloration, sealed with this quasi-marriage must indeed «outlive... human life.» Anderson Black has commented upon the «aggressive phallic symbolism»[16] to be found in nineteenth-century design, notably in snake jewellery: the earlier encounter between Grandmorin and his goddaughter would render the emblem peculiarly appropriate. Her continued wearing of it indicates an accepted branding into her flesh, confirmed by her affectionate appellation «Mon petit serpent» (4: 1012).

An appropriate setting enhances appreciation of the gemstone, and within the Zolian context a parure similarly illuminates understanding of its role within the text. This has never been purely ornamental, but rather has variously been fundamental to plot mechanism, character definition, dynamics of relationships, and societal architecture. Revelation

---

13 «Popular in Roman jewellery, the archaeologizing nineteenth century had revived the snake.» Peter 30.
14 Scarisbrick 56-57.
15 David Bennett and Daniela Mascetti, *Understanding Jewellery* (Suffolk: Antique Collector's Club, 1989) 7.
16 Black, Introduction.

has abounded, but does glittering aptly define it? At a visual level, most assuredly so, but on a metaphorical plane, like Portia's casket, the glister so frequently conceals the base nature of the underlying metal. Two of Zola's most sterling characters, Pauline and Denise, disdain such superficial gloss: theirs is the worth of honest lead. But, it is from textual and structural perspectives that jewellery irradiates these novels. Dramatic irony stratifies text and sub-text, heightening tension and deepening insight whilst obliterating lengthy, possibly turgid explanations. Kaleidoscopic groupings, unexpected linkages and shape configurations pattern the narrative, thereby enhancing the spatial dimension. The gems, which united have composed that most impressive of adornments: the parure, have simultaneously furnished a visual and symbolic vocabulary.

Bibliography

Alexander, Peter, ed. « The Merchant of Venice. » *The Complete Works of Shakespeare.* Vol. 3. London: Collins, 1975.

Black, J. Anderson *A History of Jewels.* Introduction by E. Lucie-Smith. London: Oribis, 1974.

Bennett, David and Mascetti, Daniela. *Understanding Jewellery.* Suffolk: Antique Collector's Club, 1989.

Frégnac, Claude. *Jewellery from the Renaissance to Art Nouveau.* London: Weiderfield and Nicolson, 1965.

Gregorietti, Guido. *Jewellery through the ages.* London: Hamlin, 1970.

Peter, Mary. *Collecting Victorian Jewellery.* London: MacGibbon and Kee, 1970.

Scarisbrick, Diana. *Jewellery.* London: Batsford, 1984.

Schiffer, Nancy. *The Power of Jewellery.* West Chester, Pennsylvania: Schiffer Publishing, 1988.

Zola, Emile. *Les Rougon-Macquart.* 5 Vols. Paris: Gallimard, « Bibliothèque de la Pléiade », 1960-1967.

Zola's Women: A Chink in the Armour: A Study of *Une Page d'amour* and *L'Œuvre*

Danielle KENT BISHOP

For Zola's women, clothing and indeed body language constitute an armour vital to their protection. The constant maintenance of this armour is of paramount importance, for in a moment of negligence may lie the first step in their downfall. In both of the novels under scrutiny, a concatenation of events renders the heroines acutely vulnerable. This study proposes that their undoing is not ultimately attributable to these strokes of fate but rather to their lack of sartorial and corporeal vigilance. Through the medium of clothing and body language, the rungs of their descent are charted, with key points of culpability flagged. Within this context, individual items of clothing may assume key significance, whilst in their traversal, specific flesh lines may be equated with rubicons.

If the clothing of Zola's women is regarded as armour, the metaphor may be extended to categorise the wearer, whether as wielder, forger or non-combatant. The wielder, not content with merely protecting herself, will take an offensive position. Rather than permitting events to happen of their own volition, she thrusts forward in her attempt to influence the course of her own and other lives, utilising both her clothing and body as weapons. Clorinde Balbi, a wielder par excellence, is determined to triumph in her duel with Rougon, and thus improvises a weapon, « [...] elle se faisait un bouclier de la traîne de son amazone » (*Son Excellence*, 112).[1] The non-combatant may attempt to defend herself, but as regards active participation in the shaping of her life, she is impotent. Geneviève Baudu's clothing is totally unmemorable, as is her existence. Permanently cloistered within the home in an eternal childhood, her future forever in the hands of others, she never truly achieves the status of individual and therefore has no need of armour. The forger uses the circumstances offered her, steadily creating an ever more secure fortress

---

1 All quotations from *Son Excellence* are taken from *Les Rougon-Macquart*, édition établie par Henri Mitterand, vol. 2 (Paris: Gallimard, « Bibliothèque de la Pléiade », 1961).

behind which she may find contentment, and this is reflected in her dress and body language. Mme Aurélie, a forger who has consolidated a seemingly impregnable position at *Au Bonheur des Dames*, is dressed accordingly, « [...] sanglée dans la robe de soie noire dont le corsage [...] luisait comme une armure »,[2] a casing both impeccable and impenetrable.

Hélène Grandjean and Christine Hallegrain are forgers whose armour is of paramount importance, both to fend off external ravages and to tether within those passions which would otherwise threaten self-dominion, thereby destroying potential contentment. For them, a chink is occasioned upon the slippage of garments, thereby exposing an inner layer of defenceless flesh. Indeed, *L'Œuvre* and *Une Page d'amour* trace the paths of two heroines whose armour becomes ineffectual to such a degree that both symbolically and literally it is cast aside, leaving them naked in every sense.

The opening chapters of both novels are crucially important in this respect; they set the scene, determine the direction and provide us with a first impression of the protagonists. As the curtain rises, both Hélène and Christine are plunged into a state of absolute powerlessness of which they are fully conscious. Christine's impotence before the trauma of a late train and a brutal coachman is further confirmed in her desperate search for shelter from the raging of the elements. Likewise, Hélène in a state of veritable frenzy, rushes for a doctor, fearing for her daughter's life. It is evident that here, as in *L'Œuvre,* the unsociable hour hinders further the protagonist's ability to defend herself. Ironically, each woman's sense of self preservation is negated by her sensations of powerlessness; in these first chapters, Hélène and Christine unwittingly occasion a chink in their armour, which will widen as the novel progresses. Zola postulates that a situation may arise wherein the carefully sanctioned protective codes of Second Empire behaviour and dressing are invalidated. The extreme urgency of Hélène and Christine's situations propels them towards an absolute dependence on others, which in turn causes them to transgress every taboo; consequently, there is a serious breach in the protection of both clothing and behaviour.

---

2   Emile Zola, *Au Bonheur des Dames, Les Rougon-Macquart*, édition établie par Henri Mitterand, vol. 3 (Paris: Gallimard: « Bibliothèque de la Pléiade », 1964) 437.

Hélène flees her apartment, scantily clad, a thin dress and a shawl her only protection against, not only «[...] cette glaciale nuit de février» (*Une Page d'amour*, 803), but also unforeseen encounters.³ In her haste, she even neglects to don a pair of shoes: «[...] elle marchait avec des pantoufles dans une neige légère» (803); indeed, throughout the scene, panic numbs the habitual sensitivity of feet and shoulders. Deberle, rudely awakened, departs with shirt unbuttoned, only to rectify this within the bedroom. But in the midst of this horrifying ordeal, both his and Hélène's clothing slip and, though initially their mutual fear for the child blinds them to each other's nudity, subconscious flesh bonds are nonetheless sealed. The unwitting exposure of Hélène's shoulder places it in contact with the brushing of Deberle's cheek, just as his proximity to her person permits a mingling of their breath. Only as the crisis abates does Deberle become acutely aware that Hélène's descending shawl has exposed the skin beneath and simultaneously comes her awareness of his bare flesh. A «redressing» of the situation subsequently takes place: «Alors, Hélène, d'une main lente, remonta son châle et s'enveloppa, tandis que le docteur boutonnait le col de son veston» (810). In her anxiety, Christine finally accepts Claude's suggestion that she spend the night in his apartment but throughout her ordeal she remains aware of the danger of shedding her armour: «Merci, je suis bien, je dormirai habillée» (*L'Œuvre*, 15).⁴ Only behind the shield of the *paravent* does she permit her body to become exposed. Unconsciously, however, two events signal potential disaster. The redundant collection of feminine garments falls to the floor and this verticality, also mirrored at such an early stage in *Une Page d'amour*, «Les vêtements qu'Hélène jetait sur le dossier d'un fauteuil en se couchant, avaient glissé à terre» (807), is redolent of another such fall, that of *la chute sexuelle*. Secondly, after discarding her garments Christine gives them no further thought. Strewn in a heap, they invite the male to view that which is most intimate to woman, that which smacks of flesh and blood, without her consent, as is similarly highlighted in *Une Page d'amour*, «C'était toute l'intimité d'une femme violemment étalée» (807). The mere fact of leaving underclothing strewn

---

3   All quotations from *Une Page d'amour* are taken from *Les Rougon-Macquart*, édition établie par Henri Mitterand, vol. 2 (Paris: Gallimard: «Bibliothèque de la Pléiade», 1961).

4   All quotations from *L'Œuvre* are taken from *Les Rougon-Macquart*, édition établie par Henri Mitterand, vol. 4 (Paris: Gallimard: «Bibliothèque de la Pléiade», 1966).

about does not of itself constitute a weakness. For example, this is a feature of Clorinde Balbi's way of life, but, for her, such protection is not essential. To both Hélène and Christine, all clothing is of importance, constituting as it does both image and security within their particular milieu. In her panic and desperation, Christine has already breached one of her society's taboos, for she has gone alone with a young man at night to his apartment, but once there, she finds sanctuary. Claude has made clear the purity of his intentions, as the screen and the sacrifice of his bed bear witness. His insistence on their separateness is further underlined by his deliberate gesture of changing the sheets, thereby obviating even a proxy linkage of the flesh. Christine has reached tranquillity amidst the turbulence, but whereas a truly vigilant knight would have ensured that his armour was made ready for the morrow's combat, Christine gives no further thought to her own. She merely surrenders it allowing it to rest saturated at her feet. Sodden armour must incapacitate rather than protect. She gives no thought to future needs and therein lies her « undoing. »

After the night's trauma, Christine seems to find reassurance and in that sense of security, she relaxes too far, for she does not awake early and take immediate steps to regain normality. As she sleeps on, Claude's curiosity mounts bringing tension in its wake. Had she awoken early, they could have met again on equal terms of dignity, both fully clad. Lack of vigilance regarding her clothing, arrests Claude's attention, for he cannot understand it. He uses it as a justification, or rather excuse, for satisfying his curiosity and for touching even her most intimate garments. It seems reasonable to suppose that this in turn helps spur him to violate her privacy. He subsequently penetrates the shielding *paravent* and gazes at a woman, who in sleep has lost control of her clothes: « Pendant sa fièvre d'insomnie, les boutons des épaulettes de sa chemise avaient dû se détacher, toute la manche gauche glissait découvrant la gorge » (*L'Œuvre*, 19). By indulging his desire to paint her naked body, Claude not only trespasses on her personal space but seems almost, with his « [...] regard d'homme qui la fouillait » (20) to pierce her intimately; a variation on the impregnation theme takes place. Upon awakening, the heroine, though discomposed, yields no more than society permits, shielding herself completely with the protective layer of the sheet, never lowering her guard. Indeed, by creating a plugged effect around her neck, Christine gives the impression that she is completely impenetrable – shut off from the outside world. In direct parallel, Hélène, upon returning home from the scene of her seduction, exchanges her contaminated clothing for her robe of domesticity, *le peignoir*, « [...] boutonné jusqu'au menton » (*Une Page d'amour*, 1039) as though to re-encapsulate lost purity. Christine unconsciously tenders her whole body in sleep, but subsequently is consciously coerced into surrendering her face. By translating her onto canvas, Claude is, in effect, stealing a part of her body which can never be retrieved, something of which she is vaguely aware, « Rien ne la retenait plus, elle avait pourtant l'air de chercher encore, comme si elle avait eu la sensation de laisser là quelque chose » (*L'Œuvre*, 31). Mirroring *Une Page d'amour*, the scene draws to a close as Christine extricates herself from this compromising situation and « redresses. » The degree to which clothing transforms this initially vulnerable woman into an enhanced and self-assured persona is underlined by Claude's revived image of her, « [...] plus grande et plus belle [...] Elle ne le craignait plus, évidemment » (29). Indeed, the donning of garments is concomitant with the resumption of clear-sightedness and confidence, « Il semblait qu'au sortir de ce lit défait, où elle se sentait sans défense, elle eût remis son armure, avec ses bottines et sa robe » (29).

Both chapters highlight the habitual neatness and propriety of these heroines: the description of their habitual armour, the image which they have forged to date, serves clearly as a yardstick by which to chart their decline. Hélène presents an impeccably rigorous exterior, with restrained hair and serious demeanour. Indeed, the smooth, unblemished outer gilding is characteristic of the statuesque. By so introducing the heroine, Zola underlines the fact that this cloak of sobriety forms a striking and pivotal aspect of her makeup. Likewise, the rapidity with which Christine clothes herself and projects an appearance of precision and decorum, implies that this is her customary forged image, « [...] nette et correcte dans ses vêtements noirs, lacée, boutonnée, équipée en un tour de main [...] son lourd chignon se tordait sur sa nuque, sans qu'une mèche dépassât » (29). Her « re-covery » seems to be absolute. By this point, both heroines have committed sartorial errors and have permitted their vigilance to lapse but their culpability is strictly limited. It is true that a chink in their armour has been occasioned through the slippage of clothing, but in these circumstances, the successful forger would retire to repair her armour. If that chink advertised the presence of an emotional wound beneath, this she would immediately cauterise to prevent that seepage of will which must inevitably diminish the woman's power to defend herself.

The two heroines are now faced with a series of destiny-determining choices. Christine departs, assumes her position with Mme Vanzade and finds therein a kindly protector, who will endow her in future years with a substantial inheritance. Skilled in no line of work, a potential legacy would attract a suitor, thereby offering Christine a husband's support. Her initially empty hand thus holds the cards of affection, future wealth and security: she has every opportunity to put aside her night's experiences and start afresh. Although the arrow which has penetrated her armour may be attached to a fine thread binding her to Claude, removal and cauterisation present a painful but final solution. In consciously returning to him and flouting social convention in a relationship which can only compromise her, Christine makes a major contribution to her own downfall. It might be argued that such behaviour, in part, owes itself to the loneliness and boredom of this type of employment, the insecurities inherent in being an orphan and the ignorance honed by a cloistered upbringing. In addition, Zola deliberately places Christine within the perilous years of puberty so that, as with so many females of similar ilk, nascent sexual desires are misunderstood. Indeed, both Hélène and Christine confuse aroused sensuality with feelings of gratitude and admiration for one who has been their saviour. In *Une Page d'amour*, Hélène has thanked Deberle at the time of the crisis and she is aware that a second show of gratitude would be superfluous. She is fully conscious of his marital status and yet against her better judgement, she visits him, thereby indulging her incipient passion. Christine behaves similarly. Their total disregard of the basic factors of self protection imply that as forgers, they will fail.

Although it is a mistake to resume contact with Claude, the situation is still not irretrievable. On her subsequent visits her modesty and chastity are emphasised by the simplicity of the garments which cover her so completely, whilst in choice of colour she is restrained, exchanging the black of their first meeting for the white dress of the later visit. Veiled hats restrict access to her face. That these garments are efficacious in shielding her is underlined repeatedly through Claude's stream of consciousness. Upon first spying her nudity, he exclaims, « Où diable la cachait-elle, la veille, cette gorge-là » (19) and reiterates this phrase when later she consents to undress, « [...] : où cachait-elle cette gorge épanouie, qu'on ne soupçonnait point sous la robe ? » (115). Having painted her face, Claude craves to use her as his model but is deterred, not so much by fear of giving offence, as by her clothing and her demeanour, « Mais elle arrivait avec son rire de camarade, sa robe chaste qui ne livrait rien de son corps, et il perdait tout courage » (112).

But though concealed, the chink yet remains and through it seeps the heroine's self mastery, a point which Zola underlines by both recreating and subverting the opening scene. If previously Christine surrendered her face under coercion, she now gives it of her own free will. Similarly, in *Une Page d'amour*, Jeanne's relapse brings Deberle rushing to her side, but this time, his efforts are rewarded by an avowal of love. Sensing that the only approach to the man is through his painting, Christine consigns face, then body to canvas, afraid lest another image might supersede hers. She derives pleasure only as a by-product of Claude's elation, not from any Nana-esque delight in her own flesh. Christine bestows her body for all the wrong reasons. Negating herself, she begins to live vicariously through Claude, consequently staking a claim on his obsession, and thereby, crossing the rubicon. The tone of the relationship is thus decreed: woman gives and man takes. Christine's sacrifice yields her nothing, for whilst fuelling her partner's life passion, participation is denied her.

The scene in which Christine first poses compares profitably with that in *Son Excellence*, where Clorinde allows herself to be transferred to canvas by Luigi. Before Rougon, Clorinde metamorphoses herself into a statue, granite within and without. Distant and aloof, she cedes nothing but her outer casing, « Elle redevenait un marbre, elle n'avait plus de pudeur » (78). Womanhood discarded, the question of modesty ceases to arise. Clorinde leads that rare category of women, protected by an inner armour, who can shed garments with impunity. Hélène's beauty is statuesque in appearance only: Deberle recognises that the marble is but skin deep in referring to her « [...] hauteur d'honnêteté et de pudeur qui la laissait chaste sous ce regard d'homme, où montait un grand trouble » (*Une Page d'amour*, 810), Hélène's clothing offers essential protection to her modesty. Though Christine strives to adopt an image « de beau marbre »,

(*L'Œuvre*, 115) far from so calcifying, she remains a young girl trying to please and thereby «[...] faisant le don de sa pudeur» (115): both the outer and the inner are surrendered. Christine immolates herself on the altar of her devotion to Claude, whereas Clorinde's artist is emotionally of no consequence. Descending from her plinth, Clorinde blushes yet soon resumes her composure, whereas Christine, impassioned, cannot readopt her semblance of detachment. Clorinde permits Luigi to paint her as *Diane chasseresse*, subsequent to her public success in this role. Luigi's style of painting pleases her, for should there be distortion, it will be of a flattering nature: thus will Clorinde's image assuredly rise victorious. Christine submits to representation in a style of painting towards which she has grave reservations: from her reaction to other works, it seems virtually inevitable that her portrait will disturb and disgust her. This divestiture of clothing takes place within the semi-protective environment of the artist's garret, but its implications are much wider reaching. Christine allows her flesh to become exposed not only to Claude on an intimate level, but on a public level, to society at large. The portrait is duly hung and, as the crowds at the salon violate Christine's nudity with their laughter, Zola's description embodies a triad of images: «C'était elle qu'on sifflait ainsi, c'était sur sa nudité que crachaient les gens, cette nudité dont le brutal étalage, devant la blague de Paris, l'avait étranglée dès la porte [...], elle s'était sauvée, comme si elle avait senti ces rires s'abattre sur sa peau nue, la cingler au sang de coups de fouet» (140). Like the produce which Lisa Quenu displays in her window, Christine has placed her flesh on view to all but with radically differing results. The crowds evoke images of that literal and metaphorical pack of hounds in *Son Excellence* tearing at the flesh of the quarry. Pathos is evoked through biblical associations, for Christine's body hangs there to be mocked at by all, as was Christ's on the cross. Her clothes have become as void and trivialised as were Christ's when the soldiers cast lots.

As she attempts to «redress» for a second time, the process is markedly harder. In contrast to the opening scene, she no longer dons her garments with speedy efficiency but fumbles confusedly, «En hâte, elle se rhabilla, dans un grelottement brusque, prise d'un tel émoi, qu'elle s'agrafait de travers» (*L'Œuvre*, 115). Redonning the armour becomes increasingly difficult, a point which Zola emphasises by reiterating and embellishing an identical passage once Christine has been reduced to the status of permanent model. Increasingly in disarray, never more will she assume her sartorial impeccability, « Alors, les mains tremblantes de hâte, elle se rhabilla, dans une confusion affreuse de femme dédaignée. Elle enfilait sa chemise, se battait avec ses jupes, agrafait son corsage de travers » (243). In parallel, following Hélène's seduction scene, Zola employs the same technique; incapable of mirroring her former standards of vestimentary precision, she returns to the house, « mal habillée », giving the impression that, try as she may, « rien ne lui tenait sur le corps, comme elle le disait elle-même, lorsqu'elle se fâchait contre les petites filles qui ne savaient pas s'habiller » (*Une Page d'amour*, 1037).

The public rejection of his painting triggers Claude's emotional collapse. Christine's response is to offer him her body as a consolation prize: having delivered up her flesh to the inanimate canvas, the wave of her overflowing charity now brings it to rest at the animate Claude's feet. Christine has relinquished all with such rapidity that any mystique surrounding her persona has evaporated. This yielding of flesh in the guise of charity suggests that Christine is once more giving something for nothing. Fleeing Mme Vanzade's protection, she seeks a home with Claude, avowing frankly that in no way does she expect a marital commitment. Zola's heroines with armour intact offer little gratuitously: for example, Clorinde Balbi always sets a price on her body, in terms of either pleasure or material gain. Here, Claude assumes the role of benefactor merely by permitting Christine to live with him as his mistress, a disastrous basis for any relationship, since it thereby establishes a further pattern of male acceptance/female gratitude. Significantly, a marriage is solemnised only when Christine's allure has palled. As their relationship further deteriorates, she offers herself to Claude as his model on the pretext that she will cost him nothing. In so doing, she is actively cheapening her flesh and encouraging him to view it without respect: « [...] il la traita en simple modèle, plus exigeant que s'il l'eût payée [...] puisqu'elle était sa femme » (*L'Œuvre*, 240). Upon realising that this recourse is ineffectual, she regrets descending « [...] à ce moyen de fille » (243), but ironically, no prostitute would have acted as Christine does: in assessing her financial worth at zero, she reduces her personal value accordingly. On the contrary, Claude recognises his partner's body as an asset – indeed « son bien » (148), and profits as fully as possible.

In its short term happiness, the countryside idyll mirrors that of *Nana*; whilst investing her with a sense of corporeal power, the experience is short-lived, for Christine falls into the flesh trap seeking to please, through recourse to no medium other than her body. As with any sole commodity, saturation occurs and it is not long before she realises that this on its own can no longer capture Claude's long term attention, « [...] elle ne suffisait plus, un autre tourment l'avait repris, invincible » (164). The decision to reach the artist thus is doubly tragic since neither Christine nor any other mortal female could satisfy the yearnings of a man hankering after an unrealisable ideal.

The second half of *L'Œuvre* concentrates on Christine's manipulation of her body beneath an irretrievably pierced suit of armour. It traces the heroine's gradual divestiture not of her protective clothing, for this has already taken place, but of parts of her flesh and her innermost person. The armour, now a useless adjunct, serves an important role in the dichotomy between interior nudity and exterior covering. Christine will don her coat of mail yet more assiduously, « [...] habillée, cuirassée, serrée jusqu'au menton » (239), but to no avail for the stripping will now take place at an interior rather than exterior level, psychological as opposed to material. The flaying of the body will be succeeded by the flaying of the soul.

Christine's decision to depart from the countryside sets in motion another wave of self mutilation. Upon reluctantly leaving the house, the sensation, already experienced, « [...] d'arrachement, quelque chose d'elle-même qu'elle laissait » (168) heralds a lengthy process of conscious physical immolation, fragmentation and sacrifice. In her desperate need to reignite Claude's interest and unable to compete on any other plane, she views her body as « son unique force » (238). And yet, the strength which could have emanated from this body is by now a spent « force. » Indeed, its power potential will be subverted by Zola and endowed with an ironic twist.

Ever compromising under the spur of jealousy occasioned by the canvas female of Claude's imagination, Christine's last scruples fall away, as have done her clothes, as she offers herself first in fragmentary fashion, « Elle s'imposait, glissait à chaque instant ce qu'elle pouvait de son corps » (238), then as a whole. As she poses before Claude, it is obvious that in no way does he appreciate her flesh as integral to his living companion: it is now solely an inanimate commodity and, as such, provides fodder for his canvas. Earlier statue images have now grown in intensity and significance. Christine's former endeavours to achieve a statuesque exterior are redundant for Claude now views her persona encapsulated solely in this dimension. Christine is transformed into a static object by the artist, her body an ever deteriorating casing, divorced from the living being; «[...] elle n'était plus, il n'aimait plus en elle que son art, la nature, la vie» (242). Claude is obsessed with his own views and utters them aloud with no consideration as to whether they may wound the «marble artefact» standing so patiently before him. Christine lacks both the detachment which might enable her to cope with this, and the force which might bring home to Claude the callousness of his comments. Abuse of both a physical and psychological nature is clearly catalogued through the heroine's stream of consciousness. At a basic level, her repeated modelling sessions, under the auspices of a pitiless taskmaster, incur physical lassitude, seizure of limbs and drainage of stamina. At a metaphorical level, incapable of self detachment, Christine appreciates in all its horror, her spiral of self degradation. Each re-enactment of «[...] cette défaite de son corps» (243) is concomitant with the shedding of a layer of self respect whilst Claude's scalpel tongue, inflicting its coldly, precise incisions, invokes lacerating pain. The glacial touch of the artist who debates his next project, penetrates and violates her skin, and the visual flaying process continues, «[...] le peintre [...] lui jeta des coups d'œil qui la sabraient des épaules aux genoux» (240). Christine appreciates that she is powerless and must continue to participate in her self destruction since no alternative exists. As the full implications of her conduct loom large, the terror of her fate weighs heavily upon her fragile frame: «[...] Christine, décidément battue, sentit peser sur elle toute la souveraineté de l'art [...]. C'était une peur sacrée, la certitude qu'elle n'avait plus à lutter, qu'elle serait broyée ainsi qu'une paille, si elle s'entêtait davantage» (244).

Furnishing with her body a marble artefact of vastly diminished power, Christine ironically generates in Claude's imagination a figure of mesmerising potency, «[...] si envahissante et si terrible dans son immobilité d'image!» (244). Zola heightens the irony, as Christine later participates in reconstructing the statuesque canvas rival which subsequently lowers menacingly over her life. When in the midst of frenzy

Claude destroys his creation, Christine again oozes pity and indulgence, misusing an opportunity for power over her vulnerable «grand enfant» and thereby accelerating still further her own demise. Having unwittingly created a female rival in Claude's imagination via the gift of her body, Christine suffers a final ignominy when her own body of the past resurges from the dead and fuels once again the artist's creativity, wielding a power which the living person never experienced. Supreme in its youth, this new adversary forces Christine to scrutinise every detail of her present physique. As her relationship with her body sinks to an all time low, her feelings of worthlessness, self loathing and shame are embodied in the filth which eats at her clothing and in her mental sloth. Christine's only period of self-assertion occurs at the end of the novel when life has reached crisis point. Having indulged and sheltered Claude in a foolish paradise for so long and having witnessed every stage of her own inexorable decline, her exasperation and frustration are such that, faced with his return to la «Femme nue», she finally affirms her own corporeal worth. Momentarily, power surges from both her body and mind, for in her desperation she forces him to recognise the supremacy of her body in its living truth over the man-made lie of the image. It is she who commands the scene both in rhetoric and in action, «Va, tu peux comparer, je suis plus jeune qu'elle [...]. Tu as eu beau lui mettre des bijoux dans la peau, elle est fanée comme une feuille sèche» (348). But this self-assertion, this final sense of the true worth of her own living flesh and life force, arrives too late. Those initial cards of potentially good fortune have long since been played to the wind and Christine's vitality drains away as rapidly as it has surged. Confronted with Claude's suicide, she is reduced to a useless shell. The clothes theme renders a final reminder of the degree to which the heroine has lost a grip on her life. The protective layers having long since been shed, her innermost essence is now reduced to resembling a limp, worn out, white rag: «[...] elle demeura évanouie par terre, comme morte pareille à une loque blanche, misérable et finie» (353).

L'Œuvre and *Une Page d'amour* differ in that the latter is focused wholly upon Hélène and her plight, whereas the former's primary concern is with the role and attitude of the artist, with Christine taking a subsidiary part. Whilst treating the body as an entity in these novels, Zola singles out privileged zones on Hélène – the hair, the feet and the shoulders – through which to chart the heroine's decline. Similarly, though all clothing is important, particular attention is drawn to the role of the glove and the shoe. Hélène's misuse of her own clothing is alarming but when the garments are not her own, it becomes critical. Hélène's is a statuesque beauty of the type to be admired from afar, eliciting reverence rather than unbridled passion. Indeed, this marblesque quality has protected her from the sensual advances which might have fired a similar response within her being. Her husband's attitude reflects this for, « Charles baisait toujours ses pieds de marbre, tandis qu'elle se montrait indulgente et maternelle pour lui » (*Une Page d'amour*, 848). This Marian-like worship, with its reverential overtones, reinforced her power over him. The initial episode with Deberle has pierced her carapace as nothing hitherto has done. When Hélène and Deberle meet at mère Fétu's house, Hélène is aware of a bond between them, which mère Fétu also recognises. Hélène's sense of embarrassment and involvement is an outward sign that the rent in her armour is starting to gape. She is aware of this and resolves not to visit again. The way to salvation is clear to her for, « Elle avait eu peur du docteur d'abord ; dans son salon elle aurait gardé la froidure méfiante de sa nature » (830). But at the moment when Hélène should have withdrawn into her armour, sealing forever the rent to preclude further communion with Deberle, her forging instinct fails her. On the contrary, Hélène is guilty of persistently circumventing conventional meetings, and courts disaster, thereby forswearing recuperation. Her mastery over her emotions, conduct and expression is formidable as we perceive when, confronted with Deberle's insolent questions about her possible marriage, « Par un effort superbe de volonté, elle garda un visage de marbre » (888). His pretensions are instantly quelled when confronted with such glacial responses, but Hélène has allowed her defences to have been so extensively breached that summoning this hauteur drains her remaining power. Only when faced with the imminent demise of her child does she fully reassert herself. There can be no compromise : the emotions gaping through the gash in her armour must be sealed away forever and, with this resolve, Hélène retreats into her corporeal sarcophagus, never again to emerge. She will henceforth regard the world with equanimity, the model of bourgeois propriety. Having paid dearly, Hélène retrieves « [...] une pureté grave de statue » (1084), even to the extent that her second husband unconsciously imitates her first, « Le soir des noces, lui aussi avait baisé ses pieds nus, ses beaux pieds de statue qui redevenaient de marbre » (1089).

The statue image slips away from Hélène but is later retrieved, this changing state complemented and simultaneously reinforced by her stage of dress/undress. The unconscious slippage of garments in chapter one develops into the continuous «loosening» of the heroine's clothes, thus paralleling the progressive «undoing» of her self-control. Subsequent to the meeting in mère Fétu's hovel, Hélène accepts Mme Deberle's invitation to join her in the garden and at Jeanne's instigation ventures on to the swing. She seats herself with her customary reserve and modesty; her insistence upon having her skirts bound to her ankles creates an armour further fortified by her serious «[...] beau visage muet» (842). M. Rambaud respects her protection by ensuring that whilst pushing her, «[...] le rythme gardait une gravité» (842) and consequently, «Pas un pli de ses jupes n'avait bougé» (842). Forgetful of her scruples, Hélène urges him to quicken the pace. Rambaud pushes appropriately for the figure depicted at the end of the episode, «[...] avec sa pureté de statue antique» (844), but this is not sufficiently exciting for a woman who has begun to indulge her senses. Hélène oversteps the boundary of acceptable participation, as represented by Rambaud's approval, to the point of positive recklessness and in so doing, forgets the importance of her armour. Expansion is witnessed at every level as Hélène breaks out of her mould. Her former body of marble is transformed – softening, colouring, even swelling. Mastery over her erect statuesque stance, so commanding in its severity, is lost as she swings ever higher and her relaxed limbs become impossible to control. The closed eyes signal diminished awareness of both body language and sartorial order. The neat, rigorous chignon in which the hair is habitually confined is too sensitive to withstand the buffeting of the swing's rapid swoop, «Une natte de son chignon se dénouait» (842), but Hélène disregards this: rather than rectify its disarray immediately, she allows it to pound freely against her neck until it finally deteriorates into complete dishevellment: «Sa natte s'était échevelée» (843). Hélène's loss of control over her hair extends to her skirts allowing a rectifiable position, «Malgré la ficelle qui les nouait, ses jupes flottaient et découvraient la blancheur de ses chevilles» (842), to degenerate into one of complete anarchy, «On ne voyait plus que le tourbillon de ses jupes» (843), «[...] la ficelle devait se relâcher, et ses jupons avaient des bruits de drapeau» (843). Soaring high into the sky, this vision which, «[...] entrait dans le soleil, dans ce blond soleil de février, pleuvant comme une poussière d'or » (843), recalls another, that of Icarus who, in his determination to fly too near the sun, forfeited those attributes which offered him most protection. In overexposing herself, Hélène too allows her ice-gilded armour to melt.

The literal fall from the swing and its wake of damage presages the metaphorical fall which will follow. Hélène's attempt to avert disaster by denying Deberle access to the skin beneath the armour and by sealing off her feet, « Mais, lorsqu'il avança les mains, elle se souleva d'un effort, elle serra ses jupes autour de ses pieds » (844) reaps no reward, for constriction over clothing is not concomitant with constriction over emotion; Hélène's feelings are betrayed by her blushes. The strain occasioned by the fall has wider reaching consequences, for in confining her to the chaise longue, it is in part responsible for her excessive contemplation. Deliverance is offered by way of a marriage proposal but despite Jouve's sagacious words and her own cordial feelings for Rambaud, Hélène rejects this potential salvation: she chooses instead to indulge her obsession with Deberle, « [...] elle s'enfermait volontiers dans l'égoïsme de son émotion » (882). At a vestimentary level, her dwindling power over this mistral of passion is translated by an inexorable movement towards continued slippage and negligence. Hélène's choice of sombre dress, with scant decoration, projects and maintains an austere silhouette; but if the « robe de grenadine noire » (892) at the fancy dress party and the « robe de velours noir, sans garniture, qui la drapait sévèrement » (976) at the Deberles' soirée suggest that she is sustaining her exterior sobriety, the treatment of her gloves betrays this. As she deserts the party and shelters in her apartment, « Elle se surprit à examiner ses mains gantées, et à se souvenir qu'elle avait oublié de recoudre un bouton au gant de la main gauche » (902-03). The significance of the glove is extended and reinforced upon Hélène's return from her afternoon in Deberle's arms. This time it is not merely a button which is missing but the glove in its entirety. This absence alerts Jeanne to her mother's total divestiture of armour and of the changed, resistance-free texture of her pierced skin beneath., « [...] une des mains était dégantée, elle reculait devant le poignet nu, la paume moite, les doigts tièdes » (1037). Ever more remote from mundane concerns, Hélène now finds it impossible to keep her gauntlet to hand; it evades her grasp as do the rest of her garments:

« Puis, il [Deberle] avertit Hélène qu'elle allait perdre un de ses gants Elle le remercia » (1054). Losing a glove may overtly denote carelessness but in one renowned for formal composure it can be symptomatic of inner turmoil, as is the case both here and when the formidable Félicité Rougon loses her sang-froid after abandoning Macquart's body to burn, « Elle se croyait très calme, et elle resta pourtant une main gantée et une main nue, ce qui ne pouvait être, chez elle, que l'effet d'une forte perturbation ».[5] The power and authority, for which she has worked so hard and which, indeed, forms the kernel of her persona, could now so easily leak away through the puncture in her armour, but Félicité is fortunate, for those who discover her crime will conceal it forever.

Hélène is subsequently afforded three other escape routes. Following the fancy dress party, she abstains from visiting the Deberles, and even at church resolves to decline Juliette's invitation to dinner. But seeking therein a safe haven for her emotion, she immerses herself in the cocooning atmosphere, to a point at which her power to act is nullified. Her decisiveness thus dwindles, « Hélène n'eut plus la volonté de dire non » (919), and ever outside the milieu, her fortitude is dashed by feelings of pity for Deberle's reserve, « [...] cela la rendait trop malheureuse de le voir malheureux » (920). She resolutely abstains from analysing the relationship and thus « [...] les relations se nouèrent plus étroitement encore » (921). Hélène may enjoy her passion, cloaking with religion her feelings of wrong doing and doubt, but the time approaches when she must confront the reality that the ever tightening tentacles of her bondage to Deberle are cutting her flesh to the quick « [...] elle se sentait envahie, liée par des liens qui lui aurait arraché la chair, si elle avait voulu les rompre » (925). Appreciating that salvation lies in Jouve's advice, she nonetheless flees this saviour, fearing that he will cure her of this anguish which she dreads yet savours. Hélène's admission to him follows Jeanne's recovery and her avowal of love to Deberle. Again, he reiterates that deliverance lies with Rambaud and again Hélène spurns the offer.

It is the heroine herself who instigates the train of events culminating in her sexual consummation, the psychological motivations of which merit examination. Upon hearing Malignon's propositions to Juliette,

---

5   Emile Zola, *Le Docteur Pascal, Les Rougon-Macquart*, édition établie par Henri Mitterand, vol. 5 (Paris : Gallimard, « Bibliothèque de la Pléiade », 1967) 1094.

Hélène is horrified but as she scorns the latter she fails to see that her own behaviour is no less reprehensible. To an extent, Juliette's choice of man emphasises the tawdry nature of such a liaison, thereby reducing the status of Hélène's affair and the aura which she has conferred upon Deberle. Bitterness succeeds Hélène's former pangs of guilt, but perhaps most telling is the image which instantly passes across her inner vision, that of an affectionate Juliette smiling beneath the kiss of a loving husband. Hélène is consumed with a rage compounded of frustration and jealousy, for in that image she is forced to face the truth that, whatever his feelings for herself, Deberle's affection for Juliette is warm and very real. This vignette epitomises the ideal relationship, caring and happy, smiled upon by church and society. This can never be hers, for the fact of Juliette's existence, and Deberle's husbandly affection, must debar it. To her remains only a « Malignon-esque » liaison, furtive and shameful, universally despised. Although unwilling to tell him herself, Hélène feels that Henri should be aware of the unworthiness of his treacherous wife. Knowledge of the impending affair prompts in Hélène a desire for some testimony of Henri's affection, some gesture of affirmation, but at this strategic moment she realises that his attitude has become more restrained. Outwardly, he is again the friend's genial husband rather than the importuning would-be lover. Hélène scrutinises his demeanour throughout the evening, lingering until she alone remains. Spurred by Deberle's tenderness towards his wife, she profits from their solitary state by falling back into Deberle's arms, thereby ensuring that his lust is reignited. In truth, Deberle has already conferred on her an expression of his concern: the anxiety expressed lest his wife should catch cold because of scanty clothing, finds its parallel in Deberle's pulling Hélène's coat collar up to protect her flesh from the cold. A gentleman would naturally help a lady into her coat, but this gesture goes further, carrying with it undertones of affectionate familiarity. This moment is shot with irony for Deberle's conduct in covering Hélène's flesh so thoroughly carries with it a presumption loaded with quite opposing implications. The coat should have acted as a most efficient mode of protection, but Henri's gesture triggers Hélène's act of surrender. In falling back, she casts off her armour and he immediately assails the neck so lately covered.

Although in no way empowered to interfere, Hélène is convinced that it is her duty to deflect Juliette's course of action: she must act the part of redeemer by reducing her to a quivering, grateful mass. Bent on confronting Juliette, she is disconcerted by the coolness with which she is received by both partners. Her zealot passion and self-righteous indignation evolve firstly into a brooding resentment, then desire for vengeance, which prompts her to take the irretrievable step – one which was premeditated to the extent that she had already written the letter. Stress of emotion consistently overwhelms Hélène's capacity for logical thought. Zola underpins the sense of confusion and disarray by his insistence on time. Two and a quarter hours of inertia are followed by the final frenzied activity, this prompted by Rambaud's stimulus to her emotions. Hélène's faculty for deliberation and subsequent action seems to have been totally eroded. She now proceeds under emotional rather than intellectual guidance, Zola's customary recipe for disaster. When not emotionally prompted, Hélène consistently sinks into inertia, letting slip her final opportunity for redemption. Juliette and Malignon depart unscathed. Hélène could clearly have done likewise: certainly, we have no evidence that she consciously intends to offer herself to Henri at this point, but having envisaged this scene solely in emotional terms, she has not appreciated that the only substitute for a logical explanation must be an emotional one. It is a further instance of Zola's all pervasive irony that Hélène's intemperate actions result in the saving of a frivolous, lightweight character at the expense of one hitherto represented as pure and noble.

Vestimentary disorder crescendos in the scenes immediately preceding the consummation, for Hélène's emotional mayhem precludes sober dressing and codes governing raiment seem invalid. She sees herself as the sole arbiter of events, « [...] elle eut un geste de suprême insouciance, en pensant qu'elle pouvait bien sortir avec les souliers d'appartement qu'elle avait aux pieds » (1011). In addition to her flimsy shawl, Zola now concentrates on unsuitable footwear. The foot's erotic sensitivity is such that safety is ensured only by encasement. Supporting the torso, the unprotected foot's proximity to the sullied ground renders it susceptible to poisons which may subsequently impregnate the body. In both instances, the shoe plays a key role, but, as with all her apparel, Hélène loses sight of its worth and devalues this precious accoutrement. Hélène's footwear diminishes in substance yet increases in impurity. After disclosing vital information about Malignon's apartment, mère Fétu begs as reward a pair of shoes. In agreeing to this exchange, Hélène is no longer responding to the call of charity but rather to a trade of favours and hence furthers her demise in several ways. The shoes serve as passport to Malignon's lodgings, thereby allowing her to become further embroiled in the triangular affair. In addition, they provide the wherewithal for the *entremetteuse* to cover wider distances and further exploit the heroine; her persistent footsteps, tracking Hélène's every move, form a leitmotif throughout the novel. In bringing these new, wholly protective shoes to mère Fétu, Hélène ironically diminishes the life expectancy of her own; indeed, her footsteps founder in both the real and metaphorical squalor inherent in a milieu which is not her own « La boue était si épaisse que ses bottines restaient collées sur les marches » (995). This episode prefigures the next when Hélène again plunges into the filthy rain-drenched streets, now clad not in boots but in household slippers. Their fragility provides no buffer against the torrential floods and does not shield the ankles from the engulfing sludge. By subjecting her shoes to this waterlogging, Hélène allows Deberle the perfect opportunity to remove these useless sponges, and expose the feet of ice to the heat. His burning hands envelop and thaw her feet and with them every particle of lingering resolve: at his touch, all vestiges of power slip from her. Prior to the consummation, Hélène's concern reverts to her shoes. Indeed, as she murmurs, « Jamais mes souliers ne seront secs » (1023), does she subconsciously perceive that this is yet another part of her armour which has been irrevocably cast aside? Stressing Hélène's barefootedness, Zola appears to link it to a type of disturbing portent: « Quand Hélène revint, les pieds nus, chercher ses souliers devant le feu [...] elle pensait que jamais ils ne s'étaient moins aimés que ce jour-là » (1024). Hélène thus « travels » from a position of preserving her feet from any damage; « [...] elle continuerait sa marche tranquille, sans que son pied heurtât un obstacle » (850), to one where she exposes them to such overwhelming « obstacles », whether literal (mud) or metaphorical (passion), that they can no longer remain inviolate. The measured pace of her feet at the outset and their restrained parameters, « [...] elle se voyait d'un pas égal suivre une route unie et toute droite » (850) is not maintained as Hélène, impelled by self-indulgence, becomes more active. Frenetically transgressing the boundaries of convention, her chances of « foot injury » increase dramatically.

The seriousness of Hélène's negligence concerning her feet/shoes is heightened since its consequences are double edged, impinging on her daughter's life as well as her own. Throughout *Une Page d'amour*, children's feet are associated with the life force and their protection is thus imperative. Strength is both assimilated and diffused through this part of their body, hence the recurrent references to « [...] la joie dansante des petits pieds » (1078). Subsequent to the period of consummation during which she is left alone, Jeanne seems to have lost all power in her feet, « Ses petits pieds engourdis butaient sur le parquet » (1040). The cold to which they have been subjected has penetrated her whole body, divesting her of the strength to regain health. Redonning the shoes cannot correct the situation for their purpose is redundant. Jeanne herself states, « On pouvait donner ses petits souliers aux pauvres » (1058). Hélène only appreciates the above when her child has died, « [...] elle venait d'apercevoir, au pied du lit, une petite paire de souliers oubliée là [...] Jeanne ne les mettrait plus, on pouvait donner les petits souliers aux pauvres » (1071). The heroine insists on replacing with her own hands the chaste, pure « [...] souliers de soie blanche » (1075) on her daughter's corpse, possibly in an attempt to make amends for previous omissions: had she retained her own shoes, this state of affairs might never have arisen. Significantly, a crucifix is placed, not on Jeanne's chest, but at her feet, perhaps ensuring protection in a life to come.

The nature of Hélène's reclusive life and of the relationship formed with Jeanne is such that the mother/daughter destiny is firmly entwined. This, in turn, has marked implications for the theme of body and armour. From the outset, Jeanne functions as a vital part of her mother's armour shielding not solely her body but more particularly her shoulder. Thus, in disengaging her daughter, Hélène loses a significant means of protection. Jeanne regards Hélène's shoulder as a supreme focus for the expression of both her love, and of her need to cherish her mother, « La petite fille était venue s'appuyer contre l'épaule de sa mère dans cette pose câline qu'elle aimait à prendre » (885). Threatened by Rambaud's possible inclusion, Jeanne not only guards the shoulder but transforms her whole body into a shield, « [...] la défendant contre ceux qui voulaient la prendre » (878). It would be naive to suggest that these sentiments are selfless for their driving force is partly rooted in jealousy, a by-product of this suffocating mother/daughter bond.

When Hélène fails to reserve this part of her body for Jeanne alone, her protection is substantially diminished. The unconscious baring and placing of the shoulder in contact with Deberle in chapter one is continued as Hélène becomes ever more involved in her extraneous relationship. During the children's ball, she allows his breath to heat, then scorch her shoulder no less than three times, echoing the three cries of the cock in the biblical betrayal. Through this breach, an agitatory heat suffuses her body, raging within her to the point of rendering her powerless: « Ce fut comme une haleine embrasée qui la brûla de la tête aux pieds » (901). As she allows herself to become engulfed in this incendiary passion, the child, sensitive to her mother's imminent loss of control, attempts to shield her from the dangers of Deberle's contaminatory breath, « Hélène, baignée par ces flammes [...] regardait flamber Paris, lorsqu'une petite main la fit tressaillir en se posant sur son épaule » (909). Jeanne fulfils her mission with resolve; the strength of her protective behaviour is counterbalanced by the force of her mother's irrationality and rejection of help. Concern over the couplets attraction propels her to interpose anew her body between them. But upon perceiving that Hélène must share Deberle's indulgence and tenderness with Juliette, she redoubles her attempts to protect her mother's shoulders as well as reclaim them as her own: « Et son regard noir devint dur, tandis que ses petites mains tendues caressaient les épaules de sa mère » (962). But Jeanne loses the battle and, at the point of consummation, she is cruelly reminded of her mother's betrayal; « Elle aurait juré qu'on avait marché dans la chambre; même une main légère venait de lui effleurer l'épaule » (1030). Indeed, had Hélène appreciated the importance of her shield, her life might well have been happier and, as the novel draws to a close, she herself voices the tragic consequences of this loss of her armour, « Jamais elle n'aurait cédé à cet homme si Jeanne était restée auprès d'elle » (1065).

Only in times of crisis does Hélène appear to appreciate the necessity for her shield and the traumatic consequences of its potential loss. This is evident when the unacknowledged warmth of rising attraction is laid bare by Deberle's questions about her future marriage. Appreciative of this pivotal moment, for a period, she ensures that Jeanne maintains her role of shield: « Le docteur trouvait sans cesse entre elle et lui ce témoin qui le surveillait » (888). The horror of Jeanne's second period of illness, where death becomes a realistic prospect, elicits a similar response from Hélène who, « tomba à genoux et prit son enfant entre ses bras [...] comme pour la garder contre son épaule » (935). Zola's repetition of this phenomenon signals the importance of its role in Hélène's destiny; « Elle n'avait pas lâché Jeanne [...] voulant garder sa tête contre son épaule » (936). And yet despite this knowledge, Hélène's encroaching passion causes her to cast aside the shielding Jeanne and expose her shoulder to numerous destructive forces which sap her power to act judiciously. Hastening to the scene of impending adultery, charged with emotion, she ignores the weather and consequently, « [...] de grosses gouttes [...] lui mouillaient lourdement les épaules » (1012). Indeed, the pressure of the load inflicted on her shoulder is only appreciated following the scene of consummation, where her two most protective, yet misused elements – the shield and the clothes – now represent cumbersome burdens, « Au fond, elle avait une sourde honte, le poids de sa fille sur son épaule la faisait rougir » (1038). Weighty embodiments of guilt, they no longer enhance but further diminish the heroine's power to extricate herself from the mire: « Elle se retrouvait chez elle, allégée, n'ayant plus à ses épaules le poids de ces vêtements qu'elle avait traînés » (1039). It is upon Rambaud's shoulder that Jeanne now rests her head: to her doll's shoulder, she offers the protection of the bedcover. The importance attached to this part of Hélène's physique fades until the final chapter; though unable to retrieve her shield, the heroine salvages her armour; her shoulders, fully protected under an ample coat, reign resplendent against a backdrop of snow: « Enveloppée d'un large manteau sombre, bordé de fourrure, elle semblait très grande, les épaules superbes dans tout ce blanc » (1084).

Following her consummation, Hélène's armour, now ill-fitting, seems irreparable: « La ceinture était lâche, les plis tombaient d'une façon qui l'irritait » (1038). Her negligence and wilfulness have reduced her to this state of exposure, but the traumatic shock of Jeanne's impending death forces Hélène to regain power over her emotions and forge anew her protective casing. At the close of the novel, it is virtually impossible to envisage the white sensual expanses of nudity once revealed by this muffled kneeling figure.

In some respects, Hélène finishes in a stronger position than she starts, for she has marital security, is once again worshipped on her pedestal and has the prospect of a completely new life ahead, a resurrected forger. But she has « re-dressed » at a cost – that of her daughter's death. The heroine's strength returns, but beneath her frigidly elegant form the scars within stand forever proud, testimonies of undying guilt. From early in the novel, Christine has lacked vigilance as to her armour and subsequently pays the price. She has no Jeanne to shield her, for her relationship with Mme Vanzade is formed too late and her obsession with Claude precludes bonding with her son. For Christine, there is no « redress » : the chink in her armour has become a chasm through which has flowed her very life force. Hélène and Christine are in their varying degrees illustrations of the failed forger, who when assailed, succumb and suffer for it. They might well have emulated the example of Lisa Quenu, master forger, whose starched apron conceals the corseted flesh beneath, like a refulgent breast plate. This steely exterior conceals a parallel will beneath. She has profited from every opportunity to forge a gleaming, spotless empire around her, eschewing whims in favour of a clearly defined goal. Alone in the shady cellars with Marjolin, all hangs in jeopardy as he attempts to penetrate her defences. With a rising tide of passion they quiver, but Lisa's reaction is swift, decisive and thorough. The assault is rebuffed and with the smoothing of her apron, she polishes her armour to its normal defensive gleam, emerging intact from her encounter. She suffers no chinks to appear for, unlike her weaker counterparts, this master forger places a far higher value on her armour than on her *amour*.

Bibliography

Zola, Emile. *Au Bonheur des Dames*. *Les Rougon-Macquart*. Vol 3. Paris Gallimard, « Bibliothèque de la Pléiade », 1964.

—. *Le Docteur Pascal*. *Les Rougon-Macquart*. Vol 5. Paris: Gallimard, « Bibliothèque de la Pléiade », 1967.

—. *L'Œuvre*. *Les Rougon-Macquart*. Ed. Henri Mitterand. Vol 4. Paris: Gallimard, « Bibliothèque de la Pléiade », 1966.

—. *Son Excellence Eugène Rougon*. *Les Rougon-Macquart*. Vol. 2. Paris: Gallimard, « Bibliothèque de la Pléiade », 1961.

—. *Une Page d'amour*. *Les Rougon-Macquart*. Vol. 2. Paris: Gallimard, « Bibliothèque de la Pléiade », 1961.

Le Vêtement dans *Pot-Bouille* et *Au Bonheur des Dames* : De l'art de la séduction à la manipulation

Chantal-Sophie Castro

Le vêtement possède de multiples signifiés. Les sociologues et les théoriciens de la mode se sont attachés, et aujourd'hui encore, à les recenser. Toutefois, le dilemme quant à la motivation vestimentaire du premier homme demeure encore irrésolu : certains affirment qu'il s'agit de se protéger du froid ; d'autres supposent que l'ignorance de la pudeur conjuguée à la chaleur des régions dans lesquelles vivaient les hommes primitifs n'ont pu occasionner le port du vêtement. Ainsi, seul le pouvoir magique du vêtement (protection contre les maléfices) pourrait expliquer la fonction première de ce dernier. Les historiens de la mode et du costume semblent d'accord sur un point : le goût pour la parure et pour la séduction se manifestait déjà chez les primitifs. Toutefois, le concept de séduction ne cesse d'évoluer et de s'amplifier au cours des siècles. Se vêtir aux XVIIe et XVIIIe siècles constitue un moyen de plaire à la fois féminin et masculin. Au XIXe siècle, la tenue de l'homme se simplifie en réaction aux excès vestimentaires de l'aristocratie, tandis que les femmes se réservent le droit de plaire par l'entremise de toilettes somptueuses.[1]

---

1 Sous l'Ancien Régime, la tenue vestimentaire consiste à maintenir visiblement l'aristocratie dans une position de pouvoir, d'autorité et de richesse. La révolution marque la fin de la suprématie aristocrate et la montée de la bourgeoisie. Ce changement politique se traduit par une métamorphose du vêtement masculin. Aux habits colorés de l'Ancien Régime, le bourgeois préfère la redingote et le chapeau haut de forme noirs qui tendent à symboliser la réussite et la « distinction » bourgeoises. Cette austérité vestimentaire, qui se veut une réaction face aux excès de l'aristocratie, interdit à l'homme d'afficher tout luxe ostentatoire. En revanche, la femme, épargnée des tâches commerciales qui incombent à l'époux, s'occupe essentiellement de mode. Le goût pour les « chiffons » et l'argent de son époux lui permettent de se procurer des toilettes somptueuses qui désormais vont témoigner de la réussite du mari. Ces dames de la *haute* et de la *moyenne* bourgeoisie imposent dès lors des modes qu'il convient de respecter pour être socialement reconnu. Pour une sociologie du costume, cf., René König, *Sociologie de la mode* (Paris : Petite Bibliothèque Payot, 1969) et Quentin Bell, *Mode et Société. Essai sur la sociologie du vêtement*, trad. Isabelle Bour, 2e édition (Paris : PUF, 1992).

Dans les romans zoliens, le thème de la séduction vestimentaire se présente comme une récurrence.[2] En effet, l'auteur s'attache à montrer une préoccupation du XIXe siècle : le goût féminin pour les chiffons et le besoin de plaire qui en découle. En réalité, plus qu'un simple passe-temps, le vêtement s'affirme comme un enjeu économique par sa puissance de séduction sur les hommes et sur les femmes. *Pot-Bouille* et *Au Bonheur des Dames*[3] illustrent parfaitement le pouvoir de séduction du vêtement. *Pot-Bouille* dresse le portrait de petites bourgeoises résolues à imiter la classe dominante. Dévorés par le désir de paraître et par l'impérieuse nécessité de marier des filles, considérées comme des fardeaux, les personnages féminins utilisent le vêtement pour séduire l'homme et le prendre au piège du mariage. Dans *Au Bonheur des Dames*, Zola illustre la naissance des grands magasins. Toutefois, parmi les nombreux sujets abordés dans ce roman[4], nous nous intéresserons essentiellement à l'engouement des femmes pour l'étoffe, afin de démontrer le pouvoir de séduction du vêtement qui conduit la femme à sa propre perte. En outre, tout au long de cette étude sur le vêtement apparaîtront des thèmes propres à Zola : la gredinerie bourgeoise, les maladies et la sexualité féminine.

Notre analyse modèle son trajet sur le vêtement féminin et nous livre progressivement l'objet de l'étude par la conjonction des niveaux textuel et thématique. Dans *Pot-Bouille* et *Au Bonheur des Dames*, nous nous attacherons au mécanisme de séduction et aux stratagèmes employés par l'homme et la femme pour séduire. Ainsi, l'examen de la diégèse des romans mettra en lumière les relations homme-femme dans la société du XIXe siècle. A cet effet, nous étudierons, dans un premier temps, le pouvoir de séduction et de fascination du vêtement sur l'homme et, dans un

---

2 Dans plusieurs romans, Zola met en évidence le pouvoir de séduction du costume. Il s'agit essentiellement de *La Curée, Son Excellence Eugène Rougon, Nana, Pot-Bouille* et *Au Bonheur des Dames*. Nous nous limiterons à l'étude des deux derniers romans cités.

3 *Au Bonheur des Dames* (1883) se présente comme la suite de *Pot-Bouille* publié en 1882. En effet, Zola met au centre des deux romans l'ascension d'un jeune ambitieux, Octave Mouret, dont le seul désir est de parvenir par la femme. Les références des deux romans renvoient toujours à Emile Zola, *Œuvres complètes*, édition établie par Henri Mitterand, vol. 4 (Paris : Cercle du Livre précieux, 1967).

4 Dans *Au Bonheur des Dames*, Zola traite de plusieurs sujets : l'ascension d'un grand magasin et de son patron, Octave Mouret ; la destinée d'une humble employée, Denise Baudu, et de son histoire d'amour avec Octave Mouret.

deuxième temps, la séduction de l'étoffe sur la femme. Au cours de cette étude, nous déterminerons également l'importance du regard posé sur le vêtement. Nous nous appuierons sur diverses études qui ont aidé à l'élaboration de cet article : celles de Jean Starobinski portant sur le corps dans *Portrait d'un artiste en saltimbanque* et sur le regard dans *L'Œil vivant*; enfin, celles de l'historien Philippe Perrot pour l'analyse du vêtement : *Les Dessus et les dessous de la bourgeoisie au XIXe siècle* et *Le Travail des apparences*.[5]

Le pouvoir de séduction du vêtement féminin sur l'homme

Dans *Pot-Bouille*, Zola met en évidence l'esprit manipulateur de la femme : celle-ci s'attache à séduire l'homme par l'entremise du vêtement, pour le prendre au piège du mariage. Le roman révèle le statut d'une classe sociale réduite à jouer de subterfuges vestimentaires pour marier des filles qui, sans jouer de l'apparence, seraient condamnées au célibat.[6] Ainsi, les toilettes des filles Josserand s'avèrent un moyen de cacher une misère qui empêcherait de conclure tout mariage. De plus, dans une société où le nombre de femmes est supérieur à celui des hommes, le mariage devient une véritable chasse à l'homme. Par conséquent, le seul moyen de se marier consiste à séduire l'homme par l'entremise d'une toilette s'attachant à recréer l'illusion du luxe. Pour illustrer le pouvoir de séduction du vêtement sur l'homme, nous analyserons d'abord l'aspect purement économique des toilettes et ensuite, nous nous attacherons au caractère sexuel du vêtement féminin.

Au XIXe siècle, marier des enfants s'apparente à la fois à une opération de bon sens et à une transaction financière où toutes les règles du savoir-vivre et de la négociation entrent en ligne de compte. Pour une famille, telle que les Josserand, issue de la *petite* bourgeoisie, l'argent et les bonnes manières font défaut : le mariage se présente sous de mauvaises augures. L'absence de dot voue Berthe Josserand à un éternel célibat, à la charge de ses parents. De plus, sans une tenue convenable, Berthe n'a aucune

---

5   Je ne mentionne ici que les principales œuvres utilisées.
6   Qu'il s'agisse de Balzac dans le roman épistolaire *Mémoires de deux jeunes mariées* (représentant de jeunes aristocrates) ou encore de Flaubert avec *Madame Bovary*, la littérature du XIXe siècle met en évidence l'urgence de marier des filles encombrantes pour les parents et la dot des fils.

possibilité de se marier, car le moindre signe de misère met un mari en déroute. Il importe donc à Mme Josserand de cacher l'inexistence de la dot ; par conséquent, elle s'attache à créer l'illusion de richesse et de bien-être par des toilettes qui affichent un faux luxe :

> Mme Josserand portait sa robe feu de la veille ; seulement afin de dépister les gens, elle avait passé la journée à coudre des manches au corsage, et à se faire une pèlerine de dentelle, pour cacher ses épaules ; tandis que près d'elle, ses filles en camisole sale, tiraient furieusement l'aiguille, retapant avec de nouvelles garnitures leurs uniques toilettes, qu'elles changeaient ainsi morceau à morceau depuis l'autre hiver.[7]

A la recherche d'un mari, dans un milieu qui n'est pas le sien, Berthe doit s'affirmer par l'entremise du vêtement ; il lui faut donner l'apparence de s'offrir le luxe de suivre toutes les modes qui passent, signe extérieur de richesse, tout en se conformant aux ordres d'une mère autoritaire. Comme nous venons de le voir, le seul moyen dont elle dispose consiste à rafistoler de vieilles robes et à les remettre au goût du jour, afin d'illusionner l'homme sur sa richesse. Ainsi, le luxe de la toilette représente en soi un moyen de séduire, puisqu'il confirme l'aisance financière, et par conséquent l'existence de la dot. Pour les filles Josserand, il s'agit donc de bien paraître, durant les soirées où elles sont à la recherche d'un mari.

S'occuper avec grand soin de leur toilette fait partie de l'éducation donnée aux jeunes filles.[8] Le regard de l'homme tend à déceler les marques d'une véritable éducation bourgeoise : le vêtement doit être luxueux et raffiné. Ces normes bourgeoises expliquent l'acharnement de la mère Josserand à vêtir ses filles sous l'apparence du luxe. Toutefois, pour la *moyenne* et la *grande* bourgeoisie, se vêtir est un art qui requiert beaucoup de temps. Dans la France du XIXe siècle, les bourgeoises fortunées peuvent passer deux heures devant un miroir pour la toilette du

---

7   Zola, *Pot-Bouille* 409.
8   Cette toilette mobilise tous les efforts de ces dames. Et pour cause : si l'on tient compte du pantalon, des quatre jupons, des chemisiers, du corset et de la robe qu'elles doivent enfiler, il est aisé de comprendre le temps passé à se préparer. Outre les soins consacrés au blanchissage et au repassage, il importe qu'une bourgeoise se donne du temps pour changer de toilettes : la toilette du matin, de l'après-midi, du soir et celle de la réception. Chaque tenue comporte une exigence précise. Par exemple, il serait indécent de porter des bijoux dans l'après-midi et d'afficher un grand luxe pour la robe du matin.

matin ; une ouvrière doit se lever tôt pour travailler. De ce fait, les toilettes féminines deviennent un symbole d'oisiveté et par conséquent de puissance financière. D'où la nécessité d'adopter une toilette luxueuse lors des réceptions, car l'homme, par le seul regard sur la toilette, suppose une richesse qu'il peut exploiter par l'entremise du mariage. Cependant, lorsque le luxe est simulé, le regard de l'homme se trouve berné. Tel est le stratagème de Mme Josserand : l'œil masculin, attiré par le luxe clinquant des toilettes de Berthe et d'Hortense, se laisse éblouir par une façade d'illusions.

Toutefois, s'habiller au XIXe siècle n'est pas donné à toutes les classes sociales : composer une toilette appropriée requiert beaucoup d'habileté et une grande richesse. La bienséance vestimentaire se révèle notamment par une mise naturelle. La bonne société se distingue par son aisance, son naturel, son goût de la demi-mesure et sa simplicité vestimentaire. Les parvenus, les nouveaux riches, les femmes entretenues se remarquent à leurs excès (trop de plumes sur le chapeau, trop de pommade sur les cheveux, trop de nœuds et de volants sur la robe, des diamants portés le jour…). Berthe et Hortense appartiennent à cette dernière catégorie qui tombe dans la démesure pour donner l'illusion du bien-être. Lorsqu'elles rentrent de la réception chez les Dambreville, les deux sœurs se déshabillent sous le regard de M. Josserand : « Elles se débarrassaient [...] de leurs dentelles et de leurs sorties de bal, l'aînée en bleu, la cadette en rose ; et leurs toilettes, de coupe trop libre, de garnitures trop riches, étaient comme une provocation ».[9]

Dans un siècle où l'apparence doit porter les signes de l'authenticité, les filles Josserand semblent privées de cette grâce naturelle propre à la haute bourgeoisie. Cette carence se traduit par des robes trop luxueuses. A l'instar du parvenu qui étale sa fortune nouvellement acquise dans une toilette excessivement parée, les filles Josserand portent des robes provocantes pour mieux « vendre » leur beauté. Cette urgence à donner l'illusion d'un luxe vestimentaire témoigne, d'une part, du pouvoir de la toilette féminine au sein de la transaction maritale et, d'autre part, d'une société régie par l'argent.

9 Zola, *Pot-Bouille* 392.

L'attrait sexuel du vêtement

La toilette, comme nous l'avons vue, illusionne le futur époux sur la richesse de la jeune femme. Toutefois, pour achever le processus de séduction, la toilette doit stimuler le plaisir masculin. Afin de séduire, la femme s'attache à embellir et à masquer son corps. Elle s'y emploie par l'entremise d'une toilette somptueuse et d'un maquillage raffiné.[10] Cet art de l'esthétique consiste à attirer l'attention sur le paraître pour dissimuler le laid et le honteux. En effet, pour séduire, la femme est tenue de cacher les difformités de son corps et la nudité qui évoque une sexualité jugée scandaleuse. Si le destin de la femme du XIXe siècle se résume à plaire et à procréer, il importe d'aider son physique à s'accomplir dans ce sens. Or, le temps du fard voyant et des perruques à la Fontanges n'est plus de mode. L'apparence doit porter les signes de la demi-mesure : un parfum discret, un maquillage diaphane, des toilettes raffinées, mais pas surchargées.[11] Le code des convenances exige une tenue simple mais distinguée qui s'allie à une coquetterie naturelle. Ainsi, cette apparence vestimentaire refléterait un mode de vie vertueux. Il s'agit donc de porter les signes de la vertu dans le paraître, même si celui-ci diffère profondément de l'être. Les règles vestimentaires du XIXe siècle révèlent un paradoxe : celui de simuler une éthique et une esthétique du naturel pour séduire. En résumé, la femme doit se créer un nouveau personnage pour afficher une vertu artificielle.

La séduction du futur époux, dans *Pot-Bouille*, s'applique à rendre compte d'une partie de cette réalité. En effet, il importe de rappeler que le roman met en scène la petite bourgeoisie. Ce qui nous intéresse, c'est de voir comment cette classe sociale use de ces préceptes vestimentaires et les modifie pour séduire l'homme. Le roman répond à la réalité de l'époque : la séduction s'effectue par le costume et le corps, notamment pour Berthe, dont l'absence de dot l'oblige à se « vendre » auprès de ses prétendants. La mère le dit clairement à sa fille : « Puisque vous n'avez

---

10 Au sujet de la cosmétique bourgeoise, cf. Philippe Perrot, chapitre 6 : « Le simulacre du naturel » in *Le Travail des apparences. Le Corps féminin. XVIIIe-XIXe siècles* (Paris : Editions du Seuil, 1984).

11 Pour une étude plus approfondie du savoir-vivre bourgeois, cf. Philippe Perrot, chapitre 7 : « Les impératifs de la bienséance » in *Les Dessus et les dessous de la bourgeoisie. Une histoire du vêtement au XIXe siècle* (Paris : Fayard, 1981).

pas de fortune, comprenez donc que vous devez prendre les hommes par autre chose ».[12] L'intention est claire : Berthe doit séduire, à la limite de la prostitution. Le concept de demi-mesure est déjà transgressé. Après être rentrée de la réception des Dambreville où Berthe n'a pas saisi l'occasion qui se présentait à elle pour provoquer le mariage, Mme Josserand, furieuse de cette nouvelle défaite, explique à sa fille comment user de la toilette et de la grâce de son corps pour séduire un homme : elle doit exhiber sa poitrine, accentuer les décolletés des robes[13], et jouer de son corps, de façon « naturelle ». Ainsi, le vêtement doit stimuler et provoquer l'excitation de l'homme. La robe de Berthe n'est pas un habit protecteur, ni un garant de sa vertu, mais le symbole du désir de l'homme. Quant à Mme Josserand, celle-ci semble davantage se donner le rôle de l'entremetteuse avec une jeune novice, que celui de la mère attentive et aimante envers sa fille. Elle dit à Berthe :

> — Voyons, essuie tes yeux, regarde-moi comme si j'étais un monsieur en train de te faire la cour... Tu souris, tu laisses tomber ton éventail, pour que le monsieur, en le ramassant, effleure tes doigts... Ce n'est pas ça. Tu te rengorges, tu as l'air d'une poule malade... Renverse donc la tête, dégage ton cou ; il est assez jeune pour que tu le montres.
> — Alors, comme ça, maman ?
> Oui, c'est mieux... Et ne sois pas raide, aie la taille souple. Les hommes n'aiment pas les planches... Surtout s'ils vont trop loin, ne fais pas la niaise. Un homme qui va trop loin est flambé, ma chère.[14]

La scène entre la mère et la fille met en évidence divers éléments : le pouvoir de séduction de la toilette, l'immoralité d'une mère qui en use aux dépens de sa fille, enfin l'usage d'une robe conçue pour provoquer le désir de l'homme et le prendre au piège du mariage lorsque celui-ci « va trop loin ». Dès lors, le vêtement ne marque plus la distinction bourgeoise, il se présente plutôt comme un moyen de « pêcher un mari », d'attirer l'homme dans le piège du faux luxe. Il demeure une arme essentielle pour

---

12 Zola, *Pot-Bouille* 401.
13 Même si le début des années 1880 est marqué par une vague se réclamant de l'hygiène et du confort, les femmes continuent à porter le corset. Celui-ci, en serrant férocement la taille, permet d'exhiber généreusement la poitrine et d'accentuer la forme des hanches. La robe est ainsi conçue pour faire ressortir les charmes féminins, seul apanage de la femme au XIXe siècle.
14 Zola, *Pot-Bouille* 401.

travestir l'éducation bourgeoise d'une jeune fille et séduire l'homme. De plus, Jean Starobinski, dans *L'Œil vivant*, affirme que le caché engendre la fascination ; en effet, tout ce qui porte un voile ou qui obstrue notre regard ébranle l'imagination. Mme Juzeur qui n'accepte jamais de dévoiler son corps à Octave provoque les fantasmes de l'homme. Dès lors, le regard masculin, obstrué par la présence de la toilette, ne cesse de détailler la femme en espérant apercevoir une partie de son corps. En effet, le corps masqué par le vêtement féminin aiguise l'appétit sexuel de l'homme. Le vêtement devient ainsi une arme infaillible pour séduire ce dernier.

Zola, dans sa critique artistique, admire les Impressionnistes qui peignent les effets multiples de la lumière sur l'environnement.[15] A l'instar des Impressionnistes, l'auteur présente ses personnages à travers de multiples regards de manière à sauvegarder la complexité du réel. Ainsi, dans *Pot-Bouille*, les femmes sont vues généralement par le regard masculin qui ne cherche qu'à dépasser, soulignons-le encore une fois, les limites de son regard. Zola, influencé par une époque qui ne cesse de faire du regard un instrument privilégié pour juger des apparences, s'attache à mettre en évidence l'œil fasciné par l'intimité. Comme nous l'avons vu plus haut lors de la scène d'apprentissage de séduction, Mme Josserand suggère à Berthe de tirer parti du décolleté de sa robe afin que l'homme puisse deviner ce qu'il cache. La mère, dans son rôle de femme « savante », sait que le regard masculin peut être bemé par le spectacle qui lui est offert. C'est dans ce dessein qu'elle incite Berthe à utiliser sa toilette pour mettre en valeur les grâces de son corps encore jeune. Dans cette scène, Mme Josserand nous offre une double vision de Berthe puisqu'elle joue à la fois le rôle de la mère initiatrice et de l'homme qui porte le regard sur Berthe. Zola met en pratique les théories esthétiques des Impressionnistes : si un paysage tend à revêtir plusieurs nuances de couleurs selon l'éclairage environnant, il en est de même pour un personnage ; perçu par des regards différents, il se modifie. L'auteur nous offre à la fois une fille inapte en matière de séduction aux yeux de sa mère, et une jeune femme rendue gracieuse par le regard masculanisé de Mme Josserand. Ainsi, le

---

15 Pour une entrée en matière avec la critique artistique de Zola, cf. Antoinette Ehrard, « Emile Zola : L'art de voir et la passion de dire » in *La Critique artistique, un genre littéraire* (Publications de l'Université de Rouen : PUF, 1983) 101-22.

roman nous met face à une réalité vestimentaire : le regard de l'homme sur le corps de la femme va puiser dans ce qui lui est donné d'apercevoir pour alimenter ses fantasmes. Toutefois, ce procédé s'effectue avec davantage de délicatesse dans la haute bourgeoisie ou dans l'aristocratie. En règle générale, le mariage d'une jeune aristocrate se conclut directement avec le futur époux ou avec sa famille. En outre, même si le vêtement féminin contribue à séduire ce dernier, il n'est pas l'unique moyen pour contracter un mariage dans les classes aisées.

Une autre scène confirme l'idée que le regard de l'homme sur le vêtement provoque irrémédiablement le désir : au chapitre IV, Octave Mouret se laisse leurrer par la tenue de Valérie Vabre. Lorsque le père Vabre décède, Valérie est toute seule dans son appartement. Cette dernière est prise d'une « crise de nerfs ». Théophile, son mari, est auprès du mort. Octave est interpellé par la bonne afin de l'aider à soulager Valérie qui est en réalité oppressée par son corset. Le jeune homme se trouve dans une situation qu'il n'avait pas prévue : il assiste, gêné, à une scène intime durant laquelle Valérie dégrafe son corset et rattache sa robe. Cette scène est présentée par le « regard-voyeur » d'Octave « [...] qui s'excitait à regarder [Valérie] ».[16]

Zola délègue la vision à Octave Mouret. Ainsi, l'auteur épure le dialogue pour se concentrer sur le seul langage des yeux exprimant le pouvoir signifiant du corps. La vision du corset et de la robe évoquent le non-visible, à savoir le corps ; ce regard sur les sous-vêtements féminins provoque l'excitation de l'homme, d'où la réaction spontanée et brutale d'Octave qui cherche à posséder Valérie. Dans ce cas, l'acte de voir désigne un élan affectif incontrôlé, affirmant ainsi la puissance de séduction du vêtement.

Le pouvoir de séduction de l'étoffe sur la femme

L'homme pris au piège de la femme éprouve un besoin de revanche. Zola offre au lecteur, le type de personnage représentatif de la revanche de l'homme : il s'agit d'Octave Mouret, directeur du grand magasin, *Au Bonheur des Dames*. Son objectif est de soumettre la femme à son pouvoir

---

16 Zola, *Pot-Bouille* 433.

en agissant sur les faiblesses féminines. En tant qu'habile séducteur[17], le directeur du magasin donne aux clientes et à ses maîtresses l'illusion d'être leur esclave pour pouvoir bientôt devenir leur maître. Mouret fait de la femme un enjeu économique : il séduit la cliente par l'étoffe, en la poussant à une surconsommation. Toutefois, par le biais d'Octave et des étoffes, Zola s'attache à souligner une réalité de son époque : la femme, fragile, se laisse aller souvent à ce que les scientifiques du XIXe siècle appellent, la « névrose », à savoir des troubles affectifs dont le malade est conscient. Tout au long des trois grandes ventes se dessinera le profil de femmes enclines à ces crises dont nous tâcherons de relever les indices, toujours pour souligner la puissance de séduction du vêtement sur la femme. Néanmoins, avant d'argumenter cette première partie, il importe d'esquisser le parcours d'Octave Mouret, d'un roman à l'autre, pour saisir davantage son art de la séduction.

Dans *Pot-Bouille*, Zola met en scène le personnage de Mouret nouvellement employé, comme simple commis, dans un magasin de nouveautés, portant le nom : « Au Bonheur des Dames ». Son ambition et sa clairvoyance face à la nouvelle réalité économique lui permettent de consolider sa réussite dans le magasin de nouveautés. Dans le roman, *Au Bonheur des Dames*, il se présente comme tel lors d'une discussion à son ancien camarade d'école, Paul Vallagnosc : « [Mouret] répéta qu'il était de son époque. Vraiment, il fallait être mal bâti, avoir le cerveau et les membres attaqués, pour se refuser à la besogne, en un temps de si large travail, lorsque le siècle tout entier se jetait à l'avenir ».[18] Ce « Rastignac » zolien, décidé à conquérir Paris, demeure convaincu que, seules, les femmes lui donneront la gloire et la fortune. Dans *Pot-Bouille*, son plan d'attaque avait déjà été mis au point : au chapitre V, Octave Mouret se rend à la réception donnée par les Duveyrier. Sachant que le monde des femmes se limite aux plaisirs du chiffon et à la séduction de l'homme, Octave, porte un regard calculateur sur les femmes en espérant trouver celle qui lui permettra de faire fortune. Le jeune homme fait un choix entre toutes ces femmes qu'« il pèse du regard » ; il arrête son regard sur Mme Hédouin, sa patronne : « Pour la première fois, il [la] voyait en toilette de soirée, les épaules et les bras nus, avec ses cheveux

---

17 Il séduit plusieurs femmes à la fois.
18 Zola, *Au Bonheur des Dames* 759.

noirs nattés sur le front; et c'était sous l'ardente lumière, comme la réalisation de ses désirs ».[19] La robe de soirée s'impose, à Mouret, à la fois comme un catalyseur dans le processus de séduction et comme un écrin qui lui dévoile la perle rare, promesse de richesse. En définitive, dans *Pot-Bouille*, Mouret change de statut social, en épousant une veuve bien nantie, la patronne de « Au Bonheur des Dames ». L'accès à la *moyenne* bourgeoisie témoigne déjà de son triomphe auprès des femmes. Dans le roman qui célèbre l'avènement du grand magasin, Mouret, désormais veuf, passe son temps à travailler et à s'amuser avec des femmes attirées par son argent. Conscient de sa richesse, il se plaît à changer de maîtresses à son gré. Dans cette vie de luxure, le directeur du magasin ne cesse d'étudier la femme pour mieux la soumettre à son joug. De ce fait, il sait que le succès de son commerce passe par la soumission de la femme face à son goût pour l'étoffe, car la vente est faite de « la chair et du sang de la femme ».[20] Par conséquent, Mouret tend à dépouiller la femme pour s'enrichir. Son coup de génie consiste à allier ses connaissances à propos du commerce à celles sur la femme. Ce mécanisme de séduction apparaît clairement durant les trois grandes ventes qui ponctuent le roman.

Les nouveautés d'hiver: luxe, éblouissement et machiavélisme

Le directeur du magasin crée un temple dédié à la femme où elle est idolâtrée pour ses faiblesses. La nouvelle façade témoigne de la place qu'il donne à cette dernière: « Deux figures allégoriques, deux femmes riantes, la gorge nue et renversée, déroulaient l'enseigne: « Au Bonheur des Dames ».[21] La gestion du magasin, résolument révolutionnaire, consiste à faire de la femme la principale consommatrice. Son organisation commerciale se base sur un renouvellement continu et rapide du capital, réinvesti en une grande masse de marchandises, procédé visant à présenter une marchandise toujours nouvelle. De plus, grâce à la confection industrielle, Mouret peut vendre des habits à moindre coût. Ainsi, par la

---

19 Zola, *Pot-Bouille* 440.
20 Zola, *Au Bonheur des Dames* 766.
21 Zola, *Au Bonheur des Dames* 712.

démocratisation de la mode et du vêtement, il agit sur toutes les classes sociales: ménagère, *petite*, *moyenne* et *grande* bourgeoisie. De ce fait, la femme attirée par des prix modérés et par une armée de vendeurs faisant preuve de flatteries à son égard, consomme à outrance. Mouret touche directement les faiblesses de la femme, qu'il a eues l'occasion d'observer au cours de ses diverses relations amoureuses et dans le salon de sa nouvelle maîtresse, Mme Desforges: « Mme Guibal, Henriette, Blanche, mesuraient, coupaient, gâchaient. C'était un saccage d'étoffes, la mise au pillage des magasins, *un appétit de luxe* qui se répandaient en toilettes jalousées et rêvées ».[22] Ces faiblesses, que Zola considère comme des extravagances propres à la femme, Mouret les exploite. Connaissant le goût des femmes pour le luxe et leur incapacité à se contrôler, Mouret, dans son magasin, s'attache à recréer une atmosphère de faste et d'abondance. Ainsi, le patron fait des étalages l'une de ses armes pour attirer la cliente. Il en effectue l'aménagement de façon à éblouir le regard, par l'assemblage des étoffes et des couleurs. Dans la mise en vente des nouveautés d'hiver, Mouret parvient à créer l'effet de surprise avec l'installation d'un salon oriental: « Dès la porte, c'était ainsi un émerveillement, une surprise qui ravissaient [toutes les femmes] ».[23] La nouveauté et la somptuosité des étalages attirent l'œil qui se laisse éblouir. La théorie de Jean Starobinski sur la « présence efficace »[24] tend à confirmer l'éblouissement des clientes face à la marchandise. Starobinski affirme que, dans le théâtre de Corneille, les personnages sont conquis à la seule vue de l'éblouissante beauté féminine. Tel est le cas des acheteuses du magasin « Au Bonheur des Dames »: les femmes se trouvent sous le charme de l'apparition des marchandises, subjuguées par l'étoffe au premier coup d'œil. Toute la mécanique de la séduction réside dans cet art de l'éblouissement et de l'aménagement de l'espace. Ainsi, dans chaque nouvelle vente, Mouret s'attache à recréer la surprise, la splendeur, l'éblouissement et l'inattendu; c'est ce qui explique le succès de chaque vente.

22 Zola, *Au Bonheur des Dames* 766. C'est nous qui soulignons.
23 Zola, *Au Bonheur des Dames* 774. Rappelons ici l'engouement du XIXe siècle pour l'Orient qui évoque le faste et la sensualité.
24 Starobinski affirme que dans le théâtre de Corneille, les personnages sont conquis à la seule vue de l'éblouissante beauté féminine. Telle est la théorie de la « présence efficace ». Cf. *L'Œil vivant* (Paris: Gallimard, 1969) 31-67.

Dans cette ambition tenace de « vaincre la femme »[25], Mouret tente toujours de nouveaux moyens de séduction pour la soumettre complètement : « Mouret avait l'unique passion de vaincre la femme. Il la voulait reine dans sa maison, il lui avait bâti ce temple, pour l'y tenir à sa merci. C'était toute sa tactique, la griser d'attentions galantes et trafiquer de ses désirs, exploiter sa fièvre ».[26] En créant ce « temple » où la femme est adulée, où la moindre de ses faiblesses est glorifiée, où ses désirs sont comblés, Mouret touche la corde sensible de la femme : dans une société où elle est soumise au pouvoir de l'homme, la femme est enfin valorisée. Dès lors, elle pense accéder à un monde d'exception, qui n'est en réalité qu'un domaine d'illusions dont elle ne peut se passer. La galanterie de Mouret lui donne ce dont elle rêve : une place dans la société aux dépens de sa bourse. Ainsi, sous le voile de la galanterie, Mouret met en place une machine à dévorer la femme. Le vendeur l'explique clairement au baron Hartmann[27] :

> Et si chez eux, la femme était reine, adulée et flattée dans ses faiblesses, entourée de prévenances, elle y régnait en reine amoureuse, dont les sujets trafiquent et qui paie d'une goutte de son sang chacun de ses caprices. Sous la grâce même de sa galanterie, Mouret laissait ainsi passer la brutalité d'un juif vendant de la femme à la livre : il lui élevait un temple, la faisait encenser par une légion de commis, créait le rite d'un culte nouveau ; il ne pensait qu'à elle, cherchait sans relâche à imaginer des séductions plus grandes ; et, derrière elle, quand il lui avait vidé la poche et détraqué les nerfs, il était plein du secret mépris de l'homme auquel une maîtresse vient de faire la bêtise de se donner.[28]

---

25 Zola, *Au Bonheur des Dames* 889.
26 Zola, *Au Bonheur des Dames*.
27 En réalité, le personnage romanesque du baron Hartmann n'est autre que le baron Haussmann, chargé de l'urbanisation de Paris, en 1853. Au milieu du XIXe siècle, Paris est toujours un fouillis de ruelles tel qu'au Moyen âge. L'empereur, frappé du contraste entre Londres et Paris, décide de transformer la ville. A cet effet, il choisit Georges Haussmann, ancien préfet du département de la Gironde. Le 23 juin 1853, il le nomme préfet de la Seine. Haussmann est présenté comme un homme laborieux, autoritaire, avec un fond brutal. Soutenu par le souverain, il détruit pour reconstruire un Paris moderne. Cf. à ce sujet, Georges Roux, *Napoléon III* (Paris : Flammarion, 1969) 290-93. L'ouvrage présente des références concernant les travaux d'Haussmann.
28 Zola, *Au Bonheur des Dames* 767.

Par le biais des deux autres ventes, nous allons voir comment le commerçant met en pratique cette théorie qui tend à ravager les sens de la femme.

Les nouveautés d'été : l'art de l'étalage et la névrose

Mouret tient compte des habitudes de vie et de la psychologie de la femme pour mieux la vaincre. En effet, l'idéologie bourgeoise des premières décennies du XIXe siècle lui assigne le foyer comme cadre définitif et, au cours du siècle, son rôle ne cesse de se restreindre aux activités domestiques. Pendant que l'époux passe le plus clair de son temps dans les affaires commerciales, l'épouse doit se consacrer à des activités jugées acceptables pour une honnête bourgeoise : les arts d'agrément, la religion[29], les œuvres caritatives et la mode. Des loisirs, si peu diversifiés, l'incitent souvent à faire de ces activités son unique raison de vivre. Ainsi, Zola nous présente des femmes bourgeoises obsédées par la mode : « Elles vivaient enfoncées [dans le chiffon], ainsi que dans l'air tiède nécessaire à leur existence ».[30] Cette corde sensible, Mouret la connaît et sait la manipuler. Mme Marty, épouse d'un fonctionnaire s'éreintant à travailler pour payer les dépenses de son épouse, incarne l'image type de la femme qui s'adonne exclusivement à la passion de l'étoffe. En s'appuyant sur des théories scientifiques contemporaines, Zola nous présente la femme comme un être en proie à toutes les « névroses ».[31] Ainsi, la passion du chiffon de Mme Marty semble être une maladie : face à la marchandise, l'épouse du fonctionnaire est prise d'une frénésie d'achat dont elle a conscience, mais qu'elle ne parvient pas à réprimer. Tels sont les symptômes de la névrose.

---

29 La religion comme les arts d'agréments représentent un sûr garant de la moralité féminine. Toutefois, la femme ne doit pas s'adonner à la contemplation pieuse, ni aux activités intellectuelles réservées aux hommes.

30 Zola, *Au Bonheur des Dames* 766. « Elles » indique Mme Desforges, Mme Guibal, Mme Marty et Mme de Boves.

31 Nous employons le terme *névrose* tel qu'utilisé par Zola et ses contemporains, à savoir comme synonyme d'*hystérie*. Cf. à ce sujet, Yves Malinas, *Zola et les hérédités imaginaires* (Paris : Expansion Scientifique Française, 1985) 94-96. Cet ouvrage démontre parfaitement les limites du roman expérimental de Zola.

Lors de la grande vente d'été, plusieurs stratagèmes sont mis au point : séduire les mères par la référence aux enfants, créer l'effet de surprise avec l'exposition des ombrelles, réaménager le magasin. A quarante-huit heures de la grande vente de la soie, Mouret décide de refaire l'aménagement des comptoirs, malgré le désaccord de Bouthemont, son bras droit : en dispersant tous les articles de la confection aux quatre coins du magasin, les clientes sont forcées de parcourir le « Bonheur des Dames ». Pendant ce temps, le regard des clientes est obligé de se poser sur les différentes marchandises. Connaissant la difficulté de la femme à résister à l'achat et le souci d'économie de la bonne ménagère, Mouret dresse des étalages affichant le luxe ou l'épargne à l'instar de pièges dans lesquels la cliente, devenue une proie, tombe à chaque nouvel achat. Ainsi, la cliente surconsomme par l'achat de marchandises inutiles à ses besoins. Mme Marty se révèle l'exemple type de l'acheteuse manipulée par le génie de Mouret. Tout au long de ce chapitre, le lecteur assiste à sa déchéance graduelle. Venue pour acheter un simple lacet, Mme Marty commence à parcourir le magasin avec la ferme conviction de ne pas se laisser tenter par d'autres produits. Cependant, déjà à la seule vue des ombrelles, elle reste éblouie : Mme Marty cherchait une phrase pour dire son ravissement, et elle ne trouva que cette exclamation : « C'est féerique ! ».[32] Le stratagème de Mouret réussit : elle finit par en acheter une. Son regard sur chaque étoffe, sur chaque étalage savamment conçu, se laisse éblouir par les couleurs, la beauté et le luxe. Elle en a conscience lorsqu'elle déclare : « Je ne veux plus rien voir »[33], mais elle cède lentement, enivrée par la chaleur du magasin. Zola démontre l'affaiblissement des nerfs de Mme Marty qui cède de plus en plus à son obsession.

En outre, la notion de chaleur se révèle d'une grande importance quant au comportement des clientes. Voulant peindre le réel, Zola met en pratique sa théorie qui consiste à démontrer que l'être humain est conditionné par son corps et par l'espace environnant. Ainsi, il dépeint les clientes, envoûtées par la chaleur sensuelle du magasin, incapables de se maîtriser face aux étoffes :

---

32 Malinas 895.
33 Malinas 896.

> Dans le salon, il faisait très chaud. Les clientes, qui s'y étouffaient, avaient des visages pâles aux yeux luisants. On eût dit que toutes les séductions des magasins aboutissaient à cette tentation suprême, que c'était là l'alcôve reculée de la chute, le coin de perdition où les plus fortes succombaient. Les mains s'enfonçaient parmi les pièces débordantes, et elles en gardaient un tremblement d'ivresse.[34]

Sous le regard de Mme Bourdelais, nous assistons à la perdition de Mme Marty : « [...] elle aperçut Mme Marty et Valentine au fond d'une autre galerie très loin. Toutes deux, noyées sous un déballage de jupons, achetaient encore. C'était fini, la mère et la fille disparurent dans la fièvre de dépense qui les emportait ».[35] En déléguant le regard à Mme Bourdelais, Zola nous offre une vision de la femme sur la femme. En effet, comme nous le verrons de façon plus explicite ultérieurement, Mme Bourdelais incarne la catégorie des « acheteuses raisonnables ». Son regard révèle le discernement de la bonne ménagère en matière d'achat versus l'égarement de Mme Marty. Ainsi, Zola démontre, une fois encore, son intérêt pour la science contemporaine, en décrivant la faiblesse de la femme qui perd tout contrôle à la vue de vêtements : « Lorsqu'elle partit enfin, après avoir dit qu'elle paierait chez elle, terrifiée par le chiffre de sa facture, elle avait les traits tirés, les yeux élargis d'une malade. [...]. Puis, sur le trottoir, [...], elle frissonna à l'air vif, elle demeura effarée, dans le détraquement de cette névrose des grands magasins ».[36] En sortant du magasin, Mme Marty porte les signes d'une crise d'hystérie[37], résultat de son obsession pour le chiffon. Mouret, que Zola a voulu observateur de son époque, parvient à jouer de cette faiblesse féminine, facilement exploitable dans son magasin. Ainsi, la perdition de Mme Marty témoigne du nouveau succès de Mouret.

---

34 Malinas 913.
35 Malinas 897.
36 Zola, *Au Bonheur des Dames* 915.
37 De nombreux écrivains et scientifiques soutiennent que la femme, altérée moralement et physiquement, est soumise à toutes les maladies. Zola, dans sa représentation de la femme, ne va pas aussi loin que Michelet qui la considère comme une éternelle malade.

La vente du blanc : sensualité, sexualité et vol

Zola met au centre du chapitre XIV une autre femme sous l'emprise du tissu : la comtesse de Boves, prise en flagrant délit de vol. La passion de Mme de Boves est plus « névrotique » que celle de Mme Marty. Dans les deux cas, nous verrons que cette frénésie du vêtement s'explique par un « manque » qu'il conviendra d'examiner un peu plus bas. Afin d'expliquer ce qui pousse Mme de Boves à voler, il importe de démontrer l'importance nouvelle du corps dans la vie de la femme. En homme sensible aux bouleversements de son siècle, Mouret a conscience que la femme s'intéresse davantage à son corps. En effet, les progrès de l'hygiène, dès 1880, commencent à préciser l'image du corps, jusque-là floue et fragmentée, incitant la femme à se préoccuper de son corps et de sa sexualité.[38]

Pour prendre soin de son corps, la femme utilise divers procédés : la coiffure, le fard et, bien sûr, le vêtement. Selon nous, l'étoffe touche sa sensibilité puisqu'elle embellit son corps et répond à ses nouveaux désirs. En effet, le tissu possède une sensualité qui invoque l'intimité corporelle de la femme. De plus, le tissu luxueux revêt une signification particulière pour la femme de 1880 : il lui permet de « sentir » davantage son corps, de le mettre en valeur et donc de séduire. Dès lors, Mouret spécule sur le besoin féminin de plaire ; Balzac le disait déjà dans *Une Fille d'Eve*: « Quelle est la femme, si candide qu'elle soit, qui ne souhaite faire envie ? ».[39]

En outre, Zola tend à démontrer que le tissu réveille le corps féminin à une réalité encore tabouée[40], à savoir un désir sexuel jusque-là insatisfait :

---

38 Jusqu'en 1880, la femme est élevée dans le mépris du corps et la honte du sexe. Yvonne Knibiehler démontre à quel point les filles étaient tenues dans l'ignorance du corps : « une fille bien élevée garde sa chemise pour faire sa toilette, même pour prendre un bain ; elle ferme les yeux pour changer de chemise ». Dans le même ordre d'esprit, elle déclare : « A la veille des noces, bien des filles ignorent ce qui les attend ». De plus, tout plaisir sexuel est interdit. Seul l'homme possède le droit à la jouissance. Toutefois les progrès de l'hygiène et le développement des méthodes contraceptives incitent les femmes à s'ocuper de leur corps et contribuent à leur épanouissement sexuel. Cf. *Histoire des femmes en Occident, le XIXe siècle*, sous la direction de Geneviève Fraisse et Michelle Perrot (Paris : Plon, 1991) 364-65.

39 Balzac (de) Honoré, *Une fille d'Eve* in *La Comédie Humaine*, vol. 4 (Paris : France Loisirs, 1985) 20.

40 Cf. note 38.

« Les magasins avaient éveillé dans [la] chair [de la femme] de nouveaux désirs, ils étaient une tentation immense, où elle succombait fatalement ».[41] Outre cet éveil à la chair et à la sensualité, Mouret sait que, par nature, la femme se laisse aller à ce qui la séduit. Ainsi devant un amoncellement de vêtements et de dentelles, la femme cède à l'étoffe comme elle cède à l'amant. Par ailleurs, les bourgeoises semblent être prises de frénésie au seul contact de l'étoffe : « [...] ces dames n'avaient pas lâché les dentelles. Elles s'en grisaient. Les pièces se déroulaient, allaient et revenaient de l'une à l'autre, les rapprochant encore, les liant de fils légers. C'était sur leurs genoux, la caresse d'un tissu miraculeux de finesse, où leurs mains coupables s'attardaient ».[42]

Lors de la vente d'hiver, Mouret mise, une fois encore, sur l'éclat, l'éblouissement et le caractère lascif de la femme. La nouvelle façade du magasin et l'exposition de blanc émerveillent : « la porte centrale, d'une hauteur d'arc de triomphe [...] surmontée d'un groupe allégorique dont l'or neuf rayonnait, la femme habillée et baisée par une volée rieuse de petits Amours ».[43] Les clientes, illusionnées par cette porte, s'enfoncent dans le piège du « tape-à-l'œil », aveuglées par la lumière incendiaire du blanc : « Ce qui arrêtait ces dames, c'était le spectacle prodigieux de la grande exposition de blanc. [...] On retrouvait le blanc des vitrines du dehors, mais avivé, colossal, brûlant d'un bout à l'autre de l'énorme vaisseau avec la flambée blanche d'un incendie en plein feu ».[44] Ainsi, l'éclat du blanc plonge les clientes dans la fascination : « Elles ne se lassaient pas de cette chanson du blanc, que chantaient les étoffes de la maison entière. Mouret n'avait encore rien fait de plus vaste, c'était le coup de génie de son art de l'étalage ».[45] L'étalage du luxe et l'envie de plaire engendrent un irrésistible désir de posséder : Mme Marty, nous l'avons vu, dépouille son mari à cet effet et il en est de même pour Mme de Boves qui se met à voler, afin de satisfaire son goût pour les tissus somptueux.

La fascination des étalages luxueux, la sensualité des étoffes, le désir de parer le corps entraînent la femme à voler. Rappelons que, durant la vente du blanc, Zola met en scène la déchéance de Mme de Boves. Au

---

41 Zola, *Au Bonheur des Dames* 766.
42 Zola, *Au Bonheur des Dames* 772.
43 Zola, *Au Bonheur des Dames* 1010.
44 Zola, *Au Bonheur des Dames* 1015.
45 Zola, *Au Bonheur des Dames* 1016.

début du roman, Zola avertit le lecteur que M. de Boves laisse son épouse sans argent pour entretenir sa maîtresse, Mme Guibal. Mme de Boves, ne pouvant satisfaire ses désirs d'acheteuse, se contente d'errer dans le magasin afin de toucher l'étoffe, seul plaisir qui lui soit permis. Comme nous le disions plus haut, les femmes commencent à s'intéresser davantage à leur corps qu'elles veulent embellir afin de séduire et de combler leur désir sexuel inassouvi.[46] L'absence de pratique sexuelle, les désirs féminins insatisfaits ou encore le seul plaisir de l'homme relèvent d'une réalité courante au XIXe siècle. Mme de Boves semble être privée de vie sexuelle. En effet, tout au long du roman, il n'est jamais question de sa sexualité ou de celle de Mme Marty. Zola n'évoque à aucun moment la sexualité des deux femmes : Mme de Boves en est visiblement privée, puisque son mari entretient Mme Guibal, tandis que les relations entre Mme Marty et son époux se limitent à des questions financières. Selon nous, cette frustration sexuelle se traduit par une obsession du tissu aboutissant au détraquement : Mme de Boves vole et Mme Marty achète, sans aucun discernement.

En revanche, les femmes dont la sexualité est suggérée ou supposée, se révèlent des acheteuses modérées. Ainsi, Mme Desforges, maîtresse officielle de Mouret, se limite à l'achat de certains articles. Mme Bourdelais, dont la sexualité conjugale et la fécondité sont évoquées par la présence de ses trois enfants, se révèle une acheteuse raisonnable et pratique. Enfin, Mme Guibal, maîtresse « cachée » de M. de Boves, n'achète rien et se contente de regarder pour être satisfaite. Mme Marty et Mme de Boves agissent en réponse à leur frustration à la fois sexuelle et financière. Le comportement de Mme de Boves nous permet d'envisager un signifié de l'étoffe : le tissu se substitue aux relations sexuelles. Par ailleurs, la comtesse semble jouir d'un plaisir sensuel au seul contact de l'étoffe : « [Mme de Boves] plongeait les mains dans ce flot montant de guipures, de malines, de valenciennes, de chantilly, les doigts tremblants de désir, le visage peu à peu chauffé d'une joie sensuelle ».[47]

Ainsi, Mouret incite à la débauche : connaissant le pouvoir quasi magique de l'étoffe sur la femme, le directeur du magasin en accentue la

---

46 Même si Zola situe l'action de son roman entre octobre 1864 et février 1869, il se réfère à la réalité de 1880.

47 Zola, *Au Bonheur des Dames* 793.

fascination par l'entremise des étalages offerts aux regards féminins, afin de séduire les clientes. Le goût de Mme de Boves pour les belles toilettes, sa gêne financière et la richesse des marchandises contribuent à augmenter sa frustration et à déclencher ses crises de vol : « Depuis un an, Mme de Boves volait ainsi, ravagée d'un besoin furieux, irrésistible ».[48] Par l'entremise des étalages, Mouret touche la sensualité féminine et incite chez toutes les femmes le désir de posséder. Le comptoir des dessous invoquant la chair féminine en est un exemple parfait. Autant de vêtements qui rappellent à la fois l'intimité féminine et la sensualité de l'étoffe sur le corps amoureux de la femme :

> C'était, aux trousseaux, le déballage indiscret, la femme retournée et vue par le bas, depuis la petite bourgeoise aux toiles unies, jusqu'à la dame riche blottie dans les dentelles, une alcôve publiquement ouverte, dont le luxe caché, les plissés, les broderies, les valenciennes, devenait comme une dépravation sensuelle, à mesure qu'il débordait davantage en fantaisies coûteuses.[49]

Les deux grandes ventes précédentes préparent le lecteur à l'acte qui manifestera le goût de Mme de Boves pour le luxe, ses désirs sexuels inassouvis et sa fascination des grands magasins. Afin de rationaliser la scène du vol, Zola délègue la vision à deux personnages ; sous les regards de Blanche de Boves et de l'inspecteur Jouve, chargé de la surveillance du magasin, le lecteur assiste à la déchéance d'une aristocrate, en proie à une névrose provoquée par la tentation du grand magasin : « [...] la fille, en tournant sa face molle, vit sa mère, les mains au milieu des dentelles, en train de faire disparaître, dans la manche de son manteau, des volants de points d'Alençon ».[50] Durant cette scène, le temps semble être suspendu par l'absence de dialogue. La parole disparaît afin de laisser au regard la possibilité de profiter pleinement du perceptible sans être dérangé par le bruit des mots. La double perception visuelle et spontanée et l'observation

---

48 Zola, *Au Bonheur des Dames* 1035.
49 Zola, *Au Bonheur des Dames* 1025. Cet extrait s'avère d'une importance majeure : il révèle les instruments de séduction de la femme, il témoigne de la stratégie de Mouret, capable d'agir sur la sensibilité de toutes les femmes, sans distinction de classe ; enfin, il confirme une libéralisation des mœurs quant à la sexualité féminine.
50 Zola, *Au Bonheur des Dames* 1034.

silencieuse concourent à la surcharge dramatique de l'acte névrotique de Mme de Boves. L'angle de perspective choisi par Zola impose avec force au lecteur une réalité sur la faiblesse psychologique de la femme. Soumise en permanence à la beauté inaccessible, la comtesse se laisse éblouir jusqu'à perdre contact avec la réalité :

> Les crises empiraient, grandissaient, jusqu'à être une volupté nécessaire à son existence, emportant tous les raisonnements de prudence, se satisfaisant avec une jouissance d'autant plus âpre, qu'elle risquait sous les yeux d'une foule, son nom, son orgueil, la haute situation de son mari.[51]

Toutefois, dans le dernier chapitre, Zola nous apprend que Mme de Boves ayant accepté la présence de Mme Guibal chez elle, l'époux devient plus indulgent en matière de finance. Mme de Boves ne vole plus par manque d'argent, mais désormais par goût du vol. Par conséquent, la cleptomanie de Mme de Boves révèle le triomphe absolu de Mouret.

Définir le mécanisme de séduction dans *Pot-Bouille* et *Au Bonheur des Dames* consiste à déterminer d'une part, le pouvoir de l'étoffe auprès des femmes et des hommes et les stratagèmes des deux sexes pour se piéger réciproquement. Dans les deux cas, la séduction est motivée par une nécessité financière, et le mécanisme s'appuie essentiellement sur la psychologie de l'homme et de la femme, chacun cherchant à jouer des points faibles de l'autre. Cette séduction du vêtement démontre l'importance de la toilette au XIXe siècle : elle se révèle un enjeu économique dans les mariages, elle tend à régler les normes de la bonne société, et incite à la surconsommation. Par conséquent le vêtement est directement lié à la structure sociale.

L'univers fictif vestimentaire de *Pot-Bouille* et de Au *Bonheur des Dames* dévoile un récit signifiant, à savoir les difficiles relations homme-femme dans la société du XIXe siècle. Dans *Pot-Bouille*, l'homme s'affiche comme un pantin manipulé par la sensualité et l'esprit féminins : imbues des principes maternels, les sœurs Josserand sont convaincues de l'infériorité des hommes et s'entendent pour les épouser de force et les exploiter ensuite. Ces préjugés sur l'homme contribuent à créer des couples malsains. L'homme, bien que démuni face au corps de la femme, s'octroie une place prestigieuse sur le plan social : son travail lui donne la richesse,

---

51 Zola, *Au Bonheur des Dames* 1035.

la prospérité et la liberté sexuelle : M. de Boves s'exhibe en compagnie de Mme Guibal et Octave Mouret ne cesse de changer de maîtresses, tandis que l'épouse soumise à l'autorité maritale ne possède aucun pouvoir financier et tente de trouver des alternatives à son manque d'argent. En outre, la femme, qui doit subir la grossesse, les menstrues et la ménopause, est considérée comme une « éternelle malade » : l'opinion de nombreux médecins sur la faible nature de la femme contribue à donner l'image d'un être physiquement et mentalement inférieur. En définitive, les relations homme-femme, dans *Pot-Bouille* et *Au Bonheur des Dames* semblent vouées à l'échec, alors que le XIXe siècle consacre la famille comme fondement de l'ordre social.

Bibliographie

Boucher, François. *Histoire du costume en Occident, de l'Antiquité à nos jours*. Paris : Flammarion, 1965.

De Palacio, Jean. « La féminité dévorante. Sur quelques images de la manducation dans la littérature décadente ». *Revue des sciences humaines* 148 (1977-1979) : 600-18.

Dottin-Orsini, Mireille. « Misogynies fin-de-siècle ». *Magazine littéraire* 228 (mai 1991) : 20-23.

Ehrard, Antoinette. « Emile Zola : L'art de voir et la passion de dire ». *La critique artistique, un genre littéraire*. Publications de l'Université de Rouen : PUF, 1983, 101-22.

Fraisse, Geneviève et Perrot, Michelle. *Histoire des femmes en Occident,* le XIXe siècle. Paris : Plon, 1991.

Greif, Hans-Jurgen. « Photos de famille : Du regard à la connaissance de l'autre dans *La Curée* » in *Zola et le cinéma*. Paul Warren, éd. Ste-Foy et Paris : Presses de l'Université Laval et Presses de la Sorbonne nouvelle, 1995.

König, René. *Sociologie de la mode*. Paris : Petite Bibliothèque Payot, 1969.

Laver, James. *Histoire de la mode et du costume*. Trad. Michèle Hechter. Paris : Thames & Hudson, 1990.

Maerthens, Jean-Thierry. *Dans la peau des autres. Essai d'anthropologie des inscriptions vestimentaires*. Paris : Aubier Montaigne, 1978.

Perrot, Philippe. *Le Travail des apparences. Le Corps féminin, XVIIIe-XIXe siècle*. Paris: Editions du Seuil, 1984.

—. *Les Dessus et les dessous de la bourgeoisie. Une Histoire du vêtement au XIXe siècle*. Paris: Fayard, 1981.

Quentin, Bell. *Mode et Société. Essai sur la sociologie du vêtement*. Trad. Isabelle Bour. 2e édition. Paris: PUF, 1992.

Ruppert, Jacques et al. *Le Costume français*. Paris: Flammarion, «Tout L'Art», 1996.

Sée, Raymonde. *Le Costume de la révolution à nos jours*. Paris: Editions de la Gazette des Beaux-Arts, 1929.

Slama, Béatrice. «Où vont les sexes? Figures romanesques et fantasmes fin-de-siècle». *Europe* 751-52 (novembre-décembre 1991): 27-37.

Starobinski, Jean. *L'Œil vivant*. Paris: Gallimard, 1969.

Zola, Emile. *Au Bonheur des Dames. Œuvres complètes*. Vol. 4. Paris: Cercle du livre précieux, 1967.

—. *Pot-Bouille. Œuvres complètes*. Vol. 4. Paris: Cercle du livre précieux, 1967.

Les genres esthétiques de *Madame Sourdis*

Servanne WOODWARD

Madame le peintre Sourdis est un peintre qui, au contraire de Claude Lantier (*L'Œuvre*), produit de nombreuses toiles. John Christie a analysé pour nous les probabilités des dates de composition du texte (1878-1880), qui feraient de « Madame Sourdis » une esquisse de *L'Œuvre*.[1] D'après Christie, Ferdinand Sourdis serait un personnage composite qui s'inspirerait de Manet, Cézanne, Monet, Renoir, Degas et Pissaro entre autres (20). Le couple de Berthe Morisot et Manet pourrait avoir servi de modèle, mais celui de Julia et Alphonse Daudet semble plus plausible selon Christie (21), qui remarque également certains traits autobiographiques de la part de Zola (23, 25).

Henri Mitterand a résumé le sujet de la nouvelle : « Tandis que Ferdinand Sourdis, épuisé par les débauches, devient peu à peu impuissant à créer, sa femme se substitue à lui et peint les toiles qu'il sera seul à signer ».[2] L'ambiguïté de la situation est traduite par cette substitution, selon que l'intentionnalité de Mme Sourdis soit faite de sacrifice personnel, ou du désir de « supprimer » son époux.[3] Quoiqu'il en soit, Mme Sourdis permet l'apparence de la création et le surnom de « maître fécond » que les habitants de Mercœur donnent à Ferdinand Sourdis (1139).

Le comportement positif de Mme Sourdis est celui d'une épouse modèle. Entièrement dévouée à son époux, elle travaille pour lui, et il signe ses œuvres. Adèle s'adonne à la gloire de servir, à l'abnégation exemplaire. Chantal Jennings détermine le rôle de l'épouse idéale selon la mythologie zolienne :

---

1 John Christie, « The Enigma of Zola's *Madame Sourdis*, » *Nottingham French Studies* 5 (1966) : 13-28. Voir également Brady, Patrick, « Symbolic Structures of Mediation and Conflict in Zola's Fiction : From *Une farce* To *Madame Sourdis* To *L'Œuvre*, » *Sub-Stance* 2 (1971-72) : 92, qui souligne une influence probable de Balzac (*La cousine Bette*) sur « *Madame Sourdis* » et *L'Œuvre*, relevant un lien entre ces deux derniers que Gustave Kahn avait écarté dans le feuilleton du *Quotidien*, Paris 2 septembre 1927.
2 Henri Mitterand, « Notice », *Œuvres complètes,* Emile Zola, édition établie par Henri Mitterand, vol. 9 (Paris : Fasquelle, 1968) 1179.
3 Emile Zola, *« Madame Sourdis », Œuvres complètes*, édition établie par Henri Mitterand. Vol. 9 (Paris : Fasquelle, 1968) 1140, 1144. Les références à cette édition apparaîtront dans le texte.

> Si l'épouse a parfois le privilège, surtout chez les commerçants et les industriels, de s'élever au rang d'associée de son mari dans l'entreprise familiale [...]. C'est une « collaboration cachée, une aide discrète » que son mari doit pouvoir trouver en elle ; c'est de son « appui et des conseils qui soutiennent l'homme dans les heures difficiles qu'elle doit le seconder ».[4]

Adèle fait effectivement promettre à Ferdinand de ne rien dire de sa collaboration : « ça ne valait pas la peine, ça la gênerait » (1134). Par ailleurs, la dévaluation de « la peine » féminine est cause d'amertume pour la jeune peintre : « Mais elle eut un haussement d'épaules et dit avec une modestie sincère, gâtée pourtant par une pointe d'amertume : Oh ! de la peinture de femme, ça ne vaut pas la peine » (1120). Le partitif employé, « de la », quantifie la peinture féminine comme une production uniforme dans sa valeur nulle.

C'est aussi une évaluation économique qui décide Mme Sourdis à intervenir dans la peinture de Ferdinand, parce qu'il faisait banqueroute « en associé infidèle » (1131), puis « faillite » (1132). Son attendrissement pour Ferdinand est celui de la bonne épouse qui admire son mari « même lorsque cet artiste avait décliné et qu'elle avait dû se substituer à lui, pour éviter la faillite » (1141). Ferdinand serait comme Napoléon III, coupable d'être un « roi constitutionnel » (1140), qui devient aussi superflu que les assignats de l'Empereur.[5] Il s'agit soit de la faillite de l'homme en tant qu'artiste, soit de l'aspect économique du commerçant-peintre, qui ne peut pas vivre de son travail s'il ne peut pas produire de toile. Ainsi, victime d'un mari trop faible, Mme Sourdis devient un « monstre » androgyne (1140) : « Elle était la raison, l'honnêteté, la force, tandis qu'il roulait à toutes les faiblesses, à toutes les déchéances » (1130). C'est la voix narrative qui intervient ici dans le récit, comme à plusieurs reprises, pour trancher et donner raison aux personnages, ou pour éclaircir une situation psychologique. Ainsi, selon une certaine perspective, celle d'Adèle, ou celle du couple, ou encore celle du narrateur, la faiblesse du mari aurait forcé sa femme à travailler pour deux.[6] Adèle Morand ferait figure de femme émancipée, donc dupée par un

---

4 Chantal Jennings, « Zola féministe ? », *Les Cahiers Naturalistes* 45 (1973) : 16.
5 David E. Bell, *Models of Power: Politics and Economics in Zola's* Rougon-Macquart (Lincoln & London : University of Nebraska Press, 1988) 28.
6 Adapté de Zola, dirigé par André Neau, réalisé par Caroline Huppert, en 1976, le film *Madame Sourdis* met en scène une bonne qui trouve honteux et commun ce mari ivrogne

époux qui l'exploite. C'est ainsi que Jennings interprète la position de Zola sur la liberté de la femme qui la transforme en monstre hermaphrodite (Jennings 13-14). Adèle est virilement plantée devant un chevalet à la fin de la nouvelle, sabrant sa toile, alors que son époux, devenu allergique à l'huile, trace des aquarelles maladroites au sortir de ses assoupissements digestifs :

> C'était une de ces œuvres de pensionnaire, un ruisseau faisant tourner les roues d'un moulin, avec un rideau de peupliers et un vieux saule. Rennequin, qui se penchait derrière lui, se mit à sourire, devant la maladresse enfantine du dessin et des teintes, un barbouillage presque comique. [...] D'un bras solide, sans appui-main, elle venait d'ébaucher toute une figure, enlevant du coup le morceau, avec une carrure magistrale. (1145)

Dans Mme *Sourdis*, un film réalisé par Caroline Huppert en 1976, cette peinture est exécutée par Adèle Morand, au tout début de sa rencontre avec Ferdinand. Le mécanisme du moulin a l'avantage, comme dans la nouvelle, de mettre en évidence la structure circulaire de la carrière du couple Sourdis. Mais « Madame Sourdis » suggère aussi un mouvement géométrique ou chimique, qui s'apparente à la réflexion de Bergson et Deleuze sur le cinéma : Bergson s'étonnait que le sucre dans l'eau ne devienne pas immédiatement de l'eau sucrée, et Deleuze parle ici du changement qualitatif opéré par le mouvement (de la cuillère, ou de l'image).[7] Rennequin, un critique d'art qui connaît intimement les deux artistes, agit bien, lui aussi, en termes d'expérience scientifique, en « observateur » et « analyste » du « spectacle de la vie », il a enregistré le changement qualitatif des œuvres de Ferdinand et Adèle, sur les indices de leurs tableaux (1143). Il a reconstitué le mouvement de ce « drame physiologique et psychologique » (1143).

Mais Adèle n'est peut-être pas la victime de son époux. « Très au courant du petit commerce de son père » (1118), elle aurait calculé son mariage en bonne commerçante : « Ferdinand comprit parfaitement quel marché elle lui offrait : elle apportait l'argent, il devait apporter la gloire » (1124). De plus, elle l'aime pour sa barbe d'« or » (1120).

---

vivant aux dépens de sa femme. Sur l'idée de l'émancipation féminine comme duperie des femmes, voir Jennings, « Zola féministe ? », 13.

7 Gilles Deleuze, *L'Image-mouvement. Cinéma I* (Paris : Minuit, 1983) 19.

Adèle peut avoir un caractère arachnéen. Selon Rennequin, Adèle peint comme elle broderait : « Autant ça que de la tapisserie, disait-il en lui pinçant l'oreille. Et ce n'est pas bête, il y a là-dedans une petite sécheresse, une obstination qui arrive au style » (1119). Ainsi, Adèle pourrait avoir planifié ou prévu la chute de Ferdinand : « Elle avait beaucoup de volonté et beaucoup d'ambition, avec une patience que rien ne lassait, ce qui trompait les gens sur son véritable caractère » (1119). En ce qui concerne Ferdinand, par contre, Adèle semble détecter qu'« il ne devait avoir que des crises de volonté » (1120). Ainsi, Adèle pourrait aussi bien avoir spéculé sur la faiblesse de son époux qu'elle transformera en une « pâte molle » (1136), avant de le « manger » (1143). Telle certaines araignées qui se donnent en pâture pour piéger leur proie, Adèle « consent à se laisser absorber, au profit d'une œuvre qu'elle regarde comme sienne et dont elle entend vivre » (1127). Le tableau qui fera pendant, *La Promenade*, mettra bien en scène des élèves à l'affût de mouches (1142).

Le thème de Pygmalion inversé sexuellement prend une tonalité inquiétante dans la maternité : « Tout ce qu'elle avait rêvé se réalisait, non plus par elle-même, mais par un autre elle-même, qu'elle aimait à la fois en disciple, en mère et en épouse. Au fond, dans son orgueil, Ferdinand serait son œuvre, et il n'y avait qu'elle là-dedans, après tout » (1126-27). Il se pourrait que Zola ait souffert de ce qu'il aurait pu percevoir comme une certaine forme de parasitisme de la part de sa femme et de sa mère. Quoiqu'il en soit, c'est Adèle qui « incorpore » Ferdinand (1140). L'or de la barbe de Ferdinand le désignerait comme appartenant à l'espace du cadre, dans lequel une artiste commerçante et volontaire s'est immiscée : « Elle avait ce génie de démonter le métier des autres et de s'y glisser » (1137). Nous pourrions penser au « paregon » derridien dans *La Vérité en peinture*, qui est aussi l'espace de la signature dans économimesis.[8] L'espace de la quantité indifférenciée (« de la peinture de femme »), de l'invisible et du silence, comme les aquarelles « très fines » d'Adèle qui au salon ne retiennent ni les spectateurs ni la critique (1126), s'est substitué par un glissement imperceptible à la peinture masculine. Cette dernière serait le domaine visible, valorisant, objet de critique journalistique.

---

8   Voir Jacques Derrida, *La Vérité en peinture* (Paris : Flammarion, 1978), et « Economimesis », in *Mimesis des articulations* (Paris : Aubier-Flammarion, 1975) 64.

L'attitude de Zola devant la peinture moderne peut éclairer ce glissement de l'art à la technologie commerçante. Graham King pense que la préoccupation des Impressionnistes pour la réalisation technique de leurs œuvres, au dépens des sujets et de leur valeur humaniste auraient déçu Zola.[9] D'autre part, selon Alison Hilton, Zola aurait douté de la capacité technique des Impressionnistes qui n'aurait pas trouvé le moyen de matérialiser leurs visions.[10] Anne Lecomte-Hilmy expose pour nous ce qu'est l'artiste « de tempérament » pour Zola : un homme (et non pas une femme), « puissant », « fort », « vigoureux », « individuel », « personnel », et « viril ».[11] Elle a relevé le lexique zolien qui fait de l'œuvre d'art « un enfant », né de la sueur et du sang de l'artiste (88). Lecomte-Hilmy note que l'artiste est un maître, et non un disciple. Ce dernier serait imitateur par définition (91). Elle remarque que les « eunuques » consacrés par le Salon et le public bourgeois font partie du commerce :

> Si l'imitation d'un confrère est condamnable, il en est de même de l'éternelle reproduction d'une œuvre à des fins devenues bassement commerciales. L'exploitation du talent de l'artiste est en effet incompatible avec la sincérité et l'unicité de l'œuvre. Zola s'élève ici contre le mercantilisme galopant qui affecte la production de beaucoup de peintres à l'époque (*Le Sémaphore de Marseille*, 3 et 4-5-1874 ; *Le Figaro*, 23-5-1881) et qui fait que nombreux sont ceux qui, comme lui, voient dans le Salon un « bazar » (*Sémaphore*), le « bazar officiel des ventes », une « halle », les « entrepôts de l'Etat », « une exhibition industrielle »… (92)

Si l'art est plutôt l'émanation d'un tempérament que la production d'objets, Zola lui-même n'écarte pas la science de l'art dans sa conception naturaliste, ni même le travail comme activité ordonnée et planifiée.

Dans « Comment on se marie », la vie du couple de commerçants horlogers ressemble assez à celle qu'Adèle impose à son époux, de par son ordre réglé : « Et son action, surtout, s'exerçait sur son mari, qu'elle menait à coup de férule. Elle avait réglé sa vie, tant d'heures de travail par jour, puis des récréations » (1135). Cet ordre caractérise également sa

---

9 Graham King, *Garden of Zola* (Old Woking, Surrey : The Gresham Press, 1978) 199.
10 Alison Hilton, « Introduction : Zola and the Art of His Time », in *Emile Zola and the Arts*, Jean-Max Guieu et Alison Hilton, eds (Georgetown : Georgetown University Press, 1988) xiii.
11 Anne Lecomte-Hilmy, « L'artiste de tempérament chez Zola et devant le public : Essai d'analyse lexicologique et sémiologique » in *Emile Zola and the Arts* 90.

peinture : « Elle abattait la besogne avec une sûreté de main qui indiquait une grande pratique. Elle avait sa facture adroite, courante, cette mécanique bien réglée dont justement il parlait la veille » (1137). Les types de créativité, féminins et masculins, sont ainsi mis en cause par un modèle de production industriel. Adèle possède un savoir-faire, une habileté technique quasiment technologique. L'industrie de Mme Sourdis devient de plus en plus banale. Il s'agit de produire des articles qui plairont aux riches acheteurs russes, américains ou français, qui choisissent les toiles Sourdis sur la foi de leur renommée. Finalement, Sourdis ne s'achète plus en France. Ainsi, Mme Sourdis vend une signature, et le jugement de ses clients reste référentiel. Il se pose un problème d'authenticité de l'art ou de l'expérience artistique.

Mme Sourdis copie et travaille sous une lumière artificielle : « Elle dessinait sous la lampe, s'appliquant à reproduire avec une exactitude mathématique une photographie d'après un Raphaël » (1120) ; « Elle montrait dans ses propres travaux une habileté extraordinaire, au point qu'elle s'était appropriée le métier compliqué de Rennequin et de quelques autres artistes dont elle aimait les œuvres » (1121) ; Adèle copie une gravure (1128) et reporte les plans de Ferdinand sur sa toile « au carreau » (1142) ; Rennequin s'indigne des métamorphoses de Ferdinand : « Mais il faut vendre de la chandelle pour avoir le goût de cette facture banale, relevée par je ne sais quelle sauce compliquée, où il y a de tous les styles, et même de toutes les pourritures de style... ce n'est plus mon Ferdinand qui peint ces machines-là » (1143). Adèle n'a pas de style personnel ? Si ce n'est l'obstination et la sécheresse (citées plus haut), l'« habileté » et la « souplesse » (1122), jointes à « un métier savant, une entente très grande de l'effet, des qualités de facture rares » et « la grâce un peu mièvre de la personnalité » (1134), à une facture « compliquée » et « amollie » (1135). « Une odeur vague de puritanisme, une correction bourgeoise », des « raideurs », un « air pudibond et pincé » (1137) envahissent les œuvres de Ferdinand. Les fonds d'Adèle ont « une légèreté et une finesse incroyable » dans *Le lac*, selon Rennequin (1134). Il trouve également le tableau « banal », « joli » et « entortillé » (1134). En revanche, elle « vous plante une figure d'un trait » (1141). Malgré cette énergie, c'est « une coulée de pâte molle et fluide » qui envahit la personnalité de Ferdinand (1137).

Une représentation visuelle d'un style raide et mou, léger et pâteux, fin et entortillé, rare et banal, pourrait se révéler aussi difficile que le fameux chapeau de Charles Bovary. Il serait sans doute plus fructueux de rapporter ces qualifications à ce que Zola écrit sur les modes vestimentaires et les psychologies féminines, dans « La semaine d'une parisienne » et « Lili » des *Contes à Ninon*. La toile comme la toilette et ses armatures sont faites, selon l'expression consacrée, pour « tromper sur la marchandise » : « Les œuvres de Mme Sourdis n'auraient pris personne, tandis que les œuvres de Ferdinand Sourdis conservaient toute leur force sur la critique et sur le public » (1140). Patrick Brady a remarqué à cet égard que la femme faisait figure de médiatrice entre l'artiste révolutionnaire et la société bourgeoise aux goûts romantiques (*Symbolic Structures*, 88). Il semblerait que finalement, la signature de Ferdinand assure l'échange commercial.

Une connotation sexuelle est impartie à deux modes de création. Mme Sourdis restitue des œuvres fidèles aux maniérismes et à l'imagination de son époux. Tel un père, il se voit reproduit avec grâce par une femme : « Adèle démonta Ferdinand, pour ainsi dire, posséda bientôt son procédé, au point qu'il restait très étonné de se voir dédoublé ainsi, interprété et reproduit littéralement, avec une discrétion toute féminine. C'était lui, sans accent, mais plein de charme » (1122). L'habileté et la finition de Madame Sourdis s'opposent à la créativité masculine « lâchée » et « rude » (1134), novatrice mais incomplètement matérialisée. Il faudrait poursuivre cette idée exprimée par Diderot qu'à tout grand projet d'imagination masculine, il faut « un cul » pour le faire venir au monde. Jennings estime que la disparité des talents féminins et masculins exprimée par Zola « ne fait que répéter un lieu commun de l'époque introduit en France par la traduction de Schopenhauer » (12). Lorsque Mme Sourdis peint, elle se montre d'une grande compétence en ce qui concerne la finition de ses œuvres, qui sont également prêtes en temps voulu, c'est-à-dire que Mme Sourdis accomplit ses œuvres à terme. La production de Mme Sourdis est proportionnelle au déclin de celle de son mari. Le thème du vampirisme n'est pas à exclure, bien que Zola l'ait décrié.[12] En effet, la jeunesse d'Adèle est « cette vie glacée où elle avait dormi » (1139) ; « le père Morand mort » (1123) insiste par écho sur l'aspect morbide de son nom de jeune fille et de ses aspirations : « Le songe s'achevait toujours à Mercœur, dans un coin mort de la petite ville » (1139).

---

12 John A. Frey, « The Artist as Failure – Two Brands of Naturalism : *Madame Sourdis* and *L'Œuvre*, » in *Emile Zola and the Arts* 106.

Robert J. Niess, dans son étude sur « la femme au travail » chez Emile Zola, remarque les caractéristiques masculines de la travailleuse, avec un certain parallélisme du travail féminin et mécanique.[13]

En contrepartie, Ferdinand est sujet à des crises de désordres sensuels immoraux. Son génie créateur, sa sensualité débordante, l'écartent de l'ordre, du travail et de la continence nécessaires à l'apparence de la création (Frey 99). Fernandez-Zoïla reprend une formule de Zola pour examiner son processus de création : « Il a su ‹faire pousser les œuvres› ; il évoque l'austérité et l'abnégation qu'elles ont exigées ».[14]

Ferdinand est escamoté « [...], qu'il s'agisse de son ingestion au cœur d'une femme-mère ou de sa mort au sein même de son atelier : ‹la suppression totale de Ferdinand› » (1144). Il a glissé dans le statut de l'enfance « à cette place de petit garçon » (1145). Les prises de vues du film dirigé par André Neau sont toujours plongeantes sur Ferdinand, pour rendre compte de cet abaissement.

Sa déchéance, symétrique à celle de la croissance d'Adèle, est basée sur la perte de son identité virile que Zola décrit assez sommairement : il s'agit de « vibration de la couleur », d'« audace de dessin », « un accent personnel », de « finesse », de « vérité », d'un style « original » (1121), de « puissance » (1122), de « vigueur » (1134), de « personnalité vive et spirituelle » et d'un « talent libre » (1137). En fait, la « vigueur » et l'« originalité » masculines semblent faire toute la différence entre une œuvre féminine et masculine :

> Puis, restée seule, elle se dépêchait, travaillait avec une obstination de femme, ne se gênant pas pour pousser les premiers plans le plus possible [...]. Elle sentait bien que quelque chose manquait [...]. Ce qu'elle voulait, c'était qu'il signât le tableau de sa personnalité [...] elle le tourmenta, elle l'enflamma [...] elle le chauffait de ses caresses, le grisait de ses admirations [...]. Puis, quand elle le sentait vibrant, elle lui mettait les pinceaux à la main [...]. Et ce fut ainsi qu'il retravailla la toile, qu'il revint sur le travail d'Adèle, en lui donnant les vigueurs de touche et les notes originales qui manquaient [...]. L'œuvre vivait maintenant. (1133-34)

---

13 Robert J. Niess, « Emile Zola : La femme au travail », *Les Cahiers naturalistes* 50 (1976) : 49, 57.
14 Alphonso Fernandez-Zoïla, « Les inapparences de la création dans *L'Œuvre* », *Les Cahiers naturalistes* 60 (1986) : 154.

Ce qu'Adèle a apporté à une œuvre qui n'avançait pas:

> Il manquait cet ordre dernier, ces lumières, ce fini qui décide d'une œuvre; et Ferdinand n'avançait plus, il se perdait dans les détails, détruisait le soir ce qu'il avait fait le matin. (1131)

Finalement, Ferdinand s'est mis à un travail de Pénélope. Maintenant, c'est son temps qui ne vaut plus rien à faire de « la tapisserie ». Hilde Olrik parle de la mise en scène de la castration dans « l'œil lésé ».[15] Avec le temps, Sourdis prend un regard « vague » (1139). Son impuissance artistique, dénotée par un regard inadéquat pour un peintre, marque son caractère incomplet. Adèle est l'unité, la finition, la plénitude.

Zola monte ici une mythologie sexuelle de l'esthétique qui vaut celle qu'il assigne à la petite bourgeoise d'Adèle Morand: « Car elle croyait à l'inspiration, à une petite flamme invisible qui entrait par la fenêtre ouverte et se posait sur le front de l'artiste élu » (1131); « en bourgeoise pleine de légendes sur les désordres nécessaires du génie, elle finissait par accepter l'inconduite de Ferdinand ainsi que le fumier fatal des grandes œuvres » (1130). Zola remplace les désordres de l'inspiration par un imaginaire de production biologique. La violence des débordements sensuels de Ferdinand sont à la mesure de ses potentiels de création artistique. Mais Ferdinand se dépense entre les draps plutôt que sur sa toile. Selon des théories médicales exposées au temps de Diderot, le cerveau est vidé par l'activité sexuelle. Rennequin s'exclame: « Les filles l'ont vidé. Eh! oui, c'est l'éternelle histoire, on se laisse manger le cerveau par quelque bête de femme » (1137). La remarque est d'autant plus ironique, que Rennequin vient de remarquer le « puritanisme » et l'« air pudibond » des toiles de « Ferdinand ».

Ferdinand est à l'origine de la création, de la conception: il doit rester à son premier « jet ». Il est voué à un rythme de répétition en vue de créer de la chair. Il impartit sa vie et sa personnalité à la matière, dont il garde un contrôle imparfait. A l'opposé, Adèle a un contrôle extrême de la matière, mais son œuvre manque de vie sans la « signature » de Sourdis. C'est peut-être ce qui intéresse Zola à la photographie: cette

---

15 Hilde Olrik, « Œil lésé, corps morcelé. Réflexions à propos de *L'Œuvre* d'Emile Zola », *Revue romane* 11 (1976): 334-57.

dernière permettant une synthèse entre les deux genres de production esthétique. John A. Lambeth nous rappelle que Baudelaire avait condamné la photographie comme un débordement du commercialisme et de la technologie dans le domaine de l'imagination.[16]

Lambeth nous donne une idée de l'ampleur du goût de Zola pour la photo, au nombre des clichés. Si l'art est une manière subjective et personnelle de voir, la matrice mécanique de la « boîte », ou de l'appareil-photo simplifie le procédé de la matérialisation de l'image.

Il est d'autant plus difficile de différencier le travail féminin du travail masculin, que Madame le peintre Sourdis peint finalement comme un homme, ou comme les hommes. Elle est confondue avec Ferdinand par Rennequin, puis avec Rennequin par Ferdinand (1121, 1133). Frey remarque que Zola a du mal à accepter la possibilité d'une peinture féminine (101). Il tend à donner de la nouvelle, une lecture que partage Caroline Huppert dans son film : Il s'agit de la carrière d'une femme qui a dû se trouver un prête-nom pour vivre son expérience d'artiste. L'ambiguïté de l'adjectif possessif « sa », dans le commentaire « entrée d'ailleurs si complètement dans sa peau d'artiste » (1144), permet de lire l'accomplissement d'une vocation artistique. Adèle s'est muée en artiste, et l'artiste Ferdinand en est resté aux mythes bourgeois du génie amoral et inspiré, artiste par essence, plutôt que par son activité.

L'artiste Mme Sourdis n'a peut-être pas toute l'admiration que la narration voudrait lui prêter vis-à-vis de son époux : « Elle montrait un mépris plus haut » (1136) ; « Adèle, avec un tact supérieur, avait compris qu'elle ne devait pas supprimer son mari ouvertement » (1140). Les protestations de sincérité par la voix narrative, se trouvent en porte-à-faux à cause de leur contexte : « Les œuvres de Mme Sourdis n'auraient pris personne [...]. Aussi montrait-elle toujours la plus grande admiration pour son mari, et le singulier était que cette admiration restait sincère » (1140) ; « Rennequin restait muet devant cette comédie qu'ils se jouaient de bonne foi sans doute » (1144) – il s'agit du respect dû à la maîtrise créative de Ferdinand. Frey et Huppert accentuent l'aspect d'amertume et d'âpreté dans une lutte des sexes. Cette interprétation est certainement permise par l'ambiguïté de la voix narrative qui prétend tirer les choses au clair. Les lecteurs doivent deviner l'évolution des personnages par les

---

16 John A. Lambeth, « Zola Photographer, » *Emile Zola and the Arts* 56.

voix du couple, des critiques d'art, et d'une narration qui n'est pas totalement omniprésente, ni omnisciente.

C'est également d'un espace indéterminé («d'ailleurs»), qu'Adèle s'est insérée dans une identité d'artiste. Il y a eu un déplacement, d'une œuvre qui «ne vaut pas la peine» (1120), à un ouvrage qui rapporte de l'argent. En effet, lorsque Rennequin rend visite au couple, maintenant fixé à Mercœur, Adèle pense interrompre son travail pour mieux recevoir le visiteur. Il l'en prévient: «‹Travaille, travaille!› Elle se laissa faire violence, en femme qui connaît le prix du temps» (1144). La peinture d'Adèle est entrée dans la temporalité. Il y a eu une inversion du temps mort − des aquarelles invisibles du Salon − aux tableaux de la consécration. Ce qui a été acquis, en particulier, c'est le texte de l'appareil critique qui donne accès au succès économique et à la postérité. Le passage dans l'écriture devient le véritable mode d'existence du tableau. Entre les acheteurs et la toile, il y a l'écriture en tant que médium de perception. L'écran de l'écriture et de la signature devient ce masque dont Nana fardait son visage. C'est bien un masque dépersonnalisé − comme la peinture de Mme Sourdis. C'est ainsi que comme Nana, Mme Sourdis «prend» les clients.

Quant à la prise de «Mme Sourdis» sur le lecteur, elle est structurée par un système d'opposition, de l'ombre de Mercœur à la lumière de Paris, de Mme Sourdis qui copie sous la lampe électrique, à Ferdinand qui dépend des rythmes de la lumière solaire. Les trois tableaux salonniers de la nouvelle, qui sont jugés «classiques» par Frey (104), forment un triptyque Mercœur-Paris-Mercœur. Le mouvement véritable de la nouvelle a été une substitution du féminin au masculin, du temps mort invisible à la lumière. Le premier tableau est fait de mouvements horizontaux, comme la lecture du «pion»: «Il représentait le fond d'un large fossé, avec un grand talus vert, dont la ligne horizontale coupait le ciel bleu; et là une bande de collégiens en promenade s'ébattait, tandis que le ‹pion› lisait, allongé dans l'herbe» (1121). *Le lac* semble vouloir élargir le projet de *La promenade*, et en accélérer le mouvement. En effet, il ne s'agit plus d'un talus, mais d'une allée du bois de Boulogne, «à l'heure où la queue des équipages roule lentement, dans la lumière blonde du couchant» (1127). Mais il est maintenant question de fonds et de premiers plans. Un effort de profondeur a remplacé les bandes horizontales. Puis finalement, Adèle peint *L'étude*: «Dans une salle froide, aux murs blanchis, des élèves travaillaient, regardaient voler les mouches, riaient sournoisement, tandis que le ‹pion›, enfoncé dans la lecture d'un roman, semblait avoir oublié le monde entier» (1142). Il s'agit de la capitulation du « pion » perdu dans le monde spectral du roman. C'est aussi un intérieur morne, par rapport au plein air de la promenade; une mise au tombeau. Les mouvements minimes des élèves n'ont pas de direction concertée, comme dans la « bande » de *La promenade*.

Les tableaux conçus par Ferdinand relèvent du panorama. A un déroulement cynétique, Adèle substitue un temps mort, ou une série d'actions disparates. Il serait possible de voir ici une conception temporelle qui s'apparente aux théories cinématographiques. Dans *L'Image-mouvement*, Deleuze note que Eisenstein rapporte la peinture de paysage chinoise et japonaise au cinéma (255). Ces peintures, grandement appréciées par Zola, fonctionnent par bandes et aplats. Une autre conception cinématographique selon Deleuze, celle du faux mouvement, serait celle qui juxtapose des plans fixes au mouvement mécanique de l'appareil, créant ainsi le mouvement tel qu'il apparaît à la perception, ou au langage (10). Dans le second cas, « vous aurez beau rapprocher à l'infini deux instants ou deux positions, le mouvement se fera toujours dans l'intervalle entre les deux, donc derrière votre dos » (11). C'est bien ce style de mouvement qui anime les étudiants vis-à-vis du « pion ». Peut-être même s'agit-il du mouvement qui prend place sous les yeux du lecteur de roman, à son nez et à sa barbe dirait-on. Le mouvement machinal dont Rennequin accuse *L'étude* – « Ce n'est plus mon Ferdinand qui peint ces machines-là » (1143).

Alors que la nouvelle nous donnerait à lire des coupes immobiles dans le temps, des moments privilégiés, ces derniers dépendent de « l'instant quelconque » défini par Deleuze comme « l'instant équidistant d'un autre » (15). Le récit itératif de la première partie à Mercœur correspondrait à ce découpage régulier du temps : « Tous les samedis, régulièrement » (1118); « Le plus souvent il tombait sur Mlle Adèle » (1118); « Quand il passait un mois à Mercœur, au beau temps » (1118); « Depuis près de cinquante ans qu'il les voyait passer devant sa porte » (1120); « Pendant trois semaines, elle avait évité de le servir » (1121); « La veille, elle avait manœuvré de façon à ce que son père se trouvât à la boutique, lorsque Ferdinand s'était présenté » (1121). Ferdinand fonctionne selon un emploi du temps dans sa vie de « pion », qui conditionne jusqu'au thème de son premier tableau, brossé à l'heure de la récréation. C'est ensuite l'heure de la promenade au bois de Boulogne dans *Le lac*. Deleuze discutant la « révolution scientifique moderne » estime qu'elle « a consisté à rapporter le mouvement non plus à des instants privilégiés, mais à l'instant quelconque » (13). La nouvelle, comme la peinture de Ferdinand, opère une synthèse de ces instants. S'il s'agit d'instants quelconques par leur régularité, leur banalité, ils sont aussi privilégiés parce qu'ils se déroulent à l'envers du travail. Les administrateurs du lycée sont scandalisés que Ferdinand ait décidé de peindre pendant ses heures de surveillance, au lieu de son temps « libre ». Ferdinand a prélevé un instant de liberté sur un instant de récréation. Au contraire, Adèle travaille sur un moment d'étude dans son dernier tableau de Salon. Mais tous deux travaillent par coupes, comme la nouvelle. Pour Adèle, la « discrétion » qu'elle enjoignait à son mari d'observer correspond peut-être moins à un sacrifice de sa personne, qu'à la création d'un espace dans lequel elle puisse se faufiler. La « discrétion » serait ainsi une discontinuité opposée à la confluence :

> C'était Adèle, qui composait, qui dessinait et peignait, sans lui demander un conseil, entrée d'ailleurs si complètement dans sa peau d'artiste, qu'elle le continuait, sans que rien pût indiquer la minute où la rupture avait été complète. Elle était seule, à cette heure, et il ne restait, dans cette individualité femelle, que l'empreinte ancienne d'une individualité mâle. (1144)

Nous avons un montage, un collage de deux plans, celui d'Adèle et celui de Ferdinand. *Le lac* est le moment de convergence de deux plans, masculins et féminins, causée par la « noyade » de Ferdinand dont le tableau « avait sombré dans le noir » (1132). Adèle s'était proposée de le secourir. Ferdinand n'en disparaît pas moins : « ‹Et Ferdinand ? Il est sorti ? – Mais non ! Il est là›, répondit Adèle en désignant un coin de l'atelier, du bout de son pinceau » (1144). Au moment où Rennequin s'inquiète de la disparition de Ferdinand, nous pourrions répondre qu'il est « dans la collure » entre les deux plans masculins et féminins de l'œuvre commune. Ce bon mot relevé par Deleuze (45), s'appliquait à deux plans qui convergent entre une jeune fille qui se noie, et son sauveteur qui n'arrivera pas à temps. Deleuze parlait ici d'un certain écart du faux-raccord « des plans discontinus, dispersés, disséminés, sans liaison assignable » (44). C'est peut-être là aussi que nous retrouverions les lecteurs et cinéastes de Zola, aux points de silence et d'articulation que crée le mouvement de la lecture.

Bibliographie

Bell, David E. *Models of Power: Politics and Economics in Zola's* Rougon-Macquart. Lincoln: University of Nebraska Press, 1988.

Brady, Patrick. «Symbolic Structures of Mediation and Conflict in Zola's Fiction: From *Une Farce* To *Madame Sourdis* To *L'Œuvre*.» *Sub-Stance* 2 (1971-1972): 85-92.

Christie, John. «The Enigma of Zola's *Madame Sourdis*.» *Nottingham French Studies* 5.1 (1966): 13-28.

Deleuze, Gilles. *L'Image-mouvement. Cinéma I.* Paris: Minuit, 1983.

Derrida, Jacques. *La Vérité en peinture.* Paris: Flammarion, 1978.

—. «Economimesis». *Mimesis des articulations.* Paris: Aubier-Flammarion, 1975.

Fernandez-Zoïla, Adolpho. «Les inapparences de la création dans *L'Œuvre*». *Les Cahiers naturalistes* 60 (1986): 139-56.

Frey, John A. «The Artist as Failure – Two Brands of Naturalism: *Madame Sourdis* and *L'Œuvre*» in *Emile Zola and the Arts.* Jean-Max Guieu et Alison Hilton, eds Georgetown: Georgetown University Press, 1988, 99-114.

Hilton, Alison. «Introduction: Zola and the Art of His Time» in *Emile Zola and the Arts.* Jean-Max Guieu et Alison Hilton, eds Georgetown: Georgetown University Press, 1988. xi-xiv.

Jennings, Chantal. «Zola féministe?» *Les Cahiers naturalistes* 45 (1973): 1-22.

King, Graham. *Garden of Zola.* Old Woking, Surrey: The Gresham Press, 1978.

Lambeth, John A. «Zola Photographer» in *Emile Zola and the Arts.* Jean-Max Guieu et Alison Hilton, eds Georgetown: Georgetown University Press, 1988, 55-60.

Lecomte-Hilmy, Anne. «L'artiste de tempérament chez Zola et devant le public: Essai d'analyse lexicologique et sémiologique» in *Emile Zola and the Arts.* Jean-Max Guieu et Alison Hilton, eds Georgetown: Georgetown University Press, 1988, 85-98.

Mitterand, Henri. «Notice». *Œuvres Complètes.* Emile Zola. Vol. 9. Paris: Fasquelle, 1968.

Neau, André, Dir. *Madame Sourdis.* Télé-France USA. Antenne 2 SFP, 1976.

Niess, Robert J. « Emile Zola : La femme au travail ». *Les Cahiers naturalistes* 50 (1976) : 4058.

Olrik, Hilde. « Œil lésé, corps morcelé. Réflexions à propos de *L'Œuvre* d'Emile Zola ». *Revue romane* 11 (1976) : 334-57.

Zola, Emile. *« Madame Sourdis ». Œuvres complètes.* Vol. 9. Paris : Fasquelle, 1968, 1118-45.

Le prêtre, la femme, la famille:
La Conquête de Plassans

Maria WATROBA

Au cours de l'année 1874, *La Conquête de Plassans*[1] parut en feuilleton dans *Le Siècle,* journal républicain d'opposition. Par son anticléricalisme, ce roman, qui traite de la destruction d'une famille sous l'influence d'un prêtre catholique, fait directement écho, à trente ans de distance, au livre de Michelet paru en 1845, intitulé *Du Prêtre, de la femme, de la famille.* En effet, pour l'historien comme pour le romancier, il ne saurait y avoir de salut hors de la famille qu'ils considèrent comme sacrée. Michelet écrit explicitement « L'homme, la femme et l'enfant, l'unité des trois personnes, leur médiation mutuelle, voilà le mystère des mystères. L'idée divine du christianisme, c'est d'avoir mis ainsi la famille sur l'autel ».[2] Selon l'historien, cette trinité que forment le mari, la femme et l'enfant se voit directement menacée par le prêtre dont l'intervention est perturbatrice: placé entre les deux conjoints, il transforme l'harmonie établie en véritable champ de bataille où, par l'intermédiaire de l'épouse qu'il confesse, il entre en « guerre de religion » avec le mari. Le pire, dans ce combat, c'est qu'il s'agit d'une guerre civile où la femme, devenant l'ennemie de son époux, pactise avec l'étranger. En effet, la confession, pratique catholique à laquelle se livrent les femmes, met en danger l'institution conjugale elle-même, selon Michelet qui souligne d'un trait d'ironie l'accusation qu'il porte contre le prêtre: « S'il était bien admis que le mariage, au lieu d'être l'unité en deux personnes, est la ligue de l'une des deux avec *l'étranger,* il deviendrait rare. Deux contre un, la partie semblerait trop forte; peu de gens seraient assez braves pour affronter cette chance » (« Préface » de la troisième édition). Afin de combattre ce danger pour le couple, le romancier naturaliste, en véritable « prêtre du Vrai » (l'expression est de Michelet à propos des laïques), prend le relais de l'historien sur le chemin qui conduit à leur idéal. Or, celui-ci, de

---

1 Emile Zola, *La Conquête de Plassans,* (*Œuvres complètes,* vol. 2. Paris: Cercle du livre précieux, 1968).
2 Jules Michelet, *Du Prêtre, de la femme, de la famille* (Paris: Hachette, 1845) 331.

l'aveu même de Michelet, vient tout droit du christianisme. Les deux auteurs s'opposent donc au clergé pour défendre une conception religieuse de la famille menacée par les tenants mêmes de la religion : c'est au nom de cet idéal chrétien – rebaptisé pour les besoins de la cause « la Vérité » –, qu'ils se font les champions de la lutte anticléricale.

La Conquête de Plassans est exemplaire de ce combat tout en n'étant qu'un épisode de ce qui se développera, sous un jour optimiste, dans *Les Trois Villes* et *Les Evangiles*. Là encore, le personnage du prêtre jouera un rôle majeur, mais tout autre, car, pourvu qu'il se défroque, sa puissance devient positive au point que, nouvel Adam, il fonde une famille et, ainsi, se trouve à l'origine de toute une jeune humanité sur laquelle la religion catholique a perdu son emprise. Toutefois, dès *La Conquête de Plassans,* la figure du prêtre témoigne que l'idéologie est investie et travaillée par du fantasme. L'abbé Faujas a en effet une dimension luciférienne qui rappelle *Le Prêtre marié* de Barbey d'Aurevilly. Ces deux prêtres sont cependant des Lucifer manqués. Si l'amour de Sombreval pour sa fille et son orgueil absolus se révèlent impuissants (malgré toute sa science et sa volonté, il ne parvient pas à guérir Calixte mais provoquera sa mort), le mépris de Faujas à l'égard de Marthe, nourri par une ambition sans pareil, le voue à l'échec. Chez Faujas, c'est sa répulsion foncièrement catholique, d'après Zola, qu'éprouve le prêtre à l'égard de la femme qui l'empêche de la manier aussi bien qu'il le voudrait. L'abbé se laisse surprendre par la passion effrénée qu'il a suscitée en Marthe et qu'il est incapable de maîtriser. Pour Zola, vouloir se séparer d'une moitié de l'humanité, c'est ainsi commettre un mauvais calcul qui mène à la catastrophe.

Qu'il s'agisse d'idéologie ou de fantasme, la femme étant la clef de voûte de cette sainte institution qu'est la famille (traditionnellement, elle reste au foyer pour veiller au bien-être des enfants et du mari), c'est avant tout sur elle que Zola, comme Michelet, focalise son attention, tout en prenant comme cible principale la religion catholique qui, en la personne du prêtre, s'insinue dans la famille à la faveur de la complicité féminine. Cependant, de façon plus radicale, c'est la femme en tant que telle aux yeux du romancier naturaliste, c'est-à-dire, foncièrement autre, qui constitue son centre d'intérêt. Or, cette altérité se manifeste de façon exemplaire dans le rapport que la femme entretient à la religion : quand bien même elle ne pratique pas, elle est toujours, du fait de sa nature, plus susceptible que l'homme d'être religieuse. Ainsi, dans *La Conquête de Plassans,* Marthe, l'épouse de François Mouret, d'abord présentée comme indifférente en matière de religion, se convertit sous l'influence de l'abbé Faujas dont elle tombe amoureuse : à près de quarante ans, c'est la femme qui naît en elle dans ce procès de conversion où elle fait la découverte du désir.[3] Mais, cette révélation sexuelle, inscrite dans le cadre de la conversion religieuse, est nécessairement mortifère : le désir de Marthe, s'adressant à un prêtre qui ne saurait s'y rendre, est une agonie qui mettra fin à sa vie.

Etant donné qu'en montrant la menace que constitue le prêtre pour la femme et, par conséquent, pour la famille, l'écrivain entend lutter activement contre cette situation, ce sont aux femmes, ces premières victimes de la religion, qu'il veut s'adresser en priorité dans ses romans. Pour Zola, il s'agit ainsi de représenter la femme dans sa différence afin de s'en faire une alliée : en écrivant, il se donne pour mission d'informer l'autre (l'étrangère) et, dans ce processus, de la transformer en autrui (une partenaire). De cette façon, c'est à ce que lui-même considère être la nature féminine, que l'écrivain naturaliste lance un défi.

Les lieux de la fiction : roman, église, théâtre, et leur public

Si, selon Zola, les romans, les églises et les théâtres sont autant de lieux où s'exercent les fictions, parmi eux, seuls les romans trouvent grâce aux yeux de l'écrivain, car, seuls, ils peuvent exprimer la vérité alors que les églises et les théâtres ne fournissent jamais que des mensonges. Malgré la disparité de leurs messages respectifs, églises et romans ont néanmoins un point commun : d'après l'auteur, tous deux s'adressent de façon privilégiée aux femmes.

Il n'est en effet pour s'en assurer, à propos du roman, que de lire les travaux préparatoires à *Fécondité,* le premier des évangiles zoliens, où, devant la menace de sécheresse dogmatique que présente l'aspect utopique de son œuvre, l'écrivain montre clairement le désir d'avoir un public féminin :

---

3   A cet égard, la conversion de Marthe rappelle celle de l'héroïne de *Madame Gervaisais,* le dernier roman des Goncourt publié en 1869.

> Une Icarie est illisible. [...] il faut que sous l'affabulation toute une humanité s'agite, très intense. L'intérêt pour le public, c'est ce que je veux. Il faut que ces romans n'aillent pas qu'à des lettrés, mais passionnent les femmes. Donc, nécessairement tout un côté dramatique et tendre, mais d'une intensité décuplée.[4]

Deux genres de lecteurs existent donc, spécialistes et amateurs : respectivement, les lettrés et les femmes. Mais, poser cette distinction, c'est d'emblée affirmer que certains hommes seulement – les lettrés – ont un rapport quasi professionnel à la lecture, tandis que les femmes y sont portées par une inclination commune à leur sexe. Parallèlement, la religion telle que l'entend Zola concerne une catégorie d'hommes bien délimitée : les prêtres, et, à nouveau, les femmes en général. Ainsi, présentant le personnage de Marthe dans son ébauche de *La Conquête de Plassans,* Zola écrit : « Et ce qui la pousse à la dévotion, c'est une prédisposition naturelle et la vie que lui fait son mari ». S'il fait ici la part du milieu, dans *La Curée* (1872), il affirme crûment de Sidonie Rougon qu'elle « donnait un peu dans la calotte, [...] aimait les prêtres, de l'amour dont elle aimait les femmes, par instinct, établissant peut-être certaines parentés nerveuses entre les soutanes et les jupes de soie ».[5] « Instinct » : le grand mot est lancé. Tandis que les hommes qui lisent (c'est-à-dire, lisent des romans) et croient, s'en font une spécialité leur conférant un statut particulier, pour ne pas dire exceptionnel (ce sont des lettrés et des prêtres, c'est-à-dire une minorité bien mince parmi les hommes, qui n'acquièrent l'une ou l'autre condition que s'ils en ont la vocation), la lecture et la croyance sont l'apanage des femmes. On comprend dès lors que celles-ci lisent et croient de différente façon que les hommes – quand ils le font. Dans *La Conquête de Plassans,* la version caricaturale de l'attrait des femmes pour les romans se trouve dans le personnage d'Olympe, la sœur de Faujas : elle qui aime les « chatteries solitaires » et ne dédaigne pas la compagnie des collégiens, est aussi grande lectrice de romans. L'utopie abstraite, c'est bon pour les lettrés qui y trouvent un intérêt intellectuel ; quant aux femmes, elles se passionnent, il leur faut donc du sentiment, sinon de la sensualité.

---

4 Emile Zola, *Fécondité,* (*Œuvres complètes,* vol. 8. Paris : Cercle du livre précieux, 1968) 511.
5 Emile Zola, *La Curée,* (*Œuvres complètes,* vol. 2. Paris : Cercle du livre précieux, 1968) 361-62.

La différence sexuelle régit la lecture des romans aussi bien que le rapport à la religion. Cependant, dans ce second cas, la distinction se fait radicale, elle devient opposition tranchée : un homme peut être lettré tout en restant homme alors qu'il ne devient prêtre qu'en étant dénaturé. En effet, quand, pour les femmes, croire, c'est suivre la pente – fatale, selon Zola – de leur nature, affirmer une sensualité toute féminine – cette fameuse « volupté noire » (*Le Ventre de Paris*) ; pour les hommes, c'est manifester une inclination contre-nature : renoncer à la virilité (dans *La Faute de l'abbé Mouret,* par exemple, Zola parle sans ambages de « l'éducation dévirilisante du séminaire »), et parfois même, comme le souligne l'attirance de type homosexuel que Sidonie Rougon éprouve à l'égard des curés, montrer un caractère féminin. Mais, de ce point de vue, Sidonie et Marthe s'opposent car, c'est l'homme et non le prêtre que cette dernière voit dans Faujas, dont la chasteté exemplaire s'allie à un aspect de brute virile. Il reste, alors, que, chez l'une comme chez l'autre, le rapport à la religion est nécessairement commandé par leur sexualité (homo ou hétéro) de femme : quelles qu'en soient les manifestations individuelles, c'est son instinct qui porte une femme à la religiosité, tandis que, chez l'homme, la religion n'a d'autre manifestation que la négation de l'instinct.

Or, dans la mesure où Zola veut toucher les femmes avec ses romans, il se pose en rival de l'Eglise. Cette dernière leur communique un mensonge mortifère où elles se complaisent ; l'écrivain, au contraire, en leur présentant la vérité sous un jour attrayant pour elles, c'est-à-dire de façon émouvante, les convertira à cet idéal du vrai, tout viril soit-il – et, dans la perspective zolienne, il l'est par définition.

Pourtant, on ne voit pas a priori pourquoi le roman l'emporterait à cet égard sur d'autres genres littéraires. Si la poésie, du fait de son carcan versificatoire,[6] semble peu propre à énoncer une vérité qui ne saurait se soumettre à d'autres règles que les siennes mêmes, le théâtre lui semblerait au premier abord plus propice du fait de sa relative liberté formelle. Mais, pour Zola, rien n'est plus faux car, sur les planches, la vérité

---

6 Bien que le poème en prose, né avec Aloysias Bertrand, continué par Baudelaire puis par Rimbaud, soit alors en plein essor – la publication d'*Une Saison en enfer* date de 1873, juste un an avant la parution en volume de *La Conquête de Plassans* – il n'est encore qu'une forme peu établie.

est difficile à représenter du fait, d'une part, du souci des convenances que les hommes manifestent dès qu'ils sont en public et, de l'autre, du respect de cette pudeur chez les auteurs dramatiques, qui ne tiennent pas à se faire huer. Dès lors, le théâtre partage avec la religion le statut de mensonge: «l'expérience de la scène consiste à savoir mentir, à savoir donner au public le faux qui lui plaît»[7], écrit Zola. Selon l'auteur, cette nécessité de l'hypocrisie au théâtre est la conséquence du sentiment de honte qui saisit chacun quand il est en public et qu'on lui montre la vérité (qui n'est pas toujours belle à voir). Or, la pudeur étant, comme on le sait bien, le propre de la femme, le public du théâtre se trouve de cette façon féminisé. L'équivalence de la féminité et du mensonge est ainsi, une fois de plus, faite: on se rend au théâtre comme on va à l'église, pour assister à une illusion flatteuse et fausse. Rien d'étonnant alors à ce que, dans *Vérité*, Zola soit conduit à imaginer, comme conséquence de la séparation de l'Eglise et de l'Etat – que, lucidement, il prévoit dans sa fiction –, la reconversion des églises en théâtres avant qu'elles ne disparaissent:

> Les églises devenaient, comme les théâtres, des lieux de spectacles publics, des entreprises simplement commerciales, entretenues par les spectateurs payants, les derniers amateurs des cérémonies qu'on y représentait.[8]

Le théâtre, mensonge profane, prendra place dans l'église quand celle-ci aura perdu sa fonction religieuse, puisque l'un comme l'autre sont voués à la fausseté. Mais, quand l'église n'offrira qu'un simple plaisir esthétique à des spectateurs moyennant finances, elle périra. Zola semble ainsi suggérer que le spectacle qu'on y donne est de moindre qualité que celui du théâtre proprement dit (il est vrai que c'est toujours la même représentation qui y est donnée). L'évolution du religieux en esthétique ne fait alors que sonner le glas du catholicisme.

En attendant, Zola veille au grain: avant même que les églises ne meurent, il faut que les femmes en sortent et échappent le plus tôt possible au leurre en lisant des romans naturalistes qui dénoncent la «volupté noire» à laquelle elles se livrent et leur annoncent des lende-

---

7 Emile Zola, « Le Supplice d'une Femme et les Deux Sœurs » in *Mes Haines*, (*Œuvres complètes*, vol. 10. Paris: Cercle du livre précieux, 1968) 118.
8 Emile Zola, *Vérité*, (*Œuvres complètes*, vol. 8. Paris: Cercle du livre précieux, 1968) 1431-32.

mains qui chantent où celle-ci n'existera plus. Dans cette perspective, le théâtre n'est jamais que l'intermédiaire par lequel, au couple d'opposés profane/religieux – théâtre/église –, se substitue la dyade vrai/faux – roman/théâtre (ou église). *Exit religio.* L'église ne fera plus qu'un avec le théâtre, dans un mensonge non plus désormais pieux mais profane, selon le roman qui révèle la vérité, elle aussi profane – ou mieux, laïque. « Ceci tuera cela. Le livre tuera l'édifice », écrivait déjà Hugo, « naturaliste » avant la lettre – à moins que Zola ne soit un romantique attardé, ce qui, de toute façon, revient au même : prospectif ici, rétrospectif là. De Hugo à Zola, ce qui est nouveau cependant, c'est l'inscription de la différence sexuelle dans ce duel, puisque, dans la perspective naturaliste, l'édifice, c'est-à-dire l'église, périra par le vrai viril.

Marthe et Faujas en situation

Tel est l'avenir rêvé par Zola. Mais, dans *Les Rougon-Macquart,* les églises sont fréquentées par des femmes qui vont se confesser au prêtre : c'est encore l'ère du mensonge religieux dont rend compte le roman qui dit la vérité. *La Conquête de Plassans* est à cet égard révélateur puisqu'il y est question de l'emprise progressive qu'un prêtre, Faujas, exerce sur une femme mariée, Marthe Mouret, afin de servir ses ambitions politiques qu'il dissimule ainsi sous le couvert d'un zèle pieux.

Dans ce roman, l'abbé Faujas conquiert d'abord une femme, puis une maison et enfin, une ville. Cette progression finit pourtant par se renverser, Marthe devenant folle de Faujas, échappe au contrôle du prêtre qui, par son absolutisme trop évident à l'égard des habitants de Plassans, perd son prestige auprès d'eux. Mais, alors que la domination provisoire du ministre de la religion sur la ville porte finalement assez peu à conséquence – Plassans reste aux mains expertes de Félicité Rougon, qui avait déjà fait la conquête de la ville une première fois (cf. *La Fortune des Rougon*) –, le pouvoir du prêtre s'exerce pleinement sur le foyer Mouret qu'il détruit.

Le récit commence par l'arrivée chez les Mouret, une famille unie et sans histoire, d'un nouveau locataire venu de Besançon, l'abbé Faujas, accompagné de sa mère, une rude paysanne. Ce prêtre, agent du ministère, est venu à Plassans pour conquérir la ville à l'empire. Or, la maison des Mouret est une base stratégique idéale car elle a accueilli aussi bien les bonapartistes que les légitimistes. Mais tous les moyens seront bons à l'abbé Faujas pour parvenir à ses fins, y compris et surtout l'utilisation de Marthe, la maîtresse de maison, dont il fait une dévote fervente. Le schéma de départ est donc celui de l'introduction d'un élément étranger dans une famille, ou plus précisément encore, celui d'une intrusion, Faujas étant attendu seul, et non accompagné de sa mère, et qui plus est, seulement pour le lendemain de son arrivée. Ces étrangers, d'emblée importuns, sont vite perçus comme étranges et inquiétants, tout particulièrement par le mari de Marthe, François Mouret, bourgeois voltairien, « esprit fort » qui se méfie de la religion et voit dans le nouveau venu une menace (« Ce prêtre apportait chez lui une odeur mystérieuse, un inconnu presque inquiétant »[9]). Cette première appréhension se voit bientôt confirmée par l'invasion progressive des Faujas : la sœur de l'abbé et son beau-frère, véritables parasites, venus aussi loger chez les Mouret, prennent progressivement possession de toute la demeure pour finir dans le lit des Mouret où ils trouvent cependant la mort. François vient en effet mettre le feu à sa maison, tuant ainsi tous les Faujas et périssant lui-même au milieu des flammes, tandis que Marthe est à l'agonie chez les Rougon, ses parents. Mais, si François est la cause immédiate de cette ruine totale, la destruction de sa famille a pour condition nécessaire et suffisante l'emprise du prêtre sur Marthe car c'est la religiosité excessive qu'elle acquiert à la fréquentation de Faujas qui, lui faisant négliger son intérieur – le foyer familial – au profit du seul dehors, l'église –, provoque les départs successifs de chacun des membres de la famille. En effet, en introduisant la pomme de discorde dans le ménage, Faujas allume, pour reprendre l'expression de Michelet, une « guerre de religion » et rend ainsi les époux Mouret étrangers l'un à l'autre. L'influence néfaste du prêtre est telle que Marthe devient incapable de prendre soin de ses enfants qui sont placés à l'extérieur, tandis que François Mouret, accusé de battre sa femme qui, en fait, est désormais la proie de crises hystériques dont il est le témoin impuissant, est lui-même considéré comme « fou lucide » et envoyé aux Tulettes, cette maison d'aliénés où il rejoint Tante Dide, l'ancêtre commune aux deux conjoints. La sortie de Marthe hors de la demeure familiale, provoquée par l'entrée de Faujas chez elle, a donc comme conséquence l'invasion de l'intérieur par l'exté-

---

9 Zola, *La Conquête de Plassans* 344.

rieur. Ceux qui habitaient sous le même toit, devenus étrangers les uns aux autres, se voient expulsés de la maison où d'autres étrangers se sont installés. Amorcée par l'intrusion de Faujas, qui porte la stérilité dans son nom même (il s'appelle Ovide), cette usurpation du domaine domestique finira dans le feu, la folie et la mort.

Le prêtre amène d'abord Marthe à l'église sous le prétexte d'édifier une œuvre pieuse destinée à protéger les filles d'ouvriers de la déchéance. Dans un premier temps, Marthe s'y rend sans toutefois être sensible à l'aspect religieux du lieu qui est alors l'objet d'une rénovation et où elle-même, toute à son projet de l'œuvre de la Vierge, parle des travaux nécessaires avec le prêtre et un architecte. Cependant, peu à peu, l'église devient pour elle le lieu d'une dévotion de plus eu plus fiévreuse. Le processus, exposé sur le plan individuel dans *La Conquête de Plassans*, est ainsi l'exact opposé de celui qu'on trouve représenté à l'échelle collective dans *Vérité:* alors que le roman utopique prédit à la fois l'esthétisation et la commercialisation des églises, c'est la resacralisation du lieu saint qui s'opère pour Marthe. Quant à l'abbé Faujas, il trouve aussi sa contrepartie dans *Vérité* où le personnage du prêtre échoue à opérer le divorce entre les deux conjoints : malgré l'ascendant qu'il exerce encore sur la femme de Marc, le ménage se réconciliera dans la dernière partie du roman. Le réalisme et l'utopisme naturalistes rendent donc compte de deux dynamiques divergentes. Si l'une est celle de la mort, l'Eglise conduisant les époux à la tombe après les avoir séparés, l'autre est celle de la vie qui n'a, dès lors, d'autre principe que la ruine de la religion dont le prêtre est le premier agent.

En effet, les héros des *Quatre Evangiles* initialement prévus par Zola sont les fils d'un prêtre défroqué, Pierre. Après avoir mis trois volumes à quitter la soutane (*Les Trois Villes*), celui-ci se marie avec Marie qui lui donnera Jean, Luc, Mathieu et Marc. L'avenir appartient aux prêtres convertis à la vie : ayant su fonder un foyer, c'est toute une humanité nouvelle que Pierre engendre. Si celui-ci ne jette pas le froc en vue de se marier, néanmoins ce geste (qui est déjà un déshabillage) lui permet de prendre femme. Tandis que le célibataire Faujas détruisait une famille en utilisant la femme et la religion comme armes dans sa conquête du pouvoir qui exigeait le concours de l'une et de l'autre, pour Pierre, époux et père, la femme et la religion sont incompatibles : il ne peut servir à la fois un maître et une maîtresse.

Mais, alors que le statut de fondateur d'une ligne oppose Pierre à Faujas, ce rôle le rapproche d'emblée curieusement de la figure qui hante *Les Rougon-Macquart* en même temps qu'elle en est l'origine : tante Dide, la grand-mère de Marthe. Là encore pourtant, le parallélisme inverse s'impose : la dégénérescence continue à partir de cette femme folle et est suivie de la régénération infinie à partir de Pierre. C'est donc moins le vieil homme qu'il faut tuer chez Zola que la vieille femme puisque celui-là, pourvu qu'il renonce à ses anciennes croyances qu'il tient de sa mère, c'est-à-dire, finalement, pourvu qu'il coupe le cordon ombilical, peut encore se reconvertir à la vraie vie, tandis qu'à partir d'Adélaïde Fouque, c'est la tare héréditaire mortifère qui se sera transmise principalement de mère à fille. La vérité du futur est euphorique car elle émane d'un principe viril qui véhicule un savoir fiable érigé sur la table rase de la religion ; la vérité du présent est dysphorique car elle a pour principe la femme qui transmet, de génération à génération, un sang impur (c'est-à-dire, altéré par les nerfs).

Dans le cas de Marthe, c'est la dévotion qui informe la fêlure puisque, si entre les mains du prêtre, elle est d'abord comme « une cire molle », sa religiosité maladive se révélera être une passion inassouvie pour Faujas lui-même (elle n'a en fait *d'yeux* que pour lui). Et quand celui-ci voudra calmer cette exaltation, ce sera en vain : Marthe finira même par lui faire l'aveu désespéré de son amour. Faujas, qui avait d'abord pensé que sa chasteté impeccable lui éviterait cet écueil (« Les hommes chastes sont les seuls forts », dit-il à sa mère[10]), prend ensuite conscience que le désir qu'il a allumé chez Marthe représente un danger certain (« Mère, cette femme sera l'obstacle »[11]). La catastrophe arrive parce qu'il n'a pas su « manier la femme » jusqu'au bout ; s'il a bien su plaire à Marthe, comme le lui avait conseillé Félicité, la propre mère de celle-ci, il n'a pas pu, malgré sa froideur tenace, ou plutôt, à cause d'elle, freiner cette passion. Parti à la conquête du pouvoir, il échoue car son ambition dominatrice s'est heurtée à l'amour fou de celle qui, avant de le rencontrer était une maîtresse de maison et une mère de famille irréprochable. L'ignorance de Faujas quant aux femmes lui a fait commettre un mauvais calcul.

La puissance du prêtre ne doit donc pas être surestimée dans *La Conquête de Plassans* si Faujas est exposé sur le devant de la scène, il ne

---

10 Zola, *La Conquête de Plassans* 976.
11 Zola, *La Conquête de Plassans* 996.

jouit cependant que d'un empire éphémère qui le mène à l'échec, et c'est Félicité qui, en véritable intrigante, tire toutes les ficelles en coulisses. Faujas n'est qu'un agent électoral du ministère, le véritable conquérant est une conquérante; avec son fils Eugène, ministre de l'antérieur, Félicité a tout combiné: Mouret, le républicain incarcéré, puis devenu fou, est libéré pour allumer le feu où Faujas, qui pourrait bien devenir encombrant, est brûlé vif dans les flammes de la vengeance conjugale qui permet ainsi à Félicité d'achever sa deuxième conquête de Plassans. Dominé sur la scène politique par Félicité, ce n'est que dans les limites du drame familial, où il fait du couple sa proie, que le prêtre l'emporte.

Marthe était la victime de sa propre mère et de Faujas qui, lui-même, est victime de Félicité, le prêtre se tient entre la mère et la fille, emblème de l'écart d'ordre religieux qui les sépare. Faujas est la différence faite homme entre celle qui y croit et celle qui n'y croit pas, celle dont la religion constituera sa vie en destin, à celle qui fera le destin du ministre de la religion, ou plus exactement, de l'agent électoral. En rendant Marthe folle, l'abbé Faujas actualise la ressemblance qui, sautant une génération, relie la petite-fille à sa grand-mère, Adélaïde Fouque. Il permet la transmission efficace de la tare qui sans lui, était jusqu'alors restée sur sa réserve, comme à l'état de somnolence, dans la vie paisible de Marthe. En la personne de Faujas, la religion, qui sépare radicalement la mère et la fille, assure le lien entre l'aïeule et sa descendance. Quand l'hérédité elle-même se montre réticente (puisqu'elle peut sauter une génération), la religion lui sert de relais, se fait complice de la tare en lui permettant d'exercer sa pleine influence. La religion, c'est bien ce passé qui n'en finit pas d'être présent.

Comme le remarque Auguste Dezalay dans *L'Opéra des Rougon-Macquart*, l'histoire de Marthe répète celle d'Adélaïde:

> *La Conquête de Plassans*, centrée sur l'image de la folie aux Tulettes, et mise en mouvement par l'idée d'une usurpation des pouvoirs du mari par la personnalité envahissante de l'abbé Faujas, semble redire avec d'autres mots, et d'autres scènes, l'histoire d'Adélaïde, libérée par la mort de son mari Rougon des liens de la vie conjugale, et en profitant pour s'unir à son amant Macquart, l'usurpateur qui va lui donner des bâtards, avant qu'elle ne s'abîme comme Marthe dans des crises de folie hystérique.[12]

12 Auguste Dezalay, *L'Opéra des* Rougon-Macquart: *Essai de rythmologie romanesque* (Paris: Klincksieck, 1983).

Si la différence entre la fille et la mère (faiblesse versus force) souligne la ressemblance de Marthe à tante Dide (être hystérique, c'est n'en pouvoir plus d'avoir un faible pour l'amant, le prêtre, ou l'hypnotiseur), pourtant il existe aussi, entre la petite-fille et la grand-mère, une différence. En effet, contrairement à Adélaïde, Marthe, amoureuse de Faujas et débarrassée de son mari, n'a pas de relations sexuelles avec le prêtre qui ne fait qu'un usage politique du désir dont elle est dévorée. Marthe étant la réplique d'Adélaïde dans la mesure où chez elle aussi le désir a une dimension pathologique, c'est donc avant tout la figure du prêtre qui infléchit la narration dans une voie nouvelle.

Les frères aînés de Faujas

Le personnage du prêtre ambitieux et sournois n'est pas une invention proprement zolienne. Si, dans *Madame Bovary*, Flaubert montre une Emma confrontée à l'ineptie d'un curé de campagne aussi bon vivant que borné, Balzac avait déjà présenté le type au prêtre dont Faujas est l'héritier. Non pas que l'on prétende ici faire une étude de sources mais il s'agit de voir comment Zola, en créant l'abbé Faujas, s'inscrit dans une certaine tradition tout en la débordant Dans « Les Romanciers contemporains », où il mentionne un roman de Ferdinand Fabre intitulé *L'Abbé Tigrane*, c'est en effet à Balzac que Zola fait lui-même référence. En exposant d'abord le sujet que traite Fabre dans sa fiction, il semble résumer *La Conquête de Plassans:* « C'est l'histoire d'un prêtre ambitieux, pliant tout sous l'effort continu de sa volonté. [...] L'égoïsme, l'orgueil, le besoin de domination, sont les leviers puissants des passions cléricales ».[13] Puis il constate la faiblesse de l'écrivain qu'il compare à l'auteur de *La Comédie Humaine:* « Enfin, peut-être monsieur Fabre n'est-il pas de taille à se mesurer avec ce géant, le clergé; Balzac, dans sa nouvelle du ‹Curé de Tours› en dit plus long en quelques pages, que monsieur Fabre en plusieurs volumes ».[14] Zola, quant à lui, paraît en dire au moins autant que son illustre aîné: Faujas présente en effet toutes les caractéristiques

---

13 Emile Zola, « Les Romanciers contemporains » in *Les Romanciers naturalistes*, (Œuvres complètes, vol. 11. Paris: Cercle du livre précieux, 1968) 222-24.
14 Zola, « Les Romanciers contemporains » in *Les Romanciers naturalistes*, 224.

du prêtre aux dents longues, qui se trouvent déjà, trait pour trait, chez un des personnages du *Curé de Tour*, l'abbé Troubert. Au physique, le même regard clair et perçant, la même couleur rousse, contrastant avec le noir de la soutane; au moral, l'apparence de calme et de désintéressement; l'ensemble allant parfois jusqu'à inspirer de la terreur. Reste tout de même que, chez Balzac, le personnage de Troubert n'a pas l'envergure que le prêtre prend chez Zola. Certes *Le Curé de Tours* n'est qu'une nouvelle mais, de plus, Troubert n'y est qu'un personnage secondaire, le rôle principal étant réservé à une figure d'abbé bien plus répandue dans les fictions: le prêtre paysan, brave homme à l'intelligence bornée. Ainsi, par rapport à Balzac, la nouveauté du roman de Zola se trouve tout d'abord dans la perspective adoptée par l'écrivain, dans son choix de focaliser son attention sur Faujas et de faire de la conquête du prêtre le moteur de la narration, plutôt que dans le type même de prêtre qui y est représenté.

Mais, si l'on change de perspective pour considérer le personnage non plus comme l'incarnation d'un type mais comme individu fictif, une différence tout aussi manifeste s'inscrit entre le personnage de Balzac et celui de Zola: celle qui dote Faujas d'une dimension lucifériennerappelant la figure de Sombreval, héros du roman de Barbey d'Aurevilly, *Un Prêtre marié*, publié en 1865. Cette œuvre fit l'objet, de la part du romancier naturaliste, d'un article particulièrement polémique, d'une virulence à la hauteur de son titre qui en donne d'emblée parfaitement le ton: «Le Catholique hystérique». Zola n'y présente en effet ni plus ni moins qu'un diagnostic, agrémenté d'un procès en bonne et due forme. Cependant, l'écrivain avoue finalement éprouver «une sorte de sympathie pour l'œuvre qu'[il] vien[t] de juger sévèrement».[15] Ici, il faut bien sûr faire la part du procédé rhétorique ne visant qu'à éreinter davantage celui qu'il prend pour cible («tout ce que je dis de lui vous semble méchant, et pourtant, je suis gentil avec lui car après tout je l'aime bien») et celle d'un attrait certain qui se fait jour malgré tout. De ce dernier, la comparaison entre Faujas et Sombreval est bien révélatrice.

Il est vrai que c'est plutôt l'opposition entre les deux prêtres qui attire d'emblée l'attention: Faujas est d'une chasteté à toute épreuve et couvre

---

15 Emile Zola, «Le catholique hystérique» in *Mes Haines*, (*Œuvres complètes*, vol. 10. Paris: Cercle du livre précieux, 1968) 54.

ses manœuvres politiques sous la soutane qui lui est ainsi de la plus grande utilité en dépit de son manque de sentiment religieux ; quant à Sombreval, il a jeté le froc aux orties après avoir découvert la chimie, puis s'est marié avec la fille de son professeur. Si Faujas s'occupe de politique tandis que Sombreval montre un vif intérêt pour la science, ce qui les différencie avant tout est leur rapport à la femme. En effet, alors que Faujas éprouve le plus grand mépris pour elle, ne la considérant que comme un instrument dont il faut bien qu'il se serve pour satisfaire son ambition, Sombreval la connaît – au sens biblique du terme ! – et son épouse, morte en couches après avoir découvert que son mari était prêtre, lui a laissé une fille, Calixte, extrêmement maladive, à laquelle, parfait idolâtre, il se dévoue entièrement, consacrant son existence à chercher dans ses fourneaux de chimiste le moyen de la guérir. Pourtant c'est en vain que sa volonté et son savoir sont déployés : Calixte finira par mourir dans les affres d'une agonie atroce. Considérant à la fois les conséquences désastreuses de ce mariage et le dévouement admirable de ce père, Zola voit dans le roman de Barbey « un plaidoyer violent et maladroit en faveur du célibat des prêtres ».[16] Sous ce rapport, *La Conquête de Plassans* s'oppose au *Prêtre marié :* tout le malheur qui arrive aux Mouret étant provoqué par l'installation funeste du célibataire Faujas sous le toit conjugal, le roman de Zola peut être lu comme un réquisitoire contre le célibat des prêtres.

Le prêtre marié et le prêtre chaste ne sont néanmoins pas sans présenter certaines analogies, rendues d'autant plus frappantes du fait du contraste évident entre les deux personnages. Tous deux sont forts, vigoureux et mal dégrossis : Sombreval « n'était pas fait au tour, comme dit l'expression proverbiale, mais à la hache, dégrossi à grands coups, inachevé »[17] ; quant à Faujas, il est « ce grand diable taillé à coups de hache ».[18] Chez l'un comme chez l'autre, deux couleurs dominent celles du feu et du deuil, le rouge et le noir, emblème de leur puissance funeste et comme surnaturelle. La physionomie du prêtre marié a « l'aspect noir et cynique, mais son œil et ses sourcils, dignes d'un Jupiter Olympien, le vengeaient et disaient en traits de flamme, que le Satyre, dans sa peau

---

16 Zola, « Le catholique hystérique » in *Mes Haines* 47.
17 Barbey d'Aurevilly, Jules, *Un Prêtre marié*, (*Œuvres complètes*, vol. 3. Genève : Slatkine Reprints, 1979) 32-33.
18 Zola, *La Conquête de Plassans* 870.

de bête, avait l'intelligence d'un Dieu ».[19] Toute la silhouette de Faujas est une « haute figure noire »[20] mais, au soleil, sa soutane paraît « toute rouge »[21] et il a « le poil roussi d'un diable »[22] ; son visage lui-même révèle ce contraste : « Il semblait qu'au fond de l'œil, d'un gris morne d'ordinaire, une flamme passât brusquement, comme ces lampes qu'on promène derrière les façades endormies des maisons ».[23] Enfin, leur esprit est doué d'un orgueil luciférien : Sombreval « appartenait à cette espèce d'organisations que Tacite, dont le mépris a tout simplifié et qui ne voit dans le monde que des maîtres et des esclaves, appelle les âmes faites pour commander »[24] ; Faujas veut soumettre Marthe (« Là [dans l'oratoire de l'œuvre de la Vierge], il la dominerait, il en ferait une esclave soumise, sans avoir à craindre un scandale possible »[25]), afin d'avoir Plassans sous son autorité (« Il était le maître, il n'avait plus besoin de mentir à ses instincts ; il pouvait allonger la main, prendre la ville, la faire trembler »[26]). Certes, Sombreval a une dimension mythique proche du vertige, quand, chez Faujas, celle-ci apparaît, en comparaison. bien modérée. C'est ainsi que pour évoquer son personnage, Barbey convoque non seulement, à la fois, Jupiter et un satyre, mais encore, et tour à tour, les Goliaths, « une espèce de Prométhée », un Titan, et surtout Lucifer, ce « Porte-foudre intellectuel ». On comprend que Zola ait jugé cette œuvre comme étant « le produit d'une personnalité qui s'enfle à crever ».[27] Pourtant, bien qu'à propos de Faujas le romancier ne mentionne pas explicitement Lucifer, ce personnage de prêtre semble être quelque chose comme la version naturaliste de Sombreval. Ce n'est plus le prêtre marié, le chimiste frisant l'alchimiste dans son orgueilleuse recherche du remède miracle, mais le politique visant à assouvir son désir de domination – sa volonté de puissance – dans une conquête du pouvoir menée avec patience et discrétion. En un mot, Faujas semblerait être l'incarnation de ce « pape militaire » que Baudelaire, enfant, avait déjà désiré devenir, comme le

---

19 Barbey d'Aurevilly 33.
20 Zola, *La Conquête de Plassans* 836.
21 Zola, *La Conquête de Plassans* 848.
22 Zola, *La Conquête de Plassans* 1046.
23 Zola, *La Conquête de Plassans* 840.
24 Barbey d'Aurevilly 30.
25 Zola, *La Conquête de Plassans* 973.
26 Zola, *La Conquête de Plassans* 1037.
27 Zola, *Mes Haines* 47.

rappelle Roger Caillois dans un article intitulé « Naissance de Lucifer ».[28] Dès les premières pages de *La Conquête de Plassans*, le commentaire du narrateur est sans ambiguïté à cet égard ; ainsi, lorsque Marthe surprend Faujas qui se découvre la tête aux derniers rayons du soleil couchant, le héros est entièrement dévoilé : « Une dernière lueur rouge alluma ce crâne rude de soldat, où la tonsure était comme la cicatrice d'un coup de massue ».[29] Pour « naturalisé » que soit le mythe dans le roman, sa présence n'en est donc pas moins prégnante.

Un Lucifer manqué

Lucifer est en effet une figure qui fascine Zola. Sous ce rapport, une chronique, datant de 1868, est tout à fait significative : dans cette « causerie » adressée à Mgr L'Evêque d'Aire, l'écrivain, considérant le mythe suranné de Satan avec toute la raillerie dont il est capable, accorde au contraire beaucoup d'estime au personnage de Lucifer qui allie selon lui les qualités du politicien et celles du savant à l'amour des femmes (Sombreval et Faujas réunis et glorieux). Satan est mort, vive Lucifer, tel est en substance le propos de Zola (qui n'est pas sans rappeler l'appel de Hugo au dénouement de « La Fin de Satan » : « Satan est mort, renais, ô Lucifer céleste ») et que l'on peut formuler encore ainsi : Lucifer est l'avenir de Satan. Mais, laissons plutôt la parole à Zola lui-même qui retrace ainsi son histoire ou, faut-il dire leur histoire ?

> Le croque-mitaine du Moyen-Age, cet épouvantail ridicule, était un joujou docile entre vos mains, et consentait à sortir brusquement de sa boîte à surprise quand vous poussiez un ressort. Mais le Lucifer moderne, cet ange révolté de la science, ne consent plus à effrayer les enfants, il veut instruire les hommes ; il ne s'enfuit pas devant vos coups de goupillon, il grandit et tend aux plus ignorants la pomme du savoir. Aujourd'hui, Satan est partout. Si vous vouliez exorciser les possédés du progrès, il n'y aurait pas assez d'eau bénite dans vos églises ; [...].[30]

---

28 Roger Caillois, « Naissance de Lucifer », *Verve* 1 (1937) : 32. Caillois écrit précisément : « Baudelaire enfant rêve d'être pape, mais ‹pape militaire›. L'esprit luciférien est né ». Je tiens à remercier Denis Hollier, à qui je dois la découverte de cet article.
29 Zola, *La Conquête de Plassans* 840.
30 Emile Zola, « Causerie, à Mgr l'Evêque d'Aire » in *Chroniques et Polémiques*, (*Œuvres complètes*, vol. 10. Paris : Cercle du livre précieux, 1968) 119.

Satan lui-même a choisi le camp du progrès, il s'est laïcisé pour devenir Lucifer. Toutefois, Faujas est encore un prêtre, aussi peu religieux soit-il, et, si son orgueil dominateur est luciférien, cet abbé n'est cependant pas homme de science, de plus, loin d'œuvrer à un progrès quelconque, il provoque plutôt la perte de Marthe dont la chute dans la dévotion est vue aussi comme une régression (« elle descend la vie à reculons »,[31] dit à son sujet le médecin de la famille), et enfin, son entreprise politique n'est qu'une intrigue qui se retournera contre lui pour le conduire à la mort. L'échec du prêtre fait ainsi de lui un Lucifer manqué.

La cause de cette faillite ne se trouve pas ailleurs que dans la femme, ou plus exactement dans l'espèce de rapport que le prêtre entretient avec celle pour qui, contrairement à son modèle idéal qu'est le Lucifer zolien, il n'a que mépris et dégoût. Il est vrai que Marthe n'en est pas moins possédée, ou plutôt qu'elle l'est d'autant plus que Faujas est chaste. Mais elle l'est tellement que lui-même n'est plus le maître de la situation. Dès lors, on pourrait croire, du moins à première vue, que l'absolu même de son ambition soit la cause de son échec : si Faujas n'avait pas été aussi luciférien – orgueilleux –, il n'aurait pas connu cette ruine. Dans cette perspective, ce serait précisément parce que sa fierté est indomptable que le prêtre est vaincu. Jusque dans son revers de fortune Faujas serait luciférien car il ne l'aurait pas connu si son orgueil ne l'avait dominé sans partage ; son échec ne serait alors rien moins que la conséquence nécessaire de son « luciférisme ».

Mais une telle interprétation de Faujas ne tiendrait pas compte de l'aspect proprement naturaliste du Lucifer manqué, c'est-à-dire de ce dégoût que ce prêtre pur et dur ressent pour les femmes. En effet ce n'est pas seulement par provocation que Zola imagine dans sa chronique un Lucifer qui aime les femmes et en fait, le roman ne présente pas de lui un aspect plus radical en montrant chez le personnage une ambition qui ne transige en rien avec la passion amoureuse. Car, ce politique ne maniant la femme que pour autant que son dégoût le lui permet, le Lucifer en lui ne peut pleinement se réaliser. L'orgueil n'est une passion absolue chez Faujas que dans la mesure où elle est servie par la répulsion tout aussi absolue qu'il éprouve à l'égard des femmes et de Marthe en particulier. Ce dégoût atteint son apogée lorsque Marthe lui fait finalement l'aveu éperdu de son amour.

---

31 Zola, *La Conquête de Plassans* 994.

> Si j'échoue, ce sera vous, femme, qui m'aurez ôté de ma force par votre seul désir. Retirez-vous, allez-vous en, vous êtes Satan ! Je vous battrai pour faire sortir le mauvais ange de votre corps.[32]

Si, par ailleurs, Faujas n'exprime guère de sentiment religieux, il convoque la phraséologie catholique pour dire à Marthe toute la menace qu'elle représente à ses yeux. C'est que, pour Zola, le catholicisme, tout en se réservant les femmes comme adeptes, s'ancre dans l'aversion de la sexualité et, par conséquent, de la partenaire que celle-ci exige : « Pour tout prêtre, la femme, c'est l'ennemie »,[33] écrit-il dans *La Conquête de Plassans*.

En présentant l'amour de Marthe aux prises avec l'ambition et la répulsion de l'abbé Faujas, Zola se distingue nettement de toute une tradition qui, du Moyen-Age au XVIIIe siècle libertin, présente une légion de prêtres fornicateurs. Mais il évite aussi l'écueil de la morosité où, d'après lui, est tombé le romancier Ferdinand Fabre et qu'il dénonce en ces termes :

> Il est croyable que la spécialité dans laquelle l'écrivain s'est enfermé, ce monde des sacristies, paraît trop noir et trop sévère aux lecteurs ; naturellement, il n'y a là ni femmes ni intrigue amoureuse, ce qui enlève tout l'intérêt passionnel.[34]

On se souvient du souci qu'a Zola d'éviter l'utopie abstraite dans *Fécondité* et d'y ménager un aspect tendre et dramatique afin de plaire au public, c'est-à-dire, selon l'écrivain, aux femmes plutôt qu'aux lettrés. Or, pour ce faire, il faut parler des femmes (c'est bien connu, elles aiment qu'on leur parle d'elles). Bien qu'ici Zola ne mentionne pas ces dernières comme destinataires privilégiées des fictions, il souligne la nécessité de leur présence comme personnages dans le récit ; selon lui, un bon roman ne saurait se passer d'elles pas plus que d'amour. En cela, il se rattache à la conception traditionnelle du roman telle que deux siècles auparavant l'abbé Pierre-Daniel Huet l'avait déjà définie dans sa « Lettre-traité sur l'origine du roman ». On y lit en effet « ce que l'on appelle proprement

---

32 Zola, *La Conquête de Plassans* 1055.
33 Zola, *La Conquête de Plassans* 89.
34 Zola, « Les Romanciers contemporains » 224.

romans sont des histoires feintes d'aventures amoureuses, écrites en prose avec art, pour le plaisir et l'instruction des lecteurs ».[35]

Si l'amour n'est pas le sujet exclusif de *La Conquête de Plassans,* il confère cependant à la narration son dynamisme propre : c'est l'évolution de la passion de Marthe qui tient en échec à la fois le religieux et le politique ; sans cette passion, la femme de Mouret ne serait pas devenue son ennemie et, par conséquent, Faujas n'aurait connu ni sa gloire ni sa misère.

Mais, de cette façon, « pour [...] l'instruction des lecteurs », Zola invente cette vérité qu'il expose dans sa fiction : les femmes vont à la religion comme elles vont au roman : par sentimentalité et sensualité. Dans ces conditions, l'échec du prêtre luciférien garantit la réussite de la stratégie de l'écrivain qui, lui, entend bien se concilier les femmes, leur plaire, en leur donnant à lire des romans passionnants où elles apprendront à déserter les églises et à réintégrer le domicile conjugal. Ce n'est donc ni plus ni moins que le naturalisme qui manque à Faujas. Les vrais maniteurs de femmes, ce sont les romanciers, et non les prêtres. C'est pourquoi la religion est le passé de la femme et le roman son avenir.

Dès lors, le véritable Lucifer, celui du progrès, n'est pas Faujas, mais Zola lui-même. En créant son roman, l'écrivain a en effet mis au point une machine infernale où il expose en Faujas un Lucifer raté par excès de zèle, c'est-à-dire défaut de calcul. En ce sens, Zola est bien *l'intellectuel* dont Roger Caillois, dans son article « Naissance de Lucifer », montre l'émergence au cours du XIXe siècle, quand l'écrivain, ayant quitté l'attitude de révolte frénétique mais peu efficace du romantique contre la société, sut concilier l'orgueil avec le calcul :

> On n'eût pas cru peut-être que la passion fût plus redoutable méthodique qu'emportée. Lucifer rend perceptible l'étendue de cette erreur et représente plus que jamais dans le jour qui se lève, l'étoile du matin.[36]

Ainsi, en écrivain exemplaire de sa génération, Zola possède cette confiance que l'avenir lui appartient.

---

35 Pierre-Daniel Huet, *Lettre-traité de Pierre-Daniel Huet sur l'origine des romans. Edition du tricentenaire, 1669-1969* (Paris : Nizet, 1971) 20346-47.
36 Caillois 32.

Bibliographie

Barbey d'Aurevilly, Jules. *Un Prêtre marié. Œuvres complètes.* Vol. 3. Genève: Slatkine Reprints, 1979.

Caillois, Roger. «Naissance de Lucifer». *Verve* 1 (1937): 332-33.

Dezalay, Auguste. *L'Opéra des* Rougon-Macquart: *Essai de rythmologie romanesque.* Paris: Klincksieck, 1983.

Huet, Pierre-Daniel. *Lettre-traité de Pierre-Daniel Huet sur l'origine des romans. Edition du tricentenaire, 1669-1969.* Paris: Nizet, 1971.

Michelet, Jules. *Du Prêtre, de la femme, de la famille.* Paris: Hachette, 1845.

Zola, Emile. «Le Catholique hystérique» in *Mes Haines.* Vol. 10, Paris: Cercle du livre précieux, 1968.

—. «Causerie, à Mgr l'Evêque d'Aire» in *Chroniques et Polémiques.* Vol. 10. Paris: Cercle du livre précieux, 1968.

—. *La Conquête de Plassans.* Vol. 2. Paris: Cercle du livre précieux, 1968.

—. *La Curée.* Vol. 2. Paris: Cercle du livre précieux, 1968.

—. *Fécondité.* Vol. 8. Paris: Cercle du livre précieux, 1968.

—. «Les Romanciers contemporains» in *Les Romanciers naturalistes.* Vol. 11. Paris: Cercle du livre précieux, 1968.

—. «Le Supplice d'une Femme et Deux Sœurs» in *Mes Haines.* Vol. 10. Paris: Cercle du livre précieux, 1968.

—. *Vérité.* Vol. 8. Paris: Cercle du livre précieux, 1968.

Creativity and the Feminine in Zola's *La Joie de vivre*

Robert ZIEGLER

Since Zola's *La Joie de vivre* was undertaken during a time of great personal hardship for the author, it is not surprising that grief as the wellspring of creativity should have emerged as the theme of the novel. Biographers and critics have noted that in 1880, following the death of Flaubert and of long-time friend and fellow novelist Edmond Duranty, Zola lost his mother on October 17 of the same year, prompting a writer « known to have had a pathological fear of death »[1] to project into his work a sense of the futility and gloom that had increasingly began to permeate his life. Yet at the same time that he was afflicted with an ever more acute hypochondria, Zola was able to use his writing to counteract his morbid inclinations, affirming the values of fecundity, work, and self-sacrifice he extolled in fiction and embodied in action throughout his career. By identifying the source of his problem, Zola was able to take the first step in treating it – through creating a text in which, as Anne Belgrand writes, « le pessimisme, qui devait logiquement aboutir à l'absurdité de l'écriture, devient le sujet de l'œuvre »[2].

Directionless, undisciplined, obsessed with his mortality and the ephemerality of everything he cherishes, Zola's protagonist, Lazare Chanteau, is a negative complement of his creator. Whatever similarities exist between novelist and character, « one cannot see here a complete self-portrait », as Elliott Grant has noted, « for Lazare [...] has none of the determination, drive, and persistence that were among Zola's prominent traits »[3]. Still, as this paper argues, Zola uses the character of Lazare and his opposition to Pauline to articulate his attitude toward femininity as an indispensable component of the creative process. Contrasting with Lazare's embrace of the misogyny and pessimism of Schopenhauer, the cheerfulness and self-abnegation of Pauline enable her to triumph

---

1 Garabed and Brian A. Eknoyan, « Medecine and the Case of Emile Zola » in *The Body and the Text: Comparative Essays in Literature and Medicine,* Bruce Clark and Wendell Aycock, eds (Lubbock: Texas Tech University Press, 1990) 112.
2 Anne Belgrand, « Les dénouements dans *Les Rougon-Macquart* », *Romantisme* 61 (1988): 88.
3 Elliot M. Grant, *Emile Zola* (New York: Twayne, 1966) 110.

over the most crushing circumstances and therefore make her a vehicle for Zola to plead the cause of generosity, courage, and life.

While the novel's focus is on Pauline, it is in the figure of Lazare that Zola seeks to work through the unresolved Œdipal tensions that motivated his great literary enterprise. « [M]ore faithful than Zola to the logic of his neuroses, » as Hemmings says[4], Lazare may possess the lucidity he needs to recognize the basis of his anxieties, his sickly preoccupation with « la fin individuelle de l'être » (*La Joie de vivre*, 206)[5], but he also lacks the perseverance to bring to term any project that might cure him of his fears. Lazare's fitful dilettantism, his plans to write symphonies, practice medicine, build breakwaters, and extract chemicals from seaweed cannot rid him of his paralyzing boredom. Unproductive in work, Lazare sires a scrawny, premature baby that contrasts with Zola's robust volume. He is therefore described by Zola as « un malade de nos sciences commençantes » (« Fragments de l'Ebauche », 372)[6], a man who is buffeted by short-lived enthusiasms and who remains lost in his inchoate ideas, becoming a child himself – dependent first on Madame Chanteau and then on the mother-surrogate Pauline. Unlike Zola's life, an edifice constructed from the building blocks of his books, Lazare's life is a process of erosion and disintegration, « un émiettement par le pessimisme » (« Fragments de l'Ebauche », 372) that eats away his vitality like the ocean devouring the coastal fishing village of Bonneville.

Corresponding to Lazare's sense of fugitive temporality, the disappearance of days that move ahead, propelling him toward the black finality of the « plus jamais » that he dreads (91), is his horror of physical diminution and castration, a desire and fear of engulfment in the mother of dreamless sleep, of liquefaction in the sea, and disappearance into the starry canopy of the night sky.

In the Chanteau household, one sees a psychological configuration of characters that is modeled on Zola's own family: the generous, controlling mother, the ineffectual/absent/disabled father, the health-obsessed son whose infatuation with science is coupled with a self-doubt that

---

4   F. W. J. Hemmings, *Emile Zola* (London: Oxford University Press, 1970) 181.
5   Emile Zola, *La Joie de vivre* (Paris: François Bernovard, 1928). All references to *La Joie de vivre* are from this edition.
6   Ibid. All references to « Fragments de l'Ebauche » are from this edition.

makes problematic the possibility of tangible achievement, the devoted mate and *garde-malade*, who is appointed successor to the deceased mother and who is the object of ambivalence and resentment on the part of the autobiographical male hero. Hemmings, among others, has noted Zola's tendency to inculpate characters patterned on his father, Francesco, whose death of pneumonia had prevented him from completing an engineering project that would have ensured his family's financial security. In the *Rougon-Macquart*, paternal dereliction is a sin imputed to a host of heads of families, whose drunkenness and negligence often disqualify them from assuming the responsibilities that Francesco had abdicated by dying too soon.

Crippled by the gout he exacerbates by indulging his love of *foie gras*, father Chanteau is present in the text only as the «hurlement de douleur» that fills his house (358). Having inherited from his father a prosperous lumber business, Chanteau is already paralyzed by timidity at the time of his marriage, and so «l'inertie de sa nature» (22) proleptically signals his later regression to the dependent state of the squalling baby swaddled and comforted by female care-givers. Despite the fact that Hemmings attributes to Zola the Œdipal fantasy of suppressing the father as rival for the mother's attentions, Chanteau's helplessness rules him out as the castrating aggressor who kills the sons contesting his monopoly of women. Indeed, as Norman O. Brown writes, the castration complex does not so much spring from the myth of a patriarchal culture riven by conflict between a «primal despotic father» and the son who would usurp his place, but instead from «a fear of separation from the mother, or rather a fear of losing the instrument of reuniting with a mother-substitute in the act of copulation»[7].

An unaccomplished provider like his father, Lazare forfeits his claim to women and instead is feminized by his fear of death, «par cette obsession secrète», Zola writes in a striking turn of phrase, «qu'il cache comme son pudendum» («Fragments de l'Ebauche», 370). In Zola's analogy, anxiety is equated with its object, and the horror of separation, mutilation, and death is projected through its traumatic inscription on the body as the female genitals that Lazare conceals with womanly modesty. Underlying

---

7   Norman O. Brown, *Life Against Death: The Psychoanalytical Meaning of History* (Middletown: Wesleyan University Press, 1959) 114.

the castration complex is a denial of mortality deriving from an unwillingness to relinquish infantile narcissism and a refusal to abandon the desire for a fusion of the self and the world. Either that, or it is manifested as an impulse « to eroticize death, [...] a wish to regress to the prenatal state before life (and separation) began » (Brown 115).

Unwittingly imitating his father, whose deformities confine him to his chair, Lazare euphemizes his feelings of powerlessness by dressing them in the fashionable language of Schopenhauer. Because he is shackled to the physical world by desires his emasculation forbids him to satisfy, Lazare experiences only frustration and despair. The emptiness of sensory illusion, the blankness of unconsciousness, the inadequacy of scientific knowledge are figures for the mother's missing penis, the *plaie* that Lazare runs to hide in his bedroom « avec la pudeur confuse de femme dont on surprend la nudité » (217). Retreating from the genital organization of the adult to the infant's longing for indivisibility, Lazare endorses Schopenhauer's rejection of intercourse and procreation, of birth which destines the individual to death, as he universalizes the project of union with the mother as « le suicide final des peuples, culbutant en masse dans le noir, refusant d'engendrer des générations nouvelles » (91).

It is Mme Chanteau who sets in motion Lazare's Œdipal ambition to join with his mother by becoming like her. Yet each time Mme Chanteau tries to equip her son with the phallus substituting for the inoperative members of her invalid husband, Lazare is defeated by biological forces that cannot sustain him, preferring the enjoyment of his passivity and regressing to the intra-uterine oblivion that he describes as « la délivrance par l'anéantissement » (90). While Lazare's professional endeavors miscarry, they still express feelings of banishment and exclusion, as he abandons his composition on the prelapsarian bliss of Adam and Eve in favor of « la symphonie de la Douleur », in which the exile from Eden becomes « une marche à la mort » (45).

Unlike Pauline, who unselfconsciously pours over the graphic anatomical plates in Lazare's medical texts, motivated as she is by her love of health to understand the mechanism of the human body, Lazare studies medicine because he is driven by a preoccupation with his own evanescence. In this way, he embodies the hypochondria of Zola, who « sought medical texts for answers to his own conceived ailments and ended by incorporating his reading of medical cases into his characters » (Eknoyan and Eknoyan 113). Different from Pauline, Lazare works, not to affirm the fullness of life, but to seal up the fissures through which enfeeblement and age can infiltrate a vulnerable organism. Life itself becomes like a castrating mother who refuses to join with her child in a unitive embrace and instead discloses a lack that he projects onto himself. This original experience of maternal incompleteness, this sense of betrayal and loss are what govern Lazare in his choice of the careers of which he tires so quickly. Consciousness of self as separate inspires Lazare's symphony on the exile from paradise since, as Brown writes, « this fall into selfhood, Adam's fall, is a fall from eternity into time [...]; it is also the moment when Adam ceased to play and started to work » (130).

Zola implies a correlation between the regularity of Pauline's menstruation, her childbearing potential, which declines into the barrenness of spinsterhood, and the periodic rhythms of Lazare's professional interests and disillusionments. Indeed, Lazare's working life progresses through phases that parallel the stages of sexual development. Whereas religion promises the elect an end to exile and an experience of homecoming modeled on the peace of the infant at the breast, science proves to be an unnatural mother who frustrates the child's hunger and drives him out of Eden on an endless search for knowledge or power that can never substitute for the infant's sense of omnipotence. Thus, Doctor Cazenove, a spokesperson for Zola, chides Lazare for his impatience, classifying him among « nos jeunes d'aujourd'hui, qui ont mordu aux sciences, et qui en sont malades, parce qu'ils n'ont pu y satisfaire les vieilles idées d'absolu, sucées avec le lait de leurs nourrices » (210). If Lazare suffers so, it is because the oral stage, as Brown adds, is « also the stage which discovers the anxiety of wanting, but not being able to find » the object that satisfies (116).

Because he is suckled on old ideas of the absolute, Lazare's disenchantment with science recapitulates the loss of the mother while at the same time it prompts a compulsive return to science as the only possible means to dose the wound opened by the experience of privation. Since he is haunted by the specter of his mortality, Lazare's hopes to cure himself are the springboard for the compassion he experiences when responding to Pauline's declaration that the most noble undertaking « serait de guérir le monde » (45). Lazare's fugitive interest in medicine coincides with what Shengold calls a progression « from the timelessness and eternal at the breast to time-ridden anality. »[8] Obsessed with decay and aging, Lazare tries to dissociate himself from the body, through which he experiences « une mort lente, quotidienne » (277). He seeks to objectify it in his inventory of the disorders that he can study and treat. The anality of the doctor arises from the wish to separate himself from bodies so that he may possess, repair, and master them. What Brown calls the excremental vision, the perception of a world soiled by ugliness and disease, is produced by the physician's need to externalize the suffering to which he still maintains an attachment. Loving the dirt and despair he works with, he seeks sickness and neurosis as causing, not a diminution of life, but an accumulation of the pathologies that justify the life he devotes to combating them.

Unlike Pauline, who inherits from her mother the pork butcher's acquisitive thrift, Lazare despises money as the agent that robs him of his self-esteem. Each sum he borrows from Pauline disappears into the hole of his ineptitude. Money is waste, but not the kind one amasses in order to achieve mastery; instead, for Lazare, the sadistic anal-aggressive character imagines himself a playwright who, like the physician diagnosing his own projected symptoms, overcomes his desire to eat gold by writing a drama in which he shows « le chancre de l'argent dévorant la société moderne » (274). It is natural that Lazare rejects Pauline, a spurious mother who may secrete goodness « naturellement, comme un produit » (« Notes sur l'Ebauche », 374), but who also feeds him the poison milk of the cash she lends, adulterated nourishment he expels as failure. What is assimilated as the gift that obliges turns into the dejecta of humiliation contaminating both the donor and recipient as the « pertes pécuniaires [qui] les avaient aigris » (273).

Accompanying Lazare's accession to the Œdipal stage is Mme Chanteau's effort to maintain control over her son by promoting Louise as his marriage partner, as she boasts to her about the desirability of Lazare's body with its « peau de poulet » (142). As Fernandez-Zoïla suggests, Mme Chanteau castrates Lazare by describing him as a woman and by infantilizing him through her displays of childhood keepsakes which she also offers as sym-

---

8   Leonard Shengold, *« Father, Don't you see I'm Burning ? » – Reflections on Sex, Narcissism, Symbolism, and Murder From Everything to Nothing* (New Haven : Yale University Press, 1991) 2.

bolic guarantees of his masculinity: « une dent qu'on lui avait arrachée tout jeune, des cheveux pâlis de sa première enfance, même d'anciens vêtements, son nœud de communion, sa première culotte » (143).[9] By miniaturizing the phallus as the pulled tooth preserved as a memento from babyhood, Mme Chanteau asserts her status as the object of her son's wish for union with her and his fear of losing the organ enabling him, through biting or penetration, to act aggressively on that desire. Complicitous in Lazare's Œdipal project, she acts as a procuress trafficking in her son's white flesh in order to attract Louise as her surrogate.

Clearly, however, it is the sea that Zola most often shows as the object of Lazare's grandiose ambition to assert genital mastery. Wild, howling, uncontainable at the time of the equinoxes, the sea is sparkling and serene in summer, bestowing its fruits on the fishermen whose hovels it sweeps away with its storms. It is when Lazare is most childlike that he and Pauline splash on the beach, and when he is most adult that he seeks to harness the power of the *mer mortifère*. The violence and bottomlessness of the sea make it a figure for the bad Œdipal mother who swallows the little phallic constructs the child uses to affirm his independent selfhood. « La mer [...] s'impose comme une proie formidable, dangereuse, et attirante », as Joan Grenier writes, « et Lazare est séduit par l'opportunité qu'il y voit de la conquérir et de la dompter avec ses appointements »[10]. As Lazare redefines the body as already sick at the time he begins his study of medicine, he moves from a view of the ocean as generous and fertile to one in which he sees only its destructiveness. Allowing him to indulge forbidden fantasies of union with the sororial Pauline, *la mère des bêtes*, Lazare plans to build a factory that would recover chemicals from algae and so permit a commercial harvest of *les bêtes des mers*. While his aspiration toward phallic omnipotence arises from the enormity of the body he wishes to plumb, the sea's immeasurability dwarfs his factory

---

9   Mme Chanteau's treatment of her son as a piece of merchandise, says Fernandez-Zoïla, « [c]ette castration subie/imposée, ces détournements vers le féminin, barrent le sous-sol de Lazare, il ressuscitera à peine dans l'espace d'une oedipianisation doublement tronquée : retenue par les fils maternels, barrée par l'effacement du père » (80). See Adolfo Fernandez-Zoïla, « Micro-espaces littéraires et espace textuel original : Pauline ou le(s) deuil(s) à l'œuvre dans *La Joie de vivre* ». *Littérature* 65 (1987): 70-83.
10 Joan Grenier, « La Structure de la mer dans *La Joie de vivre*, » *Cahiers naturalistes* 58 (1984): 68.

with its puny apparatuses. Boutigny, Lazare's partner, worries about the scope of the project of an associate « [qui] voyait immense, [...] développant devant l'horizon sans borne la grandeur de son idée » (71). As Lazare respects the extractive technology applied by the scientific father more than he does the bounty of the source he exploits, Zola stresses the nomenclature and technical taxonomy of marine algae over the poetry of the sea, as in his listing of Zostera, Fucus, and Laminaria.

Economic gain is the punitive reason for Lazare's attempt to crystallize chemicals at low temperatures, but the substances he obtains are meant to be used, as in his earlier project, to heal the body's wounds. The potassium bromide he initially derives from the « eaux mères » of Treasure Bay (69) is a fashionable panacea for nervous disorders would allow the medicine-turned-chemist to produce an illness and its pharmaceutical remedy all at once. But, as always, the fruitful womb of the sea turns into the gash or *gouffre* disfiguring the castrated underachiever, the orifice from which cash does not flow, but, in which, it is swallowed up.

Lazare's sense of disintegration is expressed by the disarray of his laboratory with its discolored retorts and dusty instruments, the desiccated samples « [qui] tombaient en miettes » (91) as the swells of the winter sea envelop the world. The Œdipal aggression directed at the substitute for a mother who barters husbands for inheritances motivates Lazare to want to humiliate the sea, to impose on nature « une obéissance de chien battu » that recalls the docility of the often abused family pet Newfoundland, Matthieu. Utilizing the technical expertise disinterred in the family library of books on carpentry, Lazare tries to emulate his grandfather in order to surpass him. Yet here again, the small scale models of posts, stakes, and breakwaters, « les joujous que Lazare avait construits » (112), suggests the phallic inadequacy of a project doomed to failure. As Pauline's sickness is quickly followed by the death of Mme Chanteau, Lazare feels more urgently the need for genital recovery of the missing care-giver (hence his jubilation at the rapture of Pauline's throat abscess). There is also an increase in the narcissistic inflation that drives his fantasy of begetting himself through replacing the dead (grand)father and coupling with the mother who, having first been diffused into nature, can then be triumphantly localized, tamed, and abased by science.

But the scoffing Bonneville residents that Lazare's system of fortifications is meant to protect are the first to applaud its demolition by the tides of September. To them, the ocean that smashes houses also yields up fish, its fickleness, cruelty, and promiscuous fertility making it a moody, violent mistress (« la gueuse ») bestowing favors on her victims. So it is with vindictive satisfaction that the fishermen come down to the shore and laugh as the tide uproots Lazare's defenses. Mocking the bourgeois designer, whose « longue poutre centrale [...] branlait désespérément » (200), they witness the re-enactmment of the child's castration by an uncontrollable mother: « Elle s'en moque un peu, de ses allumettes, à ce jeune homme », one sneers (201).

By characterizing Lazare as « un malade de nos sciences commençantes », (« Notes sur l'Ebauche », 372), Zola equates the unsophistication of late nineteenth-century research with the childish impatience and overreaching ambition of science's early practitioners. The scientist's powerlessness to control the mother organism of the natural world does not cause a disease that experimentation and analysis can cure. Instead, it is the child's rage at the loss of illusory omnipotence, his petulant insistence on knowing everything, that makes him sick. It is only as science ages, becoming more disciplined and systematic, that it can rid the physician or engineer of his hunger for the absolute. Here, Zola acknowledges the unhealthiness of pitting the experimental novelist against the world from which his studies divorce him. The separation of the child from its mother, a trauma the unschooled men of Bonneville do not have to undergo since they accept the volatility of the provider who feeds but also destroys them. Thus, Lazare's bitter allusion to the sea and its dependents cannot controvert its aptness: « Qu'elle couche dans leur lit, puisqu'ils l'aiment! » (203).

With Zola's gendering of the scholar and his field of inquiry, the material world is feminized as what is operated on and probed by male analytical inquiry. Yet producing a work or finding a cure depends as much on the fertility of the object under investigation as it does on the acumen and penetration of the doctor, the marine biologist, the chemist, or the writer. Because of his impotence, Lazare assumes the defects Zola normally attributes to women or becomes the stunted, sickly progeny of his own prematurely abandoned projects: « C'était en lui la lésion première, la fêlure de l'artiste, que l'on aurait retrouvée chez le savant ou l'industriel avorté » (92). What Brown describes as the final consequence of the Œdipal ambition to have a child by the mother, to become the father of oneself, *causa sui* (118) turns into its derisory opposite for Lazare, who is equated with the shriveled *avorton* he sires, a child Pauline saves with her love as she had tried to save Lazare's business ventures with her loans.

Vacillating and ineffectual, Lazare is likened to the element associated with women in the text, amniotic water that does not protect the growing embryo of his ideas but that is «l'eau trouble d'une source empoisonnée» (233). The boredom welling up from Lazare as from a spring is like the menstrual blood issuing from Pauline. Corresponding to the virgin's wasted reproductive vigor is the uselessness of the man who cannot sow, who is paralyzed by pessimism, afflicted with the miserable and sterile detumescence of *l'ennui*. As he is infantilized by his incapacity to perform and so resembles his son, Lazare is aged by his melancholy cynicism and therefore becomes like his gout-stricken father, as the fear of death consumes his interest in life, «hâtait la décomposition de son être, le détruisait au point d'anéantir ses virilités demières», leaving him «se demandant à quoi bon bouger» (356). The deepest abyss is not the mother's genitals, the sea, the perishable human body, but Lazare's defeatism. Conjugating his perception of the world's emptiness with his indifference to it, Lazare's boredom wraps him in the totality of a nothingness that negatively mirrors the plenitude of the nursing infant.

Despite Mme Chanteau's fastidious refusal to educate Pauline about her coming of age, Pauline treats her menarche with the same healthy objectivity as that with which it is presented by Zola. Extending the association of the tide with menstrual flow, «la marée de la vie qu'elle sentait monter en elle» (58), Zola decontaminates menstrual blood and lifts the old taboo, much as he raises the curtain on the phenomenon of childbirth in his description of Louise's agonizingly difficult delivery.

Following up on observations made in her 1976 book, *The Curse*, Mary Jane Lupton explains how, compounding the dread of woman's missing penis, male reaction to menstruation may exacerbate castration fears: «what the Freudian view of castration anxiety lacks», she says, «is an adequate recognition of how menstrual blood contributes to a male child's fear of being genitally mutilated»[11]. From this perspective, it seems no coincidence that Zola links the theme of Lazare's unproduc-

---

11 Mary Jane Lupton. *Menstruation and Psychoanalysis* (Urbana: University of Chicago Press, 1993) 134.

tiveness to Pauline's wasted fertility, transferring to Lazare the male horror of « troubled waters that come from a poisoned spring, » designating Lazare himself as the bleeding woman whose undertakings are never fruitful.

As Lazare knows of, but never witnesses, the bloody discharge of the unfertilized egg and uterine lining, so at the moment of his son's birth, he turns his head to the wall. Recoiling from menstrual blood, which Lupton calls good blood, part of which nourishes the unborn child and part of which is expelled at the cycle's end, Lazare also hides from « [la] pluie de sang et d'eaux sales » (325) that accompanies the emergence of his son. Whereas menstruation is a part of a natural process of nurturance and renewal that may culminate in the creation of new life, it only inspires in Lazare a reaffirmation of his longstanding nihilism, « l'idée qu'il aurait mieux valu mourir tous, que de vivre encore, après de telles souffrances » (325). Unmanned by Schopenhauer's pessimism, Lazare is like Pauline, whose childbearing potential dissolves every month « ainsi qu'une eau inutile » (328). As with the indefatigable Minouche, whose litters are routinely drowned, as with Pauline's donation of food and money, which the poor children of Bonneville use to buy Calvados for their alcoholic parents, as with the broken phallic pikes of Lazare's breakwaters, woman's blood flows for nothing, like the tears she sheds for the child she will never have.

All these reiterate the text's central theme of liquefaction and dissipation, so that in a novel whose title proclaims the joy of life in the face of physical suffering, professional failure, and romantic heartbreak, Zola's insistence on the redemptive value of fecundity and work may be tempered by a realization of the harshness of experience. Blood cannot always be exchanged for a baby, nor the investment seed of borrowed funds be turned into the gold of a successful venture. The castration fears underlying Lazare's obsession with death and pain stand in contrast to the good sense of Doctor Cazenove, who discourages aspirations to phallic mastery and says: « il faut s'en remettre à la nature » (128).

Following the itinerary that Shengold describes as moving from everything to nothing, Lazare substitutes for the lost oral satisfactions of infancy a hope in the power of science to afford a grasp of absolute truths. He redirects his parricidal and incestuous wishes into a project to use his grandfather's knowledge to contain the ocean's power or to reap its fruits.

Desiring everything, he accomplishes nothing until, at the end, he can only quarrel with his wife, complain about the withering of his virility, and turn money into feces as he fritters away the remains of Pauline's fortune in useless speculation on an « affaire des engrais » (351).

In suggesting the link between castration and creation, menstrual bleeding and the chances for the production of a work, Zola's text counsels the relinquishment of demands for impossible longevity, security, and power. While warning against the reappearance of infantile narcissism, Zola's book also advocates enjoying the simplicity of basic oral pleasures, as Chanteau, whose diet forbids him all but the most lenitive foods, still proclaims the goodness of life, and l'Abbé Horteur turns aside Lazare's tormented questions about the soul's immortality in order to content himself with smoking his pipe and cultivating his vegetables.

Zola's novel concludes, not with an exaltation of the male resolve to triumph over obstacles, but with quiet praise for the nurturance of living things. Véronique's seemingly unmotivated suicide is all the more inexcusable for her having left unfinished her *ragoût* in the kitchen. Like the unconceived child, the uncooked dinner is a minor dereliction, a missed opportunity. And so, as Pauline had served as a substitute womb for the premature baby, furnishing « des soins continus [...] de poule couveuse, pour remplacer le mois de gestation qui lui manquait » (335), she cheerfully completes the preparation of the meal. Zola's own Œdipal impulses may have shaped his later vision of the utopian future he delineates in *Les Quatre Evangiles*, where delinquent fathers who die and abandon their families are replaced by the gleaming factories of La Crècherie that provide for all. But in *La Joie de vivre*, Zola's dream is a more modest one, as the castration anxieties that may have motivated his writing are externalized, articulated, and dispelled. Projecting onto Lazare a horror of the bleeding woman, Zola exorcizes his fears, so that in place of the fantasy of the ripe perfectibility of the human body, of machines that turn seaweed into chemicals, life into profit, and matter into literature, there is only a picture of a plate of stew and a family together as dusk falls. No tribute to the glorious male who fathers himself in the sprawling saga of an imaginary family, *La Joie de vivre* ends with the scene of a frail child guided by a woman's care. Zola's novel in praise of femininity turns away from the image of the cabinet minister, the conqueror, the doctor, or the artist that man may become in order to show him in his vulnerable infancy, at the moment Pauline releases her god-son's hand and he takes his first uncertain step.

Bibliography

Belgrand, Anne. «Les dénouements dans *Les Rougon-Macquart*». *Romantisme* 61 (1988): 85-94.
Brown. Norman O. *Life Against Death: The Psychoanalytical Meaning of History*. Middletown: Wesleyan University Press, 1959.
Eknoyan, Garabed, and Eknoyan, Brian A. «Medicine and the Case of Emile Zola» in *The Body and the Text: Comparative Essays in Literature and Medicine*. Bruce Clark and Wendell Aycock, eds Lubbock: Texas Tech University Press, 1990.
Fernandez-Zoïla, Adolfo. «Micro-espaces littéraires et espace textuel originel: Pauline ou le(s) deuil(s) à l'œuvre dans *La Joie de vivre*». *Littérature* 65 (1987): 70-83.
Grant, Elliott M. *Emile Zola*. New York: Twayne, 1966.
Grenier, Joan. «La Structure de la mer dans *La Joie de vivre*». *Cahiers naturalistes* 58 (1984): 63-69.
Hemmings, F. W. J. *Emile Zola*. London: Oxford University Press, 1970.
Lupton, Mary Jane. *Menstruation and Psychoanalysis*. Urbana: University of Chicago Press, 1993.
Shengold, Leonard *«Father, Don't You See I'm Burning?»* – *Reflections on Sex, Narcissism, Symbolism, and Murder From Everything to Nothing*. New Haven: Yale University Press, 1991.
Zola, Emile. *La Joie de vivre*. Paris: François Bernouard, 1928.
–. «Notes sur l'Ebauche». *La Joie de vivre*. Paris: François Bernouard, 1928.

L'esthétique du portrait féminin dans *Le Docteur Pascal*

Catherine Boschian-Campaner

Si la critique a exploré de manière minutieuse dans les œuvres de Zola l'idéologie naturaliste, le caractère scientifique et social de ses romans, il semble qu'elle ait quelque peu négligé l'aspect esthétique de l'écriture zolienne. C'est sous cet angle que nous allons développer une étude du portrait féminin dans le dernier volume des *Rougon-Macquart*, *Le Docteur Pascal* (1893).

Zola n'a guère théorisé sur la forme et l'écriture de ses œuvres autrement qu'en les rattachant au réalisme et au naturalisme, mais il fait cependant montre dans ses romans d'un art indépendant de ces courants et fondamentalement lié à sa connaissance des arts plastiques par la fréquentation de peintres, comme bien sûr Cézanne mais aussi Manet, Monet, Degas et bien d'autres. Ces amitiés et l'exercice de la critique d'art pendant une vingtaine d'années, de 1865 à 1896, ont laissé une empreinte indéniable sur son écriture.

En effet, Zola brosse le portrait de Clotilde, le personnage féminin principal, en usant de procédés et de points de vue empruntés aux arts plastiques tout comme Barbey d'Aurevilly (1808-1889) dans ses *Diaboliques* (1874), avec cependant une esthétique bien différente. C'est pourquoi, après avoir présenté les différents portraits de Clotilde et en avoir dégagé les dominantes, nous comparerons l'esthétique du portrait féminin chez ces deux écrivains du 19e siècle.

Dans une lettre, du 18 août 1864, à Antony Valabrègue, devenue célèbre,[1] Zola définit toute œuvre d'art comme « une fenêtre ouverte sur la création » et pose qu'il y a « enchâssé dans l'embrasure de la fenêtre, une sorte d'Ecran transparent, à travers lequel on aperçoit les objets plus ou moins déformés », et donc la création comme « modifiée par le milieu où passe son image ». A tous les écrans qu'il passe en revue, il affirme préférer « l'Ecran qui, serrant de plus près la réalité, se contente de mentir

---

[1] Cité in Emile Zola, *Le Bon Combat. De Courbet aux impressionnistes* (Paris : Hermann, « Collection Savoir », 1974) 298.

juste assez pour [lui] faire sentir un homme dans une image de la création ».[2]

Conscient d'un nécessaire changement dans l'écriture, il affirme dans une lettre de 1860 adressée à B. Baille: « Il est une chose évidente, chaque société a sa poésie particulière; or, comme notre société n'est pas celle de 1830, comme notre société n'a pas sa poésie, l'homme qui la trouverait serait justement célèbre [...]. *Le tout est de trouver une forme nouvelle, de chanter dignement les peuples futurs*, de montrer avec grandeur l'humanité montant les degrés du sanctuaire ».[3] Comme le dit C. Seassau, « Zola est soucieux de trouver une nouvelle forme adaptée à l'expression de la modernité »[4], et, plus particulièrement, dès sa découverte de l'*Introduction à l'étude de la médecine expérimentale* de Claude Bernard, une écriture adaptée à son projet naturaliste. Evidemment et heureusement, les écrits zoliens ne sont pas uniquement l'illustration de théories, et, dans les portraits féminins plus qu'ailleurs, et tout spécialement dans ceux du *Docteur Pascal,* nous semble affleurer l'art personnel de l'écrivain, celui qui s'affranchit des doctrines même s'il leur demeure lié.

Dans ce roman qui doit clore le cycle des *Rougon-Macquart* par une note optimiste, c'est-à-dire en présentant la régénération possible de la race, le personnage de Clotilde, sursaturé de caractéristiques positives, permettra à la famille de sortir de son enfer. L'idéalisation de cette jeune femme qui entretiendra pourtant des relations incestueuses avec le docteur Pascal — incestueuses à double titre d'ailleurs, puisque celui-ci est à la fois son oncle de sang et en quelque sorte son père adoptif dans la mesure où il l'a élevée — apparaît dès la première séquence décrivant Clotilde. Nous donnons ici la séquence descriptive dans son contexte immédiat:

> Elle ne s'était même pas retournée, tout entière au pastel qu'elle sabrait en ce moment de larges coups de crayon. Près d'elle, dans un vase, fleurissait une tige de roses trémières, d'un violet singulier, zébré de jaune. Mais on voyait nettement le profil de sa petite tête ronde, aux cheveux blonds et coupés court, un exquis et sérieux profil, le front droit, plissé par l'attention,

---

2 Zola, *Le Bon Combat. De Courbet aux impressionnistes* 302.
3 Cité par Claude Seassau dans *Emile Zola et le réalisme symbolique* (Paris: José Corti, 1989) 284. Le soulignement est de Zola.
4 Seassau 284.

> l'œil bleu ciel, le nez fin, le menton ferme. Sa nuque penchée avait surtout une adorable jeunesse, d'une fraîcheur de lait, sous l'or des frisures folles. Dans sa longue blouse noire, elle était très grande, la taille mince, la gorge menue, le corps souple, de cette souplesse allongée des divines figures de la Renaissance. Malgré ses vingt-cinq ans, elle restait enfantine et en paraissait encore dix-huit.[5]

Dans cette première description, les éléments sont ordonnés, avec un désir d'illusion réaliste, en fonction du regard du docteur Pascal rentrant dans la pièce (« Elle ne s'était même pas retournée [...]. Mais on voyait nettement le profil [...] »). Le point de vue adopté nous fait embrasser ensemble décor et modèle. Pourtant, à aucun moment, cette perspective n'est endossée par Pascal : il n'y a ici aucun verbe de perception, et le portrait est brossé par une instance narrative qui reste dans l'anonymat avec un « on » (« on voyait ») très générique. On a plutôt ici une focalisation zéro qu'une focalisation interne sur le docteur Pascal.

Le portrait se fond idéalement avec l'activité où est surprise la jeune fille qui s'adonne à l'art du pastel. Comme dans un tableau, la symbiose entre Clotilde et son cadre est parfaite, et la « tige de roses trémières » fleurissant dans un vase semble être une émanation du personnage lui-même, symbolisme que l'on trouve dans la peinture d'un Gabriel Rossetti, peintre anglais fin-de-siècle. Enfin, la palette de coloris délicats utilisés autant pour le cadre que pour le modèle ainsi que la finesse se dégageant de l'ensemble, finesse exprimée essentiellement par les adjectifs (exquis, fin, adorable, mince, menue...), possède le charme d'une peinture de Raphaël. Suggestion qui est renforcée par la comparaison du modèle avec les « divines figures de la Renaissance » dont s'inspirèrent les Préraphaélites anglais.

Ce portrait de présentation, où le personnage semble avoir pris la pose pour pouvoir se faire décrire plus aisément est uniquement physique, et relève donc, si nous reprenons les distinctions de Fontanier, de la prosopagraphie.[6]

---

5 Emile Zola, *Le Docteur Pascal* (Paris : Le Livre de Poche, 1984) 18.
6 La prosopagraphie : « description qui a pour objet la figure, les traits, les qualités physiques, ou seulement l'extérieur, le maintien, le mouvement d'un être animé, réel ou fictif, c'est-à-dire de pure imagination ». Pierre Fontanier, *Figures du discours*, réédition (Paris : Flammarion, 1977) 425.

On ne peut pas dire que le portrait physique évoluera – puisque les caractéristiques présentées seront reprises sans changement et parfois par suites de mots identiques –, il sera plutôt mis en mouvement, en situation, dans de petites scènes souvent filtrées par la subjectivité du docteur Pascal.

Ainsi, une quinzaine de pages plus loin :

> Il [le docteur Pascal] lui avait saisi le bras, [...]. Elle était belle et irritante, si mince, si élancée, vêtue de sa blouse noire ; et son exquise jeunesse blonde, son front droit, son nez fin, son menton ferme, prenaient un charme guerrier dans sa révolte.[7]

Ici, à nouveau, si le narrateur implicite nous fait adopter les perceptions du docteur Pascal, dans la mesure par exemple où il décrit Clotilde comme « irritante », la focalisation interne n'est pas affirmée ; en fait, l'instance narrative semble véritablement confondue avec la personne du docteur Pascal. On voit là l'impossibilité d'une écriture totalement réaliste, la réalité étant forcément, en littérature, subjectivée par le médium d'un « je-regardant », d'une neutralité toujours sujette à caution.

A une seconde reprise, le modèle prend la pose dans un décor qui fonctionne de manière redondante avec son portrait :

> Déjà haut, le soleil entra, coupa la chambre de deux barres d'or. Dans cette pièce ensommeillée, toute moite d'une bonne odeur de jeunesse, la claire matinée apportait de petits souffles d'une gaieté fraîche ; tandis que, revenue s'asseoir au bord du matelas, la jeune fille demeurait un instant songeuse, simplement vêtue de son étroite chemise, qui semblait encore l'amincir, avec ses jambes longues et fuselées, son torse élancé et fort, à la gorge ronde, au cou rond, aux bras ronds et souples ; et sa nuque, ses épaules adorables étaient un lait pur, une soie blanche, polie, d'une infinie douceur. Longtemps, à l'âge ingrat, de douze à dix-huit ans, elle avait paru trop grande, dégingandée, montant aux arbres comme un garçon. Puis, du galopin sans sexe, s'était dégagée cette fine créature de charme et d'amour.[8]

Dans cette séquence en focalisation zéro, Clotilde est encore une fois cadrée avec son décor ; à l'instar de la jeune fille, la pièce est « ensom-

---

7 Zola, *Le Docteur Pascal* 36.
8 Zola, *Le Docteur Pascal* 40.

meillée » et sent la jeunesse, et la journée naissante semble aussi exquise qu'elle. Clotilde apparaît telle que dans les précédents portraits : minceur, souplesse, et élancement des lignes du corps sont des sèmes communs aux trois séquences qui résonnent en écho d'un portrait à l'autre. De fait, tout élément de description apparaît au moins dans deux séquences, ainsi, l'évocation tactile de la douceur de la peau se retrouve dans la première et la troisième séquence descriptive, tout comme l'adjectif « adorable » qui résume l'impression d'ensemble produite par le personnage. L'adjectif « exquis », très proche, est lui commun à la deuxième et à la troisième séquence.

L'éthopée[9] n'intervient que plus loin, toujours en focalisation zéro, focalisation zéro peu cohérente dans la mesure où l'on trouve dans ce complément de description le verbe « sentir » :

> La coquetterie avait poussé chez elle en même temps que la beauté. A côté de la têtue garçonnière qu'elle restait parfois, elle était devenue une soumise, une tendre, aimant à être aimée. La vérité était qu'elle avait grandi librement, n'ayant jamais appris qu'à lire et à écrire, s'étant fait ensuite d'elle-même une instruction assez vaste, en aidant son oncle. Mais il n'y avait eu aucun plan arrêté entre eux, elle s'était seulement passionnée pour l'histoire naturelle, ce qui lui avait tout révélé de l'homme et de la femme. Et elle gardait sa pudeur de vierge, comme un fruit que nulle main n'a touché, sans doute grâce à son attente ignorée et religieuse de l'amour, ce sentiment profond de femme qui lui faisait réserver le don de tout son être, son anéantissement dans l'homme qu'elle aimerait.[10]

Ce portrait moral d'une Clotilde vierge spirituellement et intellectuellement laisse déjà augurer le don total qu'elle fera à celui qu'elle aimera. Les comparaisons, peu conformes à l'esthétique réaliste, visent à faire de la jeune fille, avec l'utilisation d'un champ lexical religieux, un personnage d'une pureté exemplaire, un symbole de la régénération de la lignée des Rougon-Macquart. Son esprit vierge a été totalement initié par l'étude de « l'histoire naturelle », ce qui, relevons-le au passage, exprime ici le parti pris naturaliste de l'auteur, lequel pense, en effet, que toutes

---

9   L'éthopée : « description qui a pour objet les mœurs, le caractère, les vices, les vertus, les talents, les défauts, enfin les bonnes ou mauvaises qualités morales d'un personnage réel ou fictif ». Fontanier 428.
10 Zola, *Le Docteur Pascal* 41-42.

les explications peuvent être trouvées par cette étude. L'éthopée est complétée hors séquence par quelques notations, en particulier, Clotilde est décrite à plusieurs reprises comme possédant « une bonne petite caboche nette, ronde et solide », jugement mettant l'accent sur sa santé morale dans une lignée d'êtres dégénérés.

Si la description est partie du réel, elle se termine par une sorte de glorification sublimante du personnage de Clotilde lequel se mue en symbole de la jeunesse et de la pureté, sèmes essentiels qui font l'objet de remarques redondantes.

Nous relèverons encore deux séquences descriptives où Clotilde est dépeinte seule à des moments charnières du roman, c'est-à-dire lorsque le docteur Pascal découvre son désir charnel pour sa nièce. La séquence qui suit est d'emblée placée en focalisation interne sur le docteur Pascal par le verbe « sentir » introduisant le portrait :

> Elle riait plus haut, il voyait le rire qui lui gonflait la gorge d'une onde sonore. Ses doigts s'emmêlaient sous le menton, à cette partie délicieuse du cou dont il touchait involontairement le tiède satin. Elle avait une robe très échancrée, il la respirait toute par cette ouverture d'où montait le bouquet vivant de la femme, l'odeur pure de sa jeunesse, chauffée au grand soleil. Tout d'un coup, il eut un éblouissement, il crut défaillir. [...] Un flot de sang lui battait les tempes, ses doigts s'égaraient tandis qu'elle se renversait davantage, offrant la tentation de sa virginité sans le savoir. C'était l'apparition de royale jeunesse, les yeux clairs, les lèvres saines, les joues fraîches, le cou délicat surtout, satiné et rond, ombré de cheveux follets vers la nuque. Et il la sentait si fine, si élancée, la gorge menue, dans son divin épanouissement![11]

En dépit de ses caractéristiques féminines, Clotilde, possède quelque chose d'androgyne : cheveux blonds, courts et bouclés, haute taille et membres longs sont des traits pouvant être communs aux deux sexes. Ce qui est confirmé par les notations rappelant que Clotilde était, dans son adolescence, une sorte de « galopin sans sexe ».[12] Plus proche de l'ange que de la femme, ce personnage n'émeut pas particulièrement le vieux docteur par ses appas sexuels : sa séduction essentielle est sa jeu-

---

11 Zola, *Le Docteur Pascal* 168.
12 Zola, *Le Docteur Pascal* 40 et 160.

nesse, objet asexué de fascination pour un homme désespéré par son déclin.[13] On retrouve donc ici les sèmes récurrents, avec, en finale, une envolée lyrique conduisant à une interprétation symbolique des perceptions du réel et du sensuel.

Et c'est la séquence descriptive liée à la révélation du désir, en focalisation interne sur le docteur Pascal:

> Et il voyait clair, brusquement, il voyait la femme qu'elle était devenue, lorsque, du galopin sans sexe, s'était dégagée cette créature de charme et d'amour, avec ses jambes longues et fuselées, son torse élancé et fort, à la poitrine ronde, au cou rond, aux bras ronds et souples. Sa nuque, ses épaules étaient un lait pur, une soie blanche, polie, d'une infinie douceur.[14]

Il y a dans *Le Docteur Pascal* d'autres séquences descriptives de Clotilde qui sont des descriptions « en couple », ce sont les plus symboliques. Celle qui suit est empreinte de lyrisme:

> Quand elle sortait ainsi, au bras de Pascal, elle mince, élancée et si jeune, lui rayonnant, le visage éclairé par la blancheur de la barbe, d'une vigueur encore qui la lui faisait soulever pour franchir les ruisseaux, on souriait sur leur passage, on se retournait en les suivant du regard, tant ils étaient beaux et joyeux. [...] On aurait dit un de ces anciens rois qu'on voit dans les tableaux, un de ces rois puissants et doux qui ne vieillissent plus, la main posée sur l'épaule d'une enfant belle comme le jour, dont la jeunesse éclatante et soumise les soutient.[15]

Valorisés l'un par l'autre, les deux personnages sortent grandis et magnifiés par l'alchimie de leur couple que sublime la comparaison biblique amenée par le truchement de la référence picturale: « *On aurait dit* un de *ces* rois qu'on voit *dans les tableaux*, un de ces rois puissants et doux qui

---

13 L'aspect parfois androgyne des personnages de Zola a déjà intéressé les critiques. Dans *De l'Androgynie dans* Les Rougon-Macquart *et deux autres études sur Zola* (New York: Peter Lang, 1985), Michel Berta relève les personnages androgynes dans cinq romans du cycle des *Rougon-Macquart*. Le critique n'a pas étudié *Le Docteur Pascal* sur ce plan, mais il constate que certains personnages de Zola présentent des caractéristiques androgynes. En outre, il cite les Goncourt qui décrivent Zola dans leur journal daté du 14 décembre 1878 comme un « de ces êtres complexes, un peu femme parfois dans leur masculinité ».
14 Zola, *Le Docteur Pascal* 169.
15 Zola, *Le Docteur Pascal* 59.

ne vieillissent plus ». La réalité est transcendée et rendue pérenne grâce à la référence aux arts plastiques.

Très proche est cette autre séquence sursaturée de lumière où les deux amants sont, comme *supra,* décrits en focalisation zéro :

> Le docteur reprit donc tranquillement ses visites, et il emmenait la jeune fille, et ils s'en allaient ensemble, par les promenades, par les rues, elle à son bras, en robe claire, coiffée d'une gerbe de fleurs, lui boutonné dans sa redingote avec son chapeau à larges bords. Lui, était tout blanc ; elle était toute blonde. Ils s'avançaient la tête haute, droits et souriants, au milieu d'un tel rayonnement de félicité qu'ils semblaient marcher dans une gloire.[16]

Le lyrisme du passage s'achève en crescendo par une comparaison de caractère allégorique qui donne une sorte d'éternité au couple. Ces deux séquences « en couple » sont importantes puisqu'elles actualisent l'allégorie biblique du vieillard régénéré par une jeune femme. La jeunesse de Clotilde constitue, c'est évident, une de ses qualités essentielles, et, quand le docteur Pascal aperçoit sa nièce en compagnie du fringant médecin qui l'a demandée en mariage, il est renvoyé à sa propre condition d'homme vieillissant : « [...] en les apercevant tous deux, si près l'un de l'autre, si animés, si jeunes et si beaux, dans le soleil, il s'arrêta sur le seuil ».[17]

C'est à ce moment que Pascal découvre qu'il ne pourra jamais se passer de Clotilde [...]. Indulgent pour ce personnage avec lequel il n'est pas sans parenté, Zola souligne la profondeur de son amour mais non son égoïsme d'homme désespéré par l'approche de la mort. Nous sommes ici assez loin du réalisme dans la mesure où cet amour qui pourrait être présenté dans son côté sordide est glorifié par le biais des figures de style et des descriptions de nature picturale et sculpturale. Avec ses portraits uniformes, le personnage de Clotilde devient une image très allégorique, il rayonne dans l'œuvre à l'instar de celle des héros bibliques qui servent de référence permanente aux deux personnages et au narrateur. En effet, le couple-symbole formé par le roi David et Abisaïg, la jeune Sunamite qui réchauffe la vie du vieillard, doublé par celui d'Abraham et d'Agar ainsi que par celui de Ruth et Booz, fonctionne dans tout le roman non comme

---

16 Zola, *Le Docteur Pascal* 197.
17 Zola, *Le Docteur Pascal* 153.

une allusion mais comme une projection insistante tendant à magnifier le désir sénile du vieux docteur Pascal pour la jeune Clotilde de trente-cinq ans sa cadette. Loin de tout réalisme ici, nous pensons plutôt à l'art d'un peintre préraphaélite anglais fin-de-siècle comme Burne-Jones qui a poussé loin le charme de l'allégorie dans ses tableaux.

Clotilde est bien le vivant symbole de la régénération de la race, symbole magnifié par l'image de son portrait final en pose de Vierge à l'enfant rappelant les Vierges de la Renaissance dont se sont inspirés principalement les Préraphaélites. Voici ce dernier portrait :

> Un instant, Clotilde regarda son enfant, un gros garçon de trois mois déjà. Elle était accouchée vers les derniers jours du mois de mai. Depuis dix mois bientôt, elle portait le deuil de Pascal, une simple et longue robe noire, dans laquelle elle était divinement belle, si fine, si élancée, avec son visage d'une jeunesse si triste, nimbé de ses admirables cheveux blonds. Et elle ne pouvait sourire, mais elle éprouvait une douceur à voir le bel enfant, gras et rose, avec sa bouche encore mouillée de lait, et dont le regard avait rencontré une des barres de soleil, où dansaient des poussières.[18]

Comme dans les précédentes, l'élargissement de la séquence se fait dans une lumière radieuse qui détache le personnage de son contexte réaliste et le fait entrer dans la pérennité des œuvres d'art.

Quelques caractéristiques stylistiques se dégagent de la lecture de ces portraits. Zola pratique beaucoup l'énumération et accumule les traits caractérisant son personnage comme des touches successives de peinture. Sa description est saturée d'informations justement parce qu'il désire représenter Clotilde comme un peintre le ferait dans un tableau. En outre, ses portraits s'avèrent assez répétitifs dans leur vocabulaire, qu'il s'agisse des séquences descriptives de quelque longueur ou des notations complémentaires disséminées dans le roman. Des suites entières de mots se retrouvent, on lit, par exemple : « Sa nuque, ses épaules, étaient un lait pur, une soie blanche, polie » (40), et : « Ses épaules adorables étaient un lait pur, une soie blanche, polie » (169). Les sèmes majeurs sont très souvent répétés : « si élancée », « son torse élancé et fort, à la gorge ronde, au cou rond, aux bras ronds et souples », « le divin élancement de sa taille mince », « Et il la sentait si fine, si élancée », « son torse élancé et fort, à

---

18 Zola, *Le Docteur Pascal* 341.

la poitrine ronde, au cou rond, aux bras ronds et souples », ou encore : « elle était [...] si élancée ». Négligence d'écrivain ou volonté délibérée de présenter au lecteur rigoureusement les mêmes attributs physiques ? Il est difficile de trancher. Ce qui est certain, c'est que ce trait révèle dans la technique de Zola une sorte d'organisation artistique où les portraits semblent reproduits au pochoir.

L'art du portrait féminin de Zola dans *Le Docteur Pascal* tient beaucoup des techniques picturales avec lesquelles l'avait familiarisé la fréquentation des peintres de son époque. Outre la thématisation de la peinture du premier portrait de Clotilde décrite en train de peindre, relevons cet encadrement constant, indispensable aux différents portraits, et le fait que les portraits « en couple » s'achèvent en sublimation au moyen de l'allégorie. Mais, les peintres auxquels s'apparenterait cet art sont très loin de tout réalisme et naturalisme : ce sont en particulier les peintres préraphaélites anglais comme par exemple Edward Burne Jones dont Ruskin disait dans *The Art of England*, que la prédisposition et le mode de pensée essentiels « tendaient vers la personnification ». Burne Jones et ses épigones ont eux puisé leur inspiration dans la Renaissance, auprès de Dante, Botticelli et Léonard de Vinci, or, la représentation finale de Clotilde avec son enfant n'évoque-t-elle pas la pureté des traits d'une Vierge de la Renaissance ? Nous songeons aussi, ici, à Gabriel Rossetti, un autre préraphaélite qui a fait de la Béatrice de Dante et d'autres femmes aux traits délicats le contenu-même de sa peinture. En fait, ce qui caractérise cet art anglais est que la beauté physique tenant au psychisme soit éthique avant tout. N'est-ce pas le cas de Clotilde, véritable éducatrice de l'âme ?

Indéniablement, toutes ces remarques feraient démentir cette affirmation d'Yves Chevrel au Colloque d'Anvers selon laquelle : « le naturalisme peut constituer un élément de la modernité en train de se construire, à condition de ne pas l'identifier avec le seul Zola ».[19] Zola n'est pas à exclure de cette modernité fin-de-siècle, tout au moins avec l'œuvre du *Docteur Pascal*. Peut-être la comparaison avec un autre écrivain du même siècle auquel ses convictions l'opposaient, mais qui se voulait, à sa façon, également un peintre de la réalité, Barbey d'Aurevilly, pourrait-elle nous permettre d'affiner nos observations. Zola et Barbey

---

19 Congrès International d'Anvers, « The Turn of the Century, » 21-23 mai 1992.

d'Aurevilly, l'affirmation sonne comme un paradoxe, sont tous deux les peintres de la réalité. Nous allons voir en quoi et comment, avant d'examiner leurs divergences concernant l'art du portrait féminin.

S'il est quelqu'un qui a beaucoup critiqué les romans de Zola et toute son esthétique, c'est bien Barbey d'Aurevilly. Ce dernier se méfie de la rapidité du succès de ce jeune auteur, et cela ne va pas, bien sûr, sans une certaine jalousie. Barbey d'Aurevilly, qui était également un critique redoutable, reconnaît à Zola, tout en le déplorant, un talent indéniable: dès 1873, il prédit que son cadet aura « malheureusement de l'avenir ».[20] Il n'empêche qu'il reproche à ses œuvres de ne pas être sous-tendues par la passion. Adversaire acharné du réalisme et du naturalisme il accuse Zola de « travailler dans la fange », et ce, tout en trouvant cependant qu'un romancier ne doit pas édulcorer la réalité.

Zola, quant à lui, reconnaît à Barbey de la fougue, mais lui reproche de ne pas « prendre le monde moderne corps à corps ». Dans sa critique d'*Un Prêtre marié* (1865), parue dans *Le Salut public de Lyon* le 15 mai 1865, il écrit:

> Je ne sais si on l'a compris, je me sens, au point de vue artistique, une sorte de sympathie pour l'œuvre que je viens de juger sévèrement et qui m'attire à elle par son audace. Cette sympathie inavouée m'irrite encore davantage contre elle. Je suis désespéré de voir tant de hardiesse si mal employée. Je condamne *Un Prêtre marié*, et pour être ce qu'il est, et pour n'être pas ce qu'il pourrait être.[21]

Comme on le voit, les deux écrivains entretenaient des rapports ambigus faits à la fois de mépris, d'estime et d'irritation réciproques.

Barbey d'Aurevilly juge comme Zola que la réalité est le seul objet intéressant pour un roman. Pourtant, ce n'est pas un écrivain réaliste. Certains manuels le classent, à tort, nous semble-t-il, dans le chapitre « Fantastique », d'autres dans celui consacré aux « Décadents » [...]. Récupérable en fait sous la bannière d'aucune école littéraire, Barbey d'Aurevilly essaye de décrire avec réalisme l'âme des personnages dépeints. D'autre part, si Zola, le matérialiste, le naturaliste, se veut « purement physiologiste », Barbey désire également faire œuvre de

---

20 Cité dans Catherine Boschian-Campaner, *Barbey d'Aurevilly*, (Paris: Séguier, 1989) 176.
21 Cité dans *Barbey d'Aurevilly* 1436.

physiologiste. En effet, dans les *Diaboliques* tout spécialement, dans « Le Dessous de cartes d'une partie de whist », le narrateur exprime très nettement cette optique à propos du personnage de la comtesse de Stasseville : « Je raconte comme je peux son histoire, que personne n'a bien sue, et je cherche à l'éclairer par une étude à la Cuvier sur sa personne ».[22]

Barbey d'Aurevilly, même si son écriture est aux antipodes de celle de Zola, reste attiré par la réalité. Elle est pour lui le point de départ indispensable à la création ; il note dans ses *Memoranda* le 13 janvier 1837 : « où il n'y a pas de réalité pour moi et de ressouvenir, il n'y a qu'aridité et poussière ».[23] Mais, contrairement à Zola, Barbey voit la réalité comme fantastique et parvient à nous en montrer le côté extraordinaire, étonnant et magique. Paradoxalement, Zola qui ne veut peindre que la réalité crée des personnages symboliques d'un seul bloc et confinant plutôt à l'allégorie.

Exprimant tous deux le désir de peindre la réalité, mais chacun concevant différemment cette réalité-même, ils ont créé, avec une technique s'apparentant par certains points, des personnages bien divergents dans leur essence. Pour notre comparaison, nous n'utiliserons qu'un seul portrait de Barbey, extrait de les *Diaboliques* (« A un dîner d'athées »), celui de « la Rosalba » :

> Au premier abord, c'était une grande jeune fille pâle, [...] avec une forêt de cheveux blonds. Voilà tout. Il n'y avait pas de quoi s'écrier. Sa blancheur de teint n'était pas plus blanche que celle de toutes les femmes à qui un sang frais et sain passe sous la peau. Ses cheveux blonds n'étaient pas de ce blond étincelant [...] que j'ai vu à quelques Suédoises. Elle avait le visage classique qu'on appelle un visage de camée, [...] Mais les filtres qu'elle faisait boire n'étaient pas dans sa beauté... [...] La Rosalba n'était pas seulement une fille de l'air le plus étonnamment pudique pour ce qu'elle était ; c'était positivement la Pudeur elle-même. Elle eût été pure comme les Vierges du ciel, [...] qu'elle n'eût pas été plus la Pudeur. [...] La Rosalba était pudique comme elle était voluptueuse, et le plus extraordinaire, c'est qu'elle l'était en même temps. [...] Elle fût sortie d'une orgie de bacchantes comme l'Innocence de son premier péché. Jusque dans la femme vaincue, pâmée, à demi morte, on retrouvait la vierge confuse, avec la grâce toujours fraîche de

---

22 Barbey d'Aurevilly 155.
23 Barbey d'Aurevilly 812.

ses troubles et le charme auroral de ses rougeurs... Jamais je ne pourrais vous faire comprendre les raffolements de ces contrastes; le langage périrait à exprimer cela![24]

Linéaire au début, comme le sont les séquences descriptives de Clotilde par Zola, ce portrait est ensuite fouillé en détail, surchargé de notations et de comparaisons qui viennent préciser et étoffer la première observation: « sa blancheur de teint n'était pas plus blanche que [...] », « ses cheveux blonds n'étaient pas de ce [...] », « elle avait le visage [...] qu'on appelle [...] ». Toutes les nuances ajoutées de ce portrait où la vierge est associée de façon asyndétique à la prostituée s'achèvent du reste sur l'affirmation de la réalité. Très oxymorique, c'est un portrait aurevillien par excellence.

Ce qui est frappant, c'est que Barbey d'Aurevilly et Zola aient utilisé chacun, pour leurs portraits féminins, une technique relevant de l'art pictural et de nombreux comparants artistiques. La réalité en soi ne suffit ni à l'un ni à l'autre, et ce sont les figures de style qui leur permettent de la dépasser. Dans les portraits zoliens, on retrouve des comparaisons: « comme un garçon », « de cette souplesse allongée des divines figures de la Renaissance », « On aurait dit un de ces anciens rois qu'on voit dans les tableaux, [...] la main posée sur l'épaule d'une enfant belle comme le jour », des métaphores: « ses épaules étaient un lait pur, une soie blanche », « le tiède satin » de sa peau, « le bouquet vivant de la femme », et des allégories comme « C'était l'apparition de royale jeunesse », et ces figures de style aboutissent à des symboles. Seassau parle, pour l'écriture zolienne, de « réalisme symbolique »[25]. Dans la même inspiration, Zola utilise beaucoup l'adverbe d'intensité « si » (« si mince, si élancée », « elle était [...] si fine, si élancée, avec son visage d'une jeunesse si triste », « en les apercevant si près l'un de l'autre, si animés, si jeunes et si beaux »), qui modalise la réalité.

A propos des tropes utilisés par Zola, Henri Mitterand écrit: « Les carnets d'enquête [de Zola] révèlent que ce ne sont nullement des artifices décoratifs, mais que l'image et le symbole sont indissociables du premier coup d'œil jeté par Zola sur le réel; [...] Le symbole naît avec la

---

24 Barbey d'Aurevilly 210-13.
25 Seassau 20.

sensation parce qu'il est dans les choses. »[26] Chez Barbey, les portraits abondent en figures de style, allégories, comparaisons, et, ce qui est très différent de Zola, en oxymores, ces oxymores qui, à eux seuls, sont l'expression du caractère inexprimable et fantastique de la réalité. Prenons pour seuls exemples, dans « A un dîner d'athées », ces désignations de la Rosalba comme une « Messaline-Vierge », ou comme « la plus enragée des courtisanes, avec la figure d'une des plus célestes madones de Raphaël ». Barbey, on le voit, se plaît dans l'hyperbole.

Alors que chez Zola le modèle féminin est magnifié par les références bibliques qui le tirent vers une certaine transcendance, chez Barbey d'Aurevilly, la femme est supérieure à tous les comparants mythiques, bibliques et littéraires qui soient. Elle est la passion incarnée, même quand cette passion a des aspects sataniques, ce qui est souvent le cas, en particulier dans *Les Diaboliques*. Splendides, les héroïnes aurevilliennes le sont par la puissance d'une passion qui est le plus souvent très charnelle. La comparaison des femmes des *Diaboliques* de l'écrivain catholique, Barbey d'Aurevilly, et du personnage de Clotilde dans *Le Docteur Pascal* de Zola, le naturaliste athée, montre que les descriptions du catholique sont bien plus sulfureuses que celles du naturaliste. Alors que Zola, dans ses œuvres antérieures a dépeint le vice, il décrit dans *Le Docteur Pascal* une femme d'une grande pureté et d'une abnégation totale ne s'adonnant à l'œuvre de chair que dans le désir d'avoir un enfant, côté résolument éthique que nous avons déjà signalé : « C'était pour elle la conséquence naturelle et indispensable de l'acte. Au bout de chacun de ses baisers, se trouvait la pensée de l'enfant ; car tout amour qui n'avait pas l'enfant pour but lui semblait inutile et vilain ».[27]

L'amour-dévotion que Clotilde porte au vieux docteur est un amour qui tient du sacrifice, comme le montrent les exemples bibliques donnés en guise de prolongement.

Zola et Barbey d'Aurevilly ont été critiques d'art, et donc influencés par cette activité, cependant, même s'ils utilisent tous deux des procédés de peintres, ceux-ci sont là encore fort divergents. Chez Zola, le portrait est toujours « encadré », il s'immobilise pour devenir un tableau, comme le montre par ailleurs le style répétitif des différentes séquences descrip-

---

26 Henri Mitterrand, « Le regard d'Emile Zola », *Europe* 468-69 (avril-mai 1968) 182.
27 Zola, *Le Docteur Pascal* 208.

tives. Il y a en quelque sorte « découpage » de la figure représentée grâce à un « écran » ou à un médium fixe. Le temps du récit n'apporte pas d'approfondissement : le personnage est donné d'une pièce. Dans les œuvres de Barbey d'Aurevilly au contraire, le portrait s'approfondit, étonne, et les références à des œuvres d'art ne sont que des éléments parmi d'autres de cette description axée sur la peinture de la passion dominant le cœur des femmes. L'observation de la réalité est faite sans *a priori*, le narrateur se laisse impressionner directement par elle. Tel geste, tel regard, paraissent fantastiques à son esprit en quête du mystère d'une femme.

Zola, dans *Le Docteur Pascal*, fait entrer la description de Clotilde dans un cadre, et se rapproche d'une forme d'esthétisme. Même les comparaisons et les métaphores sont chez lui autant de schèmes objectivés auquel la femme va s'identifier. L'aspect pochoir du portrait zolien va dans le même sens.

Un peu à l'instar d'un peintre baroque, Barbey, par sa méthode d'investigation, change les perspectives de ses descriptions, il grossit certains détails qui vont prendre de l'importance (comme, par exemple, la main d'Alberte dans « Le Rideau cramoisi »). Zola, lui, reste dans le ton harmonieux même lorsqu'il décrit quelque chose de sordide. Mais, c'est surtout par leur attitude respective devant la réalité à transcrire que diffèrent ces deux grands : Zola, tout au moins dans les portraits du *Docteur Pascal*, est comme un peintre installé confortablement devant sa toile, soucieux de donner à la réalité une valeur universelle. Il écrit qu'il veut faire en sorte que « [l]a vérité monte d'un coup d'aile jusqu'au symbole »[28]. Et, présentant l'idéologie naturaliste de la représentation, il explique :

> Le but à atteindre n'est plus de conter, de mettre des idées ou des faits au bout les uns des autres, mais de rendre chaque objet qu'on présente au lecteur dans son dessin, sa couleur, son odeur, l'ensemble complet de son existence [...].[29]

---

28 Zola, Lettre à H. Céard du 22 mars 1885, cité in Seassau 320.
29 Emile Zola, *Les Romanciers naturalistes*, cité dans Jean-Marie Adam et André Petitjean, *Le Texte descriptif* (Paris : Nathan, 1989) 25.

Pour Barbey d'Aurevilly il nous faudrait plutôt rappeler la célèbre phrase : « Je me figure que l'enfer, vu par un soupirail, devrait être plus effrayant que si, d'un seul et planant regard, on pouvait l'embrasser tout entier ».[30]

Barbey d'Aurevilly ne recherche pas dans la réalité l'universalité, mais ce qu'elle a d'unique et de mystérieux ; il se place en position de guetteur derrière un soupirail, choisissant le plus petit angle de vue afin d'être lui-même surpris et épouvanté par sa traduction de la réalité. Les nombreuses figures de style utilisées lui serviront toujours à rendre cette unicité qui, selon lui, est hors de toute morale et devant laquelle le langage déclare forfait : aucune référence à un code moral pré-établi ne viendra modifier la qualité exceptionnelle de ce réel qu'il aura réussi à traquer. Cette réalité, Zola, dans *Le Docteur Pascal,* s'avère soucieux de la rendre signifiante grâce à l'allégorie et au mythe.

Pour conclure, nous dirons que ce qui apparente une œuvre comme *Le Docteur Pascal* à la modernité fin-de-siècle est ce médium, cet encadrement un peu systématique du portrait féminin, mais aussi la sublimation et l'universalisation de la réalité grâce à la comparaison, l'allégorie et les allusions bibliques révélant une optique résolument éthique. Chez Zola, il y a toujours, du point de vue esthétique, un cadre, et, du point de vue moral, un code. C'est ce qui l'oppose le plus franchement à Barbey d'Aurevilly dans les portraits des *Diaboliques* où nul cadre, nulle systématisation du portrait, mais aussi nul code moral n'objectivent le jaillissement volcanique de la passion. S'ils prétendent tous deux dépeindre la réalité, c'est essentiellement par leur conception de celle-ci qu'ils divergent : elle s'avère unique, fantastique et diabolique pour l'un, universelle, symbolique et esthétique pour l'autre. Chez Barbey, domine la recherche de l'effet à produire sur les sensations du lecteur, alors que chez Zola c'est la transmission d'une réalité dans sa totalité qui n'exclut pas l'aspect esthétique et éthique. C'est par son esthétisme que *Le Docteur Pascal* tourne le dos au naturalisme.

---

30 Barbey d'Aurevilly 133.

Bibliographie

Adam, Jean-Marie et Petitjean André. *Le Texte descriptif*. Paris : Nathan, 1989.
Berta, Michel. *De l'Androgynie dans* Les Rougon-Macquart *et deux autres études sur Zola*. New york : Peter Lang, 1985.
Boschian-Campaner, Catherine. *Barbey d'Aurevilly*. Paris : Séguier, 1989.
Fontanier, Pierre. *Figures du discours*. Réédition. Paris : Flammarion, 1977.
Mitterrand, Henri. « Le regard d'Emile Zola ». *Europe* 468-69 (avril-mai 1968). 182-199.
Seassau, Claude. *Emile Zola et le réalisme symbolique*. Paris : José Corti, 1989.
Zola, Emile. *Le Bon Combat. De Courbet aux impressionnistes*. Paris : Hermann, Collection Savoir, 1974.
–. *Le Docteur Pascal*. Paris : Le Livre de Poche, 1984.

The Matter with Jeanne: Narrative and the Nervous Body in Zola's *Une Page d'amour*

Susan HARROW

Zola's probing treatment of the private passion of Hélène Grandjean, the central mother – and – lover figure of *Une Page d'amour* (1878), has led critics to argue for the inclusion of this intimist portrait, the eighth *Rougon-Macquart* volume, in the great tradition of the psychological novel.[1] Whilst this approach reflects, even respects, Zola's desire to break with the intense materiality of the earlier novels, notably *L'Assommoir*, the critical pursuit of inward character-analysis has had the effect of sidelining the relationship between mind and body that is so crucial to the plot of desire in *Une Page d'amour*.[2] Yet, no less compellingly than Mme de Clèves's blushes or Emma Bovary's «brouillard dans la tête», Hélène Grandjean's buzzing ears and the spots before her eyes signal her passion and her inner turmoil to herself and to the reader.[3] Zola introduces, at the same time, a significant displacement for he represents the mind/body inseparability most powerfully, not in the physical unease of the desiring Hélène, but in the nervous disorder of her twelve-year-old daughter, Jeanne.[4]

---

1   See, in particular, Henri Mitterand's introduction to the Folio (1989) edition of *Une Page d'amour*, reprinted in *Zola: L'Histoire et la fiction* (Paris: PUF, 1990) 137-55. References to *Une Page d'amour*, in this article, are to vol. 2 of Emile Zola, *Les Rougon-Macquart*, édition établie par Henri Mitterand (Paris: Gallimard, «Bibliothèque de la Pléiade», 1961).
2   In a letter to Van Santen Kolff, reproduced in the Pléiade edition, Zola situates his 1878 novel: «*Une Page d'amour*, écrite entre *L'Assommoir* et *Nana*, a dû être, dans ma pensée, une opposition, une halte de tendresse et de douceur...» (1610).
3   «Ses oreilles bourdonnaient, ses yeux voyaient de larges taches voyageant avec lenteur» (902). Later, dreaming of the physical pleasure that she may come to enjoy with Henri Deberle in more congenial circumstances than the tawdry love-nest created by Malignon to seduce Juliette Deberle, Hélène luxuriates in the pleasure of intense bodily self-awareness: «Elle frissonnait de la volupté qu'elle n'avait point éprouvée. Des souvenirs lui revenaient, ses sens s'éveillaient trop tard, avec un immense désir inassouvi. Droite au milieu de la pièce, elle eut un étirement de tout son corps, les mains levées et tordues, faisant craquer tous ses membres énervés. Oh! elle l'aimait, elle le voulait, elle se donnerait comme ça, la prochaine fois» (1046).
4   *Une Page d'amour* has, it would seem, been overlooked in the literary studies of nervous indisposition and hysteria which continue to appear. Janet Beizer, in *Ventriloquized Bodies:*

The Body Narrative

The reader enters the fictional world through the sick child's bedroom, and is confronted at once with the diagnostic undecidability and the stark materiality of Jeanne's condition. The child's depersonalized form, initially hidden from view, is disturbingly present in a series of disembodied, disconnected sounds («un soupir», «un froissement de linge»; «une haleine oppressée»; «un cri sourd», 802). Jeanne's physical distress is, from the outset, a disturbing object of narrative «unknowing» and of competing speculation. Hélène views her daughter's symptoms as a bodily response to the perception of psychological loss, real or imagined, an interpretation which anticipates Freud and Breuer's linking of somatic effects to psychic causes in the study of hysteria («Elle est si délicate, si nerveuse [...] Je ne suis pas toujours maîtresse d'elle. [...] Elle m'aime avec une passion, une jalousie qui la font sangloter, lorsque je caresse un autre enfant», 809).[5] Dr. Deberle, reflecting the determinist theories of the age, proposes a more inclusive explanation: an inherited predisposition to «des maladies nerveuses» (805) is aggravated by Jeanne's physiological and temperamental vulnerability («[...] à l'époque où la santé d'une femme se décide», 809). Either way, the intractability of the disorder and the doctor's diagnostic uncertainty are repeatedly staged in the narrative:

> Au début, il avait craint une fièvre typhoïde; mais des symptômes tellement contradictoires se présentaient, qu'il se trouva bientôt très perplexe. Il était sans doute devant une de ces affections chloro-anémiques, et dont les complications sont terribles, à l'âge où la femme se forme dans l'enfant. Successivement, il redouta une lésion de cœur et un commencement de phtisie. Ce qui l'inquiétait, c'était l'exaltation nerveuse de Jeanne qu'il ne savait comment calmer [...] cette fièvre intense, entêtée, qui refusait de céder à la médication la plus énergique. (933)

Narratives of Hysteria in Nineteenth-Century France (Ithaca: Cornell University Press, 1994), makes no mention of the case of Jeanne Grandjean, the nervously afflicted descendant of Tante Dide in the chapter she devotes to the *Rougon-Macquart* series (169-204).

5 Freud and Breuer's work on hysteria dates from the 1890s and marks a turning-away from the neurological and determinist explanations of Charcot and others. The tendency of critics to relegate the somatic dimension in favour of a purely psychological explanation is thus at odds with Hélène's (and Zola's) psychosomatic reading of Jeanne's condition.

Deberle will continue to hesitate between organic and psychological explanations, but, from the outset, the symptoms with which Jeanne presents whole-body convulsions, stiffened limbs, grimacing, clenched fists, pallor, aphonia suggest a not unclassic case of hysteria.[6] By stressing the sick body's visibility, its unpredictability and its spasmodic legibility, Zola reveals not only the thematic importance of nerves, but the significance of nervousness as a form of narrative. Jeanne's symptoms form a text to be interpreted and corrected by good medicine and good mothering. Hysteria may undermine the child's authority to speak, but it becomes also a condition of communication, enabling her to stage, in bodily signs, what she cannot or will not voice. With its disrupted forms and disturbing effects, Jeanne's hysteria represents the power of the normatively powerless (the child, the female child, even more the sick female child) to turn her story into a compelling narrative.

The mind/body relation in *Une Page d'amour* raises questions about the role of heredity, material environment and socio-cultural constructions, in predisposing Jeanne to nervous illness. The sick-child plot of *Une Page d'amour* is inscribed in the family pathology of the *Rougon-Macquart* with Jeanne relaying Dide's role as narrative and neurotic catalyst but in a cosseted, bourgeois world, far removed from the corrosive forces of material privation and physical violence. The child's illness takes the socially refined form of « nerves, » a condition that confirms Jeanne's delicateness and her pre-adolescent impressionability. Puberty is the site where uterine and neurological theories of nerves connect with socio-cultural paradigms that define women as uncontained, potentially eruptive, and in need of stabilization.[7] Physical delicateness – the visible sign of social and moral refinement – is a characteristic identified with those traditionally excluded from the Symbolic. Jeanne's intense relationship with her mother in a socially reclusive, overprotected situation reinforces the exclusion. Mother and daughter live a life of genteel

---

6   The case of Jeanne would appear to confirm the tendency for this middle-class disorder to present through other symptoms. In *Nerves and Narratives: A Cultural History of Hysteria in Nineteenth-Century British Prose* (Berkeley: University of California Press, 1997), Peter Melville Logan affirms that « nervous disorders are everywhere, but they are everywhere disguised as something else » (20). Related to this is the tendency for Jeanne's illness to present as an inextricable « mix » of symptoms pathological, behavioural and psychological.
7   See Beizer for an account of the historical shifts and contradictions in theorizing hysteria.

domesticity and charitable occupation; they know nothing of Paris beyond the narrowly circumscribed world of Passy. Jeanne and her mother relish their shared solitude, but their self-sequestration and their exclusion from the Symbolic (which is at once gender-determined and jealously preserved by the exclusivity of the mother-daughter relationship) are seen to take an extreme form, exposing them to unspecified physical and moral dangers (« Vous vous enfermez trop, vous ne menez pas assez la vie de tout le monde », [reprit le prêtre] 872).

I turn now to look at how the sick-child plot engages with the various competing narratives staged in *Une Page d'amour*: the subversive text of Hélène's illicit desire; the pre-œdipal plot and its relation to the patriarchal masterplot; and the emerging narrative of a young girl's troubled desire.

The Subversive Text of Feminine Desire

The relation between the child's sick body and the feminine body of desire is established in the opening scene via a series of slippages from the stricken Jeanne to the subtly eroticized body of her mother. Promissory glimpses of Hélène's loosened clothes and, most arrestingly, the sight of the discarded corset stepped on and put aside by the doctor, hint at erotic *disponibilité*. Increasingly, the child's sick body competes for narrative attention with the mother's visible sensuality as Henri Deberle awakens to Hélène's Junoesque beauty. Jeanne's illness is both the agency that brings the future lovers together and the obstacle in the way of their desire: the doctor needs to save the child in order to seduce the mother (« il craignait de tuer [Jeanne] et de perdre la mère », 950); Hélène's position is more complex: her love for Deberle depends indeed on his saving her child (« Elle est sauvée [...] elle est sauvée..., répétait Hélène [...] elle se jeta au cou d'Henri. Elle le baisait, elle l'étreignait. [...] La mère et l'amante se confondaient, à ce moment délicieux ; elle offrait son amour tout brûlant de sa reconnaissance », 936-37). It is clear, too, that Hélène views sexual passion, increasingly, as the due reward of selfless maternal devotion. Little wonder, then, that Jeanne is repeatedly described as occupying a position « entre eux », at once as mediator and obstacle in the plot of transgressive passion.

Triggered by the sickbed encounter with Dr Deberle, Hélène's desire is sustained by the reading of romantic fiction and this has important implications for the mother-daughter relationship and for patriarchy. Initially resistant to the enchantments of fiction, Hélène («elle qui ne lisait jamais», 845) undergoes a dramatic conversion to reading whilst convalescing with the knee injury sustained when she leaps from the garden swing and falls at the feet of Henri Deberle. Hélène discovers in romantic literature the plots of passion missing from her existence and so begins to counter Jeanne's nervous narrative with her own texts of desire. Where once she used romantic tropes with conscious irony (when she jokingly described the unlikely M. Rambaud and his brother as «toute ma cour»), now she capitulates to romantic self-delusion, seduced by the fictional plot to the point of merging her self-identity with the lives of literary heroines («[...] elle songeait invinciblement au chevalier Ivanhoë, si passionnément aimé de deux femmes, Rébecca, la belle juive, et la noble lady Rowena. Il lui semblait qu'elle aurait aimé avec la fierté et la sérénité patiente de cette dernière», 847; «Les yeux de nouveau levés et perdus, Hélène rêvait profondément. Elle était Lady Rowena [...]», 855).

With a focus that is remarkably proto-Barthesian, Zola explores Hélène's experience of the literary text as a form of voluptuous pleasure:

> Le livre glissa de ses mains. Elle rêvait, les yeux perdus. Quand elle le lâchait ainsi, c'était par un besoin de ne pas continuer, de comprendre et d'attendre. Elle prenait une jouissance à ne point satisfaire tout de suite sa curiosité. Le récit la gonflait d'une émotion qui l'étouffait. [...] Il y avait là un grand charme: ignorer, deviner à demi, s'abandonner à une lente initiation, avec le sentiment obscur qu'elle recommençait sa jeunesse. (847)

Her readerly anticipation is described as an exquisite, physical ecstasy and her preference for deferring the fictional dénouement constitutes a refusal of foreclosure and a means of prolonging readerly rapture.[8]

---

[8] Hélène is engaged in theorizing about reading and writing, continuing the tradition of Emma Bovary. The «page d'amour» of the polysemous title may refer to the primary narrative (Hélène's affair with Deberle), to the literary models which inspire her passionate ideal, to the daughter's jealous love for her mother, as well as to the interlude in the *Rougon-Macquart* series afforded by this «halte de tendresse».

Hélène's receptivity to literature sparks within her parallel forms of writerly creativity: daydreams, fantasies, and even an imaginary autobiography where the monochrome of her own life's narrative emerges in contradistinction to the high colour of romance (« [...] évoquée par les pages du roman, sa propre existence se dressa. Elle se vit jeune fille à Marseille, chez son père, le chapelier Mouret », 848). Hélène thrills to the passionate imperative of romantic fiction (« Aimer, aimer ! » 849) but its echo reminds her of maternal love, the love that keeps her from her own desire (« Aimer, aimer ! certes, elle aimait son enfant. N'était-ce point assez, ce grand amour qui avait empli sa vie jusque-là ? Cet amour devait lui suffire, avec sa douceur et son calme [...] » 853).

Hélène's dream of a noble passion, nurtured by novel-reading, finds its visual correlative in the unfathomable beauty of Paris, a continent of longing which stretches before her and whose coloration reflects her changing moods. The varying topography of her desire is captured by the sumptuous descriptions which conclude the final chapter of each of the novel's five sections:[9]

> Hélène, manquant d'air, souffrant de ces dernières chaleurs de septembre, venait d'ouvrir la fenêtre toute grande, soulagée par cette mer d'ombre, cette immensité noire qui s'étendait devant elle. [...] Elle goûtait le charme du spectacle, l'effacement dernier des choses, l'assoupissement des bruits. Une lueur brûlait à la pointe des flèches et des tours ; Saint-Augustin s'éteignit d'abord, le Panthéon, un instant, garda une lueur bleuâtre, le dôme éclatant des Invalides se coucha comme une lune dans une marée montante de nuages. C'était l'Océan, la nuit, avec son étendue élargie au fond des ténèbres, un abîme d'obscurité où l'on devinait un monde. (964-65)

Hélène's search for an ideal love beyond the strained and constraining world of Passy is shadowed by the plot of erotic desire whose metaphor is the Passage des Eaux. Vertiginous, compelling, frightening and liberating, the Passage is a marginal place, beyond convention and stricture. It represents a spatialization of the « id » for Hélène who, in widowhood, is released from a husband whom she mothered and who fetishized her. But, her yearning to transform a passionless existence encounters the cheap-

---

[9] See David Baguley's discussion of the intensely subjective and dynamic qualities of Zola's panoramas in « *Une Page d'amour* et la description naturaliste », *L'Ecole des Lettres* 2.6 (1989-1990): 23-31.

ened, cynical forms of desire which flow from Passy's forced respectability: the guardian of the Passage des Eaux is the pauper-procuress, Mère Fétu, and the erotic possibilities are, as Juliette Deberle's rendez-vous with the calculating Malignon reveals, irredeemably sordid.[10]

Rival Pressures on Hélène's Desire: the mother-daughter dyad and patriarchy

The relationship between Hélène and Jeanne, in its most positive aspects, corresponds to the pre-œdipal mother-daughter dyad, a union (assumed to be) founded on tender reciprocity and unspoilt by paternal intrusion. Such blissful exclusivity, regained following the death of Charles Grandjean favours narrative idealizations of the mother-daughter relationship, particularly the repeated Virgin and Child trope («On aurait dit un Christ enfant. Hélène se courba et la baisa longuement au front», 807; «[Hélène] se grisait dans ce mystère d'amour et de pureté, en face de Marie mère et vierge couronnée de ses roses blanches», 922).[11] However, the intensity of their relationship leads to Jeanne idolizing her mother with an obsessiveness debunked by the narrator's conscious hyperbole (as Jeanne watches her mother on the swing, «Sa mère lui apparaissait comme une sainte, avec un nimbe d'or, envolée pour le paradis», 843).

The case of Jeanne would appear to confirm feminist readings of the pre-œdipal dyad which stress the constant oscillation between reciprocity and trust, on the one hand, and stifling over-dependence and jealousy, on the other.[12] This conflict derives from the inevitably bisexual

---

10 A key instance of the mixing of narratorial and character viewpoints occurs in the scene at the boudoir prepared by Malignon for his rendez-vous with Juliette Deberle: «Hélène, sans parler, faisait le tour des pièces. Elle les trouvait inconvenantes. Elles étaient trop roses, le lit était trop grand, les meubles trop neufs. On sentait là une tentative de séduction blessante dans sa fatuité. Une modiste aurait succombé tout de suite» (997).

11 It is worth noting that Charles Grandjean is unmourned in any properly affective sense, the «grand deuil» (811) of his widow and his daughter being a purely social construction, a sartorial prescription rather than an emotional response.

12 Nancy Chodorow in *The Reproduction of Mothering: Psychoanalysis and the Sociology of Gender* (Berkeley: University of California Press, 1978), explores the ambivalence at the centre of the mother-daughter dyad. See also Marianne Hirsch, *The Mother/Daughter Plot: Narrative,*

position(ing) of the female child who is substituting for the absent male in relation to the maternal love-object. The ambivalence may only be resolved when the œdipal stage forces the daughter to recognize her castrated state and accept her feminization and her subordination to Father and to Husband.[13] Thus, paternal intrusion, in the form of a symbolic or substitute Father, is not only always threatened, but is necessary if the daughter is to progress to womanhood and if the mother is to pursue her own plot of desire beyond the pre-œdipal dyad.[14]

Daughterly over-investment in the maternal love-object triggers a hysterical reaction when exclusive (libidinal) possession is disrupted by a rival and symbolic Father. The narrative reveals this inexorable traffic between psyche and soma where emotional, erotic and physiological factors combine in Jeanne's jealous torment:

> [...] elle redoutait d'être seule avec sa mère et le docteur, elle aurait voulu qu'il y eût toujours du monde là, pour les séparer. [...] Ils ne pouvaient se rapprocher, se regarder, sans qu'aussitôt elle fût prise d'un tremblement. Sa chair endolorie, son pauvre petit être innocent et malade avait une irritation extrême. [...] Les jours où ils s'aimaient davantage [...] elle souffrait comme souffrent les femmes nerveuses, à l'approche de quelque violent orage. (946-47)

Where Jeanne's desire can only be fulfilled within the dyad, Hélène's desire for an erotic return on her maternal investment demands fulfilment outside the dyadic economy (« Henri était comme la récompense qu'elle s'accordait d'avoir tant souffert », 947). Jeanne, however, seeks to deny the extra-dyadic reward, replacing it with her own reward of reaffirmed love (« Alors, Jeanne la serrait étroitement dans ses petits bras, comme pour la récompenser », 951).

Psychoanalysis, Feminism (Bloomington: Indiana University Press, 1989), for a comparative study of psychoanalytic theories and realist and modernist fictional representations of the traditionally erased plot of motherhood.

13 Seeking to address Freud's obscuring of the significance of the pre-œdipal stage in the infant's development, Melanie Klein and subsequently the new generation of feminist philosophers have engaged with the question of the pre-Œdipus. See Hirsch 98-103.

14 Zola's exploration of the mother-daughter relationship as a site of tensions and pressures prefigures in many ways modern feminist theory's engagement with the pre-Œdipus.

The child's love for her mother and her active efforts to block her mother's desire repeat the containments of patriarchy, casting Hélène in the stabilized effigy of immaculate motherhood. The child's hysterical reaction, in the church, to the toppling Madonna statue (III: 1) presages Hélène's ‹fall› and her de-idealization at the point where Jeanne, reading the material signs of her mother's moral disarray (following the consummation of her passion for Deberle), will perceive her as « plus la même » (1038), altered, unrecognizable, beyond redemption. She punishes her mother by getting sicker and dying prematurely, forcing Hélène to recognize her illicit desire as the direct cause of her daughter's death (« Vous voyez bien que nous l'avons tuée », 1062).[15]

I want now to look at the complicity of her daughter and patriarchy in censoring Hélène's desire and denying her a subject position. Hélène's friend the Abbot attributes the daughter's nervous disorder to the social isolation of the widowed mother and prescribes marriage as a cure for both. The patriarchal masterplot draws on moral, physical and psychological factors to recast feminine independence as a state of vulnerability, a perilous limbo, a territory beyond surveillance. A woman living alone exposes herself, in the Abbot's words, to « [des] dangers de santé et d'autres dangers encore » (872). One such danger is reading and the privacy it demands and rewards. The Abbot's warning against « solitude et [...] rêverie » proscribes daydreaming and book-inspired fantasies at the very point where Hélène's imaginative life has become richer and potentially more subversive. Marriage – remarriage in Hélène's case – implies containment and social visibility, and signifies re-integration into patriarchal structures (« l'existence commune » in the words of the Abbot, 873).

The Abbot relays his brother's offer of marriage to Hélène whilst the aspiring suitor sits quivering in the adjacent room; no more than Charles Bovary can M. Rambaud summon the courage or the language to formulate the proposal himself. Solid and sedate like the bourgeois furnishings he supplies for Hélène's home, Rambaud corresponds to the husband-figure typically encountered both in traditional tales and in the modern novel of adultery: grotesque or banal, self-righteous or plain stupid. The

---

15 In this respect, Jeanne's hysteria would seem to collude with patriarchy's ends, a reading which challenges feminist constructions of hysteria as essentially liberating.

middle-aged shopkeeper-suitor in this tale of desire's disenchantment combines manifest mediocrity, stolid self-satisfaction and, one suspects, a latent desire for control.[16]

His nervous, earnest handshake almost crushes Hélène's fingers (877); but a more disturbing suggestion of «binding» surfaces earlier in the same scene where the narrative cuts from the Abbot's advocacy of conjugal tying to an exchange between Jeanne and Rambaud on the parallel subject of harnessing («atteler»). They are, in fact, discussing the need to attach a paper horse to a paper carriage but this conscious if uncommented shift of focus from symbolic ties in the adult world (marriage) to a crude literalization of ties in the world of children's play stirs a uneasy association of ideas («L'entretien [entre l'Abbé et Hélène] tomba [...] au milieu du silence on entendit la voix flûtée de Jeanne qui disait, dans la salle à manger: ‹On n'attelle pas une cocotte à une voiture, on attelle un cheval [...]›» 874).

Hélène anticipates marriage to Rambaud as a form of psychic and physical sterility («l'idée qu'il l'aimait la pénétrait d'un grand froid», 875, a prolepsis of the «freezing» of desire in the cemetery scene of the novel's final chapter). The perpetuation of patriarchy, like the preservation of the mother-daughter dyad, demands the sacrifice of the mother's illicit desire. Jeanne's illness and death secure this sacrifice, enabling patriarchy to reassert itself by means of the conjugal containment of Hélène, doubly figured, in the final chapter, by the lid of her daughter's coffin and the lid of Rambaud's luggage-trunk, both shut fast on Hélène's passion.

The Emerging Narrative of Jeanne's Desire

Jeanne's nervous disorder, manifest in her early childhood, makes its dramatic return with the anticipation of puberty (this resembles closely Freud's diphasic scheme of sexual development). Dr. Deberle stresses the need for emotional and psychic stability in the transition to womanhood

---

16 Mitterand likens Rambaud to the figure of Blue Beard (Folio 21; *Histoire et fiction* 150). For a fuller discussion of the analogies between Zola's treatment of feminine subordination and the Gothic novel, see Naomi Schor, «Devant le château: femmes, marchandises et modernité» in *Mimesis et semiosis: Littérature et représentation*. Philippe Hamon et Jean-Pierre Leduc-Adine, éds (Paris: Nathan, 1992) 179-86.

(« [...] à son âge, il faut beaucoup de soins. [...] Veillez surtout à ce qu'elle mène une vie égale, heureuse, sans secousse », 809). But the doctor's injunction is no counter to the body's nervous instability, the sick narrative through which Jeanne responds to puberty's pre-scripted plot and to the stirrings of her own desire. Her mother's love and Jeanne's love for Hélène have been the summum of the child's early affective experience. On the threshold of adolescence, Jeanne finds her vision of the world complicated by rival models of desire: her mother's relationships with Dr. Deberle and M. Rambaud, most significantly, but also the outwardly virtuous courtship of the servant, Rosalie, and the soldier, Zéphyrin (« ‹Dis, maman, demanda Jeanne le soir, après une longue réflexion, le cousin de Rosalie ne l'embrasse jamais, pourquoi donc?› », 867). Jeanne senses, too, the erotic enigma around Mère Fétu. She shares her mother's fascination with forbidden places, particularly with the dark chasm, the Passage des Eaux (« Elle sentit confusément que sa mère était quelque part où les enfants ne vont pas. On ne l'avait pas emmenée, pour lui cacher des choses », 1028-29).[17]

[17] Jeanne's emotional undecidability is foregrounded against the ritualized world of childhood in *Une Page d'amour*. The playful interactions of the children mimic the social mores and the affective dilemmas of the grownups especially in the set-piece scene of the children's party in II:4. The tensions between decorum and the desire for freedom, and between social constraint and natural impulse, are enacted in their party games, fancy dress and verbal exchanges. This children's tea begins with all the pomp of a grownups' dinner-party and descends into a free-for-all, depicted by Zola with great humour and descriptive energy. Particularly revealing in Jeanne's relationships with other children are the infrequent but unmistakable signs of her struggle with her own awakening desire. The narrative lingers on the scene where Jeanne is made to kiss Lucien, exposing something of her emotional tumult: Jeanne's initial reluctance, fear even (« prête à se sauver, devant une caresse », 820), is dispelled by a burst of maternal-like affection for the younger child (« prise d'un attendrissement subit »), which, in turn, gives way to an emotional rush of a quite different order (« une grande passion intérieure »). Yet, Jeanne's responses indicate more usually her resistance to the stirrings of desire and her preferred refuge in typically child-like pastichings of maternal behaviour (« Jeanne prit la main de Lucien, et, gravement, ils s'en allèrent par les allées, à petits pas [...] ce jeu majestueux, qui consistait à tourner en cérémonie autour de la pelouse, semblait les absorber [...] et donner une grande importance à leurs personnes. Jeanne, comme une vraie dame, avait les regards flottants et perdus », 835). Jeanne retreats into childish games and the pretence of adulthood, rather than negotiate the necessary passage to adolescence. This is aggravated by the early socialization of children into adult rituals of behaviour in a context where adolescence, as a stage in life, seems to be denied. Particularly revealing and disturbing is the case of Pauline, Juliette's young sister, who is one day playing children's games in the garden, and the next day matched in marriage to a friend of the unscrupulous Malignon.

And yet, if Jeanne's growing sexual curiosity spurs an Asmodeus-like desire to lift up the roofs of houses and spy on the intimate lives of the occupants, her fascination turns to distress whenever a rival threatens to sever the mother-daughter libidinal link. Here, the rival is Rambaud:

> « Maman, est-ce qu'il t'embrasserait ? » Une teinte rose monta au front d'Hélène. Elle ne sut que répondre d'abord à cette question d'enfant. [...] « Il serait comme ton père, ma chérie ». Alors, les petits bras de Jeanne se raidirent, elle éclata brusquement en gros sanglots. Elle bégayait, « Oh ! non, non, je ne veux plus [...] » [...] « Oh ! dis non, petite mère, dis non [...] Tu vois bien que j'en mourrais [...] » [...] Pendant quelques minutes encore, l'enfant muette et passionnée la serra entre ses bras, comme ne pouvant se détacher d'elle et la défendant contre ceux qui voulaient la lui prendre. (878)

Jeanne's distress becomes more acute and more complex with the growing intimacy of Hélène and Deberle, and particularly striking is the conspicuous eroticization of the child's body (« Elle avait mal là, quand le docteur s'approchait trop près de sa mère ; et elle mettait les deux mains sur la poitrine. C'était tout, ça la brûlait, tandis qu'une colère furieuse l'étranglait et la pâlissait », 944). Whilst Jeanne's somatic response never ceases to be that of an over-attached daughter, it also, increasingly, expresses something of the desire of a child-becoming-a-woman (« ce regard d'une enfant de douze ans, où luisait trop tôt toute la vie de passion d'une femme », 944 ; « Un soir, [Hélène] allait tomber entre [les bras d'Henri], lorsque Jeanne, derrière la porte refermée, s'était mise à crier : ‹Maman ! maman !› d'une voix furieuse, comme si elle avait reçu le contrecoup du baiser ardent dont le médecin effleurait les cheveux de sa mère », 947-48). Within Jeanne, an unresolved pre-œdipal attachment to her mother is increasingly rivalled by an œdipal urge to displace her mother. It is Jeanne's gaze, not her mother's, which is described as that of a « maîtresse trahie » (963) at the sight of the Deberles' affection for each other (« Jeanne ne les quittait pas des yeux. Une colère faisait trembler ses lèvres décolorées, elle avait sa figure de femme jalouse et méchante. La douleur dont elle souffrait était si vive, qu'elle dut détourner les yeux », 961). Thus, Jeanne's story of tortured desire begins to rival her mother's in the very structures of the language.[18]

18 The traffic goes the other way, too, where Hélène identifies the « petit signe rose » (912) of

Jeanne's position is problematized in the narrative: the elliptical reference to the «combat obscur» waging within the child hints at the struggle between the pre-œdipal (which Jeanne never relinquishes) and the œdipal (which she never properly negotiates). Her torment is described, increasingly, as the painful consciousness of unwanted sexual passage:

> Qu'était-ce donc, ce mal nouveau, dont la crise l'emplissait de honte et d'amère douceur? Lorsqu'on la taquinait, lorsqu'on la chatouillait malgré ses rires, elle avait eu parfois ce frisson exaspéré. Toute raidie, elle attendait dans une révolte de ses membres innocents et vierges. Et, du fond de son être, de son sexe de femme éveillé, une vive douleur jaillit comme un coup reçu de loin. Alors, défaillante, elle poussa un cri étouffé: «Maman! Maman!» sans qu'on pût savoir si elle appelait sa mère à son secours, ou si elle l'accusait de lui envoyer ce mal dont elle se mourait. (1031)

If Jeanne blames her mother, as the narrator implies here, it is as the other whom she is afraid to become. Acutely aware of her sexually maturing body, she views the doctor, her mother's lover, as her seducer, and his cure as a form of sexual violation («Il semblait que [...], ses douze années fussent assez mûres pour comprendre que cet homme ne devait pas la toucher et retrouver sa mère en elle» 1062).

The dysfunctional mother-daughter relation simultaneously denies Hélène's desire and blocks Jeanne's transition to womanhood. Certainly, Jeanne is no more able to negotiate her own maturing sexuality than she is able to accept her mother's private passion. Insofar as both threaten to disrupt the exclusive daughter-mother love, it is little wonder that Jeanne, assuming these irreconcilable pressures, grows sicker and dies. Her willed death (in IV: 5) preserves Jeanne from the transition to womanhood and provides an escape from desire: her mother's and her own. In the death of Jeanne, the mother and her lover are separated; the mother is regained for patriarchy; the child is freed from her own trial of desire. Jeanne's death is the means of her self-erasure and a potent symbol of her mother's erasure before patriarchy: here daughter and

---

the doctor's kiss on Jeanne's face, the child's body offering thus a specular image of Hélène's own desiring body and the fleshly imprint of her lover.

mother merge in a double death, one real and literal, the other psychic and symbolic, in the snow-blanketed cemetery above Passy.

Just as the somatic text translates and substitutes for the unspoken psychic text which commands it, in return, the body offers its own solution and responses to the dilemmas and conflicts of the mind. The death of Jeanne at the end of *Une Page d'amour* is, in this respect, a closure on narrative and on desire, bringing by its material fact, a solution to Jeanne and to Hélène, a kind of freedom for one and a joyless absolution for the other. Jeanne's sickness and death are the vehicle of the tragedy – without them there is no plot, no story of desire and no story of the putting-to-death of desire.

Bibliography

Baguley, David. « *Une Page d'amour* et la description naturaliste », *L'Ecole des lettres* 2.6 (1989-1990) : 23-31.

Beizer, Janet. *Ventriloquized Bodies: Narratives of Hysteria in Nineteenth-Century France.* Ithaca: Cornell University Press, 1994.

Chodorow, Nancy. *The Reproduction of Mothering: Psychoanalysis and the Sociology of Gender.* Berkeley. University of California Press, 1978.

Hirsch, Marianne. *The Mother/Daughter Plot: Narrative, Psychoanalysis, Feminism.* Bloomington: Indiana University Press, 1989.

Melville Logan, Peter. *Nerves and Narratives: A Cultural History of Hysteria in Nineteenth-Century British Prose.* Berkeley: University of California Press, 1997.

Mitterand, Henri. *Zola: L'Histoire et la Fiction.* Paris: PUF, 1990.

Schor, Naomi. « Devant le château: femmes, marchandises et modernité » in *Mimesis et semiosis: Litterature et représentation.* Philippe Hamon et Jean-Pierre Leduc-Adine, éds. Paris: Nathan, 1992.

Zola, Emile. *Une Page d'amour.* Vol. 2. Paris: Gallimard, « Bibliothèque de la Pléiade », 1961.

Myopia and the Model: The Making and Unmaking of Renée in Zola's *La Curée*

Susan HARROW

The idealized female body is a crucial site of meaning in Zola's representation of Second Empire society in *La Curée*.[1] Constituted as the nexus of symbolic, financial, political, aesthetic and erotic values in the hyperactive Paris of the 1850s and 1860s, the flawless female body becomes a surface for the projection of masculine desire, aspiration, ambition and the will to power.

La Curée may be read as proposing a (re-)construction and critique of a myth of femininity centered on the making and unmaking of Renée Saccard. The myth of Woman as viewed object rather than viewing subject connects intimately with the visually disadvantaged position of the myopic Renée. My starting point in this article is the narrative repetition/exposure of the processes of objectification of the female body in descriptions of Renée. I shall then explore Renée's attempts to engage with questions of subjective identity through stages of seeing, self-visualization and recognition, to her final deconstruction of the reifying myth.

The narrative enacts the centering of Woman in Second Empire society through representations of a female body which is appropriated by and made to signify imperial authority. The formation and transformations of Renée's body seem to support the construction and perpetuity of the monument of Empire, « ces belles épaules [...] qui étaient les fermes colonnes de l'empire » (475). With her bare shoulders representing the bodily dominion of official Paris, Renée allies beauty and order, allure and supremacy. Notwithstanding her own profound instabilities, Renée provides a stabilizing point of reference, supplementing and confirming a normatively masculine culture.

---

1 Page references to *La Curée* are to vol. 1 of Emile Zola, *Les Rougon-Macquart*, édition établie par Henri Mitterand (Paris: Gallimard, « Bibliothèque de la Pléiade », 1960-1967).

Crucial to society's construction of its self-image, the female body is itself constructed. Second Empire patriarchal culture demands stable supports and so it stabilizes Woman, bringing the female body under control, containing it and shaping it. This desire to frame and fix is materialized in the nude sculptures which support the balconies of the Saccards' Parc Monceau residence, a telling architectural pun on the reification of Woman in the imperial and patriarchal edifice. Descriptions of Renée's body draw on plastic values, those of sculpture in particular: references to her « blancheurs immobiles de statue » (535) and her « roideur de statue » (571) stress the body's de-animation and modelling. Renée's appearance throughout the novel is framed by references which stress the sculpting of the body and confirm its idealization and aestheticization. Thus, in the intimate salon where the lovers meet, an immobilized Renée is transformed into art object:

> [...] elle devint déesse, avec sa tête de Diane blonde, ses bras nus qui avaient des poses chastes, son corps pur, dont les attitudes, sur les causeuses, trouvaient des lignes nobles, d'une grâce antique. (484)

But the personality of Renée resists containment, her unregulated desire seems to threaten the order imposed from without. The cold formalism of her « nudités de statue » (475) is suffused with voluptuousness, « vivante jouissance qui laissait derrière elle une odeur de plaisir tiède » (475). The construction of Renée as the object of competing motivations identifies the protagonist as a paradoxical psychology and the source of narrative tension.

La Curée strips the gloss of aestheticization to reveal the female body as an object of masculine speculation in an economy of desire in which erotic and financial values become almost indistinguishable, « [...] ces créatures dont les amants payaient le luxe, et qui étaient cotées dans le beau monde comme des valeurs à la Bourse » (510). For Aristide Saccard, marriage to Renée is an investment in an index of accruing values, « un marché d'or », which contrasts with the non-value of his first wife, « un meuble gênant dont il avait hâte de se débarrasser » (359). The architectural analogy resurfaces here, reflecting Saccard's real-estate motivation and making Renée a site of symbolic, visual and financial appreciation:

> [...] il la regardait un peu comme une de ces belles maisons qui lui faisaient honneur et dont il espérait tirer de gros profits. Il la voulait bien mise, bruyante, faisant tourner la tête à tout Paris. Cela le posait, doublait le chiffre probable de sa fortune. (420)

Masculine social enhancement demands the perfecting of the associated feminine object. Woman is the « enseigne dorée » (429) which garnishes Saccard's speculative ventures, the body which the Second Empire turns into a glittering emblem of its self-image. Thus, Renée's body is explicitly encoded, embellished with the outward signs of her husband's wealth, made to mirror Saccard's self-image and social identity. Caught in constant traffic between another's narcissistic and exhibitionist desires, Renée disappears; her body's wholeness is lost to sight. Diamonds become the focus of the fetishistic curiosity of onlookers whose gaze veers from body to accessory object, « [...] elle restait debout, souriante, [...] les bras mollement arrondis, devant le cercle des dames qui regardaient curieusement la rivière et l'aigrette » (337). The narrative follows the aestheticization of the body, via stages of atomization, de-animation, and petrifaction, through to its allegorical conclusion in the *Tableaux vivants* where Renée is Echo:

> Affaissée au milieu du satin de sa jupe, qui se cassait à large plis, pareil à un bloc de Paros, elle se renversait, n'ayant plus de vivant, dans son corps figé de statue, que ses yeux de femme, des yeux qui luisaient fixés sur la fleur des eaux, penchée languissamment sur le miroir de la source. (553)

But, once more, the narrative description of Renée stresses the conflict between the body's representation as deanimated flesh, « [...] on dirait une morte » (553), and her inner self, which is keen, curious, receptive and vulnerable:

> [...] tous les bruits d'amour de la forêt, les voix prolongées des taillis, les frissons mystérieux des feuilles, les soupirs profonds des grands chênes, venaient battre sur la chair de marbre de la nymphe Echo, dont le cœur, saignant toujours dans le bloc, résonnait longuement, répétait au loin les moindres plaintes de la Terre et de l'Air. (553)

While the narrative stresses the visibility of the female body, its function as « spectacle, » its potential to dazzle, its legibility, it insists no less on

Woman-as-Other and on the body-as-cipher. The narrative mimes the hyperbole of the enraptured onlookers that transforms Renée into myth, producing a fiction of sublime beauty, « Quand Renée entra, il y eut un murmure d'admiration. Elle était vraiment divine » (336). The trope of sovereignty, « [...] regarde ce monde qui rentre à Paris, ce monde qui est à tes genoux. On te salue comme une reine [...] » (325) insists both on the sublime remoteness of Renée (the otherness of this unfathomable « fée excentrique ») and on her dominion in Second Empire society (« Partout, aux Tuileries, chez les ministres, chez les simples millionnaires, en bas et en haut, tu règnes en souveraine », 324).

Resplendent and alluring, « la belle Madame Saccard » generates endless narrativizations (in newspaper accounts, in the gossip exchanged by her female rivals [324]). These are attempts to open windows onto the unknowable. But as other people review her body, citing it and constructing social and erotic meanings around it, they collaborate in perpetuating its myth, preserving the embodiment of enigma in « la moins analysable des femmes » (421). Repeatedly constructed in the language of feminine envy or in the fantasies of masculine erotic desire, « la belle Madame Saccard » exists as a sign, an icon and a social being from which the self of Renée is abstracted. But, if the self of Renée is abstracted, it is never suppressed. Rather, the narrative affirms the individuality of Renée, her irreducible complexity, « une si étrange fleur de volupté » (475), and her hybrid character as the ambiguous product of spontaneity and constraint, passion and remoteness.

Visualizing Renée

The production of Renée as an object of visual fascination – the site of erotic curiosity and aesthetic pleasure – involves the staging of the female body in its socially acceptable clothed form. When Renée appears at the dinner party in chapter one, the gaze of the onlookers fixes upon the layers of fabric, the variety of textures, the cascades of tulle, the folds, gathers, clusters and drapes that produce Renée as pure surface. The detailed description of Renée's entrance (336-37) with its abundant references to the style, line and fabric of her costume reveals the complex « materialization » of the image of femininity. The elaborate swathing of the body signals the fetishistic value of clothes in a society wrapped in the material signs of obsessive acquisition. At the same time, the complex and over-determined visibility of the surface exposes what is conventionally hidden from view, the body's nakedness.

The equivocal positioning of the body between clothedness and nakedness is duplicated by a narrative which opens up competing views on representation. The description of Renée's entrance at the ball in chapter one repeats the myth of femininity whilst exposing that myth as a construction. The *style indirect libre* opener recycles colloquial cliché, « Elle était vraiment divine » (336), in order to signal the preponderance of essentialist constructions of Renée's beauty. The direct narration used to conclude the presentation emphasizes the facticity of Renée's production, dissolving the ideal and reaffirming reality, « Comme elle avait descendu vite, elle soufflait un peu » (336). Between these liminal points, Renée's body is concealed under layers of classicizing references as the narrative repeats the stabilization of the image of Woman, committing it to the isolating discourses of mythology and aesthetics: Renée is « pareille à une de ces nymphes dont le buste se dégage des chênes sacrés » (336).

Veering between what is seen and what is guessed at, the narrative fixes upon the erotic speculation of Renée's fascinated spectators, « [...] la jeune femme semblait sortir toute nue de sa gaine de tulle et de satin [...] » (336). The suggestion of a possible denuding focuses the body as process, as endlessly transformable and inherently unstoppable. But, if the tension between veiling and unveiling triggers erotic expectation, the eroticized body is quickly recuperated by the discourse of art history, « [...] le regard s'attendait toujours à voir peu à peu le corsage et les jupes glisser, comme le vêtement d'une baigneuse folle de sa chair » (336). The linking of Renée to « une baigneuse folle de sa chair », a vision of exuberant naturalness and of a body unconstrained, is immediately challenged by the classicizing description of Renée's « heroic » hairstyle, « Sa coiffure haute, ses fins cheveux jaunes retroussés en forme de casque » (336). Here, the mixing of references to competing aesthetic modes is the narrative equivalent of Courbet's anti-classical naked bathers jostling with the pseudo-heroic nudes of the academic art tradition. This final make-over of Renée in classical style debunks the pretensions of her producers and reviewers whilst the intentionally hybrid description of Renée is symptomatic, not only of the protagonist's over-produced *outward* image, but also of the conflicts and uncertainties contained *within*.

Even in its most erotic exposure (in the Polynesian costume at the masked ball in chapter 6), the body of Renée is contained by the metaphors of art. The flesh-coloured bodystocking arouses a visual curiosity which hovers between perceptions of actual nakedness and an illusion of nudity constructed in the discourse of painterly description:

> Le maillot avait des souplesses de chair, sous la paleur de la blouse la ligne pure de cette nudité se retrouvait, des genoux aux aisselles vaguement effacée par les volants, mais s'accentuant et reparaissant entre les mailles de la dentelle au moindre mouvement. C'était une sauvagesse adorable, une fille barbare et voluptueuse, à peine cachée dans une vapeur blanche, dans un pan de brume marine, où tout son corps se devinait. (555-56)

Masculine erotic curiosity, « Ils s'extasiaient de loin » (556), is sublimated by a newly legitimized gaze which turns the voluptuous body into the classic object of painterly contemplation: the female nude. And Saccard is complimented on the « perfection des formes de sa femme » (556) as an artist might be praised for his « œuvre ».[2]

The Masterful Eye

The production of an aestheticized and alluring feminine object implies, as we have seen, a normatively masculine culture that projects fantasies onto the female body by means of an appraising gaze. The narrative exposes this as part of a broader project whereby the Second Empire seeks (and fails) to transform speculative vulgarity into visual refinement through the appeal to the higher order discourses of aesthetics, sculpture, the lapidary arts, and haute couture.

The role of masculine creator in *La Curée* is actualized by Renée's couturier, Worms (Zola's remake of the real-life Worth). The couturier's

---

2   Perceptions of nudity are variably negotiated in the narrative. In contrast to their male counterparts, the female spectators focus on the immodesty of costume, berating Renée for her audacity and exhibitionism, and thus exposing the double standard which runs along gender boundaries and confirms the masculine gaze as a form of eroticized looking (556).

active, searching, and innovative gaze prompts an overtly ironic analogy between Renée and the Mona Lisa, and between Worms and Leonardo. The description of maker and model points up the connectivity between the masculine gaze, the immobility of the object under transformation, and the genius of the artist:

> [...] le maître s'absorbait dans le spectacle de sa cliente, comme les pontifes du beau veulent que Léonard de Vinci l'ait fait devant la Joconde [...] Il faisait mettre Renée debout devant une glace [...] se recueillait [...] pendant que la jeune femme, émue, retenait son haleine, pour ne pas bouger. [...] *le maître, comme pris et secoué par l'inspiration, peignait à grands traits saccadés le chef d'œuvre qu'il venait de concevoir* [...] (412-13) (my emphasis)

The assimilation of Worms as mastering eye and Renée as his model to the high culture of painting locates visual authority and sublime creation in the realm of the masculine, while the conspicuously cliched selections from art history debunk Worms' « genius » by deflationary comparison. The ironic portrayal of the couturier-artist as a tortured genius, agonising (publicly) over the interruption to inspiration and the difficulty of creating exposes the self-styling of the couturier together with the pretensions he plays to. Worms presents himself as a privileged conduit through which inspiration flows. Inspiration which, like precious substances, is rarely available or plentiful, « Je ne vous sens pas ce matin » ; « La source est tarie » (413). Worms portrays himself as active in the severely pressured economy of artistic genius. Here scarcity of supply enhances the prestige of the master who transforms unfashioned material into a refined image, and produces the body as a sign. Consonant with this « gift » for turning real into ideal is the hieratic status that genius confers, « [...] il y entrait avec une émotion religieuse » (412); the couturier's salon becomes « une chapelle consacrée à quelque secrète divinité » (412). But the repeated references specifically to the *cult* of masculine artistic genius overstrains the already ironic idealization of creativity, exposing Worms' misrepresentation of art as a shop-worn cliché.

By authoring the clothes Renée wears, Worms produces himself as he produces his female client. The couturier's self-image as a creative genius demands the passivity and transformability of the female body (and, by implication, the de-animation and symbolic death of the feminine self).

Renée disappears from view, shrouded by the couturier's obsessive prescriptions and produced as a series of discrete sartorial signs:

> «Robe Montespan en faille cendrée..., la traîne dessinant, devant, une basque arrondie..., gros nœuds de satin gris la relevant sur les hanches..., enfin tablier bouillonné de tulle gris perle, les bouillonnés séparés par des bandes de satin gris». (413)

Just as the «divineness» of Worms transfers via his sumptuous creations to their wearer, turning Renée into a magnifying mirror of the genius of the man who makes her, it follows that when the clothed body-surface ceases to reflect, this specular guarantee of Worms' self-identity lapses too. When Renée dies, the image of masculine genius dissolves, leaving only its commercial trace in the form of an invoice for 257 000 francs.

The Visual Régime

The masculine construction of Woman demands feminine complicity in that construction. As a model for the couturier's creations and the emblem of her husband's personal fortune, Renée internalizes masculine assumptions about how she should be produced, at times becoming the agent of her own construction, the guardian of her exclusivity and enigma. Thus, in a scene which repeats, in the feminine mode, the trope of masculine tortured genius, Renée oversees the realization of a costume she conceived one sleepless night:

> Elle avait une toilette prodigieuse de grâce et d'originalité, une vraie trouvaille qu'elle avait faite dans une nuit d'insomnie, et que trois ouvriers de Worms étaient venus exécuter chez elle, sous ses yeux. (439)

Renée's complicity in the perpetuation of the masculinist myth of Woman as unknowable Other is complicated by a strong narcissistic motivation. This focalizes the trope of specularity in a narrative centered on the protagonist's relationship to strategies of recognition, interpreting and knowing.[3] Whilst Renée internalizes the feminine position

---

3   Walker, Philip, «The Mirror, the Window, and the Eye in Zola's Fiction,» *Yale French Studies*

(offering herself as an object for public, masculine-defined appraisal), activities of self-checking and self-regulating lead her inevitably to duplicate the masculine gaze in scenes where mirrors are a means of stabilizing and confirming self-identity:

> Quand elle fut dans les salons et que son mari l'eut quittée pour le baron Gouraud, elle éprouva un moment d'embarras. Mais les glaces où elle se voyait adorable, la rassurèrent vite. (439)

Interiorizing the split between self as viewing subject and self as viewed object, Renée implicitly affirms the authority of masculine viewing positions. Thus, when she takes up the role of viewing subject, she adopts the voyeuristic position of the male spectator, her newly eroticized gaze mirroring that of Maxime, « [...] la jeune femme [Renée] [...] les déshabillant du regard » (445); « [...] les regards [de Maxime] déshabillaient tranquillement les femmes étalées dans les coupés » (321). Renée has been taught (constrained?) to see as a man sees. How is this *apprentissage* structured? How significant are mediating instruments and accessory objects in the masculine visual economy exposed in *La Curée*? And what of Maxime's role as visual mentor?

With his pockets crammed full of photographs, Maxime is a walking index of women, « un véritable catalogue vivant, où toutes les filles de Paris étaient numérotées, avec une notice très complète sur chacune d'elles » (426). The album he creates is a repository of verbal and visual information on society figures, mostly women. Endlessly pored over by Maxime and Renée, it is an instrument of visual and narrative pleasure, for the pair tell stories on the bodies and faces they review, (re)producing their fantasies in fictional scenarios. The album is crucial to the visual instruction of Renée as she copies Maxime's distorted efforts to turn femininity into a science based on visual examination, classification, and detailed analytic study. In Maxime's case, the collector's curiosity takes a perverted form, the desire for knowledge impelled by a strong scopophilic urge. Fetishistic attention is paid to imperfections and peculiarities (428) as Renée learns to view women in ways which objectify the

---

42 (1969): 52-67, assesses the thematic importance of optics and modes of perception across the *Rougon-Macquart* cycle.

female body, fracture and fragment it. She copies Maxime's ocular self-pleasuring, scrutinizing each woman's face through a magnifying glass like an entomologist might examine a species:

> [...] elle s'arrêtait aux portraits de filles plus longuement, étudiait avec curiosité les détails exacts et microscopiques des photographies, les petites rides, les petits poils. Un jour même, elle se fit apporter une forte loupe [...] La loupe servit dès lors à *éplucher* les figures des femmes. Renée fit des découvertes étonnantes ; elle trouva des rides inconnues, des peaux rudes, des trous mal bouchés par la poudre de riz. (428) (my emphasis)

Renée is exposed to representations of women as objects of curiosity, immobilized, framed and defined by their visual appraiser. Her newly learned ways of viewing confirm the gendered hierarchy of looking and being looked at that is signalled, in the first chapter of the novel, by Renée's taking up a man's pince-nez as a means of viewing the world. Reproducing Maxime's strategies for viewing, together with his attitudes and assumptions, Renée becomes complicit in the perpetuation of a visual mastery that precludes authentic engagement with the other. In the absence of a freely defined viewing position, Renée's experience of the other is (inevitably) surrogate. The gaze of masculine authority is so thoroughly internalized by the female spectator that self-recognition is provisionally abdicated to the masculine, « Je suis un homme, moi » (442).

Myopia predisposes Renée to the role of passive and dependent viewer.[4] She relies on male agents and on mechanical assistance to compensate her defective vision. Her short-sightedness is compounded by a failure to focus her gaze which translates a refusal to analyse, « Renée avait reposé sa tête, les yeux demi-clos, regardant [...] sans voir » (322). Ironically, Renée's attempts to « get a better look » by endless blinking and intent frowning merely confirm her position as the viewed object of masculine appraisal : « [Renée] clignait ses yeux, avec cette moue exquise que lui faisait faire la faiblesse de sa vue » (319).[5] The cruel connectivity of poor sight and feminine allure further disables Renée as a viewer.

---

4 Florence de Chalonge's narratological study, « Espaces, regards et perspectives : La promenade au Bois de Boulogne dans *La Curée* d'Emile Zola », stresses the significant collaboration of internal focalization through Renée and the extradiegetic voice of the third-person narrator in staging the novel's opening sequence.

5 A further instance confirms this as a leitmotiv of descriptions of Renée : « Ses yeux [...] cli-

A direct consequence of her visual limitations is the interpretative difficulty Renée experiences. Hampered by blurred vision, Renée is uncertain as to what she sees and confused as to how she will interpret the world (reaffirmed by the leitmotiv « Renée [...] distinguait mal [...] » (439). Just as seeing and knowing are analogous activities, so myopia and uncertainty are analogous states, summed up by Renée's « air indécis de myope » (455). Visual confusion, compounded by emotional turmoil, leads to degrees of mental muddle, « [...] je n'ai plus la tête à moi. Je suis comme une imbécile. Ce soir, au bal, j'avais un brouillard devant les yeux » (535). This recalls Emma Bovary's « brouillard [...] dans la tête » (*Madame Bovary*, 2 : 5); like Emma, Renée is beset by problems about what she knows, how she knows, and what there is to know.[6]

This is often expressed in visual terms, thus a particular scene strikes her as an « étrange tableau » (325). Unable to absorb the image in its newness, complexity and « difference, » Renée's gaze tires quickly, triggering migraines. Renée's migraines mime the pain of thought, the self-torture of analysis, and signal the turning-away from any form of engagement. Throbbing headaches are also the somatic price of pleasurable viewing, the punishment of excess.[7]

Thus, on a secret viewing binge in Blanche Muller's rooms, Renée suffers a disillusion and anticipates a migraine but succumbs instead to Maxime's invitation and to temptation at the *Café Riche* (« Son régal de femme curieuse tournait mal et elle se désespérait de rentrer ainsi avec une illusion de moins et un commencement de migraine » [446]). Poor sight and blinding headaches are bodily responses to the perceived discrepancy between image and reality, dream and life.

The range of physical symptoms – migraine, myopia and visual disturbance suffered by Renée – constrains her ability to make sense of the world. The cynical Saccard exploits this, « Un peu de migraine, n'est-ce pas ?... Pardonnez-moi de vous casser la tête avec mon galimatias d'homme d'affaires... » (460). The fog which clouds Renée's vision as

---

gnaient devant ce flot brusque de lumière, lui donnaient cet air hésitant des myopes, qui était chez elle une grâce » (336).

6   See Tony Tanner's discussion of the somatization of indistinctness in *Adultery in the Novel: Contract and Transgression* (Baltimore : Johns Hopkins University Press, 1979) 233-35.

7   The body stages the experience of visual overload as a migraine. Likewise, the somatic translation of the interdiction on seeing, produces, literally, a « blinding » headache.

soon as she begins to assess a social situation or to analyse personal relations triggers feelings of « losing her head » which lead invariably to migraine and a state of physical and mental shut-down. Migraine coincides with active disengagement from life, figured by Renée's retreat behind the closed doors of her bedroom. The flight from sight is a retreat from the demands of thought. From the haven of non-thought she later re-emerges in a sea of silk and lace, transformed into « spectacle », constituted once more as pure surface:

> L'ennui lui paraissait d'autant plus insupportable, que ses vertus bourgeoises profitaient des heures où elle s'ennuyait pour se plaindre et s'inquiéter. Elle fermait sa porte, avait des migraines affreuses. Puis, quand la porte se rouvrait, c'était un flot de soie et de dentelles qui s'en échappait à grand tapage, une créature de luxe et de joie, sans un souci ni une rougeur au front. (423)

Like Renée disappearing behind her bedroom door, the living eye disappears, shuttered by closed lids and the effects of repetition. Leaving the *Bois de Boulogne* in chapter one, Renée abdicates the right to see, « Accoutumée aux grâces savantes de ces points de vue, Renée, reprise par ses lassitudes, avait baissé complètement ses paupières [...] » (322). Dropping the pince-nez, she lets herself be *cradled* by the rhythm of the carriage wheels which bear her home from the Bois. Renée is suspended between life and a death-in-life, between movement and immobility. The metaphors of infancy, passivity and half-sleep frame Renée's state of innocent, unseeing *disponibilité*.

What Does Renée Want?[8]

The narrative exposes a crucial link between visual difficulty (ranging through passive and active modes, from myopia and blurred vision, to frustrated curiosity), and the experience of alienation. This introduces one of the major themes of the novel: Renée's existential predicament. In the opening pages of *La Curée* the physical scene mirrors Renée's mental

---

8   Through Maxime, Zola seems to anticipate Freud's unresolved question on the « feminine soul, » the starting-point of Shoshana Felman's essay, *What Does a Woman Want?: Reading and Sexual Difference* (Baltimore and London: Johns Hopkins University Press, 1993).

landscape, the slow exodus from the *Bois de Boulogne* figuring her growing emptiness, her sense of dislocation:

> Renée regardait, les yeux fixes comme si cet agrandissement de l'horizon, ces prairies molles, trempées par l'air du soir, lui eussent fait sentir plus vivement le vide de son être. (324)

While Renée's extravagance provides a rich text for society commentators, the worldly pleasures she accumulates mask the void at the centre of her life. Excess overflows into emptiness, inducing feelings of non-being in contradistinction to the brilliance and complexity of Renée's social identity. Nominal distinctions point up the gap between public persona and private self, « [...] la belle Madame Saccard, comme on nommait Renée dans le monde » (337), and the narrative stages this gap as a series of fractures that open up behind the pure, continuous bodily surface Renée presents to the world. Distractions cannot alleviate her sick heart (326). What begins as a study of boredom develops into a narrative of psychic sickness, even death, « [...] je m'ennuie à mourir » (324); « Rien n'est drôle décidément. C'est à mourir » (327). Feelings of vacancy are displaced by a sense of lack perceived by the narrator as the effect of deadening repetition and of a desire for sublime experience, « ce regard désespéré des femmes qui ne savent à quel amusement se donner [...] » (323); « [...] il faudrait autre chose [...] quelque chose qui n'arrivât à personne [...] qui fût une jouissance rare, inconnue » (327). Renée seeks in her imagination, in fantasy, in states of semi-wakefulness (lying back, shutting her eyes) compensation for her feelings of lack. Her mental annexing of the landscape gives contour to the elusive, formless « autre chose » that is beyond naming:

> Renée, dans ses satiétés, éprouva une singulière sensation de désirs inavouables, à voir ce paysage qu'elle ne reconnaissait plus [...]. (326)

Renée's unfathomability exasperates masculine assumptions, prompting Maxime's « Tu as tout, que veux-tu encore? » (325): the unfolding narrative will explore the nature of what Renée wants.

Lack is quickly renegotiated as curiosity in an attempted shift from psychic criteria (which threaten perceptions of the integrity of self) to visual criteria (which promise mastery of surface and object and which, in establishing the semblance of a continuum between self and other, offer the illusion of truth and self-sufficiency). But the obscure curiosity which burns within Renée compounds lack more than it compensates it, « Elle avait dans les yeux [...] un ardent besoin de curiosité inassouvie » (325). Guided by Maxime, Renée turns her gaze resolutely outwards, seeking in people, objects and places visual confirmation of the images which crowd her mind, « [...] lorsque je te voyais aller chez ta Sylvia, je m'imaginais des choses prodigieuses, des festins antiques, comme on en voit dans les tableaux [...] » (452). Denying the subject's inner gaze, curiosity focuses exteriority-surfaces and effects rather than motivations and causes. Curiosity is a deception and a distraction. It « blinds » Renée to her mental disintegration, « le détraquement de cette adorable et étonnante machine qui se cassait » (514), figured by the « spinning head, » « Sa tête folle [...] tournait » (405); « Quinze jours se passèrent. Renée s'était jetée plus follement que jamais dans sa vie de visites et de bals ; sa tête semblait avoir tourné une fois encore, elle ne se plaignait plus de lassitude et de dégoût » (441). Madness grips a head already full of the city's fury and the screechings of Blanche Muller's Belle Hélène. These noises in Renée's head, like the crude whistling of Maxime at *Tannhäuser*, drown out the voice of conscience, evacuating ideas, « [...] cette tête où la folie montait, et où [Maxime] croyait entendre, la nuit, sur l'oreiller, tout le tapage d'une ville en rut de plaisirs » (508). Renée's head buzzes with unintelligible sounds, indicating that the « fog before the eyes » has found its analogue in the hum of non-meaning, « Pendant qu'il me contait son histoire, je n'entendais qu'un grand bourdonnement [...] » (535)

From the blank gaze of a self at once dislocated and *disponible* in the novel's opening pages, the narrative traces Renée's apprenticeship to patterns of constrained viewing through the cultural agency of masculinity (Maxime, Worms, Saccard) and finally to the heroine's (re)conquering of sight (and insight). The narrative stages Renée's struggle to free her gaze, to see *clearly* and to make sense of what she sees. Here, the problematic of the gaze in the mirror and of self-identity is crucial to the dynamics of plot. In the opening chapter, Renée peers into the mirror, wondering « si elle était vraiment délicieuse comme on le lui disait » (333), her natural myopia aggravated by the tunnel vision of cultural essentialism. While she perceives beauty as an objective absolute that transcends subjective assessment, the posing of the question (specular interrogation) reveals Renée as (dimly) aware of the gap between language and experience, and of the unfixability of identity.

The mirror scene at the *Café Riche* (chapter 4) focuses some of these issues and marks the first stage of Renée's progress towards the regaining of the right to sight and to self-knowledge. The mirror is an equivocal surface («claire et cynique»), at once transparent and coded. Scratched on its surface are traces of names, risqué suggestions and confessions of forbidden love. This poses problems of legibility (how should Renée synthesize different styles of text? what sense can she make of the disparate, discontinuous, decontextualized narratives inscribed on the mirror's surface?). Renée knows the importance, to her narcissistic project, of mirrors as signifying surfaces but now her gaze is arrested by a specular surface signifying differently — in ways that disrupt the anticipated continuity between viewing subject and reflected image.[9]

As Renée struggles to make sense of the mirror's opaque, lacunary messages, her provisional, occasionally misguided reading of the mirror is cut short by patriarchal interdiction (Maxime's «ne lis pas cela»), which confirms, even as it seeks to deny, the inaugural importance of this episode in problematizing for Renée questions of identity, reading and interpretation.

The mirror trope connects with other frames and reflecting screens which imply the constitution, containment and recognition of image. In a novel where the heroine is implicitly engaging with questions like «who am I?», «what am I?», «what role am I playing?» and «what roles are available to me?,» the visit to the theatre in chapter 5 is in many ways the linchpin.

The theatre episode dramatizes the desirability of conflating life and myth whilst exposing the dead-end to which this leads. At the *Théâtre-Italien*, Renée views the staging, in tragic mode, of a sexual predicament that is structurally analagous to her own. Yet, if Renée feels the shiver of Phèdre's emotion pass over her, any sense of continnousness between self (Renée) and image (Phèdre) is shattered as Renée confronts, in the mirror of theatrical representation, the distinction between her own «story» and

---

9   Allan, John C., «Narcissism and the Double in *La Curée*,» *Stanford French Review* 5.3 (1981): 295-312, emphasizes the significance of mirrors to the narcissistic project but neglects the problematizing function of this least transparent of the novel's mirrors.

that of Racine's heroine, « Comme son drame était mesquin et honteux à côté de l'épopée antique » (509). Her part in the devaluation of desire denies her any tragic necessity; she is a superfluous bourgeois *parvenue* adrift in a sea of cynicism, indifference, deceit and cheap excitement. Phèdre is the sublime original, Renée a second-rate, Second Empire copy. Viewing *Phèdre* forces Renée to distinguish between an ideal constituted in images of nobility, purity and tragic grandeur, and the mediocre reality of indiscriminate sensual pleasures. The pleasure of recognition gives way to the pain of misrecognition as Renée confronts the deceptiveness of attempts to shore up identity through myth and literature.

The viewing of *Phèdre* occurs at the point in the novel where Renée has resumed marital relations with Saccard, while continuing her incestuous affair with Maxime. Renée's position (confusing her two lovers, negating the differences between sanctioned and transgressive love) contrasts with that of Phèdre who maintains the distinctions and dies because of the irreconcilability of those differences. Renée's inability to make, or maintain, distinctions affects every level of narrative interpretation. Like Emma Bovary watching *Lucie de Lammermoor,* Renée confuses theatrical illusion and reality (508), unable to preserve the distinctions between Phèdre and la Ristori. The narrative mirrors Renée's interpretative difficulty, repeats the instability, collapsing the differences between the voice of the real-life actress and the voice of a fictional character, « [...] elle entendait derrière elle cette rude voix de la Ristori, à laquelle répondait le murmure complaisant d'Œnone » (509).

Renée interprets the play as an ironic staging of her own predicament.[10] Like the reader, she grasps its retrospective value (in showing her what she has failed to be) and glimpses its prospective implications (the death of the heroine and the resolution of the plot). The *style indirect libre* of « Aurait-elle la force de s'empoisonner un jour ? » (509) brings together the voices of character, narrator and reader in a speculation on the end of Renée. The aspiration to suicide is significant if, in the event, unrealized (a final negation of the projected Renée-Phèdre identification). Suicide offers escape from a death-in-life existence ; more crucially, suicide is a form of self-authoring which allows the subject to reclaim her

---

10 See Lucien Dällenbach, *Le Récit spéculaire*, (Paris: Seuil, 1977) 97-98, for discussion of the contrastive relations of the two *mise en abyme* episodes of *La Curée* with their source-genres.

body from objectifying representation, to unmake the culturally-constructed self. Suicide is glimpsed as a sublime act of self-creation, a means to authenticity and freedom. Suicide belongs to the ideal represented by Phèdre.

Renée leaves the theatre only to suffer a return to indistinctness in the form of a hallucination that re-stages *Phèdre* as a grotesque carnival with the memory of Racine's heroine displaced by visions of Blanche Muller's lewd Hélène (510). Triggered by Maxime's self-mocking identification with Hippolyte, this shift from tragedy to travesty opens a further crack in Renée's mental state. But Renée is only momentarily transfixed by the vision of infamy which engulfs her. She learns to accommodate the initially constraining image of her own corruption, « wears » it with ease, unthinkingly, « Alors, l'incestueuse s'habituait à sa faute, comme à une robe de gala, dont les roideurs l'auraient d'abord gênée » (510). The onset of guilt, remorse and anxiety is resisted as Renée abdicates the position of viewing subject and reverts to that of image (a move that culminates with her performance as naked goddess in *Les Amours du beau Narcisse et de la nymphe Echo*) in a futile attempt to transform the failure of the Renée-Phèdre projection.

Here, Renée seeks to transcend the differences between illusion and experience. Her dream of evaporating into myth is coextensive with her need to make visible what is real and obscured from sight, namely desire. But, if the role of Echo allows Renée to stage her body as the nexus of fantasy and erotic longing, this implies performing (miming) desire rather than living it. Theatrical representation traps Renée in the vicarious repetition of desire that constitutes a further displacement from authentic being (Echo's « chair de marbre » [553] figuring the petrifaction of desire). The *tableaux vivants* reinforce the notion of framing at the point where Renée needs most to break out of frames which are aesthetically, erotically and socially constructed. The *tableaux vivants* are, in the literal sense of the word, a diversion, for playing Echo (aspiring to seamless identification of reality with fiction) allows Renée to defer the moment of clear-eyed confrontation with her own subjectivity. Only the real-life, imminent loss of Maxime precipitates Renée's return to the position of viewing subject.

The fraught reading of the mirror at the *Café Riche* inaugurates Renée's struggle to see and to know, raising questions of legibility, interpretation and recognition that are literally enacted for Renée in *Phèdre*. The mirror scene in chapter 6 is the final link in the chain of specular instances that leads from obscurity to lucidity. Here Renée frees herself from the gaze that others force upon her, assuming the right to see unassisted. Her visual inertia, « grands yeux fixes de morte », is transformed through the exercise of a newly critical gaze, « étonnée de se voir » (572).[11]

The « trained » curiosity of Renée is displaced by a « living eye » that is freely focused, unmediated, spontaneous (a moment that coincides with the absence and the abstraction of husband and stepson « oubliant son mari, oubliant Maxime » [572]).[12]

Renée becomes her own spectator, her own interpreter. She is at once viewing subject and viewed object, a split that is both inevitable and necessary to bring about the estrangement of self from specular image: « toute préoccupée par l'étrange femme qu'elle avait devant elle » (572). Whilst the description of Renée's self-viewing seems to repeat the atomizing gaze of others: « Elle s'aperçut », « elle se vit », « elle se contempla », « Elle regardait ses cuisses », « elle suivait les lignes souples [de ses hanches] sous la gaze » (572), the motivation is no longer narcissistic or auto-erotic but now self-reflexive and self-critical. This instance of self-unmaking prompts a descriptive style which is spare, elliptical and incisive. The gaze in the mirror fractures the socially and phantasmatically constituted image that is « la belle Madame Saccard », reproblematizes the relation between body and self, and dispels the essentialist myth clouding Renée's self-perceptions. The description of Renée's coming-to-consciousness of her own facticity, « [...] elle se sentait, elle, le *produit, le fruit véreux de ces deux hommes* [...] » (575) fills the space between initial uncertainty, « Elle ne savait plus » (572), and definitive recognition, « Elle savait maintenant. C'étaient ces gens qui l'avaient mise nue » (575). And so, the relation « seeing oneself-knowing oneself » is confirmed through the deployment of a gaze wrested from masculinist conflations of self and body. Renée's myopia is corrected by knowledge acquired through specular self-analysis. Renée views (and unmakes) her

---

11 This reverses the automatism of the protagonist's initial gaze: « [Renée] se regarda d'un mouvement machinal. Elle eut un sourire involontaire, et descendit » (335).
12 Jean Starobinski takes up Rousseau's term in his essay, *L'Œil vivant* (Paris: Gallimard, 1969), on the problematics of visualization in Corneille, Racine, Rousseau and Stendhal.

image as a created object in order to reconstruct herself authentically. The undoing of the body is staged as a de-animation of that image:[13]

> [...] elle ne voyait que ses cuisses roses, ses hanches roses, cette étrange femme de soie rose qu'elle avait devant elle, et dont la peau de fine étoffe [...] semblait faite pour des amours de pantins et de poupées. Elle en était arrivée à cela, à être une grande poupée dont la poitrine déchirée ne laisse échapper qu'un filet de son. (573-74)

The « torn doll » metaphor materializes finally in the « corps mou » of Renée's discarded doll, completing a chain of mutually reflexive signifiers which narrate the de-idealization and demise of the female protagonist. Renée's gaze in the mirror anticipates the end of narrative, « [...] elle s'approcha de la glace, se regarda encore, s'examina de près. Elle était finie. Elle se vit morte » (576). Specular and ontological criteria coincide in the death of aura at the point where the character writes herself out. Out of this final mirror scene comes recognition of the illusion of immanence. The specular staging of a dead *figural* body concludes the erasure of Renée's social being as she extricates her body from the fantasies constituting her as feminine enigma.[14] Gazing upon her « dead » image, Renée is both the subject and the object of focalization for herself alone. Her literal dying remains unnarrativized; only the pathological fact of her death is reported. But this figures not self-loss but self-reappropriation: in death, Renée's body eludes representation (iconization); it escapes into invisibility. With this, comes the impersonality of the *excipit* and the pertinent selection of the couturier's invoice as a last textual trace and an ironic reminder of the dead letter of cultural constructions of Woman.

---

13 Naomi Schor indicates Zola's apparent hesitation between an essentialist vision and a constructionist perspective on femininity in « Devant le château: femmes, marchandises et modernité dans *Au Bonheur des dames* ». Cf. *Mimesis et semiosis: Littérature et représentation*, Philippe Hamon et Jean-Pierre Leduc-Adine, éds (Paris: Nathan, 1992).

14 Bronfen, Elisabeth, *Over Her Dead Body: Death, Femininity and the Aesthetic*, (Manchester University Press, 1992), discusses suicide « as a form of feminine authorship. » Whilst Renée does not commit suicide, this mirror instance is a form of figural body-undoing that allows her to unmake the gender constructions imposed upon her.

Bibliography

Allan, John C. « Narcissism and the Double in *La Curée*. » *Stanford French Review* 5. 3 (1981): 295-312.
Bronfen, Elisabeth. *Over Her Dead Body: Death, Femininity and the Aesthetic*. Manchester University Press, 1992.
Dällenbach, Lucien. *Le Récit spéculaire*. Paris: Seuil, 1977.
De Chalonge, Florence. « Espace, regards et perspectives: La promenade au Bois de Boulogne dans *La Curée* d'Emile Zola. » *Littérature* 65 (1987): 58-69.
Felman, Shoshana. *What Does a Woman Want?: Reading and Sexual Difference*. Baltimore and London: Johns Hopkins University Press, 1993.
Schor, Naomi. « Devant le château: femmes, marchandises et modernité dans *Au Bonheur des Dames* », *Mimesis et semiosis: Littérature et représentation*. Philippe Hamon et Jean-Pierre Leduc-Adine, éds. Paris: Nathan, 1992.
Starobinski, Jean. *L'Œil vivant*. Paris: Gallimard, 1969.
Tanner, Tony. *Adultery in the Novel: Contract and Transgression*. Baltimore: Johns Hopkins University Press, 1979.
Walker, Philip. « The Mirror, the Window, and the Eye in Zola's Fiction. » *Yale French Studies* 42 (1969): 52-67.
Zola, Emile. *Les Rougon-Macquart*. 5 Vols Paris: Gallimard, « Bibliothèque de la Pléiade », 1960-1967.

Women and the Commune: Zola's Revisions

Leslie Ann MINOT

> On ne peut reprocher à la Commune d'avoir été hypocrite; elle ne s'est point dissimulée; elle a été très franche. Comme une prostituée sans vergogne, elle a tout fait voir, et l'on a été surpris de la quantité d'ulcères qui la rongeaient.
>
> Maxime Du Camp, *Les Convulsions de Paris*

« Nowhere is a political threat more clearly represented as a sexual threat than in writings about the Paris Commune of 1871, » declares historian Gay Gullickson.[1]

This unsuccessful uprising of the working people of Paris from March through May 1871 received little sympathy from the majority of important literary figures in France at the time, as Paul Lidsky has noted, and left a legacy of representations of bad women and bad workers which haunted the French imagination through the turn of the century.[2]

By 1892, in *La Débâcle*, his novel of the Franco-Prussian War and the Commune, Zola will decry as inaccurate representations of *pétroleuses* and women on the barricades in favor of a rigorously masculine representation of the Commune as a threat to the promise of *fraternité*. Nevertheless, misogynous representations of the Commune serve as an essential background for many of his novels of the early 1880s.[3]

Germinal (1885) has been most commonly discussed in relation to the politics of worker's revolution, but I want to explore the ways in which *Nana* (1880) and *Au Bonheur des Dames* (1883) — both written after the Commune but narrating events from the period just before the Commune — pose the problem of the links between the representation of

---

1   Gay Gullickson, « The Unruly Women of the Paris Commune, » in Dorothy O. Helly and Susan M. Reverby, eds, *Gendered Domains: Rethinking Public and Private in Women's History* (Ithaca: Cornell University Press, 1992) 135-53.
2   Paul Lidsky, *Les Ecrivains contre la Commune* (Paris: Maspero, 1970). See also discussions in Susanna Barrows, *Distorting Mirrors: Visions of the Crowd in Late Nineteenth-Century France* (New Haven: Yale University Press, 1981).
3   For a discussion of the ways in which the difference between acceptable male violence and unacceptable female violence structures gender representation in *La Débâcle*, see Naomi Schor, *Zola's Crowds* (Baltimore: Johns Hopkins University Press, 1978) 104-05.

the sexual and the political in the context of the Commune. In both novels, the spectre of the Commune lurks just below the surface of the text, and where it emerges, it is embodied through figures of women, and its violence is enacted by and upon them.

In a set of notes titled « Différences entre moi et Balzac », Zola comments, « Balzac dit qu'il veut peindre les hommes, les femmes, et les choses. Moi, des hommes et des femmes, je ne fais qu'un, en admettant cependant les différences de nature ».[4] Yet the role Zola chooses for women in his sublimated representations of the Commune suggests that in his mind that they, in fact, stand in some intermediary position between men and objects. Indeed, the fantasmatic slippage between human and object, person and thing, occurs at crucial moments when Zola draws links among women, prostitution, and the violence of the Commune.

In *Nana*, certainly, this « thingification » is apparent in the contrast between the relative visibility of the prostitute's body and the general opacity of her character and motivation. Zola is not known for the subtlety of his psychology, for inviting us to share in the finely detailed states of consciousness of his characters. Let's look, however, at one of the rare moments when Zola gives us some access to the inside of Nana's head, during one of her decisive encounters with Muffat, which takes place in the *passage des Panoramas*. Nana's memories, desires, and remembered desires coalesce and become both a sign of the continuity and legibility of her « self, » giving her a peculiarly flat sense of depth:

> Elle adorait le passage des Panoramas. C'était une passion qui lui restait de sa jeunesse pour le clinquant de l'article de Paris, les bijoux faux, le zinc doré, le carton jouant le cuir. Quand elle passait, elle ne pouvait s'arracher des étalages, comme à l'époque où elle traînait ses savates de gamine, s'oubliant devant les sucreries [...] des colonnes Vendôme et des obélisques portant des thermomètres. (210)[5]

---

4 Quoted in Naomi Schor, « Smiles of the Sphinx: Zola and the Riddle of Femininity, » *Breaking the Chain: Women, Theory, and French Realist Fiction* (New York: Columbia University Press, 1985) 32.
5 The edition cited throughout the text for both *Nana* and *Au Bonheur des Dames* is Emile Zola, *Œuvres complètes* (Paris: Cercle du livre précieux, 1962-1969).

Nana's head, we find, is full of the same cheap trinkets, the same *things* that exist outside of it. Yet this list of objects may tell us more about Nana, the woman and the novel, than we might suppose at first glance. I want to focus on one of the final items in the list, the miniature « Vendôme columns with thermometers on them. » The Vendôme column was a focus of anxiety about the relationship between people and objects during the Commune. Built to the glory of Napoleon's army, it was toppled by the Commune in May 1871 as

> [...] a monument to barbarism, a symbol of brute force and glory, an affirmation of militarism, a negation of international law, a permanent insult to the vanquished by the victors, a perpetual assault on one of the three great principles of the French Republic, Fraternity [...].[6]

This destruction of a monument, of material culture, in the name of the liberty and fraternity of the people provoked some of the most violent rhetoric on the part of the Commune's opponents, including Maxime du Camp, who decried « cette rage de s'en prendre aux choses matérielles ».[7]

Zola's own ambivalence or anxiety about the Vendôme column can be seen in the particular circumstance in which it is evoked. It appears, after all, as a miniature knick-knack, a cheap reproduction held in the memory of the prostitute, and its glory is perhaps diminished with its size, its uniqueness undercut by mass production. Moreover, its grandiose symbolic function is replaced by a utilitarian one – it holds a thermometer. Yet this thermometer, too, evokes a double theme that further links *Nana* with the Commune – rising temperatures that signal both the fires of passion and the fires in Paris during the last week of the Commune.[8]

The most enduring and widespread image of women's involvement in the Commune was that of the *pétroleuses* – the women reputed to have participated by setting the fires which destroyed much of the city

---

6   Quoted in Kristin Ross, *The Emergence of Social Space: Rimbaud and the Paris Commune* (Minneapolis: University of Minnesota Press, 1988) 5.
7   Maxime Du Camp, *Les Convulsions de Paris*, vol. 2 (Paris: Hachette, 1878-1880) 291. I am grateful to the Bibliothèque Nationale for allowing me to consult this particular edition from the Reserve, because it differs significantly from later editions, especially in its descriptions of women of the Commune.
8   I do not know whether such little Vendôme columns actually existed, or whether they are a happy invention of Zola's imagination.

during the final battles. These fires, in anti-Commune writings, were read as yet another sign of the Commune's willful hostility to material objects, to *property*. Although evidence suggests that the majority of the fires that were set intentionally were set by men, rapidly circulating rumors which lay the blame on women and children were widely reported in the press and women were often taken prisoner or shot merely on suspicion.[9] Anti-Commune reports regularly featured descriptions of women incendiaries, « behaving like tigresses, throwing petroleum everywhere, » women « distinguished by their cruelty and rage, » « furies intoxicated with the fumes of wine and blood. »[10]

Like the *pétroleuse* of the anti-Commune fantasmatic, Nana is portrayed as a perversely sexual woman who literally and figuratively sends things up in flames. She first appears at the *Théâtre des Variétés* as Vénus « qui enflammait vraiment [les] femmes [des bourgeois respectables] de trop d'ardeurs » (31). She later bankrupts Vandeuvres, which leads to his spectacular suicide, burning himself alive in his stable. Nana's commentary on his death evokes the burning of Paris, both in its ironic notion of festivity, a mood frequently associated with the Commune, and its insistence on the use of *pétrole*:

> Mais quant à la petite fête de la fin, oh! très chic! reprit Nana [...]. Il avait écarté tout le monde, il s'était enfermé là-dedans, avec du pétrole [...]. Et ça brûlait, fallait voir! (285)

As the novel moves toward its conclusion, the link between Nana's destructive power and metaphors of fire becomes definitive. Old, wealthy Paris is burning, and it is Nana who lights the match:

> Ce fut l'époque de son existence où Nana éclaira Paris d'un redoublement de splendeur [...]. Dans son hôtel, il y avait comme un éclat de forge. Ses continuels désirs y flambaient, un petit souffle de ses lèvres changeait l'or en une cendre fine que le vent balayait à chaque heure. (303)

---

9 Gullickson 139-40. For a general discussion of women's involvement in the Commune, see Edith Homas, *Les Pétroleuses* (Paris: Gallimard, 1963).
10 All quoted in Gullickson 140-42.

This emphasis on things going up in flames is central enough to be retained in the dramatic adaptation Zola made of *Nana*, although it is conveyed differently. Janice Best explains,

> C'est la progression de ce désordre et de cette destruction qui, comme dans le roman, devait rythmer les péripéties de la pièce. Dans le septième tableau, par exemple, le comte Muffat cherche à se réconcilier avec sa femme, mais celle-ci lui avoue qu'elle est devenue la maîtresse de Fauchery. Les Muffat décident alors de se suicider ensemble et ils mettent le feu à leur hôtel, qui devait brûler sur scène, devant les yeux des spectateurs. Ensuite, dans le huitième tableau, le désordre règne partout. (110)[11]

If Nana, like the *pétroleuse*, poses a female, sexual, working-class threat to material culture, she is nevertheless also frequently represented as a material object. Not only is her head full of things, but her body is metamorphosed frequently in the minds of the men around her into a sort of monumental material culture.

> Et Mignon, en face de ce monument magistral, se rappelait des grands travaux. Près de Marseille, on lui avait montré un aqueduc dont les arches de pierre enjambaient une abîme, œuvre cyclopéenne qui coûtait des millions et dix années de luttes. A Cherbourg, il avait vu le nouveau port, un chantier immense, des centaines d'hommes suant au soleil, des machines comblant la mer de quartiers de roche, dressant une muraille où parfois des ouvriers restaient comme une bouillie sanglante. [...] Nana l'exaltait davantage [...] [un] rien honteux et si puissant, dont la force soulevait le monde, que toute seule, sans ouvriers, sans machines inventées par des ingénieurs, elle venait d'ébranler Paris et de bâtir cette fortune où dormaient des cadavres. (332)

Although the passage begins as a comparison of the *grands travaux* to Nana's hotel, the metaphor slips, and Nana's body comes to take the place of her belongings. It expands, becomes enormous, for we can read her legs in the image of *les arches de pierre* which *enjambaient une abîme*, her sex in the single eye, the disavowed aspect of the metaphor of giants and their strength, marked by the phrase *œuvre cyclopéenne*. Nana's body epitomizes the efficiency of technology, using *« ce rien honteux »* as the lever for moving the world.

---

11 Best discusses Zola's stage adaptations in her *Expérimentation et adaptation* (Paris: José Corti, 1986).

Indeed, the prostitute Nana seems to gain her power precisely from her commodified, thingified, circulating body. Apparently, insofar as she becomes inhuman, object-like, she also becomes a threat to objects, and there is an anxious blurring of the idea of threatened and threatening materiality.

A similar situation can be observed in *Au Bonheur des Dames*, where the mass of women shoppers and the store mannequins sustain an uneasy identification with each other and with the armed crowds of the Commune. The commercial struggle throughout the novel is clothed in the language of war, and on sale days, the crowds of women in the grip of consumer passion advance on the goods like an invasion of (primitive?) hordes: « Elles avaient pris d'assaut les magasins, elles y campaient comme en pays conquis, ainsi qu'une horde envahissante, installée dans la débâcle des marchandises ». (914)[12]

It is perhaps no accident that Zola designates the site of their invasion in terms he will later use in the title of his novel on the events of 1871 – « la *débâcle [des marchandises]* ». Indeed, the interior of the department store comes to resemble the embattled streets of the last days of the Commune, complete with sexual overtones:

> [...] il fallait enjamber, à la ganterie une barricade de cartons. [...] Mêmes ravages en haut [...] les fourrures jonchaient les parquets, les confections s'amoncelaient comme des capotes de soldats mis hors de combat, les dentelles et la lingerie, dépliées, froissées, jetées au hasard, faisaient songer à un peuple de femmes qui se serait déshabillé là, dans le désordre d'un coup de désir [...]. (798-99)

While Zola merely hints at violence in these scenes and lightly suggests the terrain of embattled streets and barricades, this semblance of evidence of an imaginary striptease performed by a crowd of women amid the ravages echoes metaphors from anti-Commune rhetoric of militant women shedding their clothes. Maxime du Camp again offers an example, when he notes, « Elles avaient lancé bien autre chose que leur bonnet par-dessus les moulins; elles ne s'arrêtèrent pas à si mince détail et tout le reste du costume y passa. Elles mirent leur âme à nu, et l'on fut stupéfait de la quantité de perversité naturelle que l'on y découvrit ».[13]

12   I am grateful to Kristin Ross for drawing my attention to this series of moments in the text.
13   Du Camp 2: 86-87.

If the crowds of women are repeatedly represented as sexually-motivated, invading hordes, the department store mannequins, in effect their « body doubles, » are made to pay the price. In an early scene, they are humorous figures who lightly evoke prostitution, « *belles femmes à vendre* », women who have figuratively « lost their heads », which are conveniently replaced by price tags. As the novel progresses, however, they come to be represented as a military force, decapitated figures who continue to bleed:

> [...] et l'on eût dit une double haie de soldats pour quelque défilé triomphal avec le petit manche de bois pareil au manche d'un poignard, enfoncé dans le molleton rouge, qui saignait à la section fraîche du cou. (904)

It is surprising how little attention has been paid to the grotesquely violent character of such descriptions. Images of a dismembered army of women become increasingly eroticized at the conclusion of the novel, merging sexuality, commerce, and violence in a pornographic fantasy of desirable part-objects in the corset department:

> [...] on avait fait ce jour-là un étalage spécial, une armée de mannequins sans tête et sans jambes, n'alignant que des torses, des gorges de poupées aplaties sous la soie, d'une lubricité troublante [...]. (1024)

This disturbing series of material doublings and displacements of violence follows the broader logic of the novel, in which the goods become lifelike while the shoppers lose their humanity and vivacity (720). The mannequins reveal the presence of breath and soul while the women shoppers are reduced to a mass of products turned out through the gears of this monstrous store repeatedly imagined as a factory.

As in *Nana*, representation of the violence of the Commune is joined with uncertainty or ambiguity in the relationship of women and objects, particularly women's bodies and commodified objects which circulate. Historians and literary scholars frequently express their difficulty in explaining the virulence of anti-Commune misogyny. Like Lidsky, they often fall back on the perhaps overly simple notion that it is the ongoing expression of pre-existing misogyny.[14] Or like Neil Hertz, they offer a

---

14 Lidsky 63-65.

Freudian variant addressing the fear of castration.[15] I want to suggest that while it may not be practicable, theoretically or historically, to mark out an origin for misogyny, it is nevertheless often useful to examine the paths it has taken. Without arguing that a given author, novel, or character is misogynous or constructed with misogynous intent, one can nevertheless chart the impact of certain particularly « anxious » discourses about women at a given historical moment. The mechanisms of this anxiety in Zola's novels suggest ways in which the hyperbolic fears of sexuality and sexual women in a broad array of anti-Commune writing might be understood to draw its force from more general anxieties about materiality, material culture, the notion of property and the relationship of human life to the objects it creates. The repeated recurrence of prostitution in this context confirms this reading by locating the idea of woman somewhere between humanity and commodity.

Without leaping directly to the notion of castration, the disturbing representations of violence, the doublings and displacements that allow us to link the women in these novels to the Commune, also recall mechanisms of the uncanny or *unheimlich* described by Freud.

The mannequins, as dismembered feminine doubles endowed with a troubling sexuality, invoke several motifs that Freud examines in detail in his discussion of the *unheimlich*, not least of which is the confusion between the living/organic and the dead/mechanical. Both the department store mannequins and descriptions comparing Nana's body to technological achievements could evoke this sense of the uncanny.[16] The bodies of women serve in both Freud's essay and, as we have seen, in Zola's novels as crucial sites for elaborating this sense of anxiety. Freud's discussion of a particular kind of disorientation as a form of the *unheimlich*, in this essay, falls back on the elliptically mentioned figure of the sexual woman:

> [...] I found myself in a quarter of whose character I could not long remain in doubt. Nothing but painted women were to be seen at the windows of the small houses, and I hastened to leave the narrow street. [...] But [...] I

---

15 Neil Hertz, « Medusa's Head: Male Hysteria Under Political Pressure, » *The End of the Line: Essays on Psychoanalysis and the Sublime* (New York: Columbia University Press 1985).

16 Cited in *The Standard Edition of the Works of Sigmund Freud*, vol. 17, trans. Q. Strachey (London: Vintage, 2001).

> suddenly found myself back in the same street. [...] I hurried away once more, only to arrive by another *détour* at the same place yet a third time. Now, however, a feeling overcame me which I can only describe as uncanny, and I was glad enough to find myself back at the piazza I had left a short while before [...]. (236-37)

The story of Freud's repeated, if apparently unwilling, return to the haunts of prostitutes is the most elaborate and unelaborated example in this part of his discussion. But perhaps this is because the figure of the prostitute already partakes too much of the *unheimlich* for Freud, since she carries out into the streets among strangers a sexuality which would otherwise remain « in the family, » « at home. » Moreover, and perhaps more importantly, she makes use of her body as an object in the marketplace. That is, she makes particularly visible the centrality of the body itself, the body conceived of as object, in our understanding of the *unheimlich*. In fact, the majority of situations which can, according to Freud, provoke an *unheimlich* sensation are linked to anxieties and fears (castration complex, for instance) about bodily integrity, uniqueness and survival (244). In the case of Zola's female mannequins, we may well wish to consider the relationship between castration and other, more general, threats to bodily integrity.

The department store mannequins provide an obviously overdetermined site for displacing the violence Zola would direct toward the crowd of women shoppers (as well as the threat of violence they may represent). Yet, their role as doubles and their always-already dismembered status should perhaps draw our attention to the possibility of a connection between the *unheimlich* and one of Zola's preferred rhetorical figures, synecdoche. Synecdoche has traditionally been defined as the use of a part to represent the whole, and the classic example has been « thirty sails » for « thirty ships. » Synecdoche, like the *unheimlich*, raises questions about part/whole relationships, about dismemberment and unity. For synecdoche can be understood to double and dismember in the same gesture – that is, in order to represent the whole (to provide a symbol that doubles for the whole), it makes use of the isolated part, drawing attention to the possibility of dismemberment, of breaking up the whole into parts.

The mannequins pose a particular problem with regard to synecdoche, since they both are and are not synecdoches in the text. By asking us to read them as decapitated, dismembered, Zola asks us to read them as if they were synecdochal – as if they were only parts of some «whole» mannequin which would have a head and limbs. That is, the mannequins cannot be the victims of decapitation or dismemberment precisely because they never had heads or limbs to begin with. It is only by imagining them as doubles for the women that we are induced to «fill in» their «missing» parts. Likewise, it is by this doubling that we can, with Kelly Benoudis Basilio, see the women as nothing more than an *«assemblage de pièces détachées»* (325).[17] The links we have seen between the mannequins and the violence of the Commune should make us less complacent about reading the mannequins simply as an advance case of modernist «recognition» of the decentered subject – it would be a mistake, I think, to read the destruction of women here as the deconstruction of «woman.» For the scandal of the mannequins is less, perhaps, that they metaphorize Zola's women into a mere assemblage of body parts, than that they ultimately draw our attention to the way in which synecdochal reference constantly chops up the women in Zola's fictional world.[18]

Moreover, the women are not simply reduced to a *random* assemblage of parts, as Basilio (whose interest is the functioning of metonymy in the text) seems to suggest. In their *Rhétorique générale*, Group Mu (*Centre d'études poétiques, Université de Liège*), raises the classical problem of the motivation behind the selection of the part which will serve to represent the whole in synecdoche. Why, after all, is it thirty sails, not thirty masts or thirty oars to represent thirty ships? They suggest that selection of the part in synecdoche operates to eliminate inessential *sèmes*, or meanings, while retaining those *sèmes* which are essential to the discourse, without which the discourse would not be intelligible (104-106).[19] That is, the criteria for selection are motivated and emerge from the larger discourse. In the case of the mannequins, the parts that are eliminated – head, hands, arms, legs, feet – are as telling as those that are retained as «essential.» It is thus no accident that the minor character, Tatan Néné, is introduced to us in *Nana* as «la plus belle gorge de l'hiver» (77). Or to

---

17 See her *Le Mécanique et le vivant: La métonymie chez Zola* (Geneva: Droz, 1993).
18 Synecdoche also chops up men as well, in Zola's narratives although the question of the equivalence of men to their body parts is not re-enacted again and again in the way women's relation to their bodies is.
19 Groupe Mu, *Rhétorique générale* (Paris: Seuil, 1965).

return to another example from *Nana*, which we examined earlier, where Zola writes, « C'était bien, c'était juste, elle avait vengé son monde [...]. Et tandis que, dans une gloire, son sexe montait et rayonnait sur ses victimes étendues, pareil à un soleil levant qui éclaire un champ de carnage » (381), it is easy to lose the synecdoche behind the startling metaphor of the sunrise, easy to accept the equivalence imagined between Nana and her « sex. » Is Tatan Néné nothing but her bust? Can Nana be reduced to her sex? That is certainly one of the crucial questions of the text.

If we are disturbed by the implications of the heads which seem to have disappeared from the mannequins in *Au Bonheur des Dames*, we should perhaps be equally disturbed when we find them again – for the text also abounds in detached heads:

> Une houle compacte de têtes roulait sous les galeries, s'élargissait en fleuve débordé au milieu du hall. (792)
> C'était un nouveau spectacle, un océan de têtes vues en raccourci, cachant les corsages, grouillant dans une agitation de fourmilière. (914)
> [...] la houle désordonnée des têtes. [...] (1038)

The « essential » element of these heads seems, in fact, to be the quantity they come in – a quantity which perhaps undermines any sense of the head as the seat of individual reason and judgment. The image of the crowd as unreasoning and potentially destructive had taken such possession of the French imagination that by the mid-1880s it was developing into a new social science, crowd psychology.[20] According to historian Susanna Barrows, Zola's representations of the crowd constitute an important part of this history. If the internal relations of parts to bodies are continually problematized by Zola through synecdoche, the external relations of bodies to larger systems of organization are likewise thrown into question. It is synecdoche, as Naomi Schor points out, which allows Zola to

---

20 Susanna Barrows' *Distorting Mirrors: Visions of the Crowd in Late Nineteenth-Century France* discusses the rise of crowd psychology in some detail. The development of crowd psychology is also important to Annie Stora-Lamarre's arguments about literacy and the fear of pornography in *L'Enfer de la IIIe République: Censeurs et Pornographes (1881-1914)* (Paris: PUF, 1990). Also, in her introduction to the reprint of the English edition of *Au Bonheur des Dames*, Kristin Ross points out the links between the representation of the crowd in this novel and the theories of crowd psychology.

represent the vast crowds of novels like *Au Bonheur des Dames* through a carefully selected band of typical, yet personalized individuals:

> Personification by synecdoche is the literary equivalent of miniaturization in modern technology; by taking the part for the whole, several typical individuals for an abstract class – one lonely shopkeeper for a doomed sector of the economy, ten customers for the clientele on a sale day, several salesgirls for a professional category – Zola seeks an economic means of presenting a large unwieldy crowd. (Schor 156)

A form of synecdoche certainly, but one in which the human animal is no longer « the measure of all things. » This apparently technical literary gesture for simplifying the representation of crowds nevertheless carries the notion, implicit throughout the *Rougon-Macquart* cycle, that the individual is ultimately subordinate to the group, and that it is the level of the crowd, perhaps even « the level of the species, » to borrow a phrase from Foucault, that Zola is ultimately trying to represent in his vast sequence of novels about the interaction of heredity and environment.

Yet, aren't these two logics of synecdoche in fact the same? After all the body which breaks down into a cluster of (sexual) parts is not much different from the body which is assumed into the order of the instinct-driven crowd or the order of the species, a species whose biological goals of evolution and self-preservation were described by the new sciences of sexuality. By relying on synecdoche (as well as on metonymy, a rhetorical figure which establishes relations on the basis of contiguity[21]), Zola offers us descriptions of a world of bodies and objects that are breaking up, jumbled, disaggregated, and often out of proportion. If the internal relations of parts to bodies are continually problematized, the external relations of bodies to larger systems of organization – crowds and species, but also social institutions – are likewise thrown into question. The unity of the individual is repeatedly violated by the chaos of disordered body parts and by social and biological forces of which the individual is unconscious.

---

21 For a detailed study of metonymy in Zola, particularly in *Au Bonheur des Dames*, see Kelly Benoudis Basilio's study *Le Mécanique et le vivant*.

This may offer one way of understanding the « epic » quality often attributed to Zola's detail-obsessed, in some ways almost documentary, realism. By taking this biological double-bind as one of the bases for his naturalist theories, and by taking synecdoche as a major mechanism of representation, Zola can develop a remarkably tight narrative coherence between everyday details and overwhelmingly large institutions, social movements, and evolutionary trends. At the same time, it offers a way of accounting for the repeated irruption of anxieties connected with the uncanny in the texts we have seen. Freud discusses the *unheimlich*, both as an effect that can be produced in the ordinary course of events and also specifically as an aesthetic effect, suggesting that literature can go well beyond the limits of reality in striving to produce this effect. What distinguishes Zola from the German Romantics or the gothic novelists is his ability to stay close to particular vision of reality, to tap into the potential for the uncanny in the ordinary course of rapidly changing events that was nineteenth-century urban life. His monstrous department store with its animate contents, his prostitute (who is not only larger than life, but larger than major construction sites) allow him to alternately naturalize and bring into uncanny relief a world in which bodies have become central and yet no longer know quite who or where or what they are. In this oscillation of scope and scale, small tremors of the flesh and violent social revolution can be linked – in this case, through the bodies of women.

Bibliography

Barrows, Susan. *Distorting Mirrors: Visions of the Crowd in Late Nineteenth-Century France*. New Haven: Yale University Press, 1981.
Best, Janice. *Expérimentation et adaptation*. Paris: José Corti, 1986.
Du Camp, Maxime. *Les Convulsions de Paris*. Vol. 2. Paris: Hachette, 1878-1880.
Gullickson, Gay. « The Unruly Women of the Paris Commune » in *Gendered Domains: Rethinking Public and Private in Women's History*. Dorothy O. Helly and Susan M. Reverby, eds Ithaca: Cornell University Press, 1992.
Groupe Mu. *Rhétorique générale*. Paris: Seuil, 1965.

Hertz, Neil. « Medusa's Head : Male Hysteria Under Political Pressure. » *The End of the Line: Essays on Psychoanalysis and the Sublime.* New York : Columbia University Press, 1985.

Lidsky, Paul. *Les Ecrivains contre la Commune.* Paris : Maspero, 1970.

Ross, Kristin. *The Emergence of Social Space: Rimbaud and the Paris Commune.* Minneapolis : University of Minneapolis Press, 1988.

Schor, Naomi. « Smiles of the Sphinx : Zola and the Riddle of Feminity. » *Breaking the Chain: Women, Theory, and French Realist Fiction.* New York : Columbia University Press, 1985.

Schor, Naomi. *Zola's Crowds.* Baltimore : Johns Hopkins University Press, 1978.

Stora-Lamarre, Annie. *L'Enfer de la IIIe République: Censeurs et pornographes* (1881-1914). Paris : PUF, 1990.

The Standard Edition of the Complete Psychological Works of Sigmund Freud. Trans. James Strachey. Vol. 17. London : Vintage, 2001.

Zola, Emile. *Œuvres complètes*, 15 vols. Paris : Cercle du livre précieux, 1962-1970.

Speaking Inside and Outside of the Bourgeois Salon

Lydia BELATÈCHE

In his study, *La Femme*, of 1859, the historian Jules Michelet describes how men and women of the bourgeoisie speak separately from one another but within equal social spaces:

> Tout le monde voit chaque soir comme un salon se sépare en deux salons, un des hommes et un des femmes.[1]

Zola, a reader of Michelet, who devoted several book reviews to the historian's works, presents in the first of his bourgeois novels, *Une Page d'amour* of 1878, an exact reproduction of this phenomenon as described by Michelet. Both the historian and the author emphasize how the hostess must entreat her male guests to join the women in conversation: (Michelet) « si la maîtresse de maison exige par une douce violence que les deux cercles se fondent, que les hommes causent avec les femmes, le silence s'établit, il n'y a plus de conversation » (ii); (Zola) « A trois reprises déjà, Juliette était allée dans le petit salon, pour supplier les hommes qui s'y réfugiaient de ne pas abandonner ainsi les dames. Ils la suivaient, et, dix minutes après, ils avaient encore disparu ».[2]

In their *Journal*, the Goncourt brothers claim to have heard Michelet explain out loud why such a silence exists between the sexes in the salon: « il nous dit que la séparation actuelle des hommes et des femmes dans les salons tient à la spécialité moderne de l'homme, à ce que chacun, nous avons le nôtre et que les femmes détestent la spécialité ».[3] In other words, for Michelet, bourgeois men are talking about subject matters which do not interest bourgeois women. In Zola's salon, in *Une Page d'amour*, these male subject matters include business (a man discusses a delivery of silk), government (a magistrate criticizes Parisian vice), and foreign affairs (a

---

1   Jules Michelet, *La Femme* (Paris: Hachette, 1860) Introduction, ii.
2   *Les Rougon-Macquart*, édition établie par Henri Mitterand, vol. 2 (Paris: Gallimard, « Bibliothèque de la Pléiade », 1960-1967) 981.
3   *Journal, mémoires de la vie littéraire*, Robert Ricatte éd. (Paris: Fasquelle et Flammarion, 1956) vol. 2, 18, 4 février 1864.

man describes a Chinese acquaintance). Zola criticizes quite harshly his female characters' conversations in the «grand salon», a space separated from the «petit salon» that the male speakers occupy:

> Des dames, assises depuis trois heures sur le même fauteuil, avaient un air d'ennui inconscient, heureuses pourtant de s'ennuyer là. (2:982)

Making up these women's «empty» or «boring» conversations, Zola identifies: «des confidences» (2:982) and «des commérages» (2:979), that is, what linguists today still identify as men's view of women's single-sex conversations. According to Marina Yaguello:

> [L]a question n'est pas: «Les femmes sont-elles bavardes?» mais plutôt: «Pourquoi les hommes trouvent-ils les femmes bavardes?» Dans le discours masculin, la femme «bavarde» (de choses futiles) tandis que l'homme «discute» (de choses sérieuses).[4]

Women are either gossiping or producing idle chat, and this, not only according to our male narrator.

In the initial pages of his study, *La Femme*, despite the Goncourts' contrary claim in their *Journal*, Michelet does not specifically privilege men's knowledge over that of women. Nor does he praise men's style of speaking over that of women. Rather, he makes an urgent appeal for equality of speaking patterns among the sexes, who must try to accept a compromise, what he terms a «common» set of ideas spoken in a «common language»:

> Il faut dire nettement la chose, comme elle est. Ils n'ont plus d'idées communes, ni de langage commun, et même sur ce qui pourrait intéresser les deux parties, on ne sait comment parler. Ils se sont trop perdus de vue. Bientôt, si l'on n'y prenait garde, malgré les rencontres fortuites, ce ne serait plus deux sexes, mais deux peuples. (iii)

The urgency of Michelet's linguistic appeal is quite apparent in his use of the term «peuples», a term which signals how great a distance has been attained by men and women in the salon. The geographic distance between the sexes established here by Michelet is, as we have seen, fully

---

4   Marina Yaguello, *Les Mots et les femmes* (Paris: Payot, 1978) 51.

exploited by Zola in his designation of the « grand » versus the « petit » salon in *Une Page d'amour*.

Zola exploits Michelet's geographic distance even further in his *La Curée* of 1872. The « grand salon » described in the opening chapter of the novel consists of « une vaste pièce longue, une sorte de galerie » (2 : 348). At one end of this long room (« à l'extrémité », [2 : 349]), there is a « fumoir », where the men isolate themselves to speak with one another. At the other end of this long room (« à l'autre extrémité, faisant pendant au fumoir ») there is « une pièce ronde dont on avait fait un adorable petit salon », otherwise referred to as « le cénacle de ces dames » (2 : 350). For a male speaker to join the women in conversation, he must travel the entire length (« longueur », 2 : 350) of the « grand salon ». The Goncourts ridiculed the traditional male speaker of the salons, who needed to travel such a long distance to reach the women. In their novel, *Charles Demailly* (originally entitled *Les Hommes de lettres*), published a year after Michelet's study, the Goncourts turned this long-distance speaker into a mock hero:

> [U]n camp de femmes à droite, une haie d'hommes à gauche, où tout à coup un monsieur plus brave que les autres, roide et crispé dans son audace, pousse une sortie jusqu'à une dame, lui tire de haut en bas deux ou trois phrases en pleine poitrine, puis rentre précipitamment dans les habits noirs qui se referment sur lui, comme sur un héros avec le silence de l'admiration.[5]

Outside of their novels, Zola and the Goncourts also concurred with Michelet in his designation of the salon as an insufficient space for a linguistic intimacy between the sexes. The Goncourts discussed the salon's evolution in France by means of a historical study, *La Femme au dix-huitième siècle*, published in 1862. Here, the Goncourts describe the heyday of the French salon through portraits of Madame de Pompadour, Madame d'Epinay, and Madame de Tencin, women who established their own salons and/or frequented those run by other women. Granted, for the Goncourts, there were limits as to how much linguistic power women might wield in their own mixed-gender salons. The Goncourts describe these aristocratic women as having a male, or more specifically,

---

5 Edmond et Jules de Goncourt, *Charles Demailly*, édition établie par Nadine Satiat (Paris : Christian Bourgeois, 1990) 88.

a « virile » intelligence.⁶ In the case of Madame de Pompadour, this type of intelligence prompts her to speak with male « eloquence » (378), like a « minister » or even a « king, » according to the Goncourts (379, 380). Women may have run the salons, but if they wanted men to listen to them, they needed to adapt male speaking styles. Women needed to abandon their empty topics of speech and seek what the Goncourt' call the truth or « la reconnaissance du fait » (388), the discovery of facts found only in male discourse. Thus, the Goncourts acknowledge a history of women's place in the salon, all the while attributing the foundation of this history to men. Zola remained just as keenly aware as his mentors of the male legacy of the salon. In a « Correspondance Littéraire », dated November 4, 1866, Zola describes an all-male salon of his day, physically separated from its female equivalent:

> On se plaint que les hommes, dans notre civilisation, délaissent les femmes et préfèrent causer entre eux; ces mœurs peu galantes ne datent pas d'hier.⁷

Michelet's call to reform the salon, to destroy the lines drawn by gender, came none too soon for Zola and the Goncourts. The key question was whether Michelet's common speaking space for the sexes could only be found in a setting far removed from the traditional social setting of the salon.

In their novel, entitled *Renée Mauperin*, of 1864, (alternately entitled *La Jeune Bourgeoisie*), the Goncourt brothers designate a river, the Seine, as an alternate geographic space. In the opening scene of the novel, the twenty year-old, unmarried, heroine, Renée, swims with a male companion and possible suitor, Reverchon, who will later accompany her to her family's house for dinner. Far removed from her assigned female role in the salon, Renée complains bitterly about this role. She uses the term « bavardichonner », a variation on the term « bavarder » invented by the Goncourts to trivialize even further the feminine discourse Renée is expected to pronounce among her gender peers in the salon.⁸ Renée

---

6   Edmond et Jules de Goncourt, *La Femme au dix-huitième siècle* (Paris: G. Charpentier, 1877) 376.
7   *Œuvres Complètes*, édition établie par Henri Mitterand, (Paris: Cercle du livre précieux, 1966-1970) 10: 680.
8   Edmond et Jules de Goncourt, *Renée Mauperin* (Paris: Flammarion, 1990) 52.

describes how her act of joining the men in conversation in the salon is a transgressive act, a « malheur », which earns her a maternal disapproval (52). She summarizes her female position in the salon with the adjective « convenable » (52, 53, 54). As a « lady, » a term which the contemporary linguist Robin Lakoff uses to designate women who shun male styles of speaking,[9] Renée must isolate herself from male speakers. Meanwhile, on the river, that is, outside of the salon, she feels free to address her male companion as an equal, a linguistic partner rather than a linguistic enemy. Renée chooses another alternate space, a building in her own backyard which combines the functions of a greenhouse and an atelier. There she talks intimately with her best male friend, Denoisel. The Goncourts emphasize the secret nature of this space, which is « comme mêlé à la verdure », and « caché au fond du jardin », and « tenant à la fois de la ruine et du nid » (115).

Without providing an exhaustive list of Zola's alternate spaces, I would like merely to emphasize that Zola follows his mentors' lead. In *La Curée*, the young married heroine, also named Renée, talks intimately with her stepson, Maxime, in a private « cabinet » at the *Café Riche* in Paris, as well as in a « serre », and a smoke-filled, horse-drawn carriage. In his novel, *Nana,* Zola designates the heroine's bedroom as an alternate space which allows the teenager, Nana, to achieve a linguistic intimacy with her teenage lover, Georges. In *Une Page d'amour*, the heroine, Hélène, finds linguistic intimacy with a male speaking partner, Henri Deberle, during a visit to someone else's rented apartment. Zola takes the reader even further out of the salon in *L'Assommoir*. In this novel, the lower-class heroine, Gervaise, a « blanchisseuse », achieves a linguistic intimacy with her male friend, Goujet, a « forgeron », while meeting with him outdoors in a « terrain vague » (2 : 617) or wasteland, a deserted suburb, far removed from Paris and its traditional community settings. In *La Fortune des Rougon,* Zola also evokes alternate spaces among the lower classes : Miette, a « fille de forçat » (1 : 138), and Silvère, an « excellent ouvrier » (1 : 138), meet inside a well, under a large cape while walking together outdoors, and finally in a cemetery.

---

9   See Robin Lakoff, *Language and Woman's Place* (New York : Octagon Books, 1976) and in particular 51-53.

These alternate spaces would be of little interest for a study of linguistic representation in the novel were it not for my additional analysis of the type of rapport established between the sexes in these settings. Not only do the sexes speak freely to one another in these spaces, but they also speak as « camarades ». Zola and the Goncourts rely on a gender-specific vocabulary to describe the speakers in these settings which erases (if only temporarily) sexual difference. Renée tells her friend, Denoisel, as she speaks to him in the atelier-greenhouse : « Moi, je croyais que nous étions entre hommes quand nous causions tous les deux » (118). Denoisel agrees, telling Renée that they speak, « entre hommes [...] cœur à cœur, franchement, en vieux amis » (118). In this same setting, Denoisel will tell Renée : « Mais, pardon, c'est vrai, j'avais complètement oublié. [...] Que vous êtes femme » (179-80).

Renée achieves a similar level of intimacy and honesty with her male companion on the river. I would use the term, « male bonding, » to describe the physical activity (swimming) and the linguistic activity (conversation) which takes place between Renée and Reverchon. When Renée tells her swimming partner, « Tiens ! je commence à avoir une faim [...] et vous ? », he politely replies, « Mais, mademoiselle, je crois que je ferais honneur au dîner » (54). Renée puts aside all formalities, further insisting that, « Ah ! je vous préviens, je mange » (54). Such a scene of male bonding was considered to be quite scandalous for its day. Jules Barbey d'Aurevilly labeled the novel's opening as a « scène, originale et nouvelle, [...] étonnante et hardie, parfaitement filée, et à laquelle je ne connais pas d'analogue dans les romans contemporains ».[10] Aurevilly identified the camaraderie between the two swimmers as one in which Renée puts aside her female sex in order to converse with a male companion : the two characters act, « comme deux garçons qui veulent gagner de l'appétit avant de dîner » (286). In other words, here, Renée becomes « one of the boys ».

Zola's Renée of *La Curée* follows suit. The heroine's appetite in the private « cabinet » at the *Café Riche* matches that of her male partner (« L'appétit de la jeune femme finissait par le gagner », [1 : 453]), as does

---

10 See Jules Barbey d'Aurevilly, « Edmond et Jules de Goncourt », *Le Roman contemporain* (Paris : Alphonse Lemerre, 1902) sections 3 to 7, 46-60. Cited in the « Documents » of the Garnier-Flammarion edition, 286-87. The original article dates from 1875.

her linguistic prowess: « Leurs confidences, leurs bavardages de bons camarades recommencèrent [...] » (1 : 455). Zola describes how Maxime's intimate conversation with and physical proximity to Renée calls for Renée's full sexual transformation, the complete loss of her female identity: « il n'était plus bien sûr de son sexe » (2 : 455). For Maxime, Renée becomes, « un grand jeune homme » (2 : 455). Even after conversational intimacy in this scene ultimately leads to sexual intimacy, Renée's sexual transformation is never negated. Maxime assuages his guilt over having committed an incestuous act – making love to his stepmother – by reiterating that he took his dinner partner for a young man, mostly because of the way she was dressed:

> Il s'en prenait au domino de satin noir. Avait-on jamais vu une femme se fagoter de la sorte! On ne lui voyait pas même le cou. Il l'avait prise pour un garçon, il jouait avec elle, et ce jeu était devenu sérieux. (2 : 459)

Renée concurs: « C'était pour rire, elle s'amusait, rien de plus » (1 : 459). Sexual intercourse between two « camarades » becomes, here, an act of male bonding, a « game, » such as any man or boy might share with his best male friend.

Though Zola follows the Goncourts in having chosen a man as his model speaker in *La Curée,* he might just as easily have chosen a woman. In a physical description of Maxime addressed to his friend and reader, Louis Ulbach (who often reviewed his novels), Zola writes, « mon Maxime, c'est le produit d'une société épuisée, l'homme femme, la chair inerte qui accepte les dernières infamies ».[11] In the novel itself, Zola describes Maxime as having an « air fille » (1 : 425). For example, Maxime's way of dressing makes him look « pincé à la taille comme une femme », and his eyes are described as those of a « fille à vendre » or a « coquette » (1 : 425, 1 : 426). Maxime is a man whom Zola considers being on the verge of becoming a woman: « cette créature frêle chez laquelle le sexe avait dû hésiter » (1 : 425). Zola's Maxime might just as easily have transformed himself into Renée's « amie » to talk inti-

---

11 Cited in Janice Best, *Expérimentation et Adaptation : Essai sur la méthode naturaliste d'Emile Zola* (Paris : Librairie José Corti, 1986) 132. See *Œuvres complètes*, vol. 2, 556. Zola's letter to Ulbach was published in *La Cloche* on November 8, 1871.

mately with her, though Zola does not describe such a transformation in his novel. For Zola, sexual transformation is a viable method of bringing the sexes closer together. But, as Zola's physical description of Maxime would suggest, the direction in which this sexual transformation takes place (male or female) is not of great importance. Thus, the borrowing of sexual identity to achieve linguistic intimacy may be reversed.

In the case of Nana, she addresses Georges, who is in her bedroom dressed up in her nightgown (because his own clothes have been soaked by rain) as « ma chère », that is, the feminine version of « my dear » or « my darling » (2 : 1237). As in the scenes with both Renées, in this particular scene with Nana, eating serves as an initial means of intimacy between the sexes : « Tous deux mangèrent comme des ogres, avec un appétit de vingt ans, en camarades qui ne se gênaient pas » (2 : 1237). After these initial references to the male sex — « ogres » and « camarades » — Zola privileges the female sex in his depiction of a character's sexual transformation. And, again, Zola's bonding — in this case, female, rather than male — serves to curb the transgressive nature of his main character's incestuous desire. The eighteen-year-old courtesan Nana assuages the guilt of her coupling with a seventeen-year-old partner by convincing herself that this partner is her girlfriend : « C'était comme une amie qui la taquinait » (2 : 1239). Zola's game of sexual transformation is carried to such an extreme that Nana takes on the privileged role of « vierge » (2 : 1239) in this particular scene, the same role assigned to her pseudo-female partner : « il semblait une fille » (2 : 1236). Nana's sexual encounters with her girlfriend, Satin, which take place later in the novel, are based on a similar linguistic intimacy between two female speakers. These encounters also take place in settings far removed from the salon — more specifically hotel rooms and private bedrooms. One such passage reads : « C'étaient des bavardages, des confidences sans fin » (2 : 1297).

In a description of his novel, *Une Page d'amour*, paraphrased by the Goncourts in their Journal, Zola defined further the notion of an intimacy between the sexes. This intimacy was based on a deep friendship, between equal partners, as we have outlined here : « que les phénomènes qu'on y rencontre se retrouvent dans l'amitié, dans le patriotisme, etc., et que l'intensité plus grande de ce sentiment n'est amenée que par la perspective de la copulation ».[12] The linguistic camaraderie Zola described in his novels was a key part of the intimate friendship he sought to explain to the Goncourts. Though Zola's scenes of linguistic intimacy between the sexes in his novels often led to sexual intimacy, Zola was primarily after the description of a camaraderie between the sexes. For Zola, love and friendship were one and the same. As early on as 1860, he expressed the linguistic intimacy he envisioned between future sexual partners : « Ce n'est pas tout de coucher ensemble pour être mariés, il faut encore penser de même ».[13]

I would like to continue to emphasize Zola's somewhat feminist stance here. It was not Zola's own gender that served to explain fully his views that the traditional, bourgeois salon was an insufficient locale for communication between the sexes. Marguerite Eymery Vallette, who wrote under the pseudonym Rachilde, also sought a space outside of the salon within which her male and female characters might converse freely and at length. In her novel, *Monsieur Vénus*, of 1884, she reserves the spaces of the bedroom and the « salle de tir » for linguistic intimacy between the sexes. This intimacy is also based on either a male bonding or a female bonding, one speaker's temporary transformation into the opposite sex. The twenty-five-year-old aristocratic, Raoule de Vénérande, meets with her twenty-four-year-old lower-class lover, Jacques Silvert, in the bedroom of an apartment she has provided for him. As Jacques takes a bath, Raoule speaks to him, « derrière le rideau du cabinet »,[14] that is, in a private, secret space, far removed from the conventional setting of the salon. The verb, « causer », repeatedly describes this private conversation between the two, which hinges on an intimacy achievable only as follows, according to Raoule : « Mais souvenez-vous donc que je suis un garçon, moi, disait-elle, un artiste que ma tante appelle son neveu [...] et que j'agis pour Jacques Silvert comme un camarade d'enfance [...] » (53). Jacques tells all to his

---

12 *Journal*, vol. 2, 1186, 5 May 1877.
13 Cited in Denise E. Muller-Campbell, « Le Thème de la culpabilité masculine dans l'œuvre d'Emile Zola », *Cahiers naturalistes* 46 (1973) : 180. See Bard H. Bakker et Colette Becker, éds, *Correspondance*, vol. 1 (Montréal : Les Presses de l'Université de Montréal, 1978) 1 : 144, 16 April 1860 (to Paul Cézanne). Muller-Campbell refers to Michelet in her presentation of this citation.
14 Rachilde, *Monsieur Vénus* (roman), Préface par Maurice Barrès (Paris : Flammarion, 1977) 53.

pseudo-male companion: « Il lui fit des confidences » (53). Like the Goncourts' Renée and Denoisel, Raoule and Jacques find themselves « entre hommes » (54), so much so that they share certain « réflexions polissonnes » (53). Rachilde also allows the Baron de Raittolbe to curse in front of his female companion, while they practice shooting firearms, thereby sealing the pact of male bonding between the two characters (154).

Rachilde, like Zola in his portrait of Maxime in *La Curée*, suggests that her hero, Jacques, may have numerous feminine traits which make him a perfect match for the « masculine » Raoule. He is, after all, « un homme faible comme une jeune fille » (56). Yet, Jacques' linguistic rapport with his mistress and later his wife, Raoule, always hinges on a mutual masculinity: « On eût dit deux frères réconciliés » (126), is a phrase which describes the two speakers after they argue at length. Once Raoule and Jacques marry, towards the novel's close, Rachilde writes of how, « Jacques et Raoule avaient besoin de causer l'un près de l'autre, sans transports féminins, sans cris voluptueux, en bons camarades qui se revoient après une longue absence » (202).

In paying the greatest compliment possible to Rachilde, upon the completion of her *Monsieur Vénus*, Maurice Barrès called the young author his « camarade »[15] thereby reinforcing Rachilde's model of a male bonding which created an otherwise impossible linguistic intimacy between the sexes. Barrès' assessment of Rachilde's novel as autobiography was centered upon the author's own escape from her prescribed, female role in the salons of her day: « L'ayant lue, nous ignorons encore par quelles impressions des sens ou de l'esprit, par quelles combinaisons, dans notre société si guindée, du milieu d'une famille honnête, peut surgir un pareil monstre » (16). Rachilde's escape from the salon closely paralleled that of Blanche Passy, an unconventional woman who served as the model for the Goncourts' Renée Mauperin: « un esprit enlevé, on ne sait comment, du milieu bourgeois dans lequel il a été élevé ».[16] This last citation from the Goncourts' *Journal* underlines the desire felt by late nineteenth-century French authors to depict a milieu outside of the salon, which remained transgressive in nature, yet necessary for the creation of a linguistic intimacy between the sexes. In crossing class lines,

---

15 See the preface to the novel, « Complications d'Amour », 21.
16 *Journal*, vol. 1, 273, 22 September 1856.

as well as gender lines, in her *Monsieur Vénus*, Rachilde, like Zola in his *L'Assommoir* and *La Fortune des Rougon* (for the lower classes) and *La Curée* (for the aristocracy), describes the lack of linguistic intimacy between the sexes in the nineteenth-century salon as a global lack, unconfined to a single social class.

Rachilde is also useful in helping to determine just exactly what men and women were talking about once they left the salon. Using Raoule and Jacques as a prime example of speakers removed from conventional settings, I would say these men and women seem always to be talking about the very activity they were experiencing as they talked: the distinctions between the sexes, why speakers of the opposite sex could not speak as equals. Speaking intimately meant speaking about gender. And speaking about gender could not take place in the salon, unless it was disguised as another topic of conversation. I would like now to discuss at length these new topics of conversation.

In both *Renée Mauperin* and *Une Page d'amour*, the female characters, Renée and Juliette, stage the same play in their own salons. This play is Alfred de Musset's « Un Caprice » (1837). The Goncourts confirm in their *Journal* the popularity of the staging of plays in the bourgeois salons of the nineteenth century. A man and a woman « jouent un proverbe de Musset »[17] for a mixed gender audience in the « salon à glaces peintes » of the Goncourts' close friend, the Princess Mathilde Bonaparte. The staging of plays in the salon were intended to get the sexes to come together as an audience. In addition, the staging of plays in the salon permitted an actor or an actress to speak as if he or she was no longer in the salon — that is, to speak to a member of the opposite sex frequently and at length.

A synopsis of the play's plot explains the focus of the characters' conversations. Mathilde, married to Henri Chavigny, worries about his fidelity, and seeks to prove her love for him by sewing a red « bourse », which she hopes to offer to him as a surprise gift. However, Henri Chavigny already has a blue « bourse », given to him by Madame de Blainville. Mathilde's close friend, Ernestine de Léry, intervenes in order to calm Mathilde's jealousy, brought on by her having seen this second « bourse », and in order to convince Henri of his love for Mathilde.

---

17 *Journal*, vol. 1, 1217, 26 January 1863.

Mathilde's « bourse » is sent anonymously to Henri at home while he is in the company of Ernestine, who then pretends to be its creator. Henri briefly courts Ernestine, realizes the error of his ways, and eventually returns to his wife. The entire play is staged in Mathilde's bedroom, not in the salon. Does this setting allow for conversations which are more intimate than those in the public salon?

I would like to focus on Henri's separate exchanges with his wife and with her friend. The greater part of these exchanges is focused on gender. Characters attempt to resolve the age-old « battle of the sexes » by generalizing about how men and women differ from one another in their social conduct. For example, Madame de Léry tells Henri: « Bah! serviteurs ou maîtres, vous n'êtes que des tyrans ».[18] And he asks her: « Peut-on permettre aux femmes de vivre sur le même pied que nous? » (440). However, as in the novels we have previously discussed, there is also in this play an attempt to describe a certain intimacy between the sexes. This intimacy is based on a linguistic equality achieved through a sexual transformation. Both of the heroines allude to how they would act if they were of the same gender as the man to whom they address themselves in the play: « Si j'étais homme, ce n'est pas elle qui me tournerait la tête » (Mathilde, 424); « Si j'étais de vous, j'aurais déjà déviné » (Madame de Léry, 442).

For Renée Mauperin, putting on this or any other play in the salon was a form of transgression. On the very first page of the Goncourts' novel, Renée laments how her age and her sex bar her from attending plays at the Comédie Française, often referred to as the Palais-Royal. However, I believe there is an additional reason why Renée, if not the Goncourts, as well, must have selected this particular play for production in the salon. I would like to suggest that Musset's « Un Caprice » serves as a « mise-en-abyme » of the novel, *Renée Mauperin*, within which its production is contained. The play raises the same issues of gender as the novel, and it permits these issues to be openly discussed in the salon, rather than in those alternate spaces I have designated as more fitting for conversations between the sexes. In the « serre » and on the « rivière », the Goncourts' characters, like those of Musset, attempt to speak as

---

18 Alfred de Musset, « Un Caprice » in *Théâtre Complet*, édition établie par Simon Jeune (Paris: Gallimard, « Bibliothèque de la Pléiade », 1990) 445.

members of the opposite sex: Denoisel tells Renée, « Si j'étais femme ? Je rêverais d'être une petite femme ni brune ni blonde » (117); Renée tells Reverchon, « Si j'avais été homme, il me semble que je n'aurais jamais pensé à me marier » (54).

The introduction of Musset's play into the salon allows conversations between the sexes to be disguised as « theatrical » or « fictional, » rather than real. Such intimate conversations are never permanent linguistic features in the salon. One female character's reaction to Musset's play reinforces the play's message that an alternate space is needed for communication between the sexes. Madame Bourjot faints during the production of the play and must leave the salon to get some fresh air in the garden. According to the plot of the novel, she leaves out of jealousy, for attention given to her daughter, Noémi (who plays the part of Mathilde) by Renée's brother, Henri (who plays the part of Henri Chavigny). Henri Mauperin is Madame Bourjot's lover. But, in a much larger perspective, Madame Bourjot also leaves in order to practice what she has just witnessed on the stage of the « petit théâtre [...] dressé au fond du salon des Mauperin » (142). Echoing the repeated sentiments of Musset's Madame de Léry, she heartily and privately tells Henri Mauperin, « Vous êtes bêtes, les hommes [...] » (145).

The Goncourts realized that even their choice of placing the bedroom in the salon would not necessarily bring the sexes closer together. In describing the audience of Renée's production of Musset, the Goncourts actually describe an audience which remains divided according to gender. I paraphrase their description here. The women are seated up front, before the stage in the « grand salon », while way in back, beyond the open doors of the « grand salon », the men can be seen « on tiptoe » (143).

Of all the bourgeois novels by Zola and the Goncourts to which we have referred in this article, only one contains a specific scene in the salon in which a man and a woman speak about gender, using the notion of sexual transformation. Seated with Maxime in her salon, Renée of *La Curée* consults a photo album filled with pictures of historical figures and contemporary acquaintances. She tells her stepson: « Moi, si j'étais homme... je choisirais Adeline » (1: 427). Zola was well aware of the scandal his discussions on gender in the salon might cause. When Renée and Maxime are joined by their friends in the salon, they discuss each of the photos in the album by imagining themselves as partners to the men and women represented. Zola dismisses his characters' unease as regards their transgressive conversation about gender in the salon: « Mais on ne riait jamais autant lorsque le sort accouplait deux hommes ou deux femmes ensemble » (1 : 428). For the majority of Zola's fictional characters in *La Curée*, speaking in single-sex groups is fine, but these same fictional characters are far from accepting of the homosexual rapport that might result. While Zola himself envisioned in a member of the opposite sex both a speaking and a sexual partner, the majority of his fictional characters in the salon chose a gender peer for the former function and a gender opposite for the latter.

In his theatrical version of *La Curée*, entitled « Renée », Zola dispensed with the setting of the salon altogether, shocking his audience with a series of alternate spaces for intimate exchanges between the sexes. As in the novel, these included the « serre », the « petit salon » (part of Renée's apartment), and Renée's « boudoir ». Far from being produced in the bourgeois salon or even a theatre frequented by those who inhabited this salon, Zola's play was first produced in the Théâtre de Vaudeville in 1887.

Despite their vast fiction of alternate spaces for communication between the sexes, Zola and the Goncourts concluded many of their novels by rejecting the permanent possibility of a mixed-gender salon. No example is more striking than that of Nana, who ends her life in the sole company of women, as she lies dying of small-pox in the *Grand Hôtel* in Paris. The setting of the bedroom is not a sufficient space for the sexes to discuss gender. The men wait outside « sur le trottoir » (2 : 1484), while the women comfort their dear female friend. Both groups discuss gender and foreign affairs, but within separate spaces.

The Goncourts' Renée completely abandons her role as a tomboy at the novel's close. Like the majority of the Goncourts' heroines (Elisa, Germinie, Madame Gervaisais), Renée suffers from a grave « maladie » (222, 223), initially brought on by a nervous fit. Renée's illness is synonymous with her growing femininity, as she rejects her previous « hardiesses de langage » (245, 315), often pronounced in the company of men, and embraces her former « souvenirs de [...] jeune fille », most of which include « des camaraderies de petites filles », her « amies » of long ago (245-46). Zola's « Renée » is abandoned by her most intimate male speaking partner, Maxime, at the novel's close. She also ends her life in the sole company of women: « Elle avait trouvé un salon où les dames s'attablaient jusqu'à trois heures du matin, perdant des centaines de mille francs par nuit » (1 : 588). Renée's last conversation in the novel is with her maid, Céleste, who replaces Maxime as a « confidente » (1 : 589). The final glimpse the reader gets of Maxime is in the Bois de Boulogne where he and Saccard are « au bras l'un de l'autre » (1 : 595), a familiar final posture for these two male characters which allows them to treat one another « comme des camarades » (1 : 589).

The fear of talking about gender with the opposite sex is one which Zola and the Goncourts were unable to shake in the composition of several of their bourgeois novels. Zola anticipated his readers' future condemnation of the intimate linguistic rapport he established between Renée and Maxime both inside and outside of the salon. In *La Curée*, he defended this linguistic rapport by emphasizing, as he did in *La Fortune des Rougon*, that linguistic pleasures between the sexes need not also be sexual : « cet attrait qu'il y a pour un jeune homme et une jeune femme à descendre ensemble dans le péché, en paroles seulement » (1 : 429). Zola defined what Renée and Maxime were talking about as « des choses défendues » (1 : 429). He meant they were talking about gender, about the differences between the sexes. Zola's description of his characters' linguistic sin is framed within an unlimited geographic space, more specifically it is a flight away from the civilized salon into nature : « Ils avaient fait le mal, comme deux garçons courant les sentiers sans maîtresse, et qui se contentent avec leurs souvenirs mutuels » (1 : 429). It was « en pleine nature » that Zola's heroine could finally speak frequently and at length with a man. Zola, much like the Goncourts, who described Renée as leaving the salon in order to go horseback-riding or swimming, longed to have his heroine flee as far away from Michelet's divided salon as possible.

But, Zola was, in a sense, limited by the very real pressures imposed on him as a new member to the bourgeois salons of his day. So powerful were the members of these salons, that they even succeeded in transforming some of the most natural of spaces into the most civilized of settings. Zola described this phenomenon for himself through the character of Hélène in *Une Page d'amour*, « Sous l'ombre enfermée des ormes, dans ce parterre discret que la présence de Mme Deberle parfumait d'une pointe de musc, elle pouvait se croire dans un salon ; et la vue seule du ciel, lorsqu'elle levait la tête, lui rappelait le plein air et la faisait respirer largement » (2 : 879-80). The two women adhere to the single-sex rules of the salon in this natural setting. They isolate themselves from male company in order to speak at length to one another : « Souvent, elles passaient l'après-midi toutes les deux, sans voir personne [...]. Mme Deberle [...] causait pendant des heures [...]. C'était des histoires interminables » (2 : 880).

The « serre », a space that was at once natural and man-made, was also appropriated by the bourgeoisie as a new space for the salon, especially by women. Zola does not represent the « salon-serre » in any of his novels within the *Rougon-Macquart* series. In his *La Curée*, Zola has his heroine place her central salon next to her « serre ». Rachilde, in her *Monsieur Vénus*, follows Zola's lead, having her heroine also place the « serre » next to, but not within, her salon. By allowing the civilized space (the salon) and the natural space (the greenhouse) to border one another but not be combined, Rachilde and Zola furnish a critique of the single-sex salons of their day. The nineteenth-century salon wields too much power if it completely takes over nature. The Goncourts confirm that any space, even a natural one, can recreate the single-sex linguistic codes of the salon. Here, they describe the « salon-serre » of the Marquise de la Païva : « Dans la serre, où l'on fume après le dîner, l'on est mi-gelé par les courants d'air d'en haut, mi-étouffé par les bouffées de chaleur des bouches de chaleur ».[19] Seeking a way out of the male-dominated « fumoir », into female company within the salon remained an unattainable goal for Zola and the Goncourts within their own lives. The authors document a social problem in their fiction — linguistic inequalities between the sexes — which is never resolved in their own biographies.

Bibliography

Best, Janice. *Expérimentation et Adaptation : Essai sur la méthode naturaliste d'Emile Zola*. Paris : José Corti, 1986.

Goncourt, Edmond, et Jules de. *Charles Demailly*. Paris : Christian Bourgeois, « 10/18 », Fins de Siècle, 1990.

---

19 *Journal*, vol. 2, 407, 14 February 1868.

—. *La Femme au dix-huitième siècle.* Paris: G. Charpentier, 1877.
—. *Journal: Mémoires de la vie littéraire.* 3 Vols. Paris: Fasquelle et Flammarion, 1956.
—. *Renée Mauperin.* Paris: Flammarion, 1956.
Lakoff, Robin. *Language and Woman's Place.* New York: Octagon Books, 1976.
Michelet, Jules. *La Femme.* 2ᵉ éd. Paris: Hachette, 1860.
Muller-Campbell, Denise E. « Le Thème de la culpabilité masculine dans l'œuvre d'Emile Zola ». *Cahiers naturalistes* 46 (1973): 165-81.
Musset, Alfred de. « Un Caprice » in *Théâtre Complet.* Paris: Gallimard, « Bibliothèque de la Pléiade », 1990.
Rachilde. *Monsieur Vénus.* Paris: Flammarion, 1977.
Yaguello, Marina. *Les Mots et les femmes.* Paris: Payot, 1978.
Zola, Emile. *Correspondance.* Bard H. Bakker et Colette Becker, éds. 7 Vols. Montréal: Presses de l'Université de Montréal, 1978-1989.
—. *Œuvres complètes.* 15 Vols. Paris: Cercle du livre précieux, 1966-1970.
—. *Les Rougon-Macquart.* 5 Vols. Paris: Gallimard, « Bibliothèque de la Pléiade », 1960-1967.

Viewpoint and Gendered Space: Berthe Morisot's *On the Balcony, Meudon* and Emile Zola's *Une Page d'amour*

Elisabeth ROGERS LANOIS

Berthe Morisot's painting, *On the Balcony, Meudon* (1874), and Emile Zola's novel, *Une Page d'amour* (1878), are governed by different sign systems, the visual and the verbal, yet there are surprising similarities between the two works. In both, a woman and a female child view the vast open space of Paris from a balcony. This innovative viewpoint they share in common gives ample reason for comparing them. The most significant parallel between the painting and the novel is the use of this viewpoint to underscore the gendered spaces of the city.

In order to examine in detail Morisot's *On the Balcony* and sections of Zola's *Une Page d'amour*, we must first consider two concepts: the notion of viewpoint, and the formation of modern bourgeois society. Viewpoint is used here in its visual sense (« who sees what »), rather than as a synonym for concepts such as thinking, saying, showing or telling. In his book *The Visual Novel: Emile Zola and the Art of His Times*, William J. Berg deals with viewpoint in both the narrative space of the novel and the viewer's space of the painting.[1] By drawing upon terminology used in visual art criticism, he illustrates how viewpoint is not a theme, but the manner by which the visual motifs are presented. In painting, the viewpoint is defined by the position (that is, the level, the angle, and the distance) from which the implied viewer and actual spectator are meant to view the scene represented by the painter. The artist fixes the implied viewer's space in the composition. Although the actual spectator's role is to imitate this set position, the spectator maintains multiple viewing options, including the cessation of the viewing process.

In literature, viewpoint is the position from which the narrator and reader are meant to observe the scene depicted by the author. Thus, the

---

1 William J. Berg, *The Visual Novel: Emile Zola and the Art of his Times* (University Park: Penn State Press, 1992) 97.

reader's task resembles that of the actual spectator's in relation to the implied viewer, whereby the reader tries to simulate as closely as possible the position of the narrator. Whether the reader sees through the eyes of a character such as Gervaise, or through a first-or third-person narrator, the viewpoint is also outside the scene in literature. The implied viewer of a painting and the narrator of a novel, in terms of viewpoint, function much like the camera in a photograph or motion picture. That is, the implied viewer, the narrator, and the camera all occupy a privileged position as overseers of the characters and their surroundings from outside the scene itself.

Secondly, consider the formation of modern bourgeois society in France. The period after 1848 has been described by many as the era of the triumphant bourgeois. In the French bourgeoisie milieu, it is possible to distinguish a distinct code of cultural values, adherence to which was a means of delineating the boundaries between the bourgeois world and other social groups. At the center of the bourgeois concept of social order was the family. Within this institution, the social roles of men and women were designated according to gender. The public sphere was defined as the world of productive labor, political decision, and public service, and it became exclusive to men. The private sphere was the world of home, wives, children and servants. Men moved freely between the two spheres while women were expected to occupy the domestic space alone. As the moderate republican politician Jules Simon explained in 1892:

> What is man's vocation? It is to be a good citizen. And woman's? To be a good wife and a good mother. One is in some way called to the outside world: the other is retained for the interior.[2]

The spread of bourgeois values was a powerful force behind the development of an ideology of separate spheres in nineteenth-century France. These different territories of the bourgeois city guided women's and men's behavior in the respective public and private spaces, and in artistic terms, they influenced the works produced by many painters and writers.

---

2 Jules Simon, *La Femme au vingtième siècle* (Paris: Calmann Lévy, 1892) 81.

While studies on the role of viewpoint in impressionist paintings and in Zola's novels abound, the striking notion of the representation of gendered territories has been neglected. Let us now examine how Berthe Morisot and Emile Zola used viewpoint to engage the spectator and reader in an analysis of the barriers between social spaces in late nineteenth-century culture.

As a member of the new impressionist group, Berthe Morisot was among the first to become interested in panoramic views of landscapes and cityscapes. Just as water scenes had permitted the impressionist artists to observe reverberations and reflections, this vantage point offered an excellent opportunity to investigate composition and perspective.

The concern for overall composition of space is especially striking in Morisot's *On the Balcony*. In this canvas, Morisot paints a view of the Parisian skyline from an elevated balcony in Passy. This composition is based on the abrupt juxtaposition of foreground and background, without a gradual transition between the two. Since the distance of the viewpoint is great, Morisot reduces its scope by rendering fewer details and more vertical blocks of color. The golden dome of the Invalides balances the composition as it provides an opposition to the woman's head on the horizon's line. The larger baluster on the right counters the dark mass of the woman's dress. The repeated vertical lines of the banister lend a sense of order to the scene.

The most ambitious attempt in this painting is Morisot's adoption of the dramatized viewpoint. By including two female observers within the picture space, Morisot creates the impression of sidetracking the viewer space. As a result, the spectator can identify more easily with the figures on the balcony. The woman and child are not just a part of the scene because the spectator is meant to see it through their eyes. Yet instead of enjoying the illusion of hovering over the city beyond the balcony, the spectator is forced to confront the sense of immediacy in the foreground space. As the title for Morisot's painting emphasizes, the focus shifts from the cityscape to the human dimensions of the balcony. This point can be illustrated by contrasting Morisot's painting with Monet's *Garden of the Princess, Paris* (1867). Monet explores the possibilities of the panoramic cityscape and shows a view of Paris from the upper balconies of the Louvre. The viewer cannot imagine the point from which the

Monet painting has been made, and instead, enjoys the fantasy of floating over the scene.

The models for *On the Balcony* have been identified as Morisot's sister and her three-year old daughter, who were visiting Passy at the time. Given the size, the position, and the dark dress of the mother, the spectator would most probably look to her in the initial reading of the painting. Her intent gaze, perhaps expressing concern, leads the spectator to the figure of the little girl with her back turned as she looks off through the railing. The child's gaze functions as a mediator viewer of the cityscape, since she is interposed between the implied viewer (presumably somewhere behind the figures in the apartment) and Paris. As a dramatized observer, the turned-away child offers another viewing option to the spectator: the spectator must try to imagine what has caught her attention and why.

Interposed between the observers and the city are the strong vertical lines repeated by the bars of the balustrade. Its presence juxtaposes two compartments of space: an enclosed, domestic space with an open, public space. Griselda Pollock in her book, *Vision and Difference*, refers to the balustrade specifically in Morisot's paintings. She offers a possible interpretation for the order in which her canvasses are structured. Pollock writes that:

> What Morisot's balustrades demarcate is not the boundary between public and private but between the spaces of masculinity and femininity inscribed at the level of both what spaces are open to men and women and what relation a man or woman has to that space and its occupants.[3]

In her catalogue of feminine spaces in Berthe Morisot's and Mary Cassatt's paintings, Pollock concludes that the majority of these feminine spaces are closed and compressed, invariably detached from the masculine spheres of action. Similarly, in Morisot's *On the Balcony*, the distant, elevated vantage point and the balustrade serve to render the masculine sphere of the city far-off and inaccessible, although fully visible. If the spectator observes each viewer separately, the tall woman with a protective gaze directed at her daughter represents the domestic role of women within the family structure. This is underscored by her conser-

---

3   Griselda Pollock, *Vision and Difference* (London: Routledge, 1988) 62.

vative dark dress. As for the turned-away child, her eyes look beyond the bars that will enclose her in the private sphere, toward the future lure and adventure of the masculine realm.

Morisot's handling of dramatized viewpoint in *On the Balcony* enables the spectator to contrast different modes of visual experience, the child's and the adult's. The height and distance of the woman, whose gaze is directed at a child staring at Paris, suggests visual captivation as well as physical separation. At the same time, Morisot has the spectator confront a striking opposition between the public and private spheres of the bourgeois city that were allocated strictly on the basis of gender.

Emile Zola's contact with the painters of his time was considerable and has been well documented by art historians and critics. On numerous occasions, Zola expressed his admiration for Berthe Morisot, praising her freshness of vision, her finesse, her handling of color, and her personal touch.[4] Like Morisot, who frequently featured Paris in her paintings, Zola shows a preference for panoramic cityscapes in his *Rougon-Macquart* series. In *L'Assommoir*, for example, Gervaise looks down from her hotel window to observe the working-class neighborhood; in *La Curée*, Renée surveys a street scene from a second story window in the *Café Riche*. By far the most recurrent use of the elevated viewpoint is demonstrated by Zola in *Une Page d'amour*. The last chapter of each five sections is constructed around a description of Paris seen from the elevated vantage point of Passy.

Zola's arrangement is similar to Morisot's *On the Balcony*. Just as the spectator bypasses the implied viewer to identify with the dramatized observers in the painting, Zola allows Hélène and her daughter to perceive many of the scenes. Rather than keeping with the naturalist notion of impartiality and hiding the narrator's viewpoint behind the characters' viewpoint, the narrator's visual intrusions establish a situation of dual viewpoint throughout the novel.

This coexistence of both the character's and narrator's viewpoints is evident in the last chapter of part I. In this scene, Jeanne joins her mother, Hélène, to look out over Paris from the apartment in Passy:

---

4 Emile Zola, *Mon Salon. Manet. Ecrits sur l'art,* édition établie par Antoinette Ehrard (Paris: Garnier, Flammarion, 1970) 161.

> Longtemps, elles ne parlèrent pas. Jeanne, sans bouger, demanda enfin à voix basse :
> — Maman, tu vois, là-bas, près de la rivière, ce dôme qui est tout rose... Qu'est-ce donc ?
> C'était le dôme de l'Institut. Hélène, un instant, regarda, parut se consulter. Et, doucement :
> — Je ne sais pas, mon enfant.[5]

Although the viewpoint is that of the mother and daughter observing the city from their elevated vantage point, the narrator's viewpoint intervenes. The narrator interposes between the spaces of the reader and the character to provide visual information about the scene, since only the narrator can fully see and identify the monument — the dome of the Institute.

Zola emphasizes the dual viewpoints in the continuation of their dialogue :

> La petite se contenta de cette réponse, le silence recommença. Mais elle posa bientôt une autre question.
> — Et là, tout près, ces beaux arbres ? reprit-elle, en montrant du doigt une échappée du jardin des Tuileries.
> — Ces beaux arbres ? murmura la mère. A gauche, n'est-ce pas ? ... Je ne sais pas mon enfant.
> — Ah ! dit Jeanne.
> Puis, après une courte rêverie, elle ajouta, avec une moue grave :
> — Nous ne savons rien. (853-54)

Hélène and Jeanne are the viewers, but it is the narrator who knows the name of the garden. Zola limits the characters' position and emphasizes the narrator's control, when the narrator then adds,

> Elles ne savaient rien de Paris, en effet. Depuis dix-huit mois qu'elles l'avaient sous les yeux à toute heure, elles n'en connaissaient pas une pierre. (854)

---

5 Emile Zola, *Les Rougon-Macquart*, édition établie par Henri Mitterand, vol. 1 (Paris: Gallimard, « Bibliothèque de la Pléiade », 1960). All further references to this novel appear in the paper in parentheses with the page number.

By thus adopting the narrator's viewpoint, Zola is able to highlight their limitations.

Zola continues to underscore this organization in the culminating chapters of part III and part IV. In the former, Hélène is joined by the priest Jouve to watch Paris at night under a star-filled sky. The constellations are matched metaphorically by the lights of the city. When Hélène questions the priest about the names of the stars, Zola disclaims their viewpoint: « A deux reprises, elle questionna sur des noms d'étoiles; toujours la vue du ciel l'avait tourmentée. Mais il hésitait; il ne savait pas » (966).

In part IV, the narrator points out Jeanne's visual limitations of the scene as she looks out over Paris: « Elle avait fini par connaître trois monuments, les Invalides, le Panthéon, la Tour Saint-Jacques » (1024). The narrator goes on to list a whole host of monuments and buildings that remain beyond Jeanne's knowledge.

As the reader joins the narrator in observing the characters' perspective from a distance, one begins to understand exactly why Zola undermines the visual credibility of Hélène and Jeanne. The characters do not know Paris because, as women in nineteenth-century France, they are unable to move freely between the private and the public spheres. This not knowing, not naming enables Zola to show that he was well aware of the social confinement of women within the prescribed limits of the bourgeois codes of femininity. Thus, Hélène and Jeanne accept the innocence of a purely visual experience with the modern city where we read:

> Alors, elles continuèrent à regarder Paris, sans chercher davantage à le connaître. Cela était très doux, de l'avoir là et de l'ignorer. Il restait l'infini et l'inconnu. C'était comme si elle se fussent arrêtées au seuil d'un monde dont elles avaient l'éternel spectacle, en refusant d'y descendre. (854)

To this situation of dual viewpoint, Hélène's estrangement is mirrored by her elevated and distant vantage point, as with the mother and child in Morisot's *On the Balcony*. When Hélène views Paris from on high and from afar, she is separated from the city by the presence of the window. From this frame which serves as a barrier, like Morisot's balustrade, Hélène's viewpoint shifts from the unknown open space of the city to the enclosed interior space of the bedroom. Zola's choice of an alternating viewpoint adds yet another dimension to the novel, since it allows the reader to again contrast the territories of the bourgeois city. Hélène's impression of her interior surroundings reveals some of the restraints in her traditional role as mother: « Etait-ce sa chambre, ce coin mort de solitude où elle manquait d'air? » (902). This realm translates as a place of seclusion and enclosure that is detached from the world beyond its boundaries. In the same paragraph, Hélène's view from her window suggests the visual lure of the city: « Alors, violemment, elle ouvrit une fenêtre, elle s'accouda en face de Paris, prise de peur à l'idée de quitter la fenêtre, de ne plus avoir sous elle cette ville dont l'infini l'apaisait » (902).

Whether insisting on the separation of two conflicting viewpoints or allowing Hélène to view her interior surroundings, Zola's combination of viewpoints provides multiple perspectives on the scenes in *Une Page d'amour*. Moreover, by increasing viewpoints, Zola allows the reader to more readily identify with the characters' relations to the boundaries of modern bourgeois society.

In his comments on « looking » in Zola's novels, Henri Mitterand defines the notion of viewpoint as: « Who looks at what, from where, how, and with what consequences? »[6] If we apply Mitterand's questions to Morisot's painting, *On the Balcony*, we conclude that the woman looks at the child, who looks out at the city from a « bird's-eye view. » While suggesting an opposition between home, or the inside domain of the conservative personality, and the outside or the space of visual fascination and freedom, Morisot's choice of viewpoint marks the gendered separation between the public and private spheres. In Zola's *Une Page d'amour*, a woman and a child look at an apartment from within and down to Paris from a window. They are separated and so distant that the city remains unknown to Hélène and her daughter. The intervention of the narrator's viewpoint serves to highlight their social limitations. Through their artistic innovations, Morisot and Zola show that viewpoint is not simply used for informational or descriptive purposes, but for ideological positions as well.

---

6 Henri Mitterand, « Le Regard d'Emile Zola », *Europe* 468-69 (avril-mai 1968): 198.

Bibliography

Berg, William J. *The Visual Novel: Emile Zola and the Art of his Times*. University Park: Penn State Press, 1992.

Mitterand, Henri. « Le Regard d'Emile Zola ». *Europe* 468-69 (avril-mai 1968): 198.

Pollock, Griselda. *Vision and Difference*. London: Routledge, 1988.

Simon, Jules et Gustave. *La Femme au vingtième siècle*. Paris: Calmann Lévy, 1892.

Zola, Emile. *Les Rougon-Macquart*. Vol. 1. Paris: Gallimard, « Bibliothèque de la Pléiade », 1960.

—. *Mon Salon. Manet. Ecrits sur l'art*. Paris: Gallimard, 1970.

Nana, figure de l'entre et de l'autre

Anna GURAL-MIGDAL

Dans *Nana* d'Emile Zola, il y a une phrase, en apparence anodine, qui mérite pourtant qu'on s'y arrête, car elle ouvre la voie à une réflexion sur la représentation du féminin. Bordenave, en effet, parlant de l'actrice qu'il a fabriquée, s'exclame à son sujet: «Nana a autre chose parbleu! et quelque chose qui remplace tout».[1] Au premier abord, il s'agit là d'allusions égrillardes qui renvoient à un discours masculin des plus stéréotypés sur la femme. Mais ces propos vont plus loin que de simples sous-entendus coquins; ils nous ramènent paradoxalement à ce qui caractérise le sexe féminin – tel que se le représente la critique féministe actuelle,[2] à ce quelque chose en plus qui le particularise, le désigne comme autre. Simone de Beauvoir, par exemple, confirme une telle intuition en prétendant que la femme appartient à la catégorie de l'Autre, «catégorie aussi originelle que la conscience elle-même».[3] Nana est effectivement représentée ici par cet «autre chose» qui la différencie, par ce «quelque chose» d'excédentaire qui la dépasse, la déplace hors d'elle-même pour lui faire rencontrer l'altérité. Cette manière de présenter le personnage nous semble d'autant plus intéressante qu'elle fait non seulement appel au concept de différence, mais encore à celui de supplément. Ce dernier, selon Derrida, est lié à la notion de «sexe supplémentaire» qui «abrite en lui deux significations dont la cohabitation est aussi étrange que nécessaire puisque le supplément s'ajoute, est un surplus qui ne s'ajoute pas simplement à la positivité d'une présence, mais dont la place est assignée dans la structure par la marque d'un vide».[4] De tels propos nous

---

1. Emile Zola, *Nana* (Paris: Fasquelle, «Le Livre de Poche», 1972) 8. Toutes les références à *Nana* renvoient à cette édition.
2. Cf. la compilation bibliographique des principaux livres et articles récents portant sur les théories féministes: Sylvie Bérard, «Bibliographie», *Protée* («Elle signe»), *Théories et pratiques sémiotiques* 20.3 (Automne 1992): 69-75.
3. Cité par B. Havercroft dans: «Transmission et travestissement: l'entre-genre et le sujet en chiasme dans *Monsieur Vénus* de Rachilde», *Protée* («La Transmission»), *Théories et pratiques sémiotiques* 20.1 (Printemps 1992): 55. Le livre auquel Havercroft fait référence est *Le Deuxième Sexe* de Simone de Beauvoir (Paris: Gallimard, 1949).
4. Jacques Derrida, *De la Grammatologie* (Paris: Les Editions de Minuit) 208.

amènent à poser un regard ambivalent sur Nana, à mettre l'accent sur la dualité du personnage, la tension qui l'habite dans la rencontre de l'excès et du manque, dans ce quelque chose d'innommable qui pourtant « remplace tout ». Nana apparaît à la fois unique et universelle, l'incarnation synecdochique de son sexe poussée à ses limites, aux confins de l'indicible. L'intérêt de ce personnage lui vient de son instabilité même qui le fait s'échapper, s'excéder au-delà de son être propre mais en même temps en deçà du type. Ainsi, cette simultanéité de l'en deçà et de l'au-delà caractérise essentiellement Nana comme étant même et autre à la fois.

De plus, celle-ci nous révèle aussi par son faire, cette quête de quelque chose d'indéfinissable, « quelque chose de mieux ». Dans *La Curée*, Renée demande également que son existence soit « moins fade, moins toujours la même chose ».⁵ C'est donc chez l'une comme chez l'autre un désir vague qui s'exprime, sans frontière ni fixation précises, un désir qui veut tout et rien. Car le personnage zolien est bien celui, celle qui marche en avant sur un chemin conduisant on ne sait où. Toujours en transit, déporté de lui-même, il erre dans le labyrinthe de l'existence pour s'interroger non pas tant sur son « être » que sur sa place : « Où suis-je ? », « Où vais-je aller ? » En fait, comme le montre à juste titre Auguste Dezalay, deux mouvements contradictoires caractérisent les personnages des *Rougon-Macquart* :

> Le premier mouvement, est sans doute le plus caractéristique, revenir à l'habitude, au passé, à la mort, se réfugier dans une sorte de nostalgie de la vie antérieure, se pencher sur soi, sur un vide intérieur jusqu'au vertige de Narcisse près de la source de son être – ou dans un deuxième temps, essayer de s'arracher à cette fascination de l'origine et tenter d'ouvrir l'espace pour déployer l'ambition de s'accroître.⁶

Ce double mouvement d'expansion et de répétition, cette aptitude à se dédoubler et à se redoubler se manifeste dans la structure en chiasme du surnom de Nana. La métamorphose d'Anna en Nana confirme effectivement au niveau de la graphie la réversibilité du personnage, son pouvoir

---

5 Emile Zola, *La Curée* (Paris : Gallimard, « Folio », 1981) 46.
6 Auguste Dezalay, *L'Opéra des* Rougon-Macquart : *Essai de rythmologie romanesque* (Paris : Klincksieck, 1983) 68.

de devenir autre tout en restant le même. Et Nana s'accroît, se répand dans le Tout-Paris qu'elle met sans dessus dessous, pour le confondre à son image à elle, le ramener à l'envers du décor où se tapit « l'autre chose » : « A cette heure, ses moindres mouvements soufflaient le désir, elle retournait la chair d'un geste de son petit doigt ».[7] A cet égard toute la dramatisation du récit tient à ce jeu d'échanges brûlants qui fait basculer les destins et les fortunes afin que s'affirme l'inaltérable puissance du sexe de la femme.

C'est donc l'écriture de ce féminin en devenir, de ce féminin porteur d'altérité, que nous voudrions examiner à travers le personnage de Nana. Il nous semble à cet effet que toute la dynamique de ce personnage est liée à une écriture interrogeant le procès du même et de l'autre. L'Autre est paradoxalement ce qui permet à Nana de se répéter car elle devient l'Autre et l'Autre devient elle dans un « entre-deux »[8] aspirant la notion même d'altérité, étant le même dans l'Autre et l'Autre dans le même. Ainsi la représentation du féminin dans *Nana* semble issue d'un parcours inépuisable donnant lieu à de multiples rencontres et transformations du même dans l'autre et dans l'entre, d'où la femme prend ses formes. Et c'est justement dans cet entre-deux que le sujet manifeste son inquiétante étrangeté. L'écriture de Nana est effectivement celle d'un corps mettant en scène son mystère, sa promiscuité, sa déconstruction tant aux niveaux du genre (*gender*) que de l'espace ou du temps.

Ainsi dans un premier temps, nous étudierons comment le brouillage identitaire se manifeste chez Nana et les autres personnages du roman, dans le transport des signes qui fixent les limites du féminin et du masculin, dans la notion « d'entre-genre » s'exprimant par exemple à travers le travestissement, l'androgynie ou la bisexualité. Dans un deuxième temps, nous tenterons d'explorer Nana dans sa dimension spatiale, en tant que femme-abîme se construisant et se déconstruisant selon une architecture de l'espace, qui la propulse de la marge au centre et du centre à la marge. De plus, on pourra voir que l'évocation répétée de l'envahissement des lieux par la demi-mondaine confère à celle-ci une dimension expansionniste figurée par une extension du personnage, vers le haut et le bas. Finalement, nous nous pencherons sur l'idée d'une

---

7 Zola, *Nana* 31.
8 La notion « d'entre-deux » et « d'entre-genre » est ici empruntée à Hélène Cixous dans « Le Rire de la Méduse », *L'Arc* 61 (1975): 46.

représentation temporelle de Nana dans un « entre-temps », un temps « historial » où le présent vécu semble évidé par un passé déceptif et un futur illusoire. Mais d'abord, revenons au brouillage identitaire qui s'exprime par la transmission générique et l'abolition de toute frontière sexuelle.

Le féminin comme principe d'incertitude

L'écriture du personnage de Nana ne cherche pas à représenter, nous semble-t-il, un être authentique et unifié, mais plutôt à maintenir la tension et la dualité du corps construit dans une structure de sensations et d'attitudes. Ainsi, Muffat, lorsqu'il regarde l'actrice, se sent-il défaillir, glisser à un vertige qui le grise et l'anéantit à la fois. Et la vision ambiguë qu'il a d'elle n'est en fait que le prolongement de cette sensation trouble faite de désir et d'angoisse :

> Muffat la contemplait. Elle lui faisait peur. [...] Ployée et le flanc tendu, elle montrait les reins solides, la gorge dure d'une guerrière, aux muscles forts sous le grain satiné. Muffat suivait ce profil si tendre, ces fuites de chair blonde se noyant dans des lueurs dorées, ces rondeurs où la flamme des bougies mettait des reflets de soie. [...] Muffat regardait toujours, obsédé, possédé, au point qu'ayant fermé les paupières, pour ne plus voir, l'animal reparut au fond des ténèbres grandi, terrible, exagérant sa posture.[9]

Dans cette description oxymorone de Nana, les stéréotypes de la féminité se conjuguent à ceux de la masculinité. La cohabitation des contraires abolit ici la barrière des sexes pour opérer un glissement vers l'instinct sexuel dans ce qu'il a d'inexplicable, de monstrueux. L'aspect masculin chez Nana est connoté par la force physique et l'allure guerrière de celle-ci. Les lieux communs de la féminité, bien que très présents, sont en effet constamment pervertis par l'intrusion de signes militaires qui confèrent au personnage le rôle actif de l'agresseur comme l'indique cet autre exemple : « [...] sa gorge d'amazone dont les pointes roses se tenaient levées et rigides comme des lances ».[10] A cette comparaison des seins avec

---

9 Zola, *Nana* 202.
10 Zola, *Nana* 30.

des lances répond l'image de la femme qui « se dresse, inquiétante ».[11] De même Nana emprunte-t-elle certains gestes et habitudes normalement attribués à l'homme. Ainsi elle roule des cigarettes qu'elle fume renversée sur sa chaise, et elle boit de l'absinthe avec son amie, Satin. De plus, elle refuse le sort réservé aux femmes, qui est de se marier et d'avoir des enfants : « [...] je ne serais plus Nana, si je me collais un homme sur le dos... »[12] dit-elle. Elle considère la maternité comme une entrave à son plaisir et, lorsqu'elle tombe accidentellement enceinte, elle est exaspérée de voir que la nature l'emporte sur l'artifice.

La masculinité de Nana s'exprime aussi à travers la relation dominant-dominé. Dans son rapport avec les hommes, c'est elle qui domine en général, qui donne des ordres. Avec l'aide de Zoé, elle gère sans aucun scrupule son commerce avec les hommes qu'elle manipule à sa guise, les insultant, les congédiant, les traitant comme des objets. De fait, Nana féminise ses amants, à l'exception de Fontan qui est son double, en leur transmettant des stéréotypes féminins relevés d'un grain de décadence. Il en va ainsi du jeune Georges Hugon constamment comparé à une fille, et à qui Nana demande de revêtir ses vêtements à elle. Cela devient un jeu du déguisement, amplifié par une subversion grammaticale du genre : « Nana appelait Georges : ‹Ma chère› ».[13] En s'abandonnant à ce dernier, elle satisfait un fantasme narcissique qui lui fait rencontrer le Même dans l'Autre. Georges est en fait une parodie de la femme-objet, une poupée dont Nana s'égaye et à qui elle « donne des tapes ». Le jeu se raffine avec Muffat pour prendre les formes du sadomasochisme. La jeune femme pousse en effet la fantaisie à ses limites, traitant le comte en animal à qui elle allonge de « longs coups de pied dans le derrière ». Le débridement du sexe atteint son paroxysme lorsque l'actrice, dans son désir d'humilier, de ridiculiser son amant, demande à celui-ci de revêtir son costume de chambellan. Et le besoin d'avilissement chez Muffat est tel qu'il s'exécute, prêt à se damner pour sa maîtresse, jusqu'au reniement de soi, jusqu'à n'être plus rien :

---

11 Zola, *Nana* 30.
12 Zola, *Nana* 409.
13 Zola, *Nana* 165.

> Puis le chambellan déshabillé, l'habit étalé par terre, elle cria de sauter et il sauta; elle lui cria de cracher, et il cracha; elle lui cria de marcher sur l'or, sur les aigles, sur les décorations, et il marcha. Patatras! il n'y avait plus rien, tout s'effondrait.[14]

De tels exemples montrent que le féminin, dans ce roman, est représenté comme geste scandaleux minant la norme et la nature pour affirmer l'excentrique, le transgressif, l'hétérogène. Nana apparaît ainsi comme un corps ludique subvertissant les pôles du masculin et du féminin afin de rendre possibles toutes les « déviances ». Il y a une mise en scène androgyne du féminin qui se constitue ici dans une sorte de lieu souterrain embrassant tous les paradigmes du désir allant de l'homosexualité à « l'inceste » en passant par la prostitution et le travestissement. Nana se déguise en homme pour inscrire sa différence dans le simulacre de son être, dans cette dissimulation qui ne dissimule rien, sinon la relance infinie du désir et du manque: « Puis sous un déguisement d'homme, c'étaient des parties dans des maisons infâmes, des spectacles de débauche dont elle amusait son ennui ».[15] Les amours saphiques, tout comme l'androgynie, ont une dimension narcissique qui est la recherche du même dans la différence, l'appel de soi en l'Autre, soi dédoublé dans l'Autre. L'androgyne, figure de l'identité, apparaît dans sa composante narcissique comme un corps-miroir pris au piège fascinant et stérile que lui renvoie son propre éclat. Mais le plan spéculaire qu'il fait miroiter porte en soi cette monstruosité, ces espèces de frontières nues qui cèdent sous la poussée du désir, abandonnant le sujet quelque part qui en réalité est nulle part. Séparé de lui-même, le corps androgyne ne peut rien engendrer, sinon lui-même comme le rien transfiguré. Ainsi le passage des frontières désitue et destitue le sujet désormais dans l'entre-deux. La figure androgyne comme élément perturbateur, semeur de trouble et de tension, offre non seulement une déconstruction mobile des strates de l'opposition sexuelle mais aussi de la différence sociale. En cela la représentation du féminin devient un principe d'incertitude, d'hétérogénéité. Car ainsi que le suggère Baudrillard, « la féminité n'est pas le pôle opposé au masculin, elle est ce qui abolit l'opposition distinctive, et donc la

---

14 Zola, *Nana* 413.
15 Zola, *Nana* 404.

sexualité elle-même, telle qu'elle s'est incarnée historiquement dans la phallocratie masculine ».[16]

Nana est aussi un corps atopique et instable parce qu'elle surgit de nulle part : « D'où Nana tombait-elle »[17] se demandent les spectateurs. Lorsqu'elle monte pour la première fois sur scène, elle devient donc une « figure d'apparition », un « événement intérieur » pour ces derniers. Image intense, extasiante, métaphore du sublime et du subliminal, l'actrice apparaît enfin devant le public pour jouer le double jeu de la séduction, Nana et Vénus confondues dans l'apparence, dans une féminité ondoyante qui pénètre partout. A ce titre, le premier chapitre du roman est très important du fait qu'il construit une scénographie de la séduction : « Jamais encore on n'avait osé une scène de séduction plus chaude ».[18] Au départ, Nana apparaît passive, car elle est l'objet de la convoitise des hommes, de leur conversation et de leur regard. Son nom emplit l'espace comme une apparition qu'on invoque. Mais ce n'est pas elle que l'on veut, c'est son image, une image sans référent. Par sa théâtralisation même, Nana rejoint l'ostentation rituelle et parodique de la féminité. Celle-ci se montre telle que les hommes l'imaginent et la mettent en scène dans leurs fantasmes. Ainsi le spectacle de la femme et la femme en spectacle tombent dans le registre de la puissance masculine. Mais Nana opère rapidement son passage du passif à l'actif, de l'objet au sujet : « Peu à peu, Nana avait pris possession du public, et maintenant chaque homme la subissait ».[19] Un tel passage nous apparaît des plus importants car il anticipe le bouleversement du destin de ceux que Nana séduira. Et séduire, c'est déplacer l'Autre, le conduire vers la marge, le détourner de sa voie. Baudrillard dit à ce sujet :

> La beauté absorbée par le pur soin qu'elle a d'elle-même est immédiatement contagieuse parce qu'à l'excès de soi, elle est retirée de soi, et que toute chose retirée de soi plonge dans le secret et absorbe ce qui l'entoure.[20]

---

16 Jean Baudrillard, *De la Séduction* (Paris : Gallimard, « Folio », 1979) 25.
17 Zola, *Nana* 10.
18 Zola, *Nana* 31.
19 Zola, *Nana* 31.
20 Baudrillard 105.

D'où cette sensation de béance, ce vertige physique du gouffre, qui envahit Muffat lorsqu'il voit Nana. C'est bien le propre de la séduction que d'appréhender le vide. Et ce vide, c'est le sexe évoqué, mais sans nom, car là où les mots le désignent, il n'y a rien. Car, comme nous le rappelle Zola, cette « autre chose », ce « quelque chose en plus », c'est aussi rien du tout :

> Elle, c'était avec autre chose, une petite bêtise dont on riait, un peu de sa nudité délicate, c'était avec ce rien honteux et si puissant, dont la force soulevait le monde.[21]

Séduire l'Autre, c'est non seulement lui faire rencontrer l'inconnu, mais aussi la folie. Par le jeu de la séduction, Nana se réapproprie « sa névrose » en même temps qu'elle représente celle des autres, de la société tout entière :

> Et Nana, en face de ce public pâmé, de ces quinze cents personnes entassées, noyées dans l'affaissement et le détraquement nerveux d'une fin de spectacle, restait victorieuse avec sa chair de marbre, son sexe assez fort pour détruire tout ce monde et n'en être pas entamé.[22]

Un tel passage nous indique que la séduction est également porteuse de mort car pour elle, il s'agit de « capter et d'immoler le désir de l'Autre ».[23] Ainsi on peut voir que Nana réunit a elle seule les grandes figures de la séduction que sont par exemple la beauté, le fard, l'éclat, mais aussi la monstruosité, la folie et la mort avec bien sûr Narcisse en toile de fond.

On constate toutefois que dans *Nana,* la séduction mouvante et éphémère fait place, en devenant perversion, à la monotonie et à la répétition du même. D'un côté, la séduction montre la dimension secrète du féminin, d'un autre, la perversion simule à outrance la représentation de ce dernier. Dans la rencontre du même et de l'autre, dans l'effacement des frontières, on est ainsi amené à reconnaître le manque dans l'excès, la mort au milieu de la vie, et le vrai derrière le faux. Et quand Nana, la marginale par excellence, se trouve promue au centre de la société,

---

21 Zola, *Nana* 419.
22 Zola, *Nana* 32.
23 Baudrillard 120.

aucune bipolarité ne saurait être maintenue. En témoigne la représentation architecturale du personnage que nous allons examiner dès à présent.

Pour une représentation architecturale du personnage : Nana ou la femme-abîme

La représentation du personnage de Nana, sa construction, sa dynamique, tout comme son itinéraire narratif, nous semblent tributaires d'une symbolique architecturale de l'espace. On sait que le personnage zolien se donne à lire dans le prolongement du lieu qu'il occupe, au point de devenir ce lieu, d'en reproduire l'architecture. A ce titre, il semble que Nana soit davantage identifiable à un espace qu'à un personnage, ne serait-ce que par la dérive de son corps ouvert à tous. Son statut de cocotte la situe dans un espace équivoque, à la fois réfractaire et normatif, puisque la corruption y est de mise. Issue de la rue, Nana accède au demi-monde pour finalement pénétrer dans le grand monde. L'ascension de celle-ci se donne à lire comme une conquête de l'espace, un envahissement progressif des lieux par une circulation incessante. L'expansion de la courtisane répond de fait à un élargissement de celle-ci dans l'espace : « C'était un élargissement brusque d'elle-même, de ses besoins de domination et de jouissance, de son envie de tout avoir pour tout détruire ».[24] Nana remplit l'espace, hante les lieux car même lorsqu'elle est absente, son nom ne cesse d'être prononcé. De plus, le rêve qui l'habite est bien celui de s'échapper vers un ailleurs, vers de lointains « pays baroques », en même temps qu'elle a une volonté de se caser, de « faire son trou ». Selon Bonnefis, qui se réfère à Derrida, il y a là « le projet paradoxal dans l'expression, mais autrement si classique d'exécution, d'être hors de chez soi mais dans un chez soi où l'on se retrouve, se reconnaît, se rassemble hors de soi en soi ».[25]

---

24 Zola, *Nana* 317.
25 Philippe Bonnefis, *L'Innommable* (Paris : SEDES, « Présences critiques », 1984) 33. L'écriture, nous dit Bonnefis, « tout entière assimilée à l'activité métaphorique elle-même, illustre alors cette fatalité d'un détour qui ne s'effectuerait qu'en vue d'une réappropriation, obéissant en cela à un mouvement auquel J. Derrida prête l'arrière-pensée ». (Cf. Jacques Derrida, *La Mythologie blanche* (Paris, Les Editions de Minuit, Coll. « Marges de la philosophie », 1972)).

D'où ce besoin continuel chez Nana de déménager et d'emménager, de vivre dans des logis à moitié vides, des lieux provisoires où règne le désordre. Que ce soit dans l'appartement du boulevard Haussmann, dans la maison de campagne achetée par Steiner, dans le petit logement de la rue Véron à Montmartre ou dans l'hôtel particulier de l'avenue de Villiers, Nana s'improvise toujours maîtresse de maison. L'aménagement des lieux est lui aussi aléatoire et n'a rien de fonctionnel; seul compte le luxe tapageur des pièces offertes aux allées et venues des visiteurs. Il en est ainsi du salon de satin rouge, « trop plein et trop orné », qui détonne dans le vide de l'appartement du boulevard Haussmann. L'espace est donc aménagé à l'image de Nana, privilégiant le superflu, l'apparat pour masquer un vide. Et c'est bien l'essentiel qui manque dans le logis de l'actrice, puisqu'il n'y a rien au fond de ses armoires. Nana n'est certes pas une femme d'intérieur; pour organiser des fêtes chez elle, elle livre son appartement au personnel de Brébant, qui le transforme en restaurant. Le passage du privé au public se manifeste aussi dans la comparaison de l'appartement avec un théâtre dont le luxe éphémère s'efface dès que la fête est finie : « Ils se précipitaient, se bousculaient, faisant disparaître la table comme un décor de féerie, au coup de sifflet du maître machiniste ».[26] Il en va de même pour l'hôtel particulier de l'avenue de Villiers qui, au début, est « machiné » comme au théâtre, réglé comme une grande administration fonctionnant avec précision. L'actrice semble enfin vouloir se fixer, car elle entasse meubles et objets dans sa nouvelle demeure. Paradoxalement, ce débordement matériel, cette prospérité à son comble symbolisée par les tiroirs remplis d'argent, ne fait qu'accentuer l'insatisfaction et l'ennui de Nana : « [...] mais ça ne la contentait plus, elle sentait comme un vide quelque part, un trou qui la faisait bâiller »[27], et laisse présager une entropie du personnage et de son environnement. A ce titre, le bric-à-brac souligne un tel déséquilibre car, dans un effet d'étrangeté empreint d'expressionnisme, il révèle l'incapacité de Nana à maîtriser les lieux tout comme le réel. Noyée dans un pêle-mêle de corps et d'objets où se confondent les styles, les pays et les époques, Nana incarne l'hétéroclite, l'indéfinissable, l'impur. La promiscuité du personnage et de son environnement est aussi traduite par l'abo-

---

26 Zola, *Nana* 106.
27 Zola, *Nana* 298.

lition de la frontière entre espace public et espace privé. Dans l'appartement du boulevard Haussmann, chaque pièce ouvre sur un même corridor, ce qui permet le contrôle des allées et venues, comme au théâtre. Alors que dans l'hôtel particulier de l'avenue de Villiers, le jeu entre le désir et « l'interdit » s'exprime en une confusion des espaces, en un dérèglement de la mise en scène impuissante à coordonner les entrées et les sorties des personnages. Et d'où vient le drame de Georges Hugon et de Muffat, si ce n'est justement de l'intrusion des deux hommes dans l'espace privé de Nana ? Tous deux franchissent la barrière de l'interdit pour découvrir avec effroi que la jeune femme les trompe de façon incestueuse. Le grotesque du libertinage est à son apogée lorsque le comte découvre son beau-père en compagnie de l'actrice, dans un immense lit baroque :

> Et, près d'elle, sous le reflet de neige de sa gorge, au milieu de son triomphe de déesse, se vautrait une honte, une décrépitude, une ruine comique et lamentable, le marquis de Chouard en chemise.[28]

Ainsi l'hôtel va à la débandade pour devenir un carrefour, un espace ouvert à tous. Au passage d'un modèle spatial géométrique à un modèle spatial discontinu, répond donc celui d'un modèle de maîtrise à un modèle d'échange. Et Nana est bien cette arrivante de toujours, elle ne reste pas, elle va partout, elle échange, elle est le désir qui circule. Elle entre, elle est entre elle et l'Autre, toujours plus qu'elle-même plus que l'Autre. Elle avance dans l'espace mouvant, ouvert, transitoire pour courir ses risques. A cet égard, l'univers de Zola comme celui d'Antonioni, est un univers menacé qui tend vers des espaces plus vides. D'où l'évocation de « ces hôtels en construction dressant leurs échafaudages sous le ciel noir au travers de cette plaine glaciale et vide du nouveau Paris ».[29] La périphérie par son instabilité, par son inachèvement, son orientation vers l'avenir, offre donc un terrain neuf d'investigations sur la position nouvelle du sujet dans le monde. Déstabilisée par son environnement même, Nana est propulsée vers un ailleurs, « un plongeon, une fugue, une envolée » dans un espace où elle se décompose. L'actrice meurt dans un hôtel, lieu transitaire à son image. Et son destin nomade apparaît

---

28 Zola, *Nana* 414.
29 Zola, *Nana* 316.

similaire à celui de Renée s'amusant à camper dans sa propre maison avec Saccard, tous deux « n'ayant pas l'air d'être chez eux, comme jetés, au bout d'un voyage tumultueux et étourdissant, dans quelque royal hôtel garni ».[30]

Ainsi, la vie miroitante et ambiguë de Nana se reflète dans une symbolique architecturale du personnage. La présence au monde de celui-ci, son ascension sociale est comme minée par le bas, par une béance souterraine qui le ramène au point mort et mortel de la chute. Hélène Cixous nous rappelle à juste titre que le sexe féminin a longtemps été considéré comme irreprésentable parce qu'associé à la mort, partagé entre les deux mythes horrifiants de la Méduse et de l'abîme.[31] Nana accède à une telle représentation mythique puisqu'elle est véritablement perçue comme une femme-abîme, une cassure, une fêlure, un gouffre, qui sépare, divise, désagrège, absorbe tout ce qui l'entoure. Nana, nous dit Dezalay, « est elle-même une vaste ouverture engloutissant corps et biens, avec son hôtel monumental comme un aqueduc dont les arches de pierre enjambaient un abîme ».[32] Le théâtre où joue Nana a aussi cette dimension souterraine, cette vie sous la scène comme une trouée sur un autre monde. La différence est ici pensée dans un registre du continu puisqu'il y a continuité entre le personnage et l'espace, entre la scène et les coulisses, la loge et le logis, entre le monde fictif et le monde réel, entre les acteurs et le vrai monde, entre le monde et le demi-monde, entre les aristocrates et les cabotins. De même, Nana fait-elle le lien entre le haut et le bas puisqu'elle se redouble dans les personnages de Sabine et de Satin, la première étant une aristocrate hétérosexuelle, la seconde, une fille de la rue homosexuelle. « Saleté en bas, saleté en haut, c'est toujours saleté et compagnie »[33], nous dit Zola.

En fait, l'itinéraire narratif de Nana consiste principalement à déplacer, à décentrer le sexe masculin pour lui faire rencontrer cet « autre chose » qui est elle, mais aussi lui comme un autre lui-même. A preuve

---

30 Zola, *La Curée* (Paris: Gallimard, « Folio », 1981).
31 Dans « Le Rire de la Méduse », H. Cixous déclare à propos de la représentation de la femme : « On nous a figées entre deux mythes horrifiants : entre la Méduse et l'abîme. Ils disent qu'il y a deux irreprésentables : la mort et le sexe féminin. Car ils ont besoin que la féminité soit associée à la mort » (47).
32 Dezalay, *L'Opéra des* Rougon-Macquart 114.
33 Zola, *Nana* 330.

cette scène où le comte Muffat amorce sa métamorphose en s'ouvrant au féminin dans l'espace symbolique de l'escalier, buvant littéralement « tout le sexe de la femme » dans une aspiration. A l'instar de Bonnefis, on peut dès lors se demander si la béance où l'on trouve nombre de créatures zoliennes, n'est pas « cet intervalle vide du mourir, un mourir en quelque sorte sans avenir, où les personnages sont empêchés d'atteindre l'autre rive, cette espérance du terme. Sans terme ni commencement, ceux-ci se retrouvent dans quelque monstrueux et inhumain entre-temps ».[34] Vérifions donc si cette notion « d'entre-temps » se retrouve dans la représentation temporelle de Nana.

Nana ou la conscience erratique du temps

Chez Zola, c'est la particularité d'un lieu, d'une atmosphère, qui permet au temps de s'intérioriser. En fait, on peut dire que dans le texte zolien, la manifestation symbolique du temps naît toujours d'un « moment spatial » et spécial. Comme de nombreux personnages des *Rougon-Macquart*, Nana a besoin de projeter son image dans les miroirs du temps, en associant le présent vécu au passé remémoré ou au futur imaginaire. En cela, elle est un personnage éminemment cinématographique du fait qu'elle assure sa continuité dans un jeu de projections associatives. S'observant lui-même, le personnage ne peut agir que sur des représentations, des souvenirs qu'il considère nécessairement depuis l'état actuel de son être. C'est donc à partir d'un tissu de perceptions, de sensations que Nana se saisit dans sa durée, dans son temps « historial ».[35] En se projetant hors du présent vécu, Nana sort de son moi vivant pour aller vers un extérieur dans lequel elle se dilue. Coincée entre sa conscience déceptive du passé et son rêve illusoire du futur, Nana s'évide dans la viscosité de la vie.

La jeune femme associe par exemple le présent aux perceptions de son enfance, elle rejoue le passé dans le présent, manifestant ainsi une

---

34 Philippe Bonnefis, *L'Innommable* 227. Cette analyse, nous dit l'auteur, s'inspire ici d'Emmanuel Lévinas (« La réalité et son ombre », *Les Temps Modernes* 38 [novembre 1948]: 771-89). La notion « d'entre-temps » est bien sûr à rattacher à celle « d'entre-genre » et « d'abîme » car elles corroborent toutes trois l'idée « d'entre-deux » qui caractérise la représentation du personnage de Nana.
35 Nous empruntons le concept de « temps historial » à Ricoeur.

nostalgie du manque. De ce fait, le présent n'est là que pour combler un vide, rattraper le temps perdu, réinventer un passé qu'on n'a pas eu. D'où la fausseté du présent vécu aspiré par le passé fictif. Le théâtre l'emporte sur la vie lorsque Nana s'amuse au jeu des amours naissantes et encore vierges. L'aventure amoureuse de celle-ci avec le jeune Hugon illustre le rêve romantique d'un amour pur qu'elle n'a jamais eu :

> Alors, en écoutant le rouge-gorge tandis que le petit se serrait contre elle, Nana se souvint. Oui c'était dans des romances qu'elle avait vu tout ça.[36]

De même son aventure conjugale avec Fontan rejoint-elle un idéal de jeunesse, et la vie future qu'elle imagine avec celui-ci, se rattache aux valeurs chéries par elle dans le passé : « Dans son coup de tendresse pour Fontan, elle rêvait une jolie chambre claire, retournant à son ancien idéal de fleuriste, lorsqu'elle ne voyait pas au-delà d'une armoire à glace en palissandre et d'un lit tendu de reps bleu ».[37] Mais cette fausse vie conjugale, loin de satisfaire un rêve illusoire, la ramène inexorablement au modèle de son enfance, celui des bas-fonds où la femme est rouée de coups par son homme.

Le régime du spleen, de l'insatisfaction de Nana se manifeste aussi dans l'imagination chimérique qu'elle a de son futur. Lors de son excursion au château de Chamont, sur la Route d'Orléans, elle se prend à rêver sa fin triomphale. La vision qu'elle a d'elle-même, d'une « Nana très riche et très saluée » est suscitée par une autre vision, celle d'Irma d'Anglars, propriétaire du château « reine puissante comblée d'ans et d'honneurs ». Toutefois cette sensation euphorique que Nana éprouve, est contrariée par un sentiment d'angoisse provoqué par les lieux mêmes. La succession des grilles que l'actrice et sa bande doivent franchir pour atteindre la bâtisse, leur donne le singulier sentiment d'un réel sans fond, d'un espace immémorial, d'un inachèvement se signifiant dans l'impossibilité d'une fin : « [...] ça ne finirait donc pas »[38], s'interrogent-ils. Et c'est bien le propre des personnages zoliens que d'être angoissés, non par la mort car il faut bien mourir, mais par l'idée d'un inachèvement dans l'achèvement. Cela leur confère un caractère erratique, flottant, condamnés qu'ils sont à vivre dans

---

36 Zola, *Nana* 166.
37 Zola, *Nana* 220.
38 Zola, *Nana* 184.

un «entre-temps», comme Nana. Il semble que celle-ci n'arrive pas à franchir ce «seuil» que Bakhtine définit comme «le chronotope de la crise, du tournant d'une vie»[39], une frontière qui lie le passé et le futur. Et si Nana est incapable de dépasser cet espace-temps de «l'entre», si elle reste au carrefour de sa vie, c'est pour mettre, nous semble-t-il, sa propre image en jeu, la surexposant dans l'instantané du vécu, afin d'en signifier la mort, de la voir se décomposer.

Conclusion

A la lumière de cette analyse, nous constatons que la représentation du féminin dans *Nana* offre une double lecture. D'une part la féminité est représentée de façon outrepassée, dégradée, parodique. Elle n'est que le reflet des signes phallocrates dont les hommes l'affublent sous le Second Empire. D'autre part, cette parodie du féminin poussé à ses limites, exposé à tous les affects, ouvert à toutes les fantaisies, déjoue paradoxalement la représentation phallocentrique, en permettant l'inscription d'un désir autre sur le corps. La femme se voit ici accorder le droit d'inventer son univers érotique, d'accueillir en elle la présence des deux sexes, du même et de l'autre. Une telle lecture féministe met bien sûr de l'avant une représentation bisexuelle qui dynamise l'échange, privilégie le corps mouvant, instable, remet en question le sujet univoque pour laisser la voie à l'expérience multiple, au péril inhérent à la rencontre de l'Autre. L'Autre, c'est aussi l'étranger, le corps d'ailleurs, ce pourquoi on vit dangereusement, dans la fureur de «l'entre».

Certes, Nana se réinvente sans cesse en risquant son corps à l'Autre, en jouant tous les scénarios des rapports humains, mais en même temps, elle éprouve la tentation immémoriale du même, dans la relation narcissique, incestueuse qu'elle entretient avec sa propre image. A cet égard, Nana apparaît comme la figure sémantiquement corruptrice de l'opposition même et autre, la forme vide mais indispensable pour que devienne possible la rencontre des groupes sociaux et raciaux dans un réseau d'échanges d'où résulte la communication. On peut même aller plus loin en ce qui concerne le roman, *Nana*, et parler de trafic, car l'échange y a une

---

39 Mikhail Bakhtine, *Esthétique et théorie du roman* (Paris, Gallimard, 1978) 389.

dimension illicite, clandestine, forcément impure puisqu'il s'effectue dans le magma indifférencié de la ville. L'écriture de *Nana* est donc celle d'une inquiétante étrangeté qui abolit les frontières, qui accomplit et prend en charge ce que la société n'assume pas ouvertement, toutes les coupures de principe et d'ordre nécessaires à la communication.

Et lorsque l'androgyne advient, le féminin n'est plus le contraire du masculin ni son complément, tous deux sont ruissellement d'une même origine perpétuelle qui, elle, est une perte infinie. Pas étonnant donc que les corps se confondent, comme semblables, disparaissant les uns dans les autres, dans ce torrent qui coule en ne laissant rien de lui. Nana avance dans cet enterrement des êtres et des choses, avant que d'être emportée à son tour. Née de la rumeur, elle retourne au néant.

Ce personnage a une dimension théâtrale très prononcée qui en souligne l'artifice. En effet, Nana n'est au départ qu'une invention de Bordenave, un produit fabriqué qui se multiplie dans les images de ses incarnations successives au point que l'original finit par se dissoudre dans la copie. Toute l'existence de l'actrice est un rôle de composition où rayonnent les simulacres érotiques, les projections de soi dans la foule, dans le fictif, dans le rêve. Chaque masque que Nana porte n'est là que pour en dissimuler un autre, jusqu'à ce dernier « masque horrible et grotesque du néant » où se décompose Vénus. Le féminin est dès lors ramené à sa fluidité, à ce « ruissellement d'or des cheveux flambant au soleil ».

La dimension naturaliste du personnage s'affirme toutefois dans la victoire de la maladie. La jeune femme meurt effectivement d'un virus qui aujourd'hui pourrait s'appeler « sida ». A preuve, la manière dont Zola nous le décrit métaphoriquement :

> Il semblait que le virus pris par elle dans les ruisseaux, sur les charognes tolérées, ce ferment dont elle avait empoisonné un peuple, venait de lui remonter au visage et l'avait pourri.[40]

La décomposition du visage vient signifier ici la fin du corps spéculaire qui cède la place au « corps moléculaire »[41], à ce virus voué au même et à l'autre à la fois, puisque sa transmission n'est que la métastase de lui-même. D'où le caractère postmoderne du personnage de Nana.

40 Zola, *Nana* 440.
41 Le concept de « corps moléculaire » nous vient de Baudrillard.

Bibliographie

Bakhtine, Mikhail. *Esthétique et théorie du roman*. Paris: Galimard, 1978.
Baudrillard, Jean. *De la Séduction*. Paris: Gallimard, «Folio», 1979.
Bérard, Sylvie. «Bibliographie». *Protée* («Elle signe»), *Théories et pratiques sémiotiques* 20.3 (Automne 1992): 69-75.
Bonnefis, Philippe. *L'Innommable*. Paris: SEDES, «Présences critiques», 1984.
Cixous, Hélène. «Le Rire de la Méduse». *L'Arc* 61 (1975): 39-54.
Derrida, Jacques. *De la Grammatologie*. Paris: Les Editions de Minuit, 1969.
Derrida, Jacques. *La Mythologie blanche*. Paris: Les Editions de Minuit, «Marges de la Philosophie», 1972.
Dezalay, Auguste. *L'Opéra des* Rougon-Macquart: *Essai de rythmologie romanesque*. Paris: Klincksieck, 1983.
Havercroft, Barbara. «Transmissions et travestissement: l'entre-genre et le sujet en chiasme dans *Monsieur Vénus* de Rachilde». *Protée* («La Transmission»), *Théories et pratiques sémiotiques* 20.1 (Printemps 1992): 49-55.
Zola, Emile. *La Curée*. Paris: Gallimard, «Folio», 1981.
–. *Nana*. Paris: Fasquelle, «Le Livre de Poche», 1972.

L'écriture de la Mort dans *Germinal*

Anna GURAL-MIGDAL

Dans *Le Roman expérimental*, Zola affirme que « l'homme métaphysique est mort, tout notre terrain se transform[ant] avec l'homme physiologique » (97)[1]. Une telle affirmation montre combien le discours zolien peut apparaître restreint et univoque lorsqu'il est inféodé à la thèse naturaliste. L'intérêt de ces propos de l'auteur du cycle des *Rougon-Macquart* ne vient donc pas de l'énoncé en soi, par ailleurs réfutable, mais de son énonciation. Ne fait-elle pas surgir une mouvance, un glissement, le procès d'une transformation ébranlant les certitudes de l'écrivain? Sa tentative de définir l'homme en une représentation fixe est en effet subvertie par l'énonciation d'un principe actif, d'une visée intentionnelle, d'une ouverture sur l'inconnu du monde. Ainsi l'ambivalence prévaut au sein même de la réflexion critique chez Zola, tant la pratique littéraire affirme et infirme à la fois la volonté positiviste que l'écrivain a de concevoir l'homme et son milieu. Le désir de substituer l'expérimental au philosophique, l'étude de l'homme naturel à celle de l'homme abstrait, relève d'un besoin de maîtriser l'angoisse du doute. Mais « part[ir] du doute pour arriver à la connaissance absolue » (66), c'est paradoxalement en appeler à un idéal derrière lequel se cache la hantise du gouffre. Concevoir le roman comme une « enquête générale sur la nature et sur l'homme » (85) et refuser tout idéalisme au seul nom de la vérité, n'est-ce pas faire de la science elle-même un projet utopique? On peut se demander de quelle vérité parle Zola. Il semble que ce soit une vérité de l'investigation, de l'observation et de l'expérimentation. Pourtant l'écrivain n'est-il pas livré au secret du monde lorsqu'il affirme qu'il n'y a pas lieu d'en espérer « la révélation subite » ?

> Il est bien entendu que je parle ici du comment des choses, et non du pourquoi [...] Je crois que les romanciers expérimentateurs doivent également ne pas se préoccuper de cet inconnu, s'ils ne veulent pas se perdre dans les folies

---

[1] Emile Zola, *Le Roman expérimental* (Paris : Garnier-Flammarion, 1971) 97. Toutes les citations réfèrent à cette édition.

> des poètes et des philosophes [...] Le seul idéal qui doive exister pour nous [...] c'est celui que nous pouvons conquérir [...] Ce qu'il faut accepter seulement, c'est ce que je nommerai l'aiguillon de l'idéal. (84-85)

Dans une série d'articles consacrés à Zola[2], Francesco De Sanctis[3] analyse selon le « principe de l'amalgame » les contradictions qui parcourent le discours de l'écrivain, pour justement montrer la part d'idéalisme qui se superpose au projet réaliste. D'une part le critique italien considère que l'intertextualité doctrinale et didactique donnée à lire comme savoir anthropologique et physiologique dans le roman, rend l'étude sur l'homme plus complète. D'autre part, le discours sur l'humanité basé sur l'idée de progrès scientifique en appelle paradoxalement à une continuelle réalisation des idéaux humains. Autre paradoxe, le roman naturaliste, toujours au nom de la science doit faire voir les pulsions, les instincts les plus vils de l'homme, sa dégénérescence. L'idéal rejeté au profit du réalisme, refait toutefois surface de façon négative, un idéal en creux, une aspiration à un ciel plus pur s'exprimant par un mécontentement sur la réalité qui entoure l'écrivain. Donc selon De Sanctis, « la grande originalité de Zola, c'est qu'il est réaliste comme un scientifique et idéaliste comme un poète » (300)[4]. Dans une telle perspective, l'idéalisme n'est pas opposé au réalisme puisqu'il est envisagé comme « vive aspiration à un au-delà, à une idée pure pas encore réalisée, mais dont la réalité veut s'approcher » (292).[5] L'idéal, c'est aussi une sorte de *desideratum* absolu, la satisfaction des appétits sous toutes ses formes. En fait l'intérêt de l'analyse de De Sanctis réside dans sa façon de retourner la doctrine naturaliste contre son défenseur, de montrer que Zola, lorsqu'il choisit par exemple de faire surgir l'instinct animal, l'abject dans la matérialité du monde, est davantage un métaphysicien qu'un scientifique ou un médecin.

---

2   Francesco De Sanctis, *Saggi critici*, (Bari : Editori Laterza, « Scolastica » 1972). Toutes les citations réfèrent à cette édition.
3   Dans une lettre datée du 5 août 1879, Zola fait l'éloge des travaux de De Sanctis en ces termes : « Certes, nous différons parfois. Mais je n'ai encore rien lu sur moi de plus complet ni de plus profond. En France, toute critique est morte. Vous devez comprendre avec quel puissant intérêt je vous ai lu. Je trouvais là enfin des pages d'étude sincère et de vérité ». Cf. Emile Zola, *Correspondance*, Bard H. Bakker et Colette Becker, éds. 7 vols (Montréal : Presses de l'Université de Montréal, 1978-1989) 359.
4   Citation traduite de l'italien (la traduction est mienne).
5   Citation traduite de l'italien (la traduction est mienne).

L'insertion de l'idéal dans le réel permet au discours zolien de thématiser l'ambivalence, le dialogisme, la subversion. Le réalisme zolien dépasse la conception documentaire et monolithique de la physiologie humaine, pour faire valoir les contradictions, la complexité de l'homme et de la société. Et ces contradictions, il les concilie ou les accentue par l'imaginaire, pour transgresser l'ordre naturel des choses. Chez Zola la praxis de l'écriture déstabilise la signification et s'inscrit, comme le souligne Adolfo Fernandez-Zoïla, « dans ces suites d'inachèvements qui sollicitent les mutations »[6]. En relatant l'échec d'une grève, le roman *Germinal* semble souscrire à un tel inachèvement. La grève en soi est ambivalente car c'est un acte transgressif, une force perturbatrice où se confondent l'élan vital et la pulsion de mort. Il y a lieu aussi de s'interroger sur l'échec : Qu'est-ce qui fait que cela ne marche pas, pourquoi la palingénésie n'a-t-elle pas lieu ? Il nous apparaît que le paradoxe énonciatif de ce roman est de miner la naturalisation et l'immobilisation de l'homme par un rituel transgressif de la mort, qui est de l'ordre de la mutation, de la libération. Le processus de renversement en est aussi un d'idéalisation car il exalte une métaphysique de la mort.

Nous voudrions vérifier de telles hypothèses en analysant dans *Germinal* la représentation de l'homme à travers sa sexualité. Si la pensée, la méthode biologique et médicale sont omniprésentes dans le roman naturaliste, c'est particulièrement en raison de l'importance concédée au corps et à l'idée de reproduction. Soumis à la loi de la nature, l'homme se reproduit afin d'assurer la survie de son espèce. Pour cette même raison, il obéit aux lois de l'hérédité et du milieu, car l'une garantit la transmission des caractères acquis, et l'autre permet les transformations dues aux conditions d'adaptation. Dans *Germinal*, la sexualité s'intègre naturellement à l'étude d'un milieu, celui des mineurs. Zola nous montre aussi les effets de l'hérédité comme une sorte de fatalité de l'accouplement et de la reproduction. Mais bien qu'il tire sa substance d'une conception naturaliste de la sexualité, le roman zolien s'en libère en la liant à la mort, à ce que Blanchot appelle « la force du négatif » car la mort n'est pas uniquement transgression qui pervertit l'ordre légal, elle est aussi cette « mort active et travailleuse qui est pouvoir de finir, pouvoir à partir de la fin ».[7]

---

6 Adolfo Fernandez-Zoïla, « Aspects des relations d'altérité dans *Germinal* », *Europe* 678 (octobre 1985) : 89.

7 Maurice Blanchot, *L'Espace littéraire* (Paris, Gallimard « Folio/Essais », 1955) 124.

Dans *Germinal* la sexualité est envisagée en termes de pouvoir et de classe parce que le refus du corps permet à la bourgeoisie de concevoir un modèle social et culturel excluant le prolétariat. Ainsi que l'a montré Michel Foucault[8], c'est l'avènement de la psychanalyse qui a permis aux bourgeois de se réclamer d'une sexualité « refoulée » afin de se différencier d'une classe ouvrière sans inhibition. Le pouvoir apparaît fortement sexualisé dans *Germinal* puisque la classe bourgeoise animalise sa représentation du peuple pour en faire une espèce à part, barbare et menaçante. L'intérêt de ce roman vient justement du fait que les mineurs récupèrent ce modèle de représentation pour en faire le signe culturel de leur refus. La sexualité, ici, devient le spectacle d'un rapport de forces, le cérémonial d'une souveraineté meurtrière, transgressive comme la grève.

Voyons donc comment la sexualité se transforme en un rituel de la mort pour accéder à l'idéal et désavouer l'idée naturaliste d'un corps aux structures immuables et aux besoins fixes.

La fécondité stérile

Dans *Germinal*, les comportements sexuels sont intégrés à l'étude d'un milieu, celui du coron. Chez les mineurs, l'amour se pratique librement à Réquillart, à la maison, sur le carin, au fond du puits. C'est la loi du milieu et, ainsi que nous le laisse entendre Catherine, cela arriverait forcément un jour. La sexualité est aussi l'effet d'un mode de vie qui doit s'accommoder de la promiscuité. Les mineurs vivent les uns sur les autres et, à la maison, tout le monde dort dans la même chambre :

> L'habitude tuait la honte d'être nu, ils trouvaient naturel d'être ainsi car ils ne faisaient point de mal et ce n'était pas leur faute s'il n'y avait qu'une chambre pour tout le monde. (176)[9]

La vision naturaliste de la sexualité émerge ici d'un documentaire socio-économique sur les conditions de vie des ouvriers. S'ils vivent dans la

---

8 Cf. Michel Foucault, *Histoire de la sexualité, la volonté de Savoir*, vol. 1 (Paris : Gallimard, « Tel », 1976).

9 Emile Zola, *Germinal* (Paris : Garnier-Flammarion, 1968). Toutes les citations réfèrent à cette édition.

promiscuité, ce n'est pas un choix, c'est le résultat de la pauvreté. La prise de plaisir, la recherche instinctive de la satisfaction est, au même titre que l'alcool, une conséquence de la misère: «Oui, toutes y passaient, c'était plus fort que la raison» (144). Au coron, des plus jeunes aux plus vieux, on refuse de rester enfermé dans un intérieur exigu et miséreux. Les soirs et les jours de fête, on disparaît pour aller se distraire. C'est lors d'une promenade du soir que Catherine se laisse prendre par Chaval. C'est aussi un soir, en passant près de Réquillart, qu'Etienne rencontre la Mouquette: «Tu sais que j'en meurs d'envie. Dis? Ça me ferait tant de plaisir» (259). L'activité sexuelle est représentée en termes d'instinct car Zola nous montre des êtres à qui l'on nie précisément toute humanité et chez qui on encourage par le biais de la pauvreté, des comportements de survie, économiques, psychologiques et biologiques. C'est donc sans raisonner les conséquences de leurs actes que les mineurs procréent aussi généreusement:

> Et il semblait que ce fût autour de la machine éteinte, près du puits las de dégorger de la houille, une revanche de la création, le libre amour qui, sous le coup de fouet de l'instinct, plantait des enfants dans les ventres de ces filles, à peine femmes. (141-42)

Contrairement aux ouvriers, les bourgeois dégagés des luttes pour la vie perdent le sens de la nature. Ils sont viciés dans leurs mœurs; la réalité désagrège leur noyau familial, ce qui entraîne nécessairement le «déclin de la race». Pour les mineurs, l'instinct primordial est celui de la conservation. Avoir des enfants permet d'assurer la subsistance du milieu dans l'immédiat, mais surtout sa force dans l'avenir.

Mais par delà cette conception naturaliste de la sexualité, les prolétaires transcendent l'instinct de reproduction pour en faire une donnée culturelle qui les représente comme menace. La fécondité chez eux connote en effet le désordre et la mort: «Quelques-unes [les femmes] tenaient leur petit entre les bras, le soulevaient, l'agitaient, ainsi qu'un drapeau de deuil et de vengeance» (344). Le rassemblement populaire spontané est en soi une menace contre l'institution bourgeoise. La foule instaure comme l'a montré Michel Serres «une indifférenciation des règnes et un mélange des mondes»[10]. A ce titre le comportement sexuel

---

10 Cf. Michel Serres, *Le Parasite* (Paris: Grasset, 1980).

des mineurs en est un de foule, car il est imprévisible, aléatoire, fondé sur des moments indéterminés de hasard et donc menaçant pour l'ordre social. La plaine basse et le marais où s'ébattent les ouvriers présentent d'ailleurs un danger à l'organisation de l'espace de la mine. La route aussi circonscrit l'espace des jeux sexuels avec les couples entrevus le long des chemins. Comme le dit Mitterand, « elle offre aux mineurs échappés de leurs galeries l'espace subitement illimité de la libération et de l'anarchie »[11].

Dans *Germinal*, la sexualité est porteuse de mort parce que les enfants meurent aussi facilement qu'ils poussent. Par exemple, chez les Maheu, il n'en restera que deux à la fin du roman. Mais plus encore la sexualité s'auto-dévore et s'épuise ainsi que la révolution. La nature est ici envisagée comme une « débauche d'énergie vive et une orgie de l'anéantissement »[12]. « Car la sexualité et la mort ne sont que les moments aigus d'une fête [...], l'une et l'autre ayant le sens du gaspillage illimité auquel la nature procède à l'encontre du désir de durer qui est le propre de chaque être »[13]. En fait la fécondité généreuse et positive apparaît dans le roman de Zola comme une « germination infernale et mortelle »[14]. Catherine qui devient femme au moment de sa mort incarne cet oxymoron de la floraison stérile. Comme la révolution, elle n'accouchera de rien.

La mise à mort du sexe

Dans *Germinal*, la différence sociale et l'affrontement des classes passe par la représentation du corps. En effet, les mineurs sont marqués par le milieu dans leur corps. Ils sont dégradés et ont les symptômes de maladies propres à leur condition ouvrière. Maigreur anémique, scrofules, délicatesse de poitrine viennent par exemple témoigner de leur malnutrition. Ainsi ces corps malingres, difformes, atrophiés sont perçus par les bourgeois comme ne pouvant être que ceux du peuple, car ils leur inspirent une répulsion physique. Par le rituel carnavalesque, les mineurs

---

11 Henri Mitterand, « Chronotopies romanesques : *Germinal* », *Poétique* 81 (février 1990) : 95.
12 Georges Bataille, *L'Erotisme* (Paris : Les Editions de Minuit « 10/18 », 1957) 68.
13 *Ibid.*, 68
14 Nous empruntons ici les termes de Philippe Lejeune.

transforment toutefois le corps pathologique en donnée culturelle subversive. Comme l'explique Sandy Petrey, le corps devient un lieu de provocation qui dévoile la face cachée des choses, la saleté, l'horrible, la mort et la violence[15]. D'objet, le prolétariat veut devenir sujet quitte à ce que le corps soit cadavre pour accéder à son identité.

Le rituel carnavalesque instaure une mise en spectacle de la sexualité, qui est de l'ordre de l'exhibitionnisme et du sacrifice. Comme l'a montré Bataille, le rite sacrificiel est « une représentation théâtrale [...] où la victime joue seule, mais joue jusqu'à la mort »[16]. Ainsi en est-il de Maigrat dont la castration correspond au rituel carnavalesque du charivari, une tradition populaire consistant à capturer, torturer, castrer un chat avant de le tuer : « – Faut le couper comme un matou ! – Oui, oui ! au chat ! au chat !... » (362), hurlent les femmes. Maigrat est donc le bouc émissaire qui permet la transgression par le bas et la violence sacrificielle :

> Déjà, la Mouquette le déculottait, tirait le pantalon, tandis que la Levaque soulevait les jambes. Et la Brûlé de ses mains sèches de vieille, écarta les cuisses nues, empoigna cette virilité morte. Elle tenait tout, arrachant dans un effort qui tendait sa maigre échine et faisait craquer ses grands bras. Les peaux molles résistaient, elle dut s'y reprendre, elle finit par emporter le lambeau, un paquet de chair velue et sanglante, qu'elle agita, avec un rire de triomphe [...]. (362)

On constate que l'exhibitionnisme affirme le pouvoir destructeur du vulgaire, la tradition populaire venant ici défier la culture officielle. L'exhibition du sexe vient signifier le refus d'une pruderie bourgeoise. La castration ne consiste pas seulement à réduire la victime à l'impuissance ; c'est aussi l'annulation symbolique de signes culturels et sociaux affiliés au masculin. La mise à mort du phallus permet aux femmes de transgresser les limites de la représentation sexuelle pour affirmer leur pouvoir. C'est également le genre naturaliste qu'elles veulent renverser, car il est du côté de la puissance masculine opposée à une sexualité féminine connotant l'hystérie, la marginalité la promiscuité et le désordre. A ce titre la castration apparaît comme le signe d'une indifférenciation

---

[15] Cf. Sandy Petrey, « Discours social et littéraire dans *Germinal* », *Littérature* 22 (mai 1976): 59-74 et « Obscenity and revolution, » *Diacritics* 3 (Fall 1973): 22-26.
[16] Bataille 97.

sexuelle, d'un corps anarchique qui ne peut désormais plus définir la classe ou l'identité. La subversion carnavalesque aboutit au transfert d'une classe à l'autre, du corps dégradé, de la mutilation, donc à l'échange des places.

Ainsi, dans *Germinal* les mineurs s'emparent d'un modèle de représentation qui leur est étranger pour le reconstruire selon leur propre système de signes. De même l'obscénité de leurs gestes témoigne d'un refus de l'ordre moral et de l'idéologie en place. A ce titre, la Mouquette, fille à la sensualité débordante, fait de la prostitution un rite trivial et joyeux afin de venger l'exploitation sexuelle des femmes contraintes à offrir leur corps pour un bout de pain. Le fait de déculotter Maigrat lui permet à son tour d'en faire un objet sexuel, une marchandise à la disposition des femmes. La Mouquette revendique aussi la liberté de montrer ses fesses dans un geste qui lui appartient et qui est pour elle le comble du refus. L'exhibition d'une partie « honteuse » de l'anatomie relève également d'un comique grotesque visant à faire tomber les tabous en parodiant la décadence. La « nudité insultante » de la Mouquette s'offre, en un simulacre carnavalesque à la foule qui réclame de voir les fesses de Cécile. En ce sens, son geste est une « mortelle offense » qui consacre le « mélange des mondes ».

L'étreinte mortelle

Un parallèle s'établit entre Catherine Maheu et Cécile Grégoire, ne serait-ce qu'à travers les scènes de leur réveil respectif. La première, issue d'un milieu froid et dur, est chétive et décolorée comme une racine gisant au fond de la terre. La seconde vit dans une atmosphère de serre où tout n'est que douceur et précaution. Elle est colorée et tendre comme un beau fruit trop mûr. Toutes deux mourront ; Catherine épuisée par des forces qui la dépassent et Cécile, impuissante à réagir devant son destin romanesque. Mais par delà cette fatalité de classe, on peut se demander si les jeunes filles ne meurent pas d'avoir enfreint la loi naturelle de leur milieu. Leur étreinte avec l'Autre, le corps d'ailleurs est mortelle certes, mais en même temps, elle les libère du mensonge social et leur permet d'accéder à la vérité de leur être. Etienne et Bonnemort ont charge de ce rite de passage car ce sont des figures de guides, parés d'une aura mythique. Leur quête de la femme relève de l'idéal parce qu'elle consiste à franchir le seuil d'un monde interdit pour accéder à l'égalité et au progrès. L'étreinte mortelle qui unit symboliquement Bonnemort à Cécile rend possible cette union des contraires. Pour la jeune fille, la mort à l'attrait du gouffre, parfaite alliance de désir et de peur, envie suprême. Cécile quitte son père pour rester seule avec Bonnemort. Elle s'approche, transgresse les limites de son territoire afin de s'offrir à l'homme noir :

> Ce qui la retenait là, tremblante et fascinée, c'était qu'elle croyait reconnaître ce vieux. Où avait-elle rencontré cette face carrée, livide, tatouée de charbon ? et brusquement elle se rappela, elle revit un flot de peuple hurlant qui l'entourait, elle sentit des mains froides qui la serraient au cou. C'était lui, elle retrouvait l'homme [...] Attirés, tous deux restaient l'un devant l'autre, elle florissante, grasse et fraîche des longues paresses et du bien-être repu de sa race, lui gonflé d'eau, d'une laideur lamentable de bête fourbue ; détruit de père en fils par cent années de travail et de faim. (471-72)

On n'assiste pas à la scène du meurtre mais le tableau qui la suit a une forte connotation sexuelle ne serait-ce que par l'image de la chute : « Bonnemort chancelait sur ses jambes mortes, était tombé près d'elle, sans pouvoir se relever » (472). Cécile, dans les mains de celui qui l'assaille est en quelque sorte dépossédée d'elle-même, elle perd, pour reprendre les termes de Bataille, « cette ferme barrière qui la séparait d'autrui, la rendait impénétrable »[17]. Bonnemort, chef d'une tribu des « damnés de la terre », s'efforce de réagir au milieu dont il est le produit et où il agonise avec les siens. En immolant Cécile, c'est à la foule qu'il l'offre en sacrifice, cette foule en délire qui réclamait de voir la jeune fille dénudée. Mais en donnant la mort à Cécile, Bonnemort la libère. Trompée par Négrel avant même d'être son épouse, elle est désormais affranchie d'une vie stérile et d'une dégénérescence morale propre à la classe bourgeoise.

Faisant écho à Bonnemort dont la mort est inscrite sur son corps tant il « crache noir », Etienne apparaît comme une sorte d'ange exterminateur venu de la nuit. Ainsi que le précise Adolfo Femandez-Zoïla, « d'emblée, Etienne jouit de cette position solipsiste d'allure hyposexuée ; indifférenciation qui le place en dehors, à part. Singularité qui le

---

17 Bataille 61.

différencie, qui le met tout d'un côté, dans une unilatéralité »[18]. Dès son arrivée au pays de mines, Etienne fait la connaissance de Catherine et à l'instant même s'établit un désir tacite entre eux. Leur relation, suite d'inachèvements et de bifurcations, sera fondée sur l'abstinence, dérogeant ainsi à la règle du milieu. Même lorsqu'il partagera la chambre de la jeune fille, Etienne n'osera franchir l'interdit, « ignorant comme on devait s'y prendre avec une ouvrière encore dans sa famille » (49). De même Catherine reste attachée à son milieu, sinon prisonnière de celui-ci, car on n'enfreint pas l'ordre établi si facilement. D'ailleurs son accouplement avec Chaval entérine une vision naturaliste comme résultat du milieu et de l'hérédité, « cette soumission héréditaire qui dès l'enfance culbutait en plein vent les filles de sa race » (146). Chaval représente la loi naturelle de ce milieu : c'est le mâle qui soumet la femelle et qui la maintient sous le joug du coron pour faire obstacle à l'étranger. Tiraillée entre deux hommes, Catherine devient le site d'un conflit entre deux forces. D'une part, elle représente la force de conservation du milieu ouvrier : tôt ou tard, elle sera prise par un homme qui lui « plantera » des enfants dans le ventre puis l'épousera. Mais sa relation avec Etienne est en voie de la transformer, ne serait-ce qu'en raison de l'aspiration du jeune homme à un socialisme réhabilitant et à une dignité humaine. En tuant Chaval, Etienne permet à Catherine d'accéder à sa véritable identité féminine. Une fois son père et son amant morts, elle peut enfin s'unir à l'homme qu'elle aime. Le meurtre d'Etienne renvoie à celui de Bonnemort puisqu'il les met tous deux du côté de l'ordre naturel, du « besoin de tuer [...], un besoin physique, l'excitation sanguine d'une muqueuse [...], la poussée de la lésion héréditaire » (482). Mais encore là cette pulsion de mort est subvertie par le sens métaphysique que lui confère la fiction :

> Et ce fut enfin leur nuit de noces, au fond de cette tombe, sur ce lit de boue, le besoin de ne pas mourir avant d'avoir eu leur bonheur, l'obstiné besoin de vivre, de faire de la vie une dernière fois. Ils s'aimèrent dans le désespoir de tout, dans la mort. (490)

Initié par Bonnemort au monde de la mine, Etienne finit par se substituer symboliquement à lui. Il descend à sa place au fond du trou pour en

---

[18] Fernandez-Zoïla 84.

ressortir comme « un vieillard aux cheveux tout blancs » (491). Après avoir vécu son destin en raccourci dans la mine, il peut désormais y échapper. Par sa mort, Catherine aussi est libérée d'une vie de bête vouée au travail et à la reproduction. Devenue femme avant de mourir, elle n'aura pas d'enfants. La voilà enfin « liée librement à soi avec ce pouvoir de n'être pas qui lui permet d'être elle-même »[19]. L'ordre naturel est contesté puisque la mort de Catherine est une victoire et que l'amour n'a rien à voir avec la sexualité. *Germinal* déplace donc son univers fictif du centre à la marge, du pouvoir patriarcal et bourgeois à un devenir accordant plus de place à la femme et au peuple.

Conclusion

Ainsi, l'étude de la sexualité nous montre que l'écriture de *Germinal* en est une de la mort. Mort qui s'inscrit dans la logique romanesque de l'échec, mort qui se donne à lire comme pulsion ou simulacre, métaphysique de la mort. Cette écriture convoque tous les niveaux du texte en plus d'opérer l'amalgame des discours. Notre étude a montré par exemple comment dans ce roman l'idéalisme se superpose au réalisme. L'écriture de la mort décloisonne donc les formes et la signification pour réaffirmer l'acte de lecture.

L'intérêt de *Germinal* vient aussi du fait que la mort, plus qu'un spectacle de la violence, y apparaît davantage comme possible vertigineux, force sans nom qui fait peur et fascine à la fois. Lorsque l'ordre naturel et social est perturbé, elle représente l'inconnu. Elle est aussi impulsion qui surgit sans crier gare pour dire l'imprévisible, l'anarchie. Comme le dit Jeanne-Marie Barberis, *Germinal* est « un tableau entièrement négatif, où joue l'instinct de mort, et par là fascinant »[20]. La grève qui est fortement sexualisée dans ce roman est animée par une pulsion de mort, un nihilisme apocalyptique qui a cependant une force libératrice. Le renouvellement de l'être dans *Germinal* passe par l'enfer négateur du monde. C'est ce que connote la nuit de noces d'Etienne et Catherine au fond de la

---

19 Blanchot 123.
20 Jeanne-Marie Barberis, « La voix du grand absent : la parole du peuple dans *Germinal* », *Littérature* 76 (décembre 1989) : 101.

mine : une dynamique du personnage zolien qui tient d'une tension entre épuisement et renouvellement. Cette scène se donne aussi à lire comme la mise à mort rituelle d'Etienne puisqu'il sort complètement métamorphosé des entrailles de la terre.

En tant que simulacre, cérémonial, la mort fait de la barbarie le signe culturel d'un renversement. Peu importe que la grève ait échoué, ce qui compte c'est le sens qu'on lui donne. Ne permet-elle pas de « trouver dans l'extrême négativité, dans la mort devenue possibilité, travail et temps, la mesure de l'absolument positif »[21] ? Dans *Germinal*, l'échec de la grève semble imputable à la nature qui n'est pas encore prête à assumer la transformation inévitable : « Le vieux monde voul[ant] vivre un printemps encore » (499). Mais l'écriture de la mort invoque le hasard historique pour perturber la nécessité biologique. D'autre part, l'idée d'un inévitable progrès social prônée par le matérialisme historique cède la place à une vision idéaliste de l'histoire car la victoire et le bonheur du peuple appartiennent encore à l'utopie. C'est dans la pourriture de la bourgeoisie tombée, représentée par le puits englouti sous la boue, que naîtra la société nouvelle des prolétaires. Même si la palingénésie qui devrait être inéluctable n'a pas lieu, la mort ne cesse d'en appeler le principe idéal. *Germinal* est aussi un roman de l'inachèvement.

Bibliographie

Barberis, Jeanne-Marie. « La voix du grand absent : la parole du peuple dans *Germinal* ». *Littérature* 76 (décembre 1989) : 89-104.

Bataille, Georges. *L'Erotisme*. Paris : Les Editions de Minuit, « 10/18 », 1957.

Blanchot, Maurice. *L'Espace littéraire*. Paris : Gallimard, « Folio/Essais », 1955.

De Sanctis, Francesco. *Saggi critici*. Bari : Editori Laterza, « Scholastica », 1972.

Fernandez-Zoïla, Adolfo. « Aspects des relations d'altérité dans *Germinal* ». *Europe* 678 (octobre 1985) : 81-89.

---

21 Blanchot 111.

Foucault, Michel. *Histoire de la sexualité, la volonté de Savoir.* Vol. 1, Paris: Gallimard, « Tel », 1976.
Mitterand, Henri. « Chronotopies romanesques : *Germinal* ». *Littérature* 22 (mai 1976) : 89-103.
Petrey, Sandy. « Discours social et littéraire dans *Germinal* ». *Littérature* 22 (mai 1976) : 59-74.
—. « Obscenity and Revolution. » *Diacritics* 3 (Fall 1973) : 22-26.
Zola, Emile. *Correspondance.* Bard H. Bakket et Colette Becker, éds., 7 Vols. Montréal : Presses de l'Université de Montréal, 1978-1989.
—. *Germinal.* Paris : Garnier-Flammarion, 1968.
—. *Le Roman expérimental.* Paris : Garnier-Flammarion, 1971.

Françoise dans *La Terre* : Le sacrifice d'une victime désignée ou le triomphe de la divinité païenne

Martine CREMERS

Dans ce roman, le projet de Zola était précisément de « faire le poème vivant de la terre » (Introduction, *L'Assommoir*, 1510). Bettina Knapp souligne également cet aspect de l'œuvre : « the earth is Zola's protagonist » (*Emile Zola*, 116). La présence de cette force mythique extraordinaire domine la destinée des individus et elle se révélera être une des sources principales de la violence.

A l'intérieur de ce contexte, nous proposons d'analyser le personnage de Françoise selon une perspective girardienne et d'établir dans quelle mesure celle-ci incarne la victime émissaire telle qu'elle est interprétée dans *La Violence et le sacré*, *Le Bouc émissaire*, et *Des Choses cachées depuis la fondation du monde*. On verra d'autre part que le sacrifice de Françoise est lié au triomphe de la terre, cette divinité païenne qui occupe le centre de la vie paysanne.

En effet, l'amour de la terre qui domine le paysan s'apparente plutôt à une obsession pathologique de type sexuel, une séduction fatale qui ressemble au désir de l'homme pour la femme, mais beaucoup plus puissant, puisque celui-ci témoigne à la terre une loyauté que la femme ne reçoit guère. Ce faisant, la terre demeure le symbole de la maternité persistante sinon idéale, toujours présente aux côtés de ses enfants, même si elle semble parfois les trahir. Elle incarne le dieu à double face ou Janus : « As a regenerative force, she yields her bounties : as a destructive entity, she destroys her progeny » (Knapp 117). Selon Girard, il s'agit d'un dualisme essentiel, caractéristique « [...] de toute divinité primitive, de l'union du maléfique et du bénéfique qui caractérise toutes les entités mythologiques dans toutes les sociétés humaines » (*La Violence et le sacré*, 347-48). De même, Mircea Eliade affirme dans *Myths, Dreams, and Mysteries* que : « The earth Mother embodies the archetype of fecundity, of inexhaustible creativity » (184) mais il ajoute qu'elle recèle également un aspect destructif :

> The frightening aspect of the Earth-Mother, as the God of Death, is explained by the necessity of sacrifice, which alone makes possible the passage from one mode of being to another and also ensures the uninterrupted circulation of life. (189)

Butler, dans son étude sur *La Terre*[1], discute l'importance de ce thème de l'éternel retour (21). Aussi les paysans pratiquent-ils des rituels primitifs consacrés à la véritable divinité, la terre, qui a supplanté ce Dieu chrétien trop inaccessible. Dans ce monde à part, qui préfère inventer ses propres règles, la religion traditionnelle joue donc un rôle limité et ce coin de La Beauce souffre d'un grave malaise social, c'est-à-dire qu'il y existe un état de crise susceptible d'activer le mécanisme du bouc émissaire (*Le Bouc émissaire*, 24).

A l'intérieur de ce milieu dénué de principes où une sexualité sans retenue fait partie de la vie de tous les jours, Françoise se situe déjà comme un être à part et elle s'indigne de ce qui est arrivé à sa sœur Lise : « [...] depuis que Buteau a fait sa cochonnerie à ma sœur, j'ai bien juré que je me couperais plutôt les quatre membres que d'avoir un amoureux » (376). Ainsi l'horreur de la chair que Françoise éprouve peut-elle se comprendre ici dans le contexte d'une sexualité qui, selon Girard, « [...] est impure parce qu'elle se rapporte à la violence » (*La Violence et le sacré*, 57).

De même que dans *La Curée* et *L'Assommoir*, la présence de ce rapport sexualité/violence contribue à faire de la femme une victime. Jean, l'amoureux de Françoise, remarque un jour en plaisantant à propos de Buteau « Ah! ça ne lui coûte guère de mentir aux filles! il lui en faut quand même, il les prend à coups de poing, lorsqu'elles ne veulent pas par gentillesse » (372). Françoise, qui s'est systématiquement refusée à Buteau deviendra victime de cette violence, résultat d'une « sexualité contrecarrée » (58). Cet acharnement à protéger sa virginité sépare donc Françoise, dès le début, du reste de la communauté et confirme son statut de « différente » : son intégrité et sa fierté la placent déjà en dehors de la communauté bien qu'elle en fasse partie grâce à ses liens familiaux ; plus tard, son mariage avec Jean, un étranger au pays, cristallisera son aliénation.

Butler a signalé à la fois la déchristianisation et la déritualisation de la société paysanne dans *La Terre* (29-30). Or, selon Girard, à la perte des

---

[1] Toutes les références à *La Terre* seront tirées de l'édition Gallimard, *Les Rougon-Macquart*, vol.

rituels correspond un climat de désordre propice au développement du phénomène du bouc émissaire. C'est le cas dans cette région desséchée de La Beauce : petit à petit, le fil ténu qui rattachait ces paysans au monde civilisé va se désintégrer jusqu'à disparaître totalement au moment de la crise finale. Ce fil ténu, c'est l'abbé Godard, « le curé de Bazoches-le-Doyen, chargé de desservir l'ancienne paroisse de Rognes » (406). Parmi ce groupe, qui n'a même pas son propre curé, la religion se réduit d'ailleurs maintenant à quelques gestes rituels lors des cérémonies de circonstance. Il s'agit, bien sûr, d'un exercice futile, puisque la véritable force de l'ordre social est liée aux célébrations de la terre.

De ce fait, l'influence du curé est limitée, la notion d'une vie dans l'au-delà ne représentant pas une réalité sérieuse pour les paysans. Si ce Dieu abstrait de la religion chrétienne ne les inspire pas, c'est qu'ils comprennent les choses d'une manière essentiellement concrète : la terre, ils la voient, ils peuvent la toucher, elle produit ; elle témoigne d'une expérience à la fois tangible et durable. Ce n'est pas de l'existence discutable d'un enfer situé ailleurs qu'ils ont peur, mais au contraire du malheur qui les attend ici bas : la misère, la souffrance, la mort. La notion de ce Dieu, qui n'inspire plus de crainte aux paroissiens, les irritent pourtant et ils se vengent parfois en tourmentant son représentant, le curé.

Beaucoup plus effrayantes aux yeux des paysans sont les superstitions auxquelles ils s'accrochent encore, des histoires terrifiantes qu'ils se racontent aux veillées, au coin du feu qui a remplacé l'autel de l'église et où ils pratiquent leurs célébrations morbides (423). Dans ces récits sauvages, révélateurs de croyances primitives, dominent des « puissances animales surnaturelles », des légendes de loups-garous, d'hommes changés en bêtes, sautant sur les épaules des passants attardés, les forçant à courir jusqu'à la mort (423). Aussi, cette terreur se comprend-elle puisqu'il est vrai que « la mort n'est jamais que la pire violence qui puisse advenir à l'homme » (*La Violence et le sacré*, 53). Pour contrecarrer cette fatalité, le paysan ne possède que son amour aveugle de la terre, un amour qui, pour Buteau, se confondra bientôt avec l'obsession sexuelle qu'il éprouve pour Françoise (la sœur de sa femme Lise) et le conduira à un moment de folie meurtrière.

Dès le début, Françoise et Buteau s'opposent, le conflit de deux volontés. A mesure que ce dernier se rapproche de Lise, l'affection entre les deux sœurs, qui jusqu'à présent s'entendaient très bien, va s'étioler (420).

Après le mariage de Lise avec Buteau, la situation se dégrade rapidement : « On les avait comme séparées, une froideur grandissait en elles. Depuis qu'un homme était là, il semblait à Françoise qu'on lui prenait sa sœur » (533). Très vite pourtant, ce désaccord dépasse la jalousie de deux sœurs dérangées dans leur affection. En réalité, Françoise ne peut s'empêcher d'être perturbée par la présence de ce « [...] mâle brutal, habitué à trousser les filles au fond des fossés, et dont les rigolades secouaient les cloisons, haletaient à travers les fentes des boiseries » (533). A la base de cette mésentente croissante se trouve donc l'influence destructive du mâle et de la sexualité pour lesquels Françoise éprouve un mélange de dégoût et de fascination qui ne cesseront jamais de la tourmenter.

On a vu que le conflit entre les deux sœurs est lié, en grande partie, au désir pathologique de Buteau pour la terre : en épousant Lise, il espère s'approprier aussi l'héritage de Françoise (530-31). Lorsque Françoise, non contente de se refuser à lui systématiquement, le prive également des terrains qu'il convoite, la colère de celui-ci sera terrible. L'obsession de Buteau pour la terre ressemble, par ailleurs, à la passion pour une femme : « [...] elle était à lui, il voulait la pénétrer, la féconder jusqu'au ventre » (531). Son désir est si violent qu'il ne peut rester loin d'elle très longtemps : « Lorsque les pièces ne demandaient plus de travail, il y retournait pour les voir, en amoureux » (531). Or, il n'a guère de telles délicatesses de sentiments dans ses relations avec les femmes.

En effet, Buteau tente plusieurs fois de violer Françoise (569) : chaque fois, celle-ci défend sa virginité avec un entêtement féroce, car Buteau s'identifie non seulement à la honte de l'inceste mais, en même temps, il symbolise l'horreur du mâle, d'une sexualité qui, elle le sait, cause une grande partie de la misère féminine. Pourtant, ce bouclier de pureté qui la protège ne résistera pas à une attaque de Jean, ce doux garçon qui, lui aussi, la désire depuis longtemps. Un jour, mouton devenu loup, il se jettera sur Françoise avec une telle brutalité que celle-ci ne le reconnaît plus : « Elle retrouvait la même rudesse, la même âcreté du mâle, fumant de gros travail au soleil » (572). On constate encore une fois que le désir sexuel du mâle semble être inévitablement lié à la violence puisqu'il se révèle capable de transformer tout homme en monstre.

Néanmoins, la déception que Buteau éprouve lorsqu'il découvre que Jean a réussi où il avait échoué, ne lui fait jamais perdre de vue ce qu'il considère vraiment important : « [...] ça se retrouve la gaudriole ; tandis que la terre, quand on la tient, le vrai est de la garder » (574). Le conflit qui se développe entre Jean et Buteau dépasse donc la possession banale d'une femme. Il s'agit plutôt, pour ce dernier, d'une lutte à mort destinée à chasser l'étranger, qui est devenu un danger pour la collectivité, et à sauvegarder ce qu'il considère le patrimoine familial.

Ce faisant, Buteau incarne bien l'esprit paysan typique. Semblable au père Fouan, il répugne à diviser une propriété qui est dans la famille depuis plusieurs générations. A ses yeux, celle-ci a une âme, une personnalité distincte qu'il respecte. La Terre est la seule divinité qu'il adore et à laquelle il accepte de se soumettre. Jésus, un autre fils du père Fouan, ayant refusé de se plier à ces traditions a été maudit par sa famille : trop fainéant pour les travailler lui-même, il loue ses terrains à des étrangers. Dès lors, on constate que, malgré l'absence de pratiques religieuses traditionnelles, un code existe, tout aussi puissant, qui domine la vie de ces paysans. Ils vivent un paradoxe : d'un côté, la désacralisation (ici le rejet du catholicisme); d'un autre côté, une forme de resacralisation grâce à leurs croyances primitives qui se rattachent à la terre. L'organisation sociale de cette communauté rurale trouve ses racines profondes dans une dynamique mythologique primitive qui ne comprend que la réalité du moment présent, d'où la dissociation inévitable avec une religion qui se concentre au contraire sur la notion d'un au-delà intangible.

Un tel pragmatisme se reflète de manière particulièrement évidente lors de l'accouchement de Lise qui se passe exactement au même moment que celui de la vache Coliche, comme s'il devait accentuer le lien étroit qui existe entre le monde animal et le monde humain. Ces deux événements violents, symboles de la fécondité nécessaire à la vie paysanne, se transforment en un dilemme entre la vie et la mort, lorsque Lise et Buteau doivent choisir de sauver le veau, ou de sauver la vache Coliche. Dans leur logique paysanne, la décision de garder la mère (source de vie) se révélera profitable, puisqu'on découvrira bientôt qu'il y avait un autre veau. Ces deux enfantements ont lieu au milieu d'une sorte de bacchanale : « Ça criait d'un bout, ça riait de l'autre. Et Buteau se tapait sur les cuisses, la Bécu se tenait les côtes, Patoir éclatait en notes sonores... » (589), qui se déchaîne en une joie énorme après la naissance du second veau. L'extase que les paysans éprouvent devant cette nouvelle vie, les égards que l'on montre à la vache qui est récompensée avec trois litres de vin sucré, tout sert à accentuer le statut quasiment sacré de l'animal, tandis que le nouveau-né, une fille, suscite beaucoup moins d'enthousiasme, étant donné qu'il représente surtout une bouche de plus à nourrir (589).

Peu après, comme stimulé par ce rite de fertilité brutal, Buteau tente pour la troisième fois de violer Françoise, juste à côté de Lise qui s'était endormie après les fatigues de l'accouchement (589-90). Une lutte farouche s'engage entre les deux et se termine encore une fois par la défaite de Buteau : « Elle ne voulait point, jamais elle ne le laisserait faire, même si elle en avait envie » (590). Le refus entêté de celle-ci, l'obstination de Buteau, peuvent s'interpréter à la lumière du « kudos » (*La Violence et le Sacré*, 212), cette fascination pour la violence qui s'exprime ici à travers le conflit de deux volontés, un test de courage pour Françoise qui semble vraiment décupler sa puissance chaque fois qu'elle triomphe.

Cependant, s'il est vrai qu'en préservant sa pureté, Françoise acquiert un pouvoir significatif, cette particularité contribue également à attirer l'attention de la collectivité sur elle, car à la source de ce viol frustré, thème constant du roman, figure la lutte entre l'homme et la femme dans un monde primitif où la violence s'affirme être une réalité journalière :

> Dès qu'elle paraît, l'unanimité tend à se faire, contre elle ou autour d'elle, ce qui revient au même. Elle suscite un déséquilibre, elle fait pencher le destin d'un côté ou de l'autre. (212)

C'est ainsi que Françoise deviendra un sujet de mésentente, non seulement entre les membres de son clan, mais aussi entre les habitants du coin, surtout après son mariage avec Jean, qui sera interprété comme une forme de trahison, par Lise et Buteau, en particulier. En effet, Jean, un étranger au pays, représente dès le début une menace pour la communauté dont il ne fera jamais vraiment partie. Venu de la ville, il ne comprend pas l'amour aveugle des paysans pour leur terre. Françoise, en épousant celui-ci, se sépare alors définitivement de sa famille et devient elle aussi, par association, une étrangère. Cette transgression fatale va polariser les persécutions contre elle puisqu'elle a, ce faisant, « [...] cessé d'être un membre de la communauté comme les autres » (375).

Au milieu de ces conflits divers, une brouille sérieuse est en train de se préparer entre les habitants de Rognes et le curé. Ce dernier, constamment irrité par l'irréligion de ses paroissiens, qui persistent dans leurs façons de vivre choquantes, se refuse à faire plus que le minimum : « Aussi vivait-il dans de continuelles querelles avec les femmes » (593). Chose curieuse, ils tiennent à leur curé, ne serait-ce que par esprit d'obstination. Lorsque l'abbé Godard, à bout de patience, cesse de célébrer les sacrements, une lutte s'engage et Butler remarque que ce sont les paysans qui triomphent (28). Même Lise, indignée que le curé veuille priver son enfant de baptême, déclare : « Il n'y a que les chiens qu'on ne baptise pas » (597), comme si elle reconnaissait la nécessité de ces vestiges de cérémonial. Apparemment, ces rites, qui ont pourtant perdu leur signification profonde, les rattachaient encore un peu au monde civilisé. Peu après, par ailleurs, le curé, ayant bâclé la cérémonie, s'en va, décidé à ne plus revenir (598). Le départ dramatique de l'abbé Godard signale un point tournant dans la vie du village, qui se retrouve maintenant sans aucun appui spirituel, c'est-à-dire proche du climat propice à déclencher le mécanisme du bouc émissaire.

Par conséquent, la position vulnérable de Françoise continue à s'aggraver tandis que le climat de dégradation s'intensifie autour d'elle. Elle refuse toujours de se soumettre à Buteau qui continue à s'acharner après elle dans un rût de mâle frustré (621-22).² Ce viol inassouvi est par ailleurs devenu pour Buteau une sorte de chasse rituelle dans laquelle « [...] le gibier est perçu comme un remplaçant de la victime originaire, monstrueuse et sacrée » (*Fondation*, 81). La rivalité entre les deux sœurs augmente, traduite maintenant par une complicité plus grande entre Lise et Buteau qui espèrent rendre la situation suffisamment intenable pour que Françoise décide de quitter la maison familiale avant sa majorité, ce qui lui ferait perdre le droit à son bien (628). Mais elle aussi possède un sens aigu de la propriété, auquel s'ajoute un amour de la terre, tout aussi puissant que celui de Buteau.

---

2   Zola décrit ces attaques d'une manière particulièrement brutale :
    « Et, de là, dans l'étable, dans la cuisine, partout, dès qu'ils étaient seuls une minute, l'attaque et la défense brusques, Buteau se ruant, Françoise cognant. Et toujours la même scène courte et exaspérée : lui, envoyant la main sous la jupe, l'empoignant là, à nu, en un paquet de peau et de crinière, ainsi qu'une bête qu'on veut monter, elle, les dents serrées, les yeux noirs, le forçant à lâcher prise, d'un grand coup de poing entre les jambes, en plein. Et pas un mot, rien que leur haleine brûlante, un souffle étouffé, le bruit amorti de la lutte : elle retenait un cri de douleur, elle rabattait sa robe, s'en allait en boitant, le bas-ventre tiré et meurtri, avec la sensation de garder à cette place les cinq doigts qui la trouaient » (622).

Le père Fouan, témoin, à plusieurs reprises, des attaques de Buteau sur Françoise, ayant osé exprimer sa désapprobation devra bientôt en supporter les conséquences: «Jusque-là, il n'avait pas souffert réellement, physiquement; tandis que commençaient à cette heure les privations, le pain mesuré, les douceurs supprimées» (628). Or, depuis que Buteau a convaincu la communauté qu'il couche avec les deux sœurs, Jean lui-même commence à avoir des doutes sur l'innocence de sa fiancée, en dépit des protestations de celle-ci (628). On reconnaît bien, dans ce dénigrement systématique le phénomène de persécution décrit par Girard, selon lequel il importe peu que la victime choisie soit coupable ou non *(Le Bouc émissaire,* 31). Dans le cas de Françoise, il s'agit d'une variation du thème de l'inceste. Autrement dit, l'anormalité de cet acte (réel ou non) la signale à l'attention de la communauté puisque: «Plus on s'éloigne du statut social le plus commun, dans un sens ou dans un autre, plus les risques de persécutions grandissent» (31).

Au même moment et pour ajouter, semble-t-il, au climat de mésentente qui se développe dans ce coin de la Beauce, un prophète de mauvais augure envahit la région, un certain «Leroi, dit Canon» (643). Jésus Christ, le fils rebelle du père Fouan, décide d'adopter ce rebut de la société aux théories subversives dangereuses (643). Or, peu de temps après l'arrivée de cet «étranger» au passé mystérieux, les querelles familiales s'enveniment de plus belle. Jésus Christ, qui jusqu'à présent avait gardé ses terrains dans la famille, décide d'en vendre une partie, au grand désespoir du père Fouan (644).³ Buteau aussi interprète cet acte comme une trahison. En réalité, l'origine de cette cassure remonte à la division de la propriété effectuée par le père Fouan: ce dernier, victime de ce partage qui a contribué à miner les fondations de l'unité familiale, sera forcé hors de sa maison par les mauvais traitements de Buteau et de Lise. Dénué de tout, il n'aura d'autre recours que d'aller s'installer chez le fils indigne, Jésus Christ, celui qui a abandonné les valeurs du clan par intérêt personnel: pour lui, la terre ne représente qu'un moyen de jouir de la vie sans avoir à se fatiguer.

---

3 Voici un bon exemple de la passion violente du paysan pour la terre, la possession suprême: «Cette terre que son père, son grand-père, avaient convoitée si fort et si durement gagnée! cette terre possédée, gardée jalousement comme une femme à soi! la voir s'émietter ainsi dans le procès, se déprécier, passer aux bras d'un autre, d'un voisin, pour la moitié de son prix! il en frémissait de rage, il en avait le cœur si crevé, qu'il en sanglotait comme un enfant» (644). Encore une fois on retrouve la comparaison entre la terre et la femme.

Cependant le rituel annuel des vendanges se prépare, « belle semaine de godaille, où les familles désunies se réconciliaient d'habitude autour de pots de vin nouveau » (652). Pendant cette période, le peu de restrictions qui existent en temps normal s'effacent : « Ça finissait par des hommes soûls et des femmes grosses » (652). A l'occasion de cette fête à caractère dyonisiaque,[4] même les différences entre le monde animal et le monde humain s'effacent, témoigne Gédéon, l'âne des Buteau, soûlé à mort après avoir avalé un baquet entier de vin nouveau :

> Tout y avait passé, son ventre s'était arrondi comme une outre à éclater du coup ; et quand il releva enfin la tête on vit son nez ruisseler de vin, son nez de pochard, où une raie rouge, sous les yeux, indiquait qu'il l'avait enfoncé jusque-là. (668)

Cette personnification de l'animal, qui va jusqu'à adopter les défauts humains, annonce le caractère inquiétant de la fête mythologique.

En effet, cette célébration joyeuse n'était qu'un répit momentané. Peu après, la querelle entre Lise et Françoise se réveille de plus belle, à tel point que cette dernière sera obligée de partir de la maison familiale. Autrement dit, les éléments de la fête qui tourne mal s'accumulent, annonçant les dernières étapes de la crise sacrificielle (*La Violence et le sacré*, 171).[5] Parmi les signes précurseurs du désastre, la situation pitoyable du nouveau curé se détache avec une force particulière. Cet étranger, dont le nom « Madeline » fait rigoler tout le monde, ne parvient pas à s'adapter à cette communauté de sauvages : « Il n'allait pas bien, il regrettait ses montagnes, depuis qu'il vivait dans la plate Beauce, navré de l'indifférence de ses paroissiens […] » (693). Ce faible substitut, qui s'est évanoui en disant sa messe le jour du mariage de Françoise et de Jean, présage de mort

4 Girard note à ce propos dans *La Violence et le sacré* (Paris : Bernard Grasset, 1982) :
« Dans presque toutes les sociétés il y a des fêtes qui gardent longtemps un caractère rituel. L'observateur moderne y voit surtout la transgression des interdits. La promiscuité sexuelle est tolérée, parfois requise […]. L'effacement des différences, comme on peut s'y attendre, est souvent associé à la violence et au conflit […]. Nous ne pouvons pas douter que la fête ne constitue une commémoration de la crise sacrificielle » (170-71).

5 Le rituel des vendanges dans ce milieu paysan imite parfaitement la fête mythologique aux conséquences tragiques dont Girard parle dans *La Violence et le sacré* :
« Si la crise des différences et la violence réciproque peuvent faire l'objet d'une commémoration joyeuse, c'est parce qu'elles apparaissent comme l'antécédent obligatoire de la résolution cathartique sur laquelle ils débouchent » (171).

d'après certaines femmes du village (693), devra lui aussi s'en aller, laissant encore une fois sans curé les habitants de Rognes.

Dès lors, la violence est libre de se déchaîner : l'expulsion de Buteau et de Lise de la maison qui appartient maintenant à Françoise, donnera lieu à un scandale dont tout le village sera témoin et nécessitera même l'intervention des gendarmes. Cet acte violent confirme définitivement la séparation des deux sœurs qui se crachent à la figure, comme pour sceller ce contrat de haine, « [...] n'ayant plus d'autre lien que la révolte ennemie de leur même sang » (706). Mais, pour Françoise, cette victoire garde un goût amer. Déjà, elle sent, instinctivement, que la transgression qu'elle a commise en épousant un « étranger », cet abandon du code familial, en particulier l'affection qu'elle avait pour sa sœur, ne lui portera pas bonheur : « Et la maison ne lui faisait plus plaisir, elle avait le cœur barbouillé de malaise » (708).

En effet, bien que les deux couples se remettent à vivre dans une tranquillité apparente, évitant autant que possible de se rencontrer, un désastre se prépare. Inquiet de savoir Françoise enceinte, puisque cette naissance lui ferait perdre tout espoir de récupérer les terrains de celle-ci, Buteau, sous prétexte de la faire avorter, décide de violer Françoise (747-48). Lise, qui avait d'abord coopéré avec son mari, se rend compte soudain de l'amour de Françoise pour Buteau ; folle de jalousie, elle engage sa sœur dans une lutte à mort. Françoise, poussée par Lise, tombe sur une faux qui lui déchire le flanc. Grièvement blessée, elle refuse pourtant d'avouer la vérité à Jean, et insiste qu'elle a été victime d'un accident (750). Cet épisode représente un exemple classique de mimétisme, ce phénomène dans lequel la victime collabore avec ses bourreaux. Autrement dit, la loyauté au clan est redevenue la plus forte, et elle se dissocie de son mari comme s'il n'avait jamais existé. Par ailleurs, n'ayant pas laissé de testament en faveur de Jean, elle affirme d'autre part sa volonté de garder le bien dans la famille.

Quelque temps après, Jean, qui se doutait d'ailleurs que Françoise lui cachait quelque chose, sera forcé de quitter le pays. Prêts à tout pour cette terre qu'ils convoitent, Buteau et Lise en viendront même à achever le père Fouan qui lui aussi était devenu un obstacle. La communauté, qui soupçonne ces assassinats, décide néanmoins de les ignorer. Face à la solidarité des paysans, Jean, qui n'avait jamais été vraiment accepté, choisit de partir sans faire d'histoires.

Du début jusqu'à la fin, les personnages, se retrouvent pris dans un engrenage de violence qui doit être résolu, d'une manière ou d'une autre. Girard constate à ce propos : « Quand elle n'est pas satisfaite, la violence continue à s'emmagasiner jusqu'au moment où elle déborde et se répand aux alentours avec les effets les plus désastreux » (*La Violence et le sacré*, 26-27). C'est précisément ce qui arrive : tous ceux qui ont trahi la terre, finiront par être expulsés d'une manière ou d'une autre.

Comme on l'avait déjà constaté, la Terre incarne une dynamique essentielle qui domine la vie paysanne : divinité à double face, elle révèle son caractère énigmatique par le biais d'une rivalité constante avec la femme. Or, le roman abonde en confrontations rituelles dans lesquelles la terre et la femme jouent le rôle des protagonistes, confondues dans un rapport sexualité/violence, caractéristique du mécanisme du bouc émissaire, qui permettra de ramener l'unité dans la famille et le calme dans la communauté, même si ce n'est que temporairement. La Terre finit alors par triompher et le sacrifice de Françoise aura l'effet bénéfique d'un renouvellement qui satisfera le double désir de Buteau : celui de la femme et celui de la terre.

Néanmoins, le sacrifice de Françoise et l'exil de Jean ne fourniront probablement qu'un répit momentané à ce coin troublé de la Beauce. Tandis que Jean s'éloigne, tout semble indiquer un état de crise encore sérieux. Ce malaise persistant signale un prolongement de la crise sacrificielle et nécessitera sans doute d'autres victimes.

Bibliographie

Butler, Ronnie. *La Terre*. London, England : Grant and Cutler, 1984.
Eliade, Mircea. *Myths, Dreams, and Mysteries*. Trad. Philip Mairet. New York : Harper Torchbooks, 1967.
Girard, René. *Le Bouc émissaire*. Paris : Bernard Grasset, 1982.
—. *Des Choses cachées depuis la fondation du monde*. Paris : Bernard Grasset, 1978.
—. *La Violence et le sacré*. Paris : Bernard Grasset, 1972.
Knapp, Bettina. *Emile Zola*. New York : Frederick Ungar Publishing Co., 1980.
Zola, Emile. *Les Rougon-Macquart*. Vol. 4. Paris : Gallimard, « Bibliothèque de la Pléiade », 1961.

Baudelaire, Zola, et la femme-charogne

Jeremy WALLACE

Dans *Une Charogne*, poème des *Fleurs du Mal*, Charles Baudelaire reprend le topos littéraire qui consiste à mêler beauté, mort et pourriture. Jacques Crépet et Georges Blin en ont tracé les avatars dans leur édition des *Fleurs du Mal*, en remontant à Pétrarque et en passant par Villon, Agrippa d'Aubigné, Bossuet, Edouard Thierry et Théophile Gautier, pour ne nommer que ceux-là.[1] *Une Charogne* a valu à son auteur un succès de scandale. Le 20 septembre 1859, dans *Le Figaro*, Alphonse Duchesne disait de Baudelaire qu'il avait « inventé la littérature-charogne ». Le *Journal de Bruxelles*, sous la signature Z.Z.Z., a publié un violent réquisitoire où *Une Charogne* était traité de « littérature de charnier, d'abattoir et de mauvais lieu ».[2] Même avant d'avoir été publié, comme le précise Maxime Du Camp, *Une Charogne* (ou *La Charogne*, car tel aurait été son titre avant la publication[3]) rendit très vite célèbre le nom de Baudelaire. En récitant ses vers inédits dans les cafés et les estaminets, Baudelaire avait acquis une réputation de coterie.[4] « *Une Charogne* apparut [...] comme un poème flamboyant de Jeune France qui chercherait à choquer les bourgeois » (*Œuvres complètes* 1 : 889). Mais a-t-on compris l'intention de Baudelaire ? Dans une lettre à Nadar, Baudelaire dira qu'il lui « est pénible de passer pour le Prince des Charognes ».[5] Au-delà du laid, le poète visait une nouvelle esthétique dans *Les Fleurs du Mal*, qui consistait à faire du beau à partir du laid, c'est-à-dire des fleurs du mal. Dans un projet de préface pour

---

1 *Les Fleurs du Mal*, édition établie par Jacques Crépet et Georges Blin (Paris : Librairie José Corti, 1950) 348-50.
2 Cité dans *Les Fleurs du Mal* 348.
3 Avant la publication du poème, et dans une version manuscrite appartenant à Arthur Symons, le titre était *La Charogne*. (Voir les notes de Cl. Pichois pour *Une Charogne* dans *Œuvres complètes*, vol. 1 [Paris : Gallimard, « Bibliothèque de la Pléiade », 1975] 889 ; et les notes dans l'édition des *Fleurs du Mal* établie par Jacques Crépet et Georges Blin, 31).
4 Maxime Du Camp, *Souvenirs littéraires* (Paris : Hachette, 1982) 61.
5 Voir *Baudelaire, Correspondance*, vol. 1 (Paris : Gallimard, « Bibliothèque de la Pléiade », 1973) 573. Nadar avait produit un Baudelaire à la charogne. Voir l'*Album Baudelaire* (Paris : Gallimard, « Bibliothèque de la Pléiade », 1974) 162.

Les Fleurs, Baudelaire écrit : « Des poètes illustres s'étaient partagés depuis longtemps les provinces les plus fleuries du domaine poétique. Il m'a paru plaisant, et d'autant plus agréable que la tâche était plus difficile, d'extraire la beauté du mal » (1 : 181). Est-ce à dire, alors, que les images répugnantes de pourriture et de décomposition, dont sont chargées les onze premières strophes d'*Une Charogne*, avaient surtout pour objet de préparer l'envol de la douzième et dernière strophe, qui, elle, conclurait sur un ton idéaliste ? La présence obsédante de la mort céderait alors à la certitude que ce qui a été créé par l'Esprit du poète ne saurait succomber à la mort, et serait préservé à jamais.

> Alors, ô ma beauté ! dites à la vermine
> Qui vous mangera de baisers,
> Que j'ai gardé la forme et l'essence divine
> De mes amours décomposés !

On peut douter de l'interprétation idéaliste de ce poème. Dans « *Pétrarchisant sur l'horrible* : A Renaissance Tradition and Baudelaire's Grotesque », Cynthia Grant Tucker voit dans cette conclusion une menace faite à la femme de préserver artistiquement non pas l'image de sa beauté, mais l'image de son corps dévoré par la vermine.[6] Selon Tucker, il s'agit moins dans *Une Charogne* de montrer la beauté dans le laid, que de punir la femme :

> Baudelaire's suitor invokes the *carpe diem* motif in *Une Charogne*, not as a ploy in the spirit of Ronsard's « Mignonne allons voir » to flatter the woman into loving now, while she still has youth and beauty, nor even to warn her of death's approach and inevitable ravages as in Ronsard's « Quand vous serez bien vieille. » Its function for Baudelaire is to punish the woman by confronting her with her mortality in the most insulting and degrading way : by identifying her with a hideous carcass, covered with flies and crawling larvae. (Tucker 894)

En effet, dans *Une Charogne*, Baudelaire se distingue nettement de ses prédécesseurs pétrarquistes de par son évocation hardie de la sexualité féminine : « Les jambes en l'air comme une femme lubrique, ainsi que par

---

6 Cynthia Grant Tucker, « *Pétrarchisant sur l'horrible* : A Renaissance Tradition and Baudelaire's Grotesque, » *The French Review* 48.5 (1975) : 895.

l'association de celle-ci avec la pourriture: Et pourtant vous serez semblable à cette ordure». Les termes avec lesquels l'association femme-ordure est évoquée et maintenue dans *Une Charogne*, rendent difficile la nouvelle conception du beau que préconise le poète.

Cependant, quelle que soit notre appréciation d'*Une Charogne*, Baudelaire transforme le topos littéraire alliant la beauté à la mort, pour léguer à la postérité une nouvelle juxtaposition, celle de la femme-charogne. J'aimerais analyser la notion de femme-charogne, et établir un rapport intertextuel entre *Une Charogne* et le roman *Nana* d'Emile Zola.[7] En 1867, l'année de la mort de Baudelaire, Zola publiait l'hypotexte naturaliste, *Thérèse Raquin*, qualifié par Ferragus,[8] peu de temps après sa publication, de «littérature putride».[9] Le Prince des Charognes mourait mais la littérature putride naissait.

Marcel Girard a remarqué qu'«il est peu de romanciers naturalistes que Baudelaire n'ait pas influencés».[10] Et deux autres critiques ont établi des liens entre Baudelaire et Zola en particulier: Dans son article, «Baudelaire judged by Emile Zola», Manuel A. Esteban souligne que malgré des différences profondes, Baudelaire et Zola avaient plusieurs points en commun: «We find common to both men, among other things, a taste for the shocking and the scandalous, a morbid delectation in physical decomposition and in degeneration, a similar sado-masochistic conception of love, and an interest in decadent themes in general.»[11]

---

7   Zola n'a pas été le seul à s'inspirer du poème de Baudelaire. En 1872, Amadée Cloux a fait une parodie d'*Une Charogne* intitulée *Le Chien mort*. (Voir l'édition Crépet-Blin des *Fleurs*, 349). Et C. B. West a bien remarqué une allusion à *Une Charogne* dans *Bouvard et Pécuchet* de Flaubert. Voir «Flaubert and Baudelaire: An Echo of *Une Charogne* in *Bouvard et Pécuchet*?» *Modern Language Review* 55 (1960): 417-18. Vers la fin du huitième chapitre, les deux amis verront «sur des cailloux, entre des ronces, la charogne d'un chien». Le texte poursuit:
«Les quatre membres étaient désséchés. Le rictus de la gueule découvrait sous des babines bleuâtres des crocs d'ivoire; à la place du ventre, c'était un amas de couleur terreuse, et qui semblait palpiter, tant grouillait dessus la vermine. Elle s'agitait, frappée par le soleil, sous le bourdonnement des mouches, dans cette intolérable odeur, odeur féroce et comme dévorante. Et Pécuchet d'ajouter enfin: ‹Nous serons un jour comme ça!›» Gustave Flaubert, *Œuvres*, vol. 2 (Paris: Gallimard, «Bibliothèque de la Pléiade», 1952) 916.

8   Pseudonyme de Louis Albach.

9   Voir le *Figaro* 23 janvier 1868.

10 Marcel Girard, «Naturalisme et Symbolisme», *Cahiers de l'Association internationale des études françaises* 6 (1954): 98.

11 Manuel A. Esteban, «Baudelaire Judged by Emile Zola,» *Michigan Academician* 10.4 (Spring 1978): 490.

Dans une petite étude, intitulée « Zola imitateur de Baudelaire »,[12] Walter T. Bandy rapproche le conte, *Les Vieilles aux yeux bleus*[13], de Zola, du poème, *Petites Vieilles*[14], de Baudelaire, et remarque que ces auteurs, « [...] avaient souffert tous les deux de l'accusation d'immoralité et de réalisme excessif » (210). Comme Baudelaire, qui tourne le dos au succès facile, pour extraire le beau d'une charogne infâme, Zola, dans sa description des ravages de la petite vérole sur Nana, proscrit toute idéalisation du réel, et s'acharne à montrer le vrai avec minutie et un souci d'exactitude tout naturaliste.[15] Je cite la fin de *Nana* :

> Nana restait seule, la face en l'air, dans la clarté de la bougie. C'était un charnier, un tas d'humeur et de sang, une pelletée de chair corrompue, jetée sur un coussin. Les pustules avaient envahi la figure entière, un bouton touchant l'autre ; et, flétries, affaissées, d'un aspect grisâtre de boue, elles semblaient déjà une moisissure de la terre, sur cette bouillie informe, où l'on ne retrouvait plus les traits. Un œil, celui de gauche, avait complètement sombré dans le bouillonnement de la purulence ; l'autre, à demi ouvert, s'enfonçait comme un trou noir et gâté. Le nez suppurait encore. Toute une croûte rougeâtre partait d'une joue, envahissait la bouche, qu'elle tirait dans un rire abominable. Et, sur ce masque horrible et grotesque du néant, les cheveux, les beaux cheveux gardant leur flambée de soleil, coulaient en un ruissellement d'or. Vénus se décomposait.[16]

Ce n'est plus Nana, la belle courtisane qui a envoûté tout Paris, que Zola décrit ici, mais « une bouillie informe », sans traits humains, « un charnier », « une pelletée de chair corrompue ». En disséquant le cadavre de Nana, Zola démythifie la déesse qu'il avait créée. Beauté et pourriture sont juxtaposées. Cette chair jadis si jeune, si fraîche et pleine de vie, n'est à présent que croûtes, suppurations et purulence. Le symbole sexuel

---

12 Walter T. Bandy, « Zola imitateur de Baudelaire », *Revue d'histoire littéraire de la France* 53.2 (avril-juin 1953) : 210-12.
13 Emile Zola, *Œuvres complètes*, vol. 9 (Paris : Cercle du livre précieux, 1968) 211-15.
14 Baudelaire, *Œuvres complètes* vol. 1, 89-91.
15 Justement, pour la description du visage de Nana, Zola avait demandé à son ami, Henri Céard, de lui faire parvenir une description exacte, scientifique et très détaillée, d'une femme qui était morte de la petite vérole. (Voir les notes de H. Mitterand dans *Les Rougon-Macquart*, vol. 2 [Paris : Gallimard, « Bibliothèque de la Pléiade », 1962]).
16 Emile Zola, *Les Rougon-Macquart*, vol. 2, édition établie par Henri Mitterand (Paris : Gallimard, « Bibliothèque de la Pléiade », 1961) 1485. Toutes les références à *Nana* renvoient à cette édition.

qu'était Nana est maintenant devenu symbole répugnant de la mort. Dans *Une Charogne*, Tucker voyait l'évocation de la décomposition du corps de la femme comme une punition. On retrouve ce caractère punitif également chez Zola quand l'auteur ajoute à sa description : « Il semblait que le virus pris par elle dans les ruisseaux, sur les charognes tolérées, ce ferment dont elle avait empoisonné un peuple, venait de lui remonter au visage et l'avait pourri » (1485). La femme est punie dans sa beauté, dans son corps et dans sa sexualité.

La charogne est aussi un microcosme de la vie et de la mort ; comme le remarque Ainslie Armstrong McLees à propos du poème de Baudelaire : « [...] life begins, is lived and ends in a cycle of procreation and death ».[17] Car la charogne, quoique morte par définition, n'en demeure pas moins le site d'une autre sorte de vie :

> Les mouches bourdonnaient sur ce ventre putride,
> D'où sortaient de noirs bataillons
> De larves qui coulaient comme un épais liquide
> Le long de ces vivants haillons.
>
> Tout cela descendait, montait comme une vague,
> Ou s'élançait en pétillant ;
> On eût dit que le corps, enflé d'un souffle vague,
> Vivait en se multipliant.

Dans la mort, le corps de l'animal devient une terre féconde et nourricière, créatrice de vie nouvelle. En retour, le monde grouillant de vermine qu'engendre la charogne semble la faire vivre une seconde fois. Dans *Nana* aussi, la femme est à la fois créatrice de la vie et symbole de la corruption et de la mort. Charles Bernheimer souligne que la décomposition du corps de Nana a une valeur doublement symbolique : d'une part elle représente le cycle de la régénération, d'autre part elle est l'emblème morbide de la sexualité de la femme.[18] Le sexe de Nana est à la fois créateur et destructeur, voire vengeur.[19]

---

17 Ainslie Armstrong McLees, « Baudelaire's *Une Charogne*: Caricature and the Birth of Modern Art, » *Mosaic: A Journal for the Interdisciplinary Study of Literature* 21.4 (Fall 1988): 117.

18 Charles Bernheimer, *Figures of Ill Repute* (Cambridge MA : Harvard University Press, 1989) 213.

19 Dans sa chronique, le journaliste Fauchery écrit qu'elle « vengeait les gueux et les abandonnés dont elle était le produit » (1269).

Alors femme-cadavre soit, mais pourquoi dis-je femme-charogne ? C'est parce que le travail de Baudelaire et Zola ne consiste pas seulement à associer la femme à la mort, mais à tisser un réseau d'associations entre la femme et l'animal. Les liens sont patents dans *Une Charogne*. La charogne a « les jambes en l'air, comme une femme lubrique », et à la fin du poème le narrateur ne manque pas de réitérer à sa compagne qu'un jour elle sera « semblable à cette ordure ». Dans *Nana*, le personnage éponyme est aussi confondu avec un animal ; plus précisément, avec un cheval de course nommé Nana. Rapprochement qui en amuse certains :

> – Qui est-ce qui monte Nana ? demanda la Faloise. Justement, la vraie Nana reparaissait. Alors, ces messieurs donnèrent à la question un sens malpropre, en éclatant d'un rire exagéré. (1391)

Par ailleurs, Nana sera ravie de voir une certaine ressemblance entre elle et la pouliche « Tiens ! elle a mes cheveux ! [...] Dites donc, vous savez que j'en suis fière » (1400). Elle la montrera (ou plutôt se montrera) à son fils : « Attends, je vais te faire voir maman... Hein ? là-bas, regarde le dada » (1400).[20] Plus loin, lorsque la course bat son plein et que le cheval, Nana, commence à gagner du terrain, femme et pouliche se confondent de plus en plus :

> Et, sur le siège, Nana, sans le savoir, avait pris un balancement des cuisses et des reins, comme si elle-même eût couru. Elle donnait des coups de ventre, il lui semblait que ça aidait la pouliche. A chaque coup, elle lâchait un soupir de fatigue [...]. (1403)

Finalement, lorsque Nana triomphe d'une longueur de tête – miracle inespéré parce que, bien entendu, Nana est censée être une rosse –[21] dans le tumulte qui s'ensuit les deux Nana seront entièrement fondues l'une dans l'autre :

> Alors, Nana, debout sur le siège de son landau, grandie, crut que c'était elle qu'on acclamait. [...] Puis, quand tout ce monde se tut rangé, ménageant une haie jusqu'à la sortie, saluant de nouveau Nana, qui s'en allait avec Price

---

20 Cheval en langage enfantin.
21 Cf. Zola, *Nana* 1380.

> [le jockey], cassé sur l'encolure, éteint et comme vide, elle se tapa les cuisses violemment, oubliant tout [...] :
> — Ah ! nom de Dieu ! *c'est moi ! pourtant...* Ah ! nom de Dieu ! quelle veine !
> [...] Quand le champagne fut arrivé, quand elle leva son verre plein, ce furent de tels applaudissements, on reprenait si fort : Nana ! Nana ! Nana ! que la foule étonnée cherchait la pouliche ; et *l'on ne savait plus si c'était la bête ou la femme qui emplissait les cœurs* (c'est moi qui souligne). (1404-05)

Tout comme *Une Charogne* qui a provoqué des réactions hostiles, *Nana* a valu aussi à son auteur une critique virulente ; et lorsque le *Charivari*, sous le titre, « Le roman quadrupède », accusa Zola « d'avoir confondu la chiennerie avec l'humanité »[22], c'était lui reprocher, en fait, exactement ce qu'avait fait Baudelaire dans *Une Charogne*. Dans *Les Rougon-Macquart*, Zola insiste sur la nature déterminante de l'instinct animal dans l'homme. Dans *Nana*, il étudiera en particulier le rôle corrupteur du corps de la femme dans la société du Second Empire. Dans son *Ebauche*, à propos du sujet philosophique du roman, *Nana*, Zola parlait d'« Une meute derrière une chienne, qui n'est pas en chaleur et qui se moque des chiens qui la suivent » (1665). Et Zola de conclure à propos de Nana : « Elle dissout tout ce qu'elle touche, elle est le ferment, la nudité, le cul, qui amène la décomposition de notre société... » (1667), témoins le comte Muffat et les frères Georges et Philippe Hugon, pour ne nommer que ceux-là. L'image du chien qu'on retrouve ici, rappelle un autre poème de Baudelaire, *Hymne à la Beauté*.[23]

> Sors-tu du gouffre noir ou descends-tu des astres ?
> Le Destin charmé suit tes jupons comme un chien :
> Tu sèmes au hasard la joie et les désastres,
> Et tu gouvernes tout et ne réponds de rien.[24]

---

22 L'article continue : « Pauvre M. Zola, qui se figure être disciple de Claude Bernard ! jamais !... Sa physiologie ne relève que du vétérinaire ». (Voir les notes de H. Mitterand dans Emile Zola, *Les Rougon-Macquart*, vol. 2 [Paris : Gallimard, « Bibliothèque de la Pléiade », 1961] 1484).
23 Poème XXI des *Fleurs du Mal*.
24 Dans *Guitare* (poème inachevé), Jules Laforgue reprendra les thèmes et images d'*Une Charogne* ; écrit à l'époque où Zola composait *Nana* (1879-1880) ; *Guitare* apparaît comme une sorte de synthèse des deux textes :
« Car vous irez pourrir, fière et fine mondaine,
Chef-d'œuvre unique de Paris :
Pourrir comme un chien mort : et ce plomb et ce chêne

La femme chez Baudelaire et Zola, aussi divine qu'elle puisse paraître, est une bête inconsciente, des plus dangereuses pour l'homme qu'elle envoûte presque malgré elle. Et si Baudelaire et Zola ont été l'objet des critiques dont j'ai fait mention, c'est qu'en confondant la femme et l'animal, ils expriment une des plus fortes hantises du XIXe siècle: Incarnation au féminin de la bête humaine, la femme-charogne ne manque pas d'évoquer les découvertes de Darwin sur les origines animales de l'homme. Symbole de la désagrégation physique, la femme-charogne l'est également de la corruption morale. La beauté de la femme est doublée du mal, tour à tour divine et monstrueuse, elle ne sera toujours pas tout à fait humaine. En associant la femme à la bête, Baudelaire et Zola projettent sur la femme cet Autre darwinien, atavique, sauvage et dangereux. Le trouble que provoque Nana chez le comte Muffat sera évoqué en ces termes:

> Il songeait à son ancienne horreur de la femme, au monstre de l'Ecriture, lubrique, sentant le fauve. Nana était toute velue, un duvet de rousse faisait de son corps un velours; tandis que, dans sa croupe et ses cuisses de cavale, dans les renflements charnus creusés de plis profonds, qui donnaient au sexe le voile troublant de leur ombre, il y avait de la bête. C'était la bête d'or, inconsciente comme une force, et dont l'odeur seule gâtait le monde. Muffat regardait toujours, obsédé, possédé, au point qu'ayant fermé les paupières, pour ne plus voir, *l'animal reparut au fond des ténèbres grandi, terrible* [...] (c'est moi qui souligne). (1271)

Image de la femme qui reviendra aussi dans *La Femme sauvage et la petite maîtresse*, texte du *Spleen de Paris* de Baudelaire, où il est question d'un mari qui a « enchaîné sa femme comme une bête » pour en faire une sorte de numéro de cirque. Comme dans *Une Charogne*, le narrateur s'adresse à une compagne:

> Sont de dérisoires abris!
> Vous, belle! Vous, grand cœur! Vous, âme immense ouverte
> Aux voix de l'univers profond,
> Vous, tout, vous pourriez, fétide, informe, inerte
> Comme une charogne sans nom,
> L'enfant chaste, quêtant hier en robe rose,
> La femme, et le vieux chien crevé
> Que l'on pousse du pied, seront la même chose! »
> *Œuvres complètes*, vol. 2, édition établie par G. Jean-Aubry (Paris: Mercure de France, 1948) 200.

> Considérons bien, je vous prie, cette solide cage de fer derrière laquelle s'agite, hurlant comme un damné, secouant les barreaux comme un orang-outang exaspéré par l'exil, imitant, dans la perfection, tantôt les bonds circulaires du tigre, tantôt les dandinements stupides de l'ours blanc, ce monstre poilu dont la forme imite assez vaguement la vôtre.
>
> Ce monstre est un de ces animaux qu'on appelle généralement « mon ange ! » c'est-à-dire une femme.[25]

Le thème de la misogynie dans *Une Charogne* et *Nana*, évoqué au cours de mon étude, mérite une analyse qui dépasserait le cadre de cet article ; je me limiterai à quelques observations. Il faut remarquer que l'association de la femme avec le charnel, n'est pas chose nouvelle au XIXe siècle. Selon R. Howard Bloch, dans *Medieval Misogyny & The Invention of Western Love*, elle remonte – dans l'Occident du moins – aux premiers siècles de l'ère chrétienne, époque à laquelle nous verrons aussi une condamnation des plaisirs de la chair :

> [...] we find in the writings of early church fathers [...] a feminization of the flesh, that is, the association, according to the metaphor of mind and body, of man with mens or ratio and of woman with the corporeal ; [...] and [...] the theologizing of esthetics, or the condemnation in ontological terms [...] of almost anything pleasurable attached to material embodiment. Nothing in prior tradition rivals the asceticism of early Christianity, according to which only the renunciation of the flesh holds the promise of salvation.[26]

La misogynie se situerait ici au confluent de deux pratiques discursives : l'une liant la femme à la chair, et l'autre le péché à la chair.[27] En revanche, la construction de l'être masculin, pour sa part, est formulée uniquement en termes d'esprit, donc de l'incorporel et du divin.

---

25 Baudelaire, *Œuvres complètes*, vol. 1 (Paris : Gallimard, « Bibliothèque de la Pléiade ») 289.
26 R. Howard Bloch, *Medieval Misogyny & The Invention of Western Romantic Love* (Chicago : The University of Chicago Press, 1991) 9.
27 Nous avons évoqué la tradition patristique qui lie le péché à la chair ; mais il ne faudrait pas confondre la religion de Baudelaire et de Zola avec cette tradition. Erich Auerbach précise à propos des *Fleurs du Mal*, que le désir qui est péché chez Baudelaire a pour objet le plus souvent une chair corrompue et contrefaite, et non une chair jeune et fraîche : « In *Les Fleurs du Mal* the desire that is damned is most often a desire for the physically corrupt or misshapen :

La femme-charogne est Autre par son côté animal, mais aussi par son association avec la Nature en général. Déjà à l'époque où Baudelaire composait *Une Charogne* (vers 1843), la vision rousseauiste et romantique d'une Nature idéalisée était devenue clichée.[28] Baudelaire mettra en scène une vision différente: celle d'une Nature laide, corrompue et destructrice.[29] Le naturalisme de Zola exploite également cette dimension en faisant de Nana un «ferment de destruction», personnification de cette nouvelle vision de la Nature.[30] Dans *Nana*, Zola poussera le rapprochement entre son héroïne et la Nature jusqu'à comparer Nana à une plante: Ayant «poussé dans un faubourg, sur le pavé parisien; et, grande, belle, de chair superbe ainsi qu'une plante de plein fumier» (1269), la courtisane devient alors littéralement une fleur du mal. L'image se trouvait déjà chez Baudelaire:

> Le ciel regardait la carcasse superbe
> Comme une fleur s'épanouir.

Sous la plume de Zola, Nana devient même insecte, ou plus précisément «une mouche couleur de soleil, envolée de l'ordure, une mouche qui prenait la mort sur les charognes tolérées le long des chemins...» (1270). N'aurait-elle pas été justement parmi «Les mouches [qui] bourdonnaient sur le ventre putride» de la charogne de Baudelaire? Car, enfin, si Nana a pris la mort «sur les charognes tolérées», elle a aussi pris la vie selon le poème de Baudelaire. Zola doit donc au poème, *Une Charogne*, le

---

the enjoyment of young, healthy flesh is never held up as sin. In the warnings and castigations of the Christian moralists, on the other hand, the object of carnal temptation may have been represented as the creature of an hour, but for the present she was endowed with youth and full-blown earthly health. There was nothing decrepit about Eve with the apple; her apparent soundness is what made the temptation so insidious, and in Christian morality it is condemned» (Erich Auerbach, «The Aesthetic Dignity of the *Fleurs du Mal*» in *Baudelaire: A Collection of Critical Essays*, Henri Peyre, ed. [Englewood Cliffs: Prentice Hall, 1962] 163).

28 Kurt Weinberg, «Baudelaire's *Une Charogne*. Paradigma einer Asthetik des Unbehagens in der Natur», *Poetica* 12 (1980): 84.
29 Pour une discussion plus ample du thème de la nature chez Baudelaire, voir F. W. Leakey, *Baudelaire and Nature* (Manchester: Manchester University Press, 1969).
30 Baudelaire est paradoxal sur ce point: chez lui, la femme est tantôt naturelle, et pour cette raison, «abominable», (voir *Mon cœur mis à nu* in *Œuvres complètes* [1: 677]), tantôt «antinaturelle» en ce qu'elle déguise et embellit sa beauté par l'artifice et la parure (Cf. *La Femme* in *Œuvres complètes* [2:713-14]).

concept de femme-charogne et jusqu'à un certain point l'inspiration du personnage de Nana.

Si, toutefois, j'ai cherché à établir un lien entre Baudelaire et Zola ce n'est pas ce dernier qui m'y a encouragé. Dans ses chroniques, Zola parlera très peu de l'auteur des *Fleurs du Mal*, et ce qu'il en dira ne sera pas particulièrement élogieux.[31] Il cherchera surtout à se distancier et à distancier le naturalisme en général de Baudelaire, mais d'une manière qui éveille des soupçons. En parlant du poème de François Coppée, *Le Petit Epicier*, Zola dira : « Cette pièce [...] est restée, jusqu'à ce jour, le drapeau du naturalisme en poésie ; en la lisant, on est loin de *La Charogne*, de Baudelaire [...] ».[32] Pourquoi avoir cherché à se distancier ainsi de l'auteur des *Fleurs du Mal*, et d'*Une Charogne* en particulier, si ce n'était, comme le soupçonne Esteban, « an attempt at confusing those who might look too closely at similarities between himself and those he attacked as a critic ? » (490) Zola aurait cherché à brouiller les pistes.

On peut conclure que la notion de femme-charogne est complexe. Elle représente le paradoxe de l'existence, qui est un cycle continuel de vie et de mort, de création et de destruction. La femme-charogne occupera la partie sombre de la représentation ambivalente de la femme dans la littérature, qui est tantôt divine, tantôt monstrueuse, tantôt beauté idéale, tantôt symbole de désagrégation physique et morale. La femme-charogne est également au centre d'une nouvelle vision de la Nature, caractéristique de la seconde moitié du XIXe siècle, mettant l'accent sur la laideur et la destruction. Elle-même fait partie de cette Nature, et perçue comme Autre, la femme est une force qui échappe à l'homme et qui lui est extérieure. Enfin, la femme-charogne évoque l'animalité de l'être humain. Ce faisant elle rappelle les découvertes sur la descendance de l'homme, d'autant plus troublantes pour une bourgeoisie du XIXe siècle qui croit à sa permanence. Bien entendu, si *Une Charogne* et ensuite *Nana* ont fait scandale à l'époque de leur parution, cela est dû moins à une soi-disante « putridité » qui choquait les sensibilités du lecteur, qu'aux angoisses existentielles éveillées par ces textes. Dans *Une Charogne*, et ensuite dans *Nana*, Baudelaire et Zola ont composé un corps

---

31 Voir Emile Zola, *Œuvres complètes*, vol. 10 (Paris : Cercle du livre précieux, 1968) 775-77 et 897-99 ; *Œuvres complètes*, vol. 12, 375-80.
32 Emile Zola, *Œuvres complètes*, vol. 12, 382.

de femme à partir des représentations qui s'offraient à eux de l'image de la femme dans la littérature. La femme-charogne en fut le résultat: construction nouvelle par rapport aux traditions qui l'ont nourrie, et portant les marques de son époque, elle s'est avérée éminemment parlante, trouvant à la fois son expression à l'intérieur de l'esthétique baudelairienne des *Fleurs du Mal* et de l'esthétique naturaliste de Zola dans *Nana*.

Bibliographie

Album Baudelaire. Paris: Gallimard, «Bibliothèque de la Pléiade», 1974.

Auerbach, Erich. «The Aesthetic Dignity of the *Fleurs du Mal*» in *Baudelaire: A Collection of Critical Essays*. Henri Peyre, ed. Englewood Cliffs: Prentice Hall, 1962.

Bandy, Walter T. «Zola imitateur de Baudelaire». *Revue d'histoire littéraire de la France* 53.2 (avril-juin 1953): 210-12.

Baudelaire, Charles. *Une Charogne. Œuvres complètes*. Vol. 1. Paris: Gallimard, «Bibliothèque de la Pléiade», 1975.

—. *Les Fleurs du Mal*. Paris: Librairie José Corti, 1950.

Baudelaire. *Correspondance*. Vol. 1. Paris: Gallimard, «Bibliothèque de la Pléiade», 1973.

Bloch, R. Howard. *Medieval Misogyny & The Invention of Western Romantic Love*. Chicago: The University of Chicago Press, 1991.

Du Camp, Maxime. *Souvenirs littéraires*. Paris: Hachette, 1982.

Estaban, Manuel A. «Baudelaire Judged by Emile Zola.» *Michigan Academician* 10.4 (Spring 1978): 483-90.

Flaubert, Gustave. *Œuvres*. Vol. 2. Paris: Gallimard, «Bibliothèque de la Pléiade», 1952.

Girard, Marcel. «Naturalisme et Symbolisme». *Cahiers de l'Association des études françaises* 6 (1954): 97-106.

Laforgue, Jules. *Œuvres complètes*. Vol. 2. Paris: Mercure de France, 1948.

Leakey, F. W. *Baudelaire and Nature*. Manchester: Manchester University Press, 1969.

Tucker, Cynthia Grant. «*Pétrarchisant sur l'horrible*: A Renaissance Tradition and Baudelaire's Grotesque.» *The French Review* 48.5 (1975): 890-900.

Weinberg, Kurt. « Baudelaire's *Une Charogne*. Paradigma einer Asthetik des Unbehagens in der Natur ». *Poetica* 12 (1980) : 83-118.

West, C. B. « Flaubert and Baudelaire: An Echo of *Une Charogne* in *Bouvard et Pécuchet*? » *Modern Language Review* 55 (1960) : 417-18.

Zola, Emile. *Œuvres complètes*. Paris : Cercle du livre précieux, 1968.

—. *Les Rougon-Macquart*. Vol. 2. Paris : Gallimard, « Bibliothèque de la Pléiade », 1961.

Les Sœurs Macquart : « Femmes expérimentales »

Jeremy WALLACE

> Le romancier est fait d'un observateur et d'un expérimentateur. L'observateur chez lui donne les faits tels qu'il les a observés, pose le point de départ, établit le terrain solide sur lequel vont marcher les personnages et se développer les phénomènes. Puis l'expérimentateur paraît et institue l'expérience, je veux dire fait mouvoir les personnages dans une histoire particulière, pour y montrer que la succession des faits y sera telle que l'exige le déterminisme des phénomènes mis à l'étude. (10 : 1178)[1]

Inspiré par Claude Bernard et son *Introduction à l'étude de la médecine expérimentale*, Zola, dans *Le Roman expérimental*, préconise une approche scientifique du texte romanesque. Il considère ses romans non pas comme des ouvrages de pure action, mais comme de véritables documents humains, qu'il écrit en suivant la méthode expérimentale. En expérimentateur, il place des personnages dans un environnement, et en observateur, il rédige le procès-verbal de l'expérience, montrant à chaque fois « le jeu de la race modifiée par les milieux ».[2] A l'instar d'Hippolyte Taine, Zola dira plus loin dans *Le Roman expérimental* : « sans me risquer à formuler des lois, j'estime que la question d'hérédité a une grande influence dans les manifestations intellectuelles et passionnelles de l'homme. Je donne aussi une importance considérable au milieu » (1184). Cette étude va traiter de l'importance respective des deux facteurs, qui selon Zola, régissent la vie des hommes, c'est-à-dire le milieu et l'hérédité.

Je ne saurais relever ici le défi qui consiste à savoir si tout le cycle des *Rougon-Macquart : Histoire naturelle et sociale d'une famille sous le second Empire*, aurait été, pour ainsi dire, plus naturel que social, ou plus social que naturel. Toutefois, en comparant les vies de deux membres de la

---

1 Pour *Le Roman expérimental*, les chiffres entre parenthèses renvoient à l'édition en 15 volumes des *Œuvres complètes* de Zola, édition établie par Henri Mitterand (Paris : Cercle du livre précieux, 1966-1970).

2 Cet extrait des manuscrits préparatoires des *Rougon-Macquart* est rapporté dans l'édition en 5 volumes des *Rougon-Macquart*, édition établie par Henri Mitterand, vol. 5 (Paris : Gallimard, « Bibliothèque de la Pléiade », 1960-1967) 1737.

famille des Rougon-Macquart, Lisa et Gervaise Macquart, mon intention est de présenter un cas qui permet de démontrer l'importance primordiale du milieu.

Les deux protagonistes en question se ressemblent à un tel point qu'il est permis de penser que Zola, en décrivant la vie de Lisa Macquart dans *Le Ventre de Paris* (en 1873) et la vie de Gervaise Macquart dans *L'Assommoir* (en 1877), évoque en fait pour un même type de femme, deux scénarios de vie possibles se déroulant dans deux milieux différents. Et puisque l'ancrage dans le milieu, en général, est plus permanent chez les femmes que chez les hommes dans *Les Rougon-Macquart*, c'est en étudiant les vies des personnages féminins, que l'on rend compte le mieux de toute l'influence du milieu sur le personnage zolien. Clayton R. Alcorn Jr.[3] constate que l'enfant est souvent moins emprisonné par son milieu que ne le sont ses parents. Ajoutons que l'homme, lui, l'est moins que la femme. Prenons l'exemple d'Etienne Lantier qui vit une année parmi les mineurs à Montsou dans *Germinal*, et puis qui repart à la fin du roman. Quant à la Maheude, à qui il fera ses adieux, elle restera toute sa vie là. Citons aussi le cas de Jean Macquart : il passera dix ans parmi les paysans dans *La Terre*, mais au moment où éclate la guerre franco-allemande, il quittera ce monde pour une deuxième période de service. Il arrive même qu'un homme parte et revienne... Auguste Lantier, par exemple, dans *L'Assommoir*. Ce n'est pas le cas de la femme. Elle reste le plus souvent là où elle est, avec les enfants et la famille.

En effet, on peut considérer Lisa et Gervaise Macquart comme deux incarnations du même personnage type. Les sœurs Macquart s'avèrent être des « femmes expérimentales » surtout en ce qu'elles permettent à Zola d'effectuer une expérience qui sort de l'ordinaire. Il n'est plus seulement question de l'influence d'un milieu sur l'individu, mais de deux milieux sur le même individu. Il me semble que pour les sœurs Macquart le potentiel de réussite était le même à la naissance, et que seule l'influence du milieu explique le succès de Lisa et l'échec de Gervaise. Résumons les vies de ces deux femmes. Quoique fort semblables du point de vue de leur physique et de leur tempérament, Lisa et Gervaise Macquart, les deux filles d'Antoine Macquart et de Joséphine Gavaudan,

---

3 Clayton R. Alcorn, Jr., « The Child and His Milieu in the *Rougon-Macquart*, » *Yale French Studies* 42 (1969): 105-14.

auront des vies tout à fait dissemblables. Dans *Le Ventre de Paris*, Lisa jouira d'une vie prospère et heureuse comme charcutière, tandis que dans *L'Assommoir*, Gervaise n'arrivera pas à mener une vie comme celle de sa sœur : au contraire, son petit commerce échouera, et elle mourra exploitée et déshumanisée. Pour expliquer les raisons de cette différence, c'est du côté des milieux qu'il faut chercher.

Dès leur enfance, dépeinte brièvement dans *La Fortune des Rougon*, le milieu s'interpose entre les deux sœurs : Lisa et Gervaise ont les mêmes parents, mais elles ne partagent pas le même environnement :

> [Lisa] n'avait pas sept ans, qu'elle fut prise en amitié par la directrice des postes, une voisine. Celle-ci en fit une petite bonne. Lorsqu'elle perdit son mari, en 1839, et qu'elle alla se retirer à Paris, elle emmena Lisa avec elle. Les parents la lui avaient comme donnée. (1 : 124)[4]

Alors que Lisa a la chance d'être protégée par une bienfaitrice qui l'éloignera de son milieu, Gervaise, de son côté, subira les conséquences néfastes d'une enfance passée sous le toit paternel : « Dès l'âge de huit ans, la petite Gervaise alla casser des amandes chez un négociant voisin ; elle gagnait dix sous par jour, que le père mettait royalement dans sa poche » (1 : 125). Ainsi, Gervaise reste prise dans ce milieu misérable dont Lisa s'est libérée. Gervaise est à la merci d'un père brutal et filou. Sans compter que sa mère ne lui donne pas le meilleur exemple quand elle l'initie à l'alcool. Elevée dans la rue avec les garçons du voisinage, Gervaise sera enceinte à quatorze ans et passera ses soirées à boire de l'anisette avec sa mère. Ce n'est pas précisément ce qu'on pourrait appeler un bon départ dans la vie. Par contre, la jeune femme ne se laisse pas abattre.

Malgré tout cela, et même après avoir été abandonnée à Paris avec ses enfants par son amant Auguste Lantier, Gervaise jouira – pendant quelques années du moins – d'une vie assez prospère avec son mari Coupeau. Dans ses notes sur Gervaise, Zola parle d'une femme ni bonne ni mauvaise, qui a déjà eu de tristes exemples sous les yeux, mais prête par sa nature à réagir et à travailler ; un peu la bête qui songe à la niche

---

4   Pour les romans de la série des *Rougon-Macquart*, les chiffres entre parenthèses renvoient à l'édition de la Pléiade en 5 volumes citée plus haut.

et à la pâtée [...] dure au travail... En somme très sympathique.⁵ Et voilà en quoi Gervaise et Lisa sont identiques. Dans *Le Ventre de Paris*, Lisa est « bien rangée, raisonnable, logique avec ses besoins de bien-être, ayant compris que la meilleure façon de s'endormir dans une tiédeur heureuse est encore de se faire soi-même un lit de béatitude » (1 : 648). De plus, les sœurs, qui ne rechignent pas à la tâche, partagent une égale dureté à l'égard des fainéants.⁶

> Enfin, avec du courage, on pourra encore s'en tirer... [dit Gervaise à Auguste Lantier, au début de *L'Assommoir*] J'ai vu, hier soir, Mme Fauconnier [...] elle me prendra lundi. Si tu te mets avec ton ami de la Glacière, nous reviendrons sur l'eau avant six mois [...]. Oh! il faudra travailler, travailler... Lantier se tourna vers la ruelle, d'un air d'ennui, Gervaise alors s'emporta. Oui, c'est ça, on sait que l'amour du travail ne t'étouffe guère. (2 : 382)

De façon semblable, « les idées de Lisa étaient que tout le monde doit travailler pour manger ; que chacun est chargé de son propre bonheur ; qu'on fait le mal en encourageant la paresse ; enfin que s'il y a des malheureux, c'est tant pis pour les fainéants ». (2 : 647). Il n'y a pas grand'chose qui différencie les deux sœurs au niveau de leur attitude et de leur aptitude au travail. Or nous savons que Gervaise mourra sans le sou, tandis que Lisa sera en mesure de laisser une forte somme en héritage à sa fille, Pauline. Ce qui fera la différence entre elles, c'est le milieu.

Considérons maintenant les hommes. Gervaise, délaissée par ses parents, aura la malchance de tomber sur Auguste Lantier. Celui-ci profitera d'elle pour ensuite l'abandonner. De plus, par un surcroît de cruauté, Lantier reviendra plusieurs années plus tard la gruger, alors qu'elle a déjà Coupeau, son mari alcoolique, à sa charge. Lisa, par contre, épouse Quenu, un homme bon et tout aussi disposé qu'elle à travailler. Quenu, par ailleurs, – à la différence de Lantier – « aimait qu'on lui mâchât sa vie » (1 : 646). Ce qui veut dire que Quenu « semblait fait pour se laisser aller à la volonté d'un tempérament plus énergique que le sien » (1 : 1629).⁷

---

5   Ce passage a été recueilli en page xxxiii de la Préface aux *Rougon-Macquart* d'Armand Lanoux, dans l'édition de la Pléiade.
6   Rappelons que l'attitude de Lisa et Gervaise ici est une condamnation très nette de la paresse monumentale de leur père, Antoine Macquart.
7   Cette variante, donnée par Henri Mitterand dans l'édition de la Pléiade, a été puisée dans le feuilleton publié par *L'Etat*.

Lisa aura eu aussi l'avantage d'hériter de dix mille francs, à la mort de la directrice des postes qui l'avait «adoptée». De plus, elle et Quenu bénéficieront des quatre-vingt-cinq mille francs, et de la charcuterie, que Quenu hérite de son oncle Gradelle. C'est dire qu'il y a eu autour de Lisa des gens, des parents quasi adoptifs, qui étaient de bons travailleurs et qui lui voulaient du bien. Tandis qu'autour de Gervaise il y a eu surtout un monde mesquin, fainéant et cruel, la poussant impitoyablement dans la misère. Bien entendu, Gervaise n'a jamais reçu d'aide comme sa sœur: seul Goujet a été bon et généreux envers elle, mais ce n'était pas assez pour la sauver. L'acquis, proprement dit, diffère nettement d'une sœur à l'autre. Mais *l'inné* des deux sœurs est sensiblement le même.

Bien que dans l'enfance, Lisa fût plus costaude et plus saine que Gervaise, les deux filles étaient jolies et charmantes. Et lorsqu'elles vieillissent, Zola prend soin de souligner la santé et surtout la redoutable force physique, de l'une comme de l'autre. (Rappelons la sauvage correction que Gervaise inflige à Virginie Poisson dans la blanchisserie de madame Fauconnier, ainsi que le fameux coup de poing avec lequel Lisa repousse les avances de Marjolin, pour ne citer que deux exemples). Sur le plan physique, Gervaise n'est nullement désavantagée par rapport à sa sœur.

Les sœurs Macquart ont aussi les mêmes principes moraux. Plus tard, lorsque Gervaise est affaiblie, ruinée, c'est une autre histoire: elle fait alors ce que lui dicte son instinct de survie; mais, à l'origine, Gervaise a ses principes. Si elle refuse l'offre de Goujet d'aller vivre en Belgique avec lui, c'est parce qu'en dépit de sa grande affection pour «la gueule d'or» (comme on le nommait), ce genre de choses ne se fait pas, qu'elle est mariée, qu'elle a des enfants... Elle parle des remords qu'ils auraient. Elle lui dira enfin: «Quand on reste honnête, dans notre position, on est joliment récompensé» (2: 617). De manière similaire, la scène que j'ai déjà évoquée entre Marjolin et Lisa, souligne les principes moraux de celle-ci. La charcutière s'en tirera grâce à ses gros bras et son solide coup de poing, et le jeune homme en sera quitte pour une débilité mentale encore plus prononcée qu'auparavant. Mais après coup, c'est le cas de le dire, Lisa ne pourra s'empêcher de songer au beau jeune homme qui, en fin de compte, lui plaît, et elle reconnaît qu'elle est bien contente de ne pas avoir cédé à la tentation de l'adultère. Le passage suivant, tiré du *Ventre de Paris,* démontre que le raisonnement de Lisa sur la question est semblable à celui de sa sœur : « Elle avait agi en femme honnête. Ce n'était pas pour ce gamin qu'elle irait compromettre sa paix ; elle était trop à l'aise, entre son mari et sa fille [...] il n'y fallait plus penser » (1 : 796). Voilà alors Lisa et Gervaise Macquart : femmes honnêtes, travailleuses, bien rangées, pareillement solides, autant sur le plan physique que moral.

Si, jusqu'à présent, je n'ai pas traité en détail l'hérédité des sœurs, c'est parce que — aussi surprenant que cela puisse paraître pour des descendantes d'Adélaïde Fouque — il y a très peu de matière, surtout au niveau des textes de *L'Assommoir* et du *Ventre de Paris*, qui donne à l'hérédité un rôle concret dans leur destin. On apprend, dans *La Joie de Vivre*, qu'en ce qui concerne Lisa, la tare aurait, pour ainsi dire, sauté une génération. Zola indique qu'il semblait que les aises de jalousie de la fille de Lisa, Pauline Quenu, « lui vinssent de loin, de quelque aïeul maternel, *par-dessus le bel équilibre de sa mère et de son père...* ». (3 : 845-46 c'est moi qui souligne).

Du côté de Gervaise, l'arbre généalogique des *Rougon-Macquart*, publié pour la première fois dans *Une Page d'Amour*,[8] nous apprend qu'il y a chez elle, « élection du père ». Toutefois, nulle part dans le texte il n'est question de sa ressemblance avec Antoine Macquart. En fait, Gervaise dans *L'Assommoir*, c'est tout le contraire de son père brutal, filou, fainéant et buveur. Nous apprenons aussi, dans *La Fortune des Rougon*, que Gervaise a été conçue dans l'ivresse, et que sa jambe déviée et amaigrie est l'« étrange reproduction héréditaire des brutalités que sa mère avait eu à endurer dans une heure de lutte et de soûlerie furieuse [avec le père] » (1 : 124). Seulement aucune allusion n'est faite à ce bagage héréditaire dans *L'Assommoir*, la déchéance physique et morale de Gervaise dans le texte n'étant du reste jamais expliquée en fonction de son hérédité. Mis à part le discours pseudo-scientifique de Zola, l'hérédité de Gervaise n'est rattachée qu'à la branche Macquart de l'arbre généalogique. Ainsi, son hérédité, quelle qu'elle soit, n'est même pas celle de la terrible tare qui remonte à la souche de l'arbre, à Adélaïde Fouque.

---

8 L'arbre généalogique des Rougon-Macquart est reproduit aussi dans le dernier roman du cycle, *Le Docteur Pascal*.

Zola n'est donc pas fataliste. Pour si injuste que soit le destin de Gervaise dans *L'Assommoir*, il n'était pas fixé à l'avance, il n'était pas inévitable. Lisa en est la preuve dans *Le Ventre de Paris*. En naissant, Gervaise n'était pas prédestinée à déchoir de par son hérédité, pas plus que Lisa ne l'était à réussir. Ce sont les milieux qui ont déterminé la vie des deux femmes. En modifiant les milieux, Zola s'est ménagé deux résultats différents pour le même type de « spécimen ». Et comme il le dira dans *Le Roman expérimental*, « du moment où nous pouvons agir, et où nous agissons sur le déterminisme des phénomènes, en *modifiant les milieux par exemple*, nous ne sommes pas des fatalistes » (10 : 1190).

A travers les personnages de Lisa dans *Le Ventre de Paris* et de Gervaise dans *L'Assommoir*, Zola ne montre pas simplement le jeu de la race modifiée par les milieux. Il dépasse le romancier tel qu'il le définit dans *Le Roman expérimental*, un romancier qui doit faire le procès-verbal de « ce que telle passion, agissant dans un tel milieu et dans telles circonstances, produira au point de vue de l'individu et de la société » (10 : 1179). En fait, ce qu'il montre, c'est ce qu'une telle passion, agissant dans *deux milieux différents et dans deux circonstances différentes*, produira au point de vue de l'individu et de la société. Dans son introduction au *Roman expérimental*, Michel Butor dit à propos du projet des *Rougon-Macquart* : « A l'intérieur d'une grande description, [Zola] va pouvoir montrer le même nouveau-né, marqué d'une différence, apparaître dans les milieux les plus divers » (10 : 1151).[9] Lisa et Gervaise Macquart *ensemble* sont ce nouveau-né, et de par leurs vies différentes, témoignent doublement de la supériorité accordée par Zola au rôle du milieu dans la vie de l'individu.

L'infortunée Gervaise n'était pas sans savoir à quel point le milieu allait déterminer sa vie. Dans un passage prophétique du deuxième chapitre de *L'Assommoir*, Zola nous confie les craintes de sa protagoniste à cet égard :

> Son rêve était de vivre dans une société honnête, parce que la mauvaise société, disait-elle, c'était comme un coup d'assommoir, ça vous cassait le crâne, ça vous applatissait une femme en moins de rien. Elle se sentait prise d'une sueur devant l'avenir et se comparait à un sou lancé en l'air, retombant pile ou face, selon les hasards du pavé. (2 : 417)

---

9 Tiré des *Œuvres complètes*, (Paris : Cercle du livre précieux, 1967-1970). Le même texte de Butor paraîtra plus tard sous forme d'article. Voir « Emile Zola, romancier expérimental, et la flamme bleue », *Critique* (avril 1967) : 407-437.

On ne pourrait trouver une meilleure métaphore pour illustrer le cas des sœurs Macquart : avec *Le Ventre de Paris* en 1873 et *L'Assommoir* en 1877, Zola a lancé le *même sou* en l'air. La première fois, le sou est retombé sur le pavé des Halles, cela a donné la vie de Lisa Macquart. La deuxième fois, le sou est retombé sur le pavé du quartier de l'Assommoir, cela a donné la vie de Gervaise Macquart.

Il est vrai qu'en insistant, comme il le fait, sur l'influence du milieu, Zola trahit un certain pessimisme social. Mais en même temps, les cas de Lisa et de Gervaise Macquart étudiés ici démontrent que l'on ne doit pas s'arrêter à ce pessimisme social. *L'Assommoir,* par exemple, lorsqu'il est mis en relation avec un autre roman du cycle des *Rougon-Macquart,* en l'occurrence *Le Ventre de Paris,* donne des preuves d'un optimisme vital chez l'auteur. Dans un autre environnement, Gervaise Macquart aurait pu jouir d'une vie prospère et heureuse, elle en avait la capacité. Voilà la conclusion que l'on peut tirer de l'expérience de Zola avec les sœurs Macquart. Au-delà du pessimisme social, j'y vois l'optimisme vital de Zola. Cet optimisme apparaît à la fin de *Germinal* où sont évoquées les générations futures qui, nourries du sang de leurs pères et mères tombés sur le champ de bataille, continueront de lutter.[10] Il est présent dans le dernier volet des *Rougon-Macquart, Le Docteur Pascal,* incarné par la figure messianique du fils de Clotilde et de Pascal Rougon.[11]

---

10 Je reproduis ici le texte exact de la fin de *Germinal* :
   « Du flanc nourricier jaillissait la vie, les bourgeons crevaient en feuilles vertes, les champs tressaillaient de la poussée des herbes. De toutes parts, des graines se gonflaient, s'allongeaient, gerçaient la plaine, travaillées d'un besoin de chaleur et de lumière. Un débordement de sève coulait avec des voix chuchotantes, le bruit des germes s'épandait en un grand baiser. Encore, encore, de plus en plus distinctement, comme s'ils se fussent rapprochés du sol, les camarades tapaient. Aux rayons enflammés de l'astre, par cette matinée de jeunesse, c'était de cette rumeur que la campagne était grosse. *Des hommes poussaient, une armée noire, vengeresse, qui germait lentement dans les sillons, grandissant pour les récoltes du siècle futur, et dont la germination allait faire bientôt éclater la terre* » (vol. 3, 1591, c'est moi qui souligne).

11 Quelques citations tirées des dernières pages du *Docteur Pascal* :
   « Un élan de ferveur maternelle monta du cœur de Clotilde, heureuse de sentir la petite bouche vorace la boire sans fin. C'était une prière, une invocation. A l'enfant inconnu ! A l'enfant qui allait être demain, au génie naissant peut-être, *au messie que le prochain siècle attendait*, qui tirerait les peuples de leur doute et de leur souffrance ! Puisque la nation était à refaire, celui-ci ne venait-il pas pour cette besogne [...]

Bibliographie

Alcorn Jr., Clayton R. « The Child and His Milieu in the *Rougon-Macquart*, » *Yale French Studies* 42 (1969) : 105-14.
Bernard, Claude. *Introduction à l'étude de la médecine expérimentale.* Paris : J. B. Baillière, 1865.
Lucas, Prosper. *Traité philosophique et physiologique de l'Hérédité naturelle dans les états de santé et de maladie du système nerveux.* Paris : J. B. Baillière, 1847-1850.
Taine, Hyppolite. *Histoire de la littérature anglaise.* 5ᵉ éd. Paris : Hachette et cie, 1881.
Zola, Emile. *L'Assommoir. Les Rougon-Macquart.* Vol. 2. Paris : Gallimard, « Bibliothèque de la Pléiade », 1961.
—. *Le Docteur Pascal. Les Rougon-Macquart.* Vol. 5. Paris : Gallimard, « Bibliothèque de la Pléiade », 1967.
—. *La Fortune des Rougon. Les Rougon-Macquart.* Vol. 1. Paris : Gallimard, « Bibliothèque de la Pléiade », 1960.
—. *Germinal. Les Rougon-Macquart.* Vol. 3. Paris : Gallimard, « Bibliothèque de la Pléiade », 1964.
—. *La Joie de Vivre. Les Rougon-Macquart.* Vol. 3. Paris : Gallimard, « Bibliothèque de la Pléiade », 1964.
—. *Une Page d'amour. Les Rougon-Macquart.* Vol. 2. Paris : Gallimard, « Bibliothèque de la Pléiade », 1961.
—. *Le Roman expérimental. Œuvres complètes.* Vol. 10. Paris : Cercle du livre précieux, 1962.
—. *Le Ventre de Paris. Les Rougon-Macquart.* Vol. 1. Paris : Gallimard, « Bibliothèque de la Pléiade », 1960.

Une mère qui allaite, n'est-ce pas l'image du monde continué et sauvé [...]
Et, dans le tiède silence, dans la paix solitaire de la salle de travail, Clotilde souriait à l'enfant, qui tétait toujours, son petit bras en l'air, tout droit, *dressé comme un drapeau d'appel à la vie* » (vol. 5, 1219-20, c'est moi qui souligne).

Leib und Körper: dialogue entre scientisme et fiction

Ruth SCHÜRCH-HALAS

Afin de nuancer notre analyse du corps féminin dans les textes zoliens, nous nous sommes inspirées de l'ouvrage *The Absent Body* de Drew Leder qui, à la suite des phénoménologues Husserl, Strauss et Merleau-Ponty, utilise les termes allemands *Leib* et *Körper* pour désigner la double perception du corps, à savoir celle du *Leib*, signifiant le corps vécu, et celle du *Körper*, corps physique, voire cadavérique. A l'opposé du *Körper*, objet de recherches médicales, figé et statique, le *Leib* appartient à l'individu, au Moi qui vit et qui respire, qui agit et qui parle, ainsi pleinement intégré dans le monde qui l'entoure. En tant que métaphore, cette double vision du corps semble bien articuler l'entreprise zolienne qui consiste à établir une symbiose de la méthode d'analyse scientifique et du thème romanesque. A la description référentielle et explicative du *Körper* – corps percé, disséqué, émietté – s'opposerait alors la description fantasmatique du *Leib* toute subjective, « projection fantastique d'un phénomène typique du monde réel » (2 : 1666).[1]

Dans cette étude, nous voudrions montrer que le modèle *Leib/Körper* permet d'éclairer d'une manière précise la dynamique qui caractérise la représentation du corps, terrain vague où se confondent activité littéraire et activité scientifique. Comme l'a dit Roger Payot, « Zola, théoricien du ‹roman expérimental›, tente d'appliquer ses doctrines et voudrait nous donner à voir des faits précis et scientifiquement établis ». Pourtant, « ce qu'il fait déborde largement les motifs explicites » de son Histoire Naturelle. « Il suffit de feuilleter au hasard les vingt volumes des *Rougon-Macquart*, pour rencontrer, presqu'à chaque page, des descriptions proprement délirantes, démentielles ou surréalistes avant la lettre » (159).[2] Cette espèce d'hyperbole descriptive se rattache par prédilection au personnage féminin, comme le démontre la critique féministe. Un bon

---

1 Toutes nos références renvoient au cycle des *Rougon-Macquart*, édition établie par Henri Mitterand (Paris : Gallimard, « Bibliothèque de La Pléiade », 1960-1967).
2 Roger Payot, « Emile Zola, ou la ressemblance contrariée », *Les Cahiers naturalistes* 44 (1972) : 158-71.

exemple d'une telle description fantasmatique se trouve dans l'épisode de l'incendie de *La Conquête de Plassans* (1874). Voici Mme Faujas, vieillarde de 75 ans, piégée par les flammes qui envahissent la maison des Mouret. Cette vieille se transforme en bête féroce, buvant le sang de François Mouret, propriétaire devenu pyromane : « Et [Mouret] roula avec le corps le long des marches embrasées ; pendant que Mme Faujas, qui lui avait enfoncé les dents en pleine gorge, buvait son sang » (367). Cet acte meurtrier, rappelant le cannibalisme de *Nana*, ou encore les contes vampiriques des décadents (Jean Lorrain, Rachilde) n'est qu'une illustration parmi d'autres de cet écart entre la description explicative, vraisemblable et la fantasmagorie.

Il est donc intéressant de relever à quel point le discours obsessionnel de Zola qui parle du corps de la femme préoccupe les lectrices et la critique féministe.[3] Comme le montrent grand nombre de commentaires, le personnage féminin, et tout particulièrement ses maladies et ses dépravations, exercent une fascination extraordinaire sur les lectrices, comme si celles-ci n'étaient jamais lasses de lire – et de relire – la déchéance des figures féminines. D'où vient, chez elles, cette paradoxale fascination pour le corps féminin, voué à la mort et toujours condamné à l'avance ? S'il est vrai que la mise en scène du corps de la femme est nourrie par une aversion profonde de l'auteur pour la sexualité féminine et que la trame qu'il a tissée autour de ces personnages a souvent été prétexte à un discours punitif, non sans cruauté sadique, pourquoi les lectrices s'acharnent-elles à lire encore Zola ? Est-ce que leur appétit « masochiste » constitue un exercice d'auto-punition ou, plutôt, une tentative d'exorciser les mythes judéo-chrétiens qui sous-tendent les romans zoliens et, d'une façon plus générale, la culture occidentale ?

---

3   Clive Thomson, dans son « Introduction : Zola, la femme, le féminin », *Les Cahiers naturalistes* 69 (1995) : 7-11, distingue trois vagues d'études féministes sur Zola : l'étude interprétative de Chantal Bertrand-Jennings des années 70, inspirée par le mouvement féministe, suivie de critiques telles que Naomi Schor, qui sont influencées par les écrits de Luce Irigaray, d'Hélène Cixous et de Jacques Derrida et qui dénoncent la catégorie de la féminité comme un *a priori*, et enfin, la vague la plus récente (Colette Becker, Patricia Carles et Béatrice Desgranges, Sandy Petrey, Jurate Kaminskas, Marta Segarra, Odile R. Hansen et autres), inspirées par les pensées de Michel Foucault, de Carl Jung, de Judith Butler, de Terry Castle, et de Mikhail Bakhtine.

Ce *Leib*, corps monstrueux et grotesque, né de l'imaginaire zolien, semble avoir la capacité de se transformer et de se renouveler de par la vision kaléidoscopique des lecteurs critiques. Ainsi, le phénomène hybride du *Leib* constitue en quelque sorte la somme de ses lectures et porte par là les traces d'un débat continu qui se compose de discours hétéroclites. D'une manière carnavalesque, ce *Leib*, toujours vivant, rappelle le dialogisme bakhtinien, car comme celui-ci, le dynamisme du *Leib* consiste dans son devenir.

Mais, à côté du corps vécu, du *Leib*, n'oublions pas la description clinique et physiologique qui se greffe à de nombreux personnages. Certes, le *Körper*, transcription des théories médicales contemporaines, n'a pas eu la même résonance critique que le phénomène du *Leib* bien qu'il fasse partie intégrante de l'univers romanesque zolien. Comme l'ont souligné la plupart des critiques, ce qui attire toujours l'intérêt des lecteurs, ce ne sont pas les faits précis et scientifiquement établis selon la méthode naturaliste, mais plutôt l'imaginaire, voire la dimension mythique qui comporte une valeur archétypale. Selon Jean Kaempfer, « les vérités objectives [et pour le ‹roman expérimental›, le naturalisme se confond strictement avec elles] vieillissent, mais non la beauté poétique de leur arrangement dans un grand style: la méthode passe, quand les tempéraments restent; et si le naturalisme aborde heureusement aux âges futurs, il le devra au tempérament [...] bien plus qu'aux acquis marcescibles de la méthode » (180).[4] Ainsi, presqu'unanimement, les critiques font l'éloge de Zola visionnaire, créateur de mythes, alors qu'ils dénigrent ses apports en connaissances physiologiques.

A l'opposé de cette prise de position, d'autres critiques, telles par exemple Patricia Carles et Béatrice Desgranges, revendiquent l'importance du discours scientifique, voire celle du *Körper* dans les romans zoliens. Selon elles, il faut reconnaître « l'extraordinaire volonté de savoir d'un auteur confronté à l'angoisse bourgeoise de la dégénérescence » (14)[5], d'autant plus que ce dernier ose éclaircir, sans crainte de scandaliser le public, les sujets tabous, tels par exemple le flux menstruel ou l'accouchement. Ces rites d'initiation typiquement féminins mettent en

---

4   Jean Kaempfer, *Emile Zola d'un naturalisme pervers* (Paris: José Corti, 1989).
5   Voir leur étude, « Emile Zola ou le cauchemar de l'hystérie et les rêveries de l'utérus », *Les Cahiers naturalistes* 69 (1995): 13-32.

scène un élément essentiel à la vie: le sang. Mais il s'agit ici de la perte du sang, condition qui semble être le propre de la femme, sujet obsessionnel chez Zola.

Alors que le sang qui circule dans l'être humain constitue le principe de vie, sa perte signifie la mort. Ainsi, chez la femme, la puberté, la copulation et l'accouchement sont marqués par la perte du sang. Et dans l'œuvre zolienne, les incidents où le sang coule copieusement, sont légion car, selon David Baguley: « Le sang amène des associations vitales et primitives qui incitent à l'imagination symbolique » (37).[6] Qu'il s'agisse des maladies, des meurtres ou d'agressions violentes, la perte du sang est étroitement liée à la double tare des *Rougon-Macquart*: la maladie et le vice. Pour n'en nommer que quelques exemples, rappelons la névrose chloro-anémique de Jeanne (*Une Page d'amour*), les saignements de nez dont souffre Valérie (*Pot-Bouille*) ou, encore dans le contexte de la puberté, les règles de Pauline (*La Joie de vivre*); évoquons également la tuberculose galopante dont meurent Jeanne, Angélique (*Le Rêve*) et Marthe (*La Conquête de Plassans*), marquée par l'hémoptysie; mentionnons enfin la tache rouge indélébile qui souille le tapis devant la chambre de Nana.

Dans le cadre limité de cette contribution, nous voudrions examiner de plus près l'effet textuel de cette *volonté de savoir* (Carles et Desgranges), telle qu'elle est incarnée dans le personnage de Pauline Quenu de *La Joie de vivre* (1884). Ce roman, considéré comme une des tentatives manquées de Zola, ne contenant que des mythes « affadis et édulcorés » selon Payot, remet en cause les idées nihilistes de Schopenhauer dont Lazare est le porte-parole. S'y oppose la joie de vivre de Pauline, toujours menacée par sa dépossession à la fois affective et matérielle. En termes de *Leib* et *Körper*, le discours zolien oscille constamment entre cette volonté de savoir dont naît la joie de vivre (*Körper*) et une vision infernale de la sexualité (*Leib*), étroitement liée à l'angoisse de la mort. Le deuxième chapitre, par exemple, qui porte sur la puberté de Pauline, se lit comme un plaidoyer pour l'éducation des filles où l'auteur dénonce la vie artificielle que les adolescentes menaient dans les couvents. De même, il condamne la lecture perni-

---

6 David Baguley, « Image et symbole: la tache rouge dans l'œuvre de Zola », *Les Cahiers naturalistes* 39 (1970): 36-41.

cieuse des romans de Walter Scott et de George Sand, intertexte du bovarisme, très à la mode à l'époque.[7]

Nous prendrons plutôt le contre-pied de ces critiques qui ridiculisent le côté scientifique que l'auteur a intégré dans ses textes. Nous voudrions alors montrer que les connaissances physiologiques, par exemple celles portant sur la puberté ou sur les méthodes d'accouchement, n'ont pas perdu de leur actualité même de nos jours, et nous respectons surtout la sincérité de l'auteur cherchant à rompre avec les tabous qui pèsent sur l'avènement des règles et sur l'accouchement. Comme le montre l'exemple de Pauline, les connaissances en physiologie et en médecine lui permettent non seulement de surmonter les angoisses provoquées par le flot du sang, mais, par la suite, de sauver le nouveau-né de la femme de Lazare. Toutefois, il faut que Pauline s'instruise elle-même sur le flux menstruel, dans le dos de Mme Chanteau, femme d'une pudibonderie hypocrite. Grâce à son éducation autodidacte, Pauline connaît une puberté heureuse, contrairement à d'autres personnages-filles, comme par exemple Jeanne d'*Une Page d'amour* ou Marie Pichon de *Pot-Bouille*. Ainsi que le dit Zola,

> [d]evinant [...] la nécessité d'une méthode, elle s'était acharnée sur l'*Anatomie descriptive*, avant de passer au *Traité de physiologie*. Alors, cette enfant de quatorze ans apprit, comme dans un devoir, ce que l'on cache aux vierges jusqu'à la nuit des noces. Elle feuilletait les planches de l'Anatomie, ces planches superbes d'une réalité saignante ; elle s'arrêtait à chacun des organes, pénétrait les plus secrets, ceux dont on a fait la honte de l'homme et de la femme ; et elle n'avait pas de honte, [...] allant des organes qui donnent la vie aux organes qui la règlent, emportée et sauvée des idées charnelles par son amour de la santé. (*Les Rougon-Macquart*, 3 : 854)

Notons tout de suite que le discours du savoir est aussi celui du devoir et du pouvoir, fait qui est signalé par les termes « devoir », « pénétrait » et « sauver ». Par contre, tout ce qui touche à la sexualité renvoie à la censure, comme l'indiquent les termes « secrets », « nuit », « honte ». Il s'agit

---

[7] Voir à ce propos Henri Mitterand dans « *Etude* » in *Pot-Bouille*, *Les Rougon-Macquart*, vol. 3 (1596-1605) : « Comme Emma Bovary, plusieurs des héroïnes de Zola ont la tête et les sens détraqués pour avoir trop lu Walter Scott, Lamartine et George Sand, ou leurs imitateurs ». En 1880, dans l'article sur *La Moralité en littérature*, Zola s'en est pris aux « héroïnes de nos drames et de nos romans » (1604).

dès lors d'une mise en opposition du savoir et du désir charnel. Pauline, fillette androgyne, pénètre le mystère du corps au lieu de succomber à sa mystification. A ce titre, n'oublions pas que Pauline a accès à ces ouvrages d'anatomie et de médecine, grâce à Lazare qui les a laissés traîner dans sa chambre. Donc, c'est dans « la maison du père » qu'elle puise ses connaissances. Cette même distribution du savoir et du pouvoir marque le chapitre sur l'accouchement où ce n'est que grâce à l'intervention du médecin Cazenove que la mère et le bébé ont une chance de survie.

Pour décrire l'accouchement difficile – ce « combat à mort » – l'auteur a amplement puisé dans le *Guide pratique de l'accoucheur et de la sage femme* de Lucien Pénard (1879), sans omettre aucun détail de ces couches affreuses et extrêmement douloureuses.[8] On y apprend les dernières techniques d'accouchement, les symptômes qui caractérisent chaque stade des couches et des méthodes d'anesthésie dont le chloroforme, alors sujet à controverse. Il est clair que le savoir qui se fonde sur l'observation et les expériences médicales doit être défectueux et lacunaire puisqu'il ne représente que la partie vérifiable et quantifiable de l'expérience toute personnelle de l'accouchante. Comme l'ont expliqué les phénoménologues, le diagnostic, traditionnellement basé sur l'observation, la dissection et l'étude du corps physique, est censé négliger les aspects qui sont invisibles à l'œil, telles les sensations et l'interaction du corps avec son environnement, toujours en transformation et, par conséquent, difficiles à vérifier. Pourtant chez Zola, à cette absence du savoir vécu s'est substitué le *Leib* imaginaire, nourri des fantasmes de l'auteur. Voici la description de Louise, couchée sur le lit :

> A la grande clarté brutale le mystère troublant s'en était allé de la peau si délicate aux endroits secrets, de la toison frisant en petites mèches blondes ; et il ne restait que l'humanité douloureuse, l'enfantement dans le sang et dans l'ordure, faisant craquer le ventre des mères, élargissant jusqu'à l'horreur la fente rouge, pareille au coup de hache qui ouvre le tronc et laisse couler la vie des grands arbres. (*Les Rougon-Macquart*, 3 : 1096)

---

8   Comme le commente Henri Mitterand dans les notes : « les données du chapitre sont d'une extrême précision, et il est probable que Zola le rédigea avec sous les yeux le manuel spécialisé » (*Les Rougon-Macquart*, vol. 3, 1799).

A la mythification/mystification de la mère, figure archaïque, se rajoute la métaphore de l'arbre qui connote l'arbre généalogique des *Rougon-Macquart*. Comme l'atteste la critique psychanalytique, c'est l'horreur de l'orifice (la fente rouge, fêlure, bouche, vagin) qui inspire l'écriture obsessionnelle, celle du *Leib*, souvent délirante, sur le corps féminin. Sous cet angle, le corps grotesque: écartelé, éventré, sanglant que Zola présente serait préférable au discours abstrait, idéalisant sur l'enfantement où la chose elle-même est absente. Ce *Leib*, inscrit sous le signe de la démesure, fait non seulement référence au comportement libidinal et biologique mais aussi à l'influence néfaste de tante Dide, l'aïeule des Rougon, qui contamine la vie de ses descendants. Si l'équilibre renvoie à l'état de santé et, par là, au *Körper*, incarné par le personnage-type de Pauline, le déséquilibre est très proche de la fêlure dont souffrent tous les déséquilibrés, de tante Dide à Lazare Chanteau (Maarten Van Buuren).[9] Et on sait qu'en général, aucune chance de survie n'est accordée aux personnages «déséquilibrés» qui osent vivre leur sexualité (comme, par exemple, Gervaise, Nana, Catherine, Angélique, Renée, Marthe). Condamnées à l'avance par leur disposition héréditaire, ces femmes sont des mortes en sursis.

Mais ce *Leib* éclaté met au monde des monstres du passé comme le signalent les souvenirs pénibles que le docteur Cazenove, ancien chirurgien de la marine, a rapportés des colonies et qu'il s'efforce en vain d'oublier. La mention répétée du boucher et de la boucherie renvoie aux réminiscences du docteur «d'avoir accouché quelques négresses qu'il a tuées, ou plus ou moins massacrées» (*Les Rougon Macquart*, 3: 1800). La chaîne associative qui s'impose ici entre la «négresse» et la femme blanche, entre le pays colonisé et le corps de la femme, mène au cliché du «continent noir», expression freudienne souvent reprise par la critique féministe.

Curieusement, si nous appliquons l'opposition *Leib/Körper* au portrait de Pauline, c'est le *Körper* qui connote la vie et le *Leib*, corps hyperbolique, qui semble naître de l'angoisse de la mort, angoisse étroitement liée à la sexualité féminine. S'y oppose le discours raisonné sur la physiologie, moyen d'échapper à l'angoisse qui semble toujours guetter dans l'ombre. Toutefois, le personnage de Pauline, pareil aux autres, est aussi totalement soumis à l'ordre social masculin, car «cette peinture exaltée

---

9   Voir à ce propos Maarten Van Buuren, Les Rougon Macquart *d'Emile Zola: De la métaphore au mythe* (Paris: Librairie José Corti, 1986) 189-203.

des forces de vie, saines, plantureuses, pullulantes, actives, fécondes » (3 : 1741) est confrontée à celle de l'abnégation, de la douleur et du sacrifice. Le corps de Pauline, loin de s'épanouir, reste invalide et stérile. Citons à ce propos le discours indirect libre qui exprime la misère de Pauline lors de la naissance du bébé de Louise et de Lazare :

> Elle baissait un regard désespéré vers ses hanches, vers son ventre de vierge qui venait de tressaillir... C'était un regret immense de son existence manquée, de son sexe de femme qui dormirait stérile. [...] Justement, le matin, elle s'était éveillée ensanglantée du flux perdu de sa fécondité ; et, à ce moment même, [...] elle le sentait couler sous elle ainsi qu'une eau inutile. [...] A quoi bon sa puberté vigoureuse, ses organes et ses muscles engorgés de sève, l'odeur puissante qui montait de ses chairs, dont la force poussait en floraisons brunes ? Elle resterait comme un champ inculte, qui se dessèche à l'écart. (3 : 1103)

Sans doute est-ce la voix du narrateur qui s'interpose ici, comme l'indiquent les hyperboles, l'aspect olfactif (l'odeur puissante), et les métaphores végétales et excrémentielles qui servent à dramatiser le sort de Pauline[10] par la mise en opposition de « ses organes et ses muscles engorgés de sève » et du « flux perdu de sa fécondité ». La métaphore du « champ inculte, qui se dessèche à l'écart » semble faire écho à la doxa de l'époque selon laquelle seule la maternité peut combler la vie d'une femme : « La femme qui n'enfante pas n'est qu'un bel écrin vide ; elle est une manière de monstre » (Lucie Delarue Mardrus 157).[11] On a l'impression que le portrait de Pauline comporte déjà en germe ce qui deviendra un sujet obsessionnel de l'auteur, sujet qu'il abordera dans son roman, *Fécondité* (1900) qui est en somme une glorification de la maternité et de la France colonisatrice.

Leib et *Körper* – A partir d'un certain point, on va devoir tenir compte du fait que le *Leib* institutionnel du patriarcat pèse lourd sur le corps de

---

10 Ce discours zolien sur la femme stérile est motivé, comme l'ont affirmé plusieurs critiques, par la crise existentielle de l'auteur dont le mariage avec Alexandrine est resté sans enfants.
11 Voir le chapitre, « Naissance » de *Marie, Fille-mère* (1909), mise en scène d'un professeur de physiologie, qui développe, devant des jeunes gens attentifs, ses pensées sur la maternité. On se demande si Delarue a lu Zola, et si ce « maître aux yeux profonds, tout possédé par le génie du mâle ordinateur », n'est pas une caricature de Zola, car, comme le dernier, celui-ci enseigne avec éloquence « cette sorte de grand poème physiologique » qu'est l'accouchement. (152-62)

la femme. Donc, Pauline, femme émancipée grâce à son éducation, n'est nullement libre en tant qu'être sexué. Ce *Leib*, soumis au rêve zolien de la sainte qui se sacrifie pour les autres, tend alors à s'atrophier et, par conséquent, à se confondre avec le *Körper*, le cadavre – disséqué et tronqué, dépourvu de tout signe de vie.

Nous arrivons ainsi à une impasse où notre modèle *Leib/Körper* fait problème. Si nous avons essayé de revendiquer les aspects textuels qui reflètent « la volonté de savoir » de l'auteur et le courage qui l'a poussé à rompre avec maints tabous, nous n'avons pourtant pas réussi à nous extirper de la pesanteur du *Leib*. En tant que lectrices modernes, nous voudrions rêver du *Leib* tel que Leder le conçoit. Il s'agit là d'un corps de femme, libéré de ce piège qui ne cesse de contraindre nos actions. Selon Leder et ses précurseurs, le corps humain n'est pas seulement un objet dans le monde, mais, en premier lieu, l'intermédiaire par lequel le monde prend forme (*comes into being*). En montrant la nature paradoxale de la présence-absence du corps, Leder réfute le paradigme corps-esprit par une mise en valeur du corps vivant (*Leib*) : « Human experience is incarnated. I receive the surrounding world through my eyes, my ears, my hands. The structure of my perceptual organs shapes that which I apprehend. And it is via bodily means that I am capable of responding ».[12] Ainsi va la conviction au sein de la pensée néo-confucienne de l'incarnation selon laquelle nous formons un seul corps avec toute chose, ce qui se pose comme dépassement du monde zolien où le modèle *Leib/Körper* reste ancré dans le dualisme corps/esprit.

Bibliographie

Baguley, David. « Image et symbole : la tache rouge dans l'œuvre de Zola ». *Les Cahiers naturalistes* 39 (1970) : 36-41.

Carles, Patricia et Desgranges, Béatrice. « Emile Zola ou le cauchemar de l'hystérie et les rêveries de l'utérus ». *Les Cahiers naturalistes* 69 (1969) : 13-32.

Delarue-Mardrus, Lucie. « La Naissance » in *Marie. Fille-mère*. Paris : Charpentier Fasquelle, 1909.

---

12 Voir Drew Leder, *The Absent Body* (Chicago : The University of Chicago Press, 1990) 1.

Leder, Drew. *The Absent Body*. Chicago: The University of Chicago Press, 1990.

Kaempfer, Jean. *Emile Zola d'un naturalisme pervers*. Paris: José Corti, 1989.

Payot, Roger. «Emile Zola, ou la ressemblance contrariée». *Les Cahiers naturalistes* 44 (1972): 158-71.

Pénard, Lucien. *Guide pratique de l'accoucheur et de la sage-femme*. Paris, 1879.

Thomson, Clive. «Introduction: Zola, la femme, le féminin». *Les Cahiers naturalistes* 69 (1995): 7-11.

Van Buuren, Maarten. Les Rougon-Macquart *d'Emile Zola: De la métaphore au mythe*. Paris: Librairie José Coti, 1986.

Zola, Emile. *Les Rougon-Macquart*. 5 vols. Paris: Gallimard, «Bibliothèque de la Pléiade», 1960-1967.

–. *La Conquête de Plassans*. [1874] Ed. Emilien Carassus. Paris: Garnier Flammarion, 1972.

–. *Pot-Bouille. Les Rougon-Macquart*. [1882] Vol. 3. Paris: Gallimard, «Bibliothèque de la Pléiade», 1964.

–. *La Joie de vivre. Les Rougon-Macquart*. [1884] Vol. 3. Paris: Gallimard, «Bibliothèque de la Pléiade», 1964.

Germinie Lacerteux au service des sciences sociales

Julia Przybos

> Nous appellerons [...] *Germinie Lacerteux* un traité de physiologie, nous le mettrons dans une bibliothèque médicale. (Emile Zola, « Préface », *Thérèse Raquin*)

Véritable manifeste, la « Préface de la première édition » de *Germinie Lacerteux* condamne « les petites œuvres polissonnes » et les « lectures anodines et consolantes » (55) dont se gave le public. Après le diagnostic, le traitement susceptible de guérir le roman. Les Goncourt lui prescrivent de se mettre à l'heure du temps et rêvent pour lui d'une carrière scientifique :

> Aujourd'hui que le Roman s'élargit et grandit qu'il commence à être la grande forme sérieuse, passionnée, vivante, de l'étude littéraire et de l'enquête sociale, qu'il devient, par l'analyse et par la recherche psychologique, l'Histoire morale contemporaine, aujourd'hui que le Roman s'est imposé les études et les devoirs de la science, il peut en revendiquer les libertés et les franchises. (56)

« Etude littéraire », « enquête sociale », « recherche psychologique », « Histoire morale contemporaine », « devoirs de la science »... Voilà tout un programme qui n'a guère retenu la critique littéraire. D'où notre question : dans quelle mesure, ce programme manifestement scientifique, façonne-t-il *Germinie Lacerteux* ?

Commençons par une constatation. Publié en 1865, *Germinie Lacerteux* est le roman de deux vieilles filles, Sempronie de Varandeuil et Germinie Lacerteux. Mieux, c'est le roman du *couple* que forment maîtresse et servante. Comme dans le mariage, seule la mort les sépare. L'analogie est trop frappante pour être entièrement fortuite... L'union de ces deux femmes remplirait-elle la même fonction que l'union conjugale ?

Mais qu'est au juste le fond du mariage ? La génération ? L'échange du plaisir ? Les avantages matériels ? Il appartient aux sciences sociales de l'époque de trancher la question. Cinq ans à peine avant *Germinie*

Lacerteux, *La Femme* de Jules Michelet proposa une réponse originale qui ne manqua pas de déchaîner les passions.¹ La confession conjugale! – voilà le fond du mariage pour l'historien qui aime à se pencher sur la société contemporaine. « Pour s'épancher tous les jours, pour se tout dire sans réserve, affaires, idées, sentiments, pour ne garder rien à soi, pour mettre en commun son âme tout entière » (273). Telle serait, aux yeux de Michelet, l'union idéale entre le mari et la femme.

Tout autre est la réalité matrimoniale qu'il décrit. Le désir d'intimité est présent chez les deux époux mais il est de nature foncièrement différente. Le mari se passe facilement d'épanchement; la femme recherche, dans ses relations intimes, l'harmonie des cœurs. Intense et pressant, ce besoin d'intimité la distingue du mari chez qui elle espère pourtant trouver une oreille amie. D'où la frustration de l'épouse qui rêve de l'union des cœurs auprès d'un époux qui ne pense qu'à l'union des corps. Et comme, pour Michelet, l'état matrimonial est le destin de la femme, il appelle à la réforme de l'institution du mariage dans *La Femme*. Cinq ans à peine après cette thèse de Michelet, les Goncourt fournissent, dans *Germinie Lacerteux*, une démonstration romanesque.² Evidemment, l'historien et les romanciers emploient des argumentations très différentes. Michelet appuie ses raisonnements sur des cas isolés, des anecdotes glanées çà et là. Typique des sciences sociales, cette méthode que Platon lui-même n'ignore pas, sert encore admirablement Léon Blum qui, cinquante ans après *La Femme* de Michelet, rédige le traité, *Du mariage*. Tout autre est la démarche des Goncourt : ils coulent leurs arguments dans une

---

1 Dans sa préface à *La Femme* (Paris: Flammarion, 1981), Thérèse Moreau parle des réactions aux livres de Michelet : « On se rend difficilement compte aujourd'hui de l'événement social et littéraire que fut *L'Amour*. La science régnant sur l'univers, l'amour avait utilisé un langage médical et précis. Ces leçons de nature firent scandale, et d'autant plus que Michelet avait récusé toute pruderie stylistique » (10). « L'oisiveté féminine, le mythe de la femme débilitée physiquement et intellectuellement par les menstrues furent [...] la cible de nombreuses femmes. [...] Elles revendiquaient des droits politiques et sociaux, non un mari idolâtre qui les renfermaient *à nouveau* au gynécée » (12). Parmi ces femmes figurent Angélique Arnaud, Louise Michel, Jenny d'Héricourt et Adèle Battachon qui parle au nom des femmes socialistes.

2 Dans leur *Journal* (Paris: Robert Lafont, 1989), les Goncourt se montrent sceptiques sur certaines thèses avancées par Michelet. Voici ce qu'ils écrivent le 3 octobre 1861 : « Il y a bien des stupidités dans Michelet. Quoi de plus stupide que de voir un caractère presque divin, une marque sacrée de la femme dans les règles, qui la rendent folle – elle en convient elle-même – huit jours par mois et font le malheur de l'homme » (vol. 1, 735).

forme narrative les soumettant aux lois du récit. Afin de prouver ou réfuter une théorie, ils créent des personnages, décrivent des milieux, multiplient des épisodes qu'ils ont soin d'agencer dans une intrigue. Plus nombreux et complexes seront situations et événements fictionnels, mieux sera vérifiée la théorie.

Le raisonnement des Goncourt se reconstitue aisément. Si l'on admet, avec Michelet, que le fond du mariage est l'intimité, il se peut que cette institution universelle soit la plus apte à garantir ce besoin, et cela en dépit de toutes ses imperfections. Pour vérifier cette hypothèse les Goncourt examinent les situations alternatives à l'état matrimonial et étudient les relations qui peuvent y exister.[3] Ils se penchent sur la femme célibataire qui n'a su éveiller qu'un intérêt passager chez Michelet. L'analyse romanesque du célibat féminin devient la pierre de touche de l'institution du mariage. Ils suivent de près deux femmes à la fois: une noble et une femme du peuple. Doublement développé, le sujet explore les cas socialement extrêmes du célibat, autorisant les Goncourt à formuler des généralisations qui transcendent les différences de classe.

Ce n'est donc pas la frustration des épouses mais bien la « mélancolie des vierges » (98) qui les retient.[4] Les Goncourt évoquent ce mal vers le début du roman, avancent qu'il ronge, mais à des degrés différents, toutes celles qui ont coiffé sainte Catherine. La maîtresse se soulage par les confidences à ses égales ; la servante – arrachée à son milieu, fraîchement arrivée en ville s'adresse au prêtre parce qu'il est le seul « écouteur de la femme en bonnet » (91).

---

3   Une analogie illustrera la démarche des Goncourt. Un savant observe que la majorité des gens qui ont soif boivent de l'eau. Son hypothèse sera que l'eau désaltère le mieux. Pour la corroborer, il étudiera les personnes qui, pour apaiser la soif, boivent du vin, mangent des pastèques, des pêches, d'autres fruits encore. Au terme de nombreuses expériences, il conclura qu'il a vu juste, que l'eau désaltère le mieux.

4   On ne trouve aucune référence à cette condition dans le *Dictionnaire encyclopédique des sciences médicales* où, au terme de mélancolie « qui a cours dans le langage des poètes, des artistes et de tous les gens du monde » (542), on préfère celui de lypémanie. Dans *Lovesickness in the Middle Ages: the « Viaticum » and its Commentaries* (Philadelphia: University of Pennsylvania Press, 1990), Mary Frances Wack écrit qu'il faut attendre la Renaissance pour que la médecine s'intéresse de nouveau à ce mal reconnu par les anciens (175). L'auteur mentionne *De la maladie d'amour ou mélancolie érotique* de Jacques Ferrand publié en 1623. Ferrand renvoie ses lecteurs au traité *Des Maladies des jeunes filles* du père de la médecine : « Vous pouvez lire la nature de cette maladie dans Hippocrate en son livre des maladies des vierges, lesquelles souvent étant sur le point de se marier tombent en quelque Mélancolie ou manie [...] » (77).

L'amie et le prêtre – tel est le degré zéro de l'intimité, le point de départ de l'exploration romanesque. Les Goncourt présentent et développent tout un éventail de relations affectives. Ils font mener à Mlle de Varandeuil et à Germinie une vie plus riche, plus intense, plus complexe qu'on ne pourrait l'imaginer. Pour la maîtresse, l'intimité ne tient pas aux confidences faites à une vieille amie; pour la servante, elle ne se borne pas aux confessions chuchotées à un prêtre indulgent. Tout au long du roman, Sempronie et Germinie nouent une série de liens susceptibles de satisfaire leur besoin d'intimité.

Voyons d'abord pourquoi Sempronie et Germinie restent vieilles filles. Toute noble qu'elle est, Sempronie est la domestique de son père. Jusqu'à sa mort, M. de Varandeuil profite d'un « service filial, affectueux, respectueux, et ne coûtant rien » (69). Egoïste et avare, cet aristocrate se garde bien de mener sa fille dans le monde où elle pourrait rencontrer des jeunes gens prêts à l'épouser. Enfin libre, à quarante ans passés, Sempronie ne trouve plus preneur. Germinie, quant à elle, a peur de perdre sa place car sa maîtresse ne la gardera pas si elle se marie. « Je n'ai pas envie de devenir la bonne de tes mioches... » (95) lui déclare sans ambage Mlle de Varandeuil. C'est donc la domesticité – familiale et sociale – qui empêche Sempronie et Germinie de contracter mariage. Elle les relèguent en marge d'une société qui repose sur l'union de l'homme et de la femme, union consacrée par les mœurs, codifiée par les lois, sanctifiée par l'Eglise.

En dépit de ces ressemblances, tout sépare Sempronie et Germinie. Leur caractère d'abord. Et comme, dans le mariage, c'est l'association de l'homme et de la femme, du caractère viril et du caractère féminin qui semble garantir l'harmonie des rapports ; les Goncourt créent, pour mieux confirmer ou infirmer leur hypothèse, des héroïnes fortement contrastées : l'une est virile, l'autre féminine. Cette caractérisation n'est pas innocente puisqu'elle détermine en grande partie les rapports qu'auront les femmes aussi bien au sein qu'en dehors du couple maîtresse/servante.

Sempronie ressemble à son père : elle a « les mêmes sourcils épais, noirs, impérieux, le même nez aquilin, les mêmes lignes nettes de volonté, de résolution, d'énergie » (60). La dureté des traits est « adoucie par un rayon de rude bonté, [...] une flamme de mâle dévouement et de charité masculine » (60). Elle a un « caractère de fer, une volonté d'homme » (75) ; elle s'est élevée « à une sereine philosophie, à un stoïcisme mâle, hautain, presque ironique » (81). Ses « dehors sont tout masculins » (82). Elle a « la voix brusque, la parole franche, la langue des vieilles femmes du dix-huitième siècle, relevée d'un accent du peuple, une élocution à elle, garçonnière et colorée, passant par-dessus la pudeur des mots et hardie à appeler les choses par leur nom cru » (82).

Germinie, avec « son museau de chatte amoureuse » (95), est « promise à la passion par tout son cœur, par tout son corps » (93).

> Ses poignets étaient délicats ; ses mains qui ne sentaient pas le service, avaient des ongles de femme. Et mollement, dans une paresse de grâce, elle laissait jouer et rondir sa taille indolente, une taille à tenir dans une jarretière et qui faisait plus fine encore à l'œil le ressaut des hanches, une taille impossible, ridicule de minceur, adorable comme tout ce qui, chez la femme, a la monstruosité de la petitesse. (96-97)

De cette laideron s'échappe « une âpre et mystérieuse séduction » (97). C'est une de « ces créatures troublantes et inquiétantes, brûlantes du mal d'aimer et l'apportant aux autres, dont la figure revient à l'homme aux heures inassouvies, tourmente ses pensées lourdes de midi, hante ses nuits, viole ses songes » (97).

Malgré leur différence, malgré le caractère masculin de la maîtresse et le caractère féminin de la servante – Germinie et Sempronie essayent au départ de remplir leur besoin affectif par des attachements assez semblables. Seule la famille la plus proche peut, à leurs yeux, meubler la solitude, combler un cœur avide d'affection.

Le cas de la maîtresse permet aux Goncourt d'examiner si c'est la différence de sexes qui assure l'intimité au sein du mariage. Sempronie se rapproche de son frère marié, s'installe chez lui, participe avec largesse aux frais du ménage, jouit de « la communion » (77) que fait – entre la sœur et le frère – « la parole, l'esprit, le souvenir » (77). Jalouse de cette amitié qui semble « lui retirer son mari des bras » (77), sa belle-sœur met un terme à la cohabitation. Cette séparation est « un des grands déchirements » de la vie de Sempronie (78). Blessée par cette expérience, elle ne s'immiscera plus jamais dans l'intimité journalière d'un couple.

Le cas de la bonne permet aux Goncourt d'étudier si c'est le dévouement qui garantit l'intimité des rapports dans le mariage. Germinie, après la mort de sa sœur, n'a qu'une pensée : sa nièce qu'elle empêche de mourir à force de soins.

> Les soins, les caresses, ce souffle du cœur dont on ranime un petit être prêt à s'éteindre, les consultations, les visites de médecin, les médications coûteuses, les remèdes des riches, elle n'épargna rien pour la petite et lui donna tout. Ses gages passaient à cela. Pendant près d'un an, elle lui faisait prendre du jus de viande : elle qui était dormeuse, se levait à cinq heures du matin, se réveillait toute seule, comme une mère. (99-100)

Le départ de sa nièce pour l'Afrique est un déchirement pour elle. Elle pourvoit toujours à son entretien, est grugée par son beau-frère qui lui soutire de l'argent après la mort de la fillette.

Déçues, désillusionnées dans leur vie familiale, maîtresse et bonne se replient sur d'autres affections. Les Goncourt montrent que la nature de ses relations dépend de la classe sociale des personnages : une aristocrate forme d'autres liens qu'une femme du peuple.

Prisonnière des préjugés de la noblesse, Sempronie ne crée pas de liens affectifs en dehors de sa classe. Elle retrouve quelques parents éloignés, laisse aller « les tendresses, les chaleurs d'une affection maternelle » (76) sur ses petites cousines nouvellement mariées. Mais attention : c'est là une affection intermittente qui respecte religieusement l'intimité des époux. C'est une tendresse à distance, bref, une télé-tendresse qui se passe de contacts quotidiens, qui sait profiter des moments creux : Sempronie sort les enfants de ses amies quand elles sont absentes. Cette tendresse ne s'épanouit qu'aux moments de crises.

> Mais arrivait-il un malheur, une nouvelle de mort, une tristesse dans la maison ; un enfant tombait-t-elle malade, Mlle de Varandeuil l'apprenait toujours à la minute, on ne savait d'où, elle arrivait en dépit de tout du temps et de l'heure, donnait un grand coup de sonnette à elle, — on avait fini par l'appeler « le coup de sonnette de la cousine », — et en une minute débarrassée de son parapluie qui ne la quittait pas, dépêtrée de ses socques, son chapeau jeté sur une chaise, elle était toute à ceux qui avaient besoin d'elle. (79)

Telle un sauveur providentiel, elle relève les courages avec « je ne sais quel accent martial, une langue énergique à la façon des consolations militaires et chaude comme un cordial » (80). Dans ses relations, les Goncourt examinent deux facteurs à la fois : la personnalité masculine de Sempronie et son origine aristocratique. Après avoir enterré sa dernière petite cousine, il lui semble qu'il n'y a « plus personne autour d'elle » (83) et qu'elle est « seule au monde » (83). La voilà, à soixante ans passés, plongée dans la solitude contre laquelle il lui a fallu lutter toute sa vie.

Plus libre dans ses choix que l'aristocratique Sempronie, Germinie se crée une famille de substitution. Elle se lie avec une marchande du quartier, une payse « câline, bavarde, toujours émue appelant à elle l'expansion des autres » (104). Son intimité avec la crémière se resserre « par tous les liens mystérieux des amitiés des femmes du peuple, par le bavardage continuel, l'échange journalier des riens de la vie, les conversations pour parler, le retour du même bonjour et du même bonsoir [...] » (104). A force de cajoleries, cette femme fausse et intéressée arrachera à Germinie des confidences pour mieux l'exploiter :

> Mme Jupillon, tout en prenant son café à petites gorgées, tourna alors vers Germinie le visage d'une mère qui demande le secret d'une fille, enveloppe d'avance sa confession du pardon de ses indulgences. Un instant, les deux femmes restèrent ainsi, silencieuses, l'une attendant que l'autre parlât, l'autre ayant le cri de son cœur au bord de ses lèvres. (153)

C'est avec le fils de la crémière, Jupillon, que Germinie pourra satisfaire ses instincts maternels. Comme auparavant avec sa nièce, elle joue à la maman avec l'enfant d'une autre, va chercher le petit à la sortie de l'école...

Le parallèle entre maîtresse et servante s'arrête là. L'aristocratique, la très masculine Sempronie est véritablement vierge et n'éprouve aucun mal à imposer silence à la chair. Son personnage essentiellement statique ne connaît que des modifications insignifiantes. Violée et mère à quinze ans, Germinie est plus complètement, plus corporellement femme. Essentiellement dynamique, son personnage subit une série de transformations non moins abruptes que radicales, transformations qui ont attiré les foudres des critiques qui pensent au roman en termes de continuité.[5]

---

5   Citons pour mémoire les critiques qui louent la technique narrative des Goncourt. Enzo Caramaschi dans *Le Réalisme romanesque des Goncourt* (Pisa: Editrice Liberia Goliarda, 1964): « Même ses sautes brusques d'humeur, ses accès d'activité fiévreuse, les alternances de dépression et d'exaltation qu'elle traverse la rapprochent du lecteur, la rendent plus humaine, lui laissent de temps en temps une heure de répit, introduisant le caprice dans cette mécanique implacable : la cyclothymie aide d'ailleurs Germinie à vivre avec plus de naturel, aux yeux des autres, sa vie en partie double » (152). Paul Pelckmans reconnaît dans *Germinie Lacerteux* un des premiers récits de la vie plurielle dont souffre l'homme moderne, condition reconnue et analysée par le psychologue néerlandais Jean-Henri van den Berg.

Au dire de Jean-Pierre Richard, les Goncourt ne parviennent pas à conférer à Germinie une évolution psychologique vraiment convaincante. Pour Lazare Prajs, l'art de ménager des transitions est « complètement étranger aux Goncourt qui se rebiffent d'impatience devant les chemins secrets et discrets de l'intrigue. Ils ne savent réaliser que de brusques mutations qui frappent le lecteur de stupeur » (117). Là où les critiques voient un défaut de composition, reconnaissons le moyen propre à multiplier les cas du célibat féminin.

En effet, pour mieux vérifier leur hypothèse, les Goncourt ajoutent à l'opposition viril/féminin d'autres variantes encore. Ils reconnaissent l'existence de personnalités distinctes et, pour en parler, recourent à l'ancienne doctrine de l'humorisme. Malgré les apparences, le choix des Goncourt n'a rien de surprenant à l'époque où de vieilles croyances « cohabitent » avec une philosophie positive et des préceptes de la médecine expérimentale. Certes, la théorie des humeurs a subi au dix-septième et dix-huitième siècles des défaites successives. Et pourtant, féru d'histoire et d'antiquité, le dix-neuvième siècle s'y intéresse de nouveau : Charles Daremberg publie, en 1854, la première traduction française des *Œuvres anatomiques, physiologiques et médicales* de Galien.[6] Les Goncourt reprennent

6   La préface de Charles Daremberg décrit l'atmosphère intellectuelle de l'époque. « Mais le beau privilège de l'histoire, c'est de réparer les injures du temps et les injustices des hommes, de discerner au milieu des débris de l'antiquité ce qu'il y a de bon de ce qu'il y a de mauvais, de rendre justice à chacun selon son mérite, de rechercher les causes des révolutions sociales et intellectuelles, d'en suivre les conséquences, d'en caractériser l'esprit, d'en faire connaître les héros ou les victimes, et surtout de faire profiter les siècles présents et les siècles à venir de l'expérience des temps passés. Notre époque, éminemment historique et critique, j'allais presque dire indifférente, mais d'une indifférence raisonnée, scientifique, et qui provient de l'absence de tout système prédominant, a repris avec une ardeur soutenue l'étude de l'antiquité et du moyen âge ; elle recherche curieusement, en l'absence de système nouveau, les traces des systèmes oubliés ; ou bien les systèmes qu'on vante comme nouveaux, elle en retrouve les origines dans la série des temps historiques. Il semble donc que le moment est venu de rendre à la médecine le même service que tant d'écrivains distingués ont rendu aux autres sciences, à la littérature, et à l'histoire politique. Déjà M. Littré a fait revivre Hippocrate : marchant de loin sur ses traces et le prenant toujours pour guide, je veux faire revivre Galien, le plus illustre médecin de l'antiquité après Hippocrate » (vols 7-8). Dans l'article, « Humorisme, humeurs », long de quatorze pages, Brochin explique l'importance des anciens concepts pour la médecine contemporaine : « Bien que relégué dans le passé, après avoir régné en médecine pendant quinze siècles, l'ancienne doctrine de l'humorisme mérite que nous en rappelions ici les principaux éléments, ne fût-ce qu'au point de vue de l'intérêt historique qui s'y rattache par l'influence considérable qu'elle a eue pendant si longtemps sur

l'ancienne théorie des tempéraments dans le souci de l'exhaustivité. Avant la naissance de la psychologie constitutionnelle de Kretschmer et Sheldon, la typologie galienne – légèrement modifiée – offre la meilleure, voire la seule classification physique et psychologique de l'homme.[7]

Par le jeu des transformations du personnage, les Goncourt coulent les étapes de sa vie dans les moules des quatre tempéraments. Ils suivent en partie une tradition plusieurs fois séculaire, tradition qui, aux tempéraments de l'homme et aux âges de la vie, superpose et fait correspondre éléments, humeurs, planètes, saisons et animaux symboliques.[8]

Adulte, à l'approche de vingt-cinq ans, Germinie est victime de la *mélancolie des vierges*. Cet état la prédispose à un type particulier de relations intimes. Elle va régulièrement à confesse, raconte les peines de son âme à un prêtre qui seul « s'inquiète de ses souffrances secrètes, de ce qui la trouble, de ce qui l'agite, de ce qui fait passer tout à coup dans une bonne, aussi bien que dans sa maîtresse, une envie de pleurer ou des lourdeurs d'orage » (91).

---

les idées et les pratiques médicales. Mais c'est surtout parce qu'elle nous servira de point de départ pour montrer par quelle succession de progrès scientifiques graduels et presque ininterrompus s'est opérée la transition du système humoral tout hypothétique de nos devanciers à ce qu'on est convenu d'appeler aujourd'hui *l'humorisme moderne* ou *l'humorisme rationnel*, dont l'objet est d'assigner expérimentalement aux diverses parties liquides qui entrent dans la constitution de notre organisme leur rôle respectif en physiologie et en pathologie, qu'il nous a paru utile d'en faire une sorte d'exhumation ». (*Dictionnaire Encyclopédique des sciences médicales*, quatrième série, vol. 14, 496). Pour la survie du galénisme au dix-neuvième siècle, nous renvoyons à *Galenism. Rise and Decline of a Medical Philosophy* d'Owsei Temkin (Ithaca and London : Cornell University Press, 1973).

7 Pour l'importance du galénisme dans le développement de la psychologie constitutionnelle, on consultera *Theories of Personality* de Calvin S. Hall et Gardner Lindzey (New York : John Wiley & Sons, Inc., 1970). Les auteurs témoignent du rôle de Léon Rostan qui, dans le *Cours élémentaire d'hygiène*, reconnaît six constitutions organiques de l'homme. Aux quatre constitutions qui rappellent de près les tempéraments des anciens, il ajoute les constitutions athlétique et érotique.

8 Dans « Saturn and Melancholy » in *Studies in the History of Natural Philosophy, Religion, and Art* (New York : Basic Books, Inc., Publishers, 1964), Klibansky, Panofsky et Saxl étudient cette vieille tradition qui, au quinzième siècle, nourrit *Les Almanachs des bergers* et *Les Livres des heures*. A la lumière de cette même tradition, Richard Foster et Pamela Tudor-Craig examinent « Le Christ aux outrages » de Jérôme Bosch et évoquent des textes *médicaux* du Moyen âge tels que *The Guildbook of the Barber Surgeons of York*. Lorsqu'il rédige une sorte de catalogue raisonné des représentations des mélancoliques dans l'art, Maxime Préaud évoque, lui aussi, l'ancienne tradition galienne.

> Il était indulgent à ses bavardages d'âme en peine, et lui permettait d'épancher ses plus petites amertumes. Il acceptait l'aveu de ses inquiétudes, de ses désirs, de ses troubles ; il ne repoussait et ne dédaignait rien de cette confiance d'une servante qui lui parlait de toutes les choses délicates et secrètes de son être comme on en parlerait à une mère et à un médecin. (93)[9]

La ferveur de la servante finit par fatiguer le jeune prêtre par son assiduité, l'effraie même par l'intensité de ses désirs. Au bout de plusieurs années de « fièvre de religion » (93) Germinie change brusquement : de dévote, elle devient indifférente ; de mélancolique, lymphatique :

> Sa robe décolletée laissait voir son cou, le haut de sa poitrine, ses épaules, la blancheur de son dos, contrastant avec le hâle de son visage. C'était une blancheur de lymphatique, la blancheur à la fois malade et angélique d'une chair qui ne vit pas. (96)

A ce physique s'ajoutent les « faiblesses, l'accablement, la prostration, les molles paresses » (110) qui sont les symptômes des lymphatiques. Germinie reste indifférente aux sollicitations de Mlle de Varandeuil qui s'inquiète de sa santé.

Après l'hibernation lymphatique de la chair vient le réveil printanier du sang que l'école de Galien associe à la santé. Germinie naît alors à l'amour qui produit dans son être physique « un singulier phénomène physiologique » (110) :

> On aurait dit que la passion qui circulait en elle renouvelait et transformait son tempérament lymphatique. Il ne lui semblait plus puiser la vie comme autrefois, goutte à goutte, à une source avare : une force généreuse et pleine lui coulait dans les veines ; le feu d'un sang riche lui courait dans le corps. Elle sentait une chaude santé la remplir, et il lui passait des joies de vivre qui battaient des ailes dans sa poitrine comme un oiseau dans du soleil. Une merveilleuse animation lui était venue. La misérable énergie nerveuse qui la soutenait avait fait place à une activité bien portante, à une allégresse bruyante, remuante, débordante. (110)

---

[9] L'opinion des Goncourt sur le rôle des prêtres dans la vie des femmes est plus positive que celle de l'anticlérical Michelet. Il est vrai que les Goncourt parlent des femmes célibataires tandis que Michelet étudie l'influence néfaste des ecclésiastiques sur les femmes mariées dans *Du Prêtre, de la femme, de la famille* (Paris : Hachette et Paulin, 1845).

Avec la naissance d'une fille, le bonheur de Germinie est parfait. Elle, son amant Jupillon et l'enfant goûtent l'intimité familiale le temps des visites hebdomadaires chez la nourrice.[10]

La mort de cette petite fille produit une véritable révolution « dans ce caractère mobile, extrême et sans milieu » (150), dans cette âme où les violences se touchent. L'amour pour son amant tourne bientôt à la haine qui éclate en « récriminations, en plaintes, en querelles » (149) détruisant ainsi toute possibilité d'intimité. Après la trahison de Jupillon, sa mauvaise humeur n'épargne plus personne :

> A tout moment, forgeant des torts à sa maîtresse, elle la punissait par un mutisme que rien ne pouvait rompre. Alors c'étaient des rages d'ouvrage. Tout autour d'elle mademoiselle entendait à travers des cloisons des coups de balai et de plumeau furieux, des frottements, des battements saccadés, le travail nerveux de la domestique qui semble dire en malmenant les meubles :
> – Eh bien, on le fait ton ouvrage ! (158)

D'autres fois, ce sont des remarques impertinentes, des colères pour « un peu de crotte laissée sur le tapis » (158). Terrorisée, sa maîtresse ne se risque plus à faire une observation, attend que « passe l'orage ».

Mélancolique, lymphatique, sanguine et colérique – voilà les quatre Germinies qu'imaginent les Goncourt. Or, à chaque incarnation tempéramentale, les auteurs lui font nouer ou, au contraire, dénouer un type particulier de relations. Ils explorent ainsi tous les types physiologiques et psychologiques, concluent qu'aucune personnalité ne peut assurer le bonheur de la femme célibataire. L'examen terminé, ils n'ont plus qu'à noyer ce personnage protéen dans l'alcool, le jeter dans la débauche. Véritablement folle de son corps, Germinie représente, à la fin de sa vie, la négation de l'intimité dont rêve la femme.

Telles sont les relations qui nouent les deux héroïnes en dehors du couple qu'elles forment. Complétant le tableau affectif du célibat féminin

---

10 Cette famille du dimanche renverse les rapports habituels entre l'homme et la femme. Loin de pourvoir aux besoins de la femme et de l'enfant, Jupillon se laisse entretenir par Germinie. C'est elle qui donne la somme nécessaire pour « louer deux chambres au rez-de-chaussée et monter un petit fonds de ganterie » (132). C'est elle aussi qui, devant le refus de Jupillon, se charge de « donner la becquée » (135) à l'enfant. C'est elle encore qui, lors des visites dominicales chez la nourrice, commande un bon déjeuner et, pour amadouer son amant, achète des cigares à trois sous (142).

les Goncourt examinent les liens qui unissent maîtresse et servante. Par leur permanence, ils rappellent ceux du mariage. Ils subsistent à la mort des cousines de Mlle de Varandeuil, ils ne disparaissent pas avec la trahison de Jupillon. Toute l'affection de Germinie se retourne vers Sempronie :

> Chaque jour son amour embrassait plus étroitement, plus religieusement la vieille demoiselle qui se sentait pressée, enveloppée, mollement réchauffée par la chaleur de ces deux bras jetés autour de sa vieillesse. (193)

Quant à Sempronie, elle ne traite pas Germinie comme une servante :

> C'est que Germinie n'était pas une bonne pour Mlle de Varandeuil, elle était le Dévouement qui devait lui fermer les yeux. Cette vieille femme isolée et oubliée par la mort, seule au bout de sa vie, traînant ses affections de tombe en tombe, avait trouvé sa dernière amie dans sa domestique. Elle avait mis son cœur sur elle comme sur une fille d'adoption [...]. (159)

Pour la bonne, comme pour la maîtresse, c'est la domesticité qui est la source de relations durables, régulières, stables. Cette même domesticité qui les oblige au départ à renoncer au mariage.

Durables ? Certes. Intimes ? Loin de là. Le couple Sempronie/ Germinie reproduit exactement les rapports de force qui existent au sein du couple marié. Comme la femme au mari, la très féminine Germinie est soumise à la très masculine Sempronie. Comme dans le mariage traditionnel, leur intimité domestique se joue sur le mode pseudo-confessionnel. Engageant les deux partis, la confession séculaire est un contrat bilatéral qui implique complétude et réciprocité. Or les confessions des deux héroïnes ne sont ni complètes ni réciproques. Le roman s'ouvre par les confidences de la bonne à la maîtresse. Mais en racontant sa vie, Germinie n'ose pas tout avouer : « La parole de la bonne s'arrêta, et le reste de sa vie, qui était sur ses lèvres ce soir-là, rentra dans son cœur » (84). Le viol, la méchanceté de ses sœurs l'arrêtent net. En échange d'une confession tronquée, Germinie « reçoit » une confession muette. Je m'explique. Aux paroles de Germinie, les Goncourt juxtaposent les souvenirs silencieux de Mlle de Varandeuil, souvenirs qu'elle ne partagera pas avec sa bonne.

Incomplète, cette première confession définit la nature des relations entre maîtresse et servante. Au début du roman, Germinie brûle de se confier à Mlle de Varandeuil. Le caractère sévère de Sempronie l'en empêche.

> Sa maîtresse avait une certaine rudesse masculine qui repoussait l'expansion. Elle avait des brusqueries d'apostrophes et de phrases qui renfonçaient ce que Germinie eût voulu lui confier. Il était dans sa nature d'être brutale à toutes les jérémiades qui ne venaient point d'un mal ou d'un chagrin. Sa bonté virile n'était point miséricordieuse aux malaises de l'imagination, à ces tourments que se crée la pensée, à ces ennuis qui s'élèvent des nerfs de la femme et des troubles de son organisme. (91)

Le désir de s'épancher de Germinie est contrecarré par le besoin de plus en plus pressant de cacher la vérité. Malgré ses dehors virils, la maîtresse n'est pas toujours aveugle aux souffrances de sa bonne :

> — Voyons, ma fille... tu as quelque chose... Voyons, dis ? Et Germinie répondait : — Non, mademoiselle, c'est le temps... — Le temps ! répétait mademoiselle d'un air de doute, le temps... (159)

Si, le jour, Germinie n'a aucun mal à se dominer, la nuit, elle manque de se trahir. La voix de la dormeuse est « lente, profonde, lointaine » (190), ses paroles entrecoupées de silences, de soupirs, traversées de notes vibrantes et poignantes (190). Ses « aveux prêts à jaillir et machinalement arrêtés » (190) épouvantent Mlle de Varandeuil. « L'incroyable force de tout retenir, de tout renfoncer » (177) n'abandonnera jamais Germinie :

> Déboires, mépris, chagrin, sacrifices, mort de son enfant, trahison de son amant, agonie de son amour, tout demeura en elle silencieux, étouffé, comme si elle appuyait des deux mains sur son cœur. Les rares défaillances qui lui prenaient et où elle semblait se débattre avec des douleurs qui l'étranglaient, ces caresses fiévreuses, furieuses à Mlle de Varandeuil, ces effusions subites, ressemblant à des crises voulant accoucher de quelque chose, finissaient toujours sans parole et se sauvaient dans des larmes. (177-78)

Même mourante, elle parvient à imposer silence aux créanciers, qui, hypocrites, s'inquiètent pour sa santé.

A la nouvelle de sa mort, Mlle de Varandeuil se précipite à l'hôpital aiguillonnée par un singulier désir d'intimité. Elle est « poussée par l'irrésistible envie de tout savoir, d'assister, par ce qu'on lui dira, à ce qu'elle n'avait pas vu » (248). Mieux que les paroles rassurantes de la sœur de charité, c'est le visage tourmenté de la morte qui lui apprend l'horreur de son agonie. Et ce sont « ses cheveux terribles rebroussés, tout debout sur sa tête » (251) qui l'épouvantent le plus. Cette éloquence toute corporelle prépare Sempronie à l'horrible vérité.

Du vivant de Germinie, les relations de la maîtresse et de la servante reposent sur un mensonge qui les rend précaires. Leurs liens risquent à tout moment de se briser, mettant fin à leur cohabitation. Révélant la vérité, la mort de Germinie établit enfin la transparence nécessaire à l'intimité parfaite où tout se sait, où tout se pardonne. Ensevelie dans la fosse commune, Germinie arrache des pleurs à Mlle de Varandeuil qui jusqu'alors n'avait jamais su pardonner. Elle lui devient véritablement proche au moment où, condamnée à l'anonymat, elle disparaît dans le néant. C'est au cimetière, dans la mort, que s'accomplit enfin le rêve d'intimité de la bonne et de la maîtresse. Le roman des Goncourt débouche sur un paradoxe : l'union des deux femmes est parfaite lorsqu'elle n'est plus physiquement possible.

Au terme de leur démonstration romanesque où les Goncourt examinent l'intimité au sein et en dehors du couple Sempronie/Germinie, ils peuvent conclure : le sort de la femme célibataire est plus malheureux que celui de la femme mariée. Même imparfaite, l'intimité du couple marié est préférable à la mélancolie des vierges, à l'assoupissement lymphatique de la chair et de l'esprit, aux violents éclats de colère. Les liens conjugaux paraissent supérieurs à la fausse amitié des femmes du peuple, aux tendresses intermittentes des femmes nobles, à la cohabitation difficile de la maîtresse et de la servante. Le pseudo-mariage de Germinie avec Jupillon où elle goûte quelques instants de bonheur fournit ici une preuve convaincante. Les Goncourt font écho à Michelet puisqu'ils concluent qu'en dehors du mariage, il n'y pas de salut.[11]

---

[11] A l'époque, Michelet n'est pas le seul à vanter les avantages du mariage. Les auteurs de l'article, « Mariage », concluent, tables statistiques à l'appui, que l'état matrimonial profite et à l'homme et à la femme. « Ainsi de toutes nos recherches, *nous concluons* [...] que c'est dès le matin de la vie qu'il faut cimenter cette unité sociale, délectation des époux, forteresse la plus difficilement entamée par les misères de l'existence : forte, en effet, contre le désespoir [...], forte contre la maladie [...], contre la mort même [...] ! Et l'on peut dire, surtout chez la femme, que pratiqué à son heure, l'hymen retarde la vieillesse et en allège les dangers [...] » (*Dictionnaire encyclopédique des sciences médicales*, deuxième série, vol. 5, 55).

User de la théorie sociale n'est guère original à l'époque. Ce qui l'est, par contre, c'est la nécessité qu'éprouvent les Goncourt de la vérifier en imaginant des situations alternatives. On m'opposera qu'une telle démarche ne sort pas de l'ordinaire puisqu'elle relève d'une pratique scientifique généralement reconnue. Je répondrai qu'elle est proprement révolutionnaire. On sait que la médecine expérimentale de Claude Bernard repose sur l'observation, la preuve et la contre-preuve des hypothèses (5). A ma connaissance il n'évoque pas le devoir pour les savants de formuler et d'épuiser des *hypothèses alternatives* des phénomènes observés. Propre à la logique, ce concept *d'exhaustion* n'est pas encore entré dans le champ des sciences naturelles et sociales. Il faudra attendre Pierre Duhem et *La Théorie physique, son objet et sa structure* pour que l'intuition des Goncourt trouve une formulation doctrinale. La pensée à l'état naissant aime à revêtir une forme narrative. Lorsque l'appareil scientifique fait défaut, c'est le mécanisme du récit qui se met en branle. « N'oublions pas que le roman connaît l'inconscient avant Freud, la lutte des classes avant Marx, qu'il pratique la phénoménologie avant les phénoménologues » (5) – nous rappelle Milan Kundera. Ajoutons que, grâce aux Goncourt, le roman connaît le paradigme de la forte inférence bien avant la physique moderne.

Bibliographie

Bernard, Claude. « De l'idée *a priori* et de l'idée *du doute* dans le raisonnement expérimental ». *Introduction à l'étude de la médecine expérimentale.* Paris: Flammarion, 1984.

Blum, Léon. *Du Mariage.* Paris: Albin Michel, 1990.

Caramaschi, Enzo. *Le Réalisme romanesque des Goncourt.* Pisa: Editrice Libreria Goliarda, 1964.

Daremberg, Charles. *Œuvres anatomiques, physiologiques et médicales de Galien traduites sur les textes imprimés et manuscrits accompagnés de sommaires, de notes, de planches et d'une table des matières précédées d'une introduction ou étude biographique, littéraire et scientifique sur Galien.* Paris: J. B. Baillière, 1854. 2 Vols.

Dechambre, Amédée. *Dictionnaire encyclopédique des sciences médicales.* Deuxième série, Vols 3 et 5, 1870, quatrième série, Vol. 14, 1872. Paris: P. Asselin, SR De Labé et Victor Masson et fils, 1870-1872.

Duhem, Pierre. *La Théorie physique, son objet, sa structure.* Paris: Chevalier et Rivière, 1906.

Ferrand, Jacques. *De la Maladie d'amour ou mélancolie érotique.* Paris: Rpt. Nendeen/ Liechtenstein: Kraus Reprint, 1978.

Foster, Richard et Tudor-Craig, Pamela. «Christ crowned with Thorns.» *The Secret Life of Paintings.* New York: Saint Martin's Press, 1986.

Goncourt, Edmond et Jules. *Germinie Lacerteux.* Paris: Garnier-Flammarion, 1990.

–. *Journal.* 3 Vols. Paris: Robert Lafont, 1989.

Hall, Calvin S. et Lindzey, Gardner. *Theories of Personality.* New York: John Wiley & Sons, Inc., 1970.

Klibansky, Raymond, Panofsky, Erwin and Saxl, Fritz. «Saturn and Melancholy.» *Studies in the History of Natural Philosophy, Religion, and Art.* New York: Basic Books, Inc., Publishers, 1964.

Kundera, Milan et Salmon, Christian. «Encore sur le roman». *Lettre internationale* 4 (printemps 1985): 3-7.

Michelet, Jules. *Du Prêtre, de la femme, de la famille.* Paris: Hachette et Paulin, 1845.

–. *La Femme,* Paris: Flammarion, 1981.

Pelckmans, Paul. «La Vie plurielle dans *Germinie Lacerteux*». *Orbis Litterarum* 38 (1983): 60-73.

Prajs, Lazare. *La Fallacité de l'œuvre romanesque des frères Goncourt.* Paris: Nizet, 1974.

Préaud, Maxime. *Mélancolies.* Paris: Herscher, 1982.

Richard, Jean-Pierre. «Deux écrivains épidermiques: Edmond et Jules de Goncourt». *Littérature et sensation.* Paris: Editions du Seuil, 1954.

Rostan, Léon. *Cours élémentaire d'hygiène.* 2 Vols. Paris: Béchet jeune, 1822.

Temkin, Owsei. *Galenism. Rise and Decline of a Medical Philosophy.* Ithaca and London: Cornell University Press, 1973.

Wack, Mary Frances. *Lovesickness in the Middle Ages: The «Viaticum» and its Commentaries.* Philadelphia: University of Pennsylvania Press, 1990.

Partie III

Au Bonheur des Dames

Itinéraires de la femme seule à Paris :
Pour une lecture renouvelée de *Au Bonheur des Dames*

Jurate D. KAMINSKAS

Dans l'« Ebauche » d'*Au Bonheur des Dames* Zola définit ses intentions en écrivant : « faire le poème de l'activité moderne [...] En un mot, aller avec le siècle, exprimer le siècle, qui est un siècle d'action et de conquête, d'efforts dans tous les sens ». Il déclare son désir particulier d'accorder à la femme une place importante : « Là apparaît le côté poème du livre : une vaste entreprise sur la femme ; il faut que la femme soit reine dans le magasin, qu'elle s'y rende comme dans un temple élevé à sa gloire, pour sa jouissance et pour son triomphe »[1]. Si, comme Guy Robert l'a noté, « l'inflexion décisive des idées de Zola »[2] se situe autour de 1883, *Au Bonheur des Dames* est un roman clé à plusieurs égards. Bien qu'il ne soit pas le premier roman de la série des *Rougon-Macquart* où il s'agisse d'une femme qui travaille – la sympathie de Zola pour l'ouvrière étant déjà bien connue – il est pourtant significatif qu'ici Zola choisisse de parler d'une femme seule, c'est-à-dire, d'une femme qui n'est ni épouse, ni mère, ni fille d'un autre personnage.

Denise, la jeune vendeuse qui monte de sa Valognes natale pour chercher un emploi à Paris, représente une nouvelle catégorie de femme, « la classe à part, entre l'ouvrière et la dame » (« Ebauche »), mais en choisissant de faire de cette femme seule l'héroïne de son roman, Zola reste-t-il tout simplement fidèle à la peinture de la réalité sociale contemporaine ? Comme le constatent Arlette Farge et Christiane Klapisch-Zuber dans *Madame ou Mademoiselle. Itinéraire de la solitude féminine (XVIIIe-XXe)*, depuis toujours les femmes seules « se confondent dans la grisaille des arrière-plans sans perspective ».[3]

---

1   Emile Zola, *Les Rougon-Macquart*, vol. 3, édition établie par Henri Mitterand (Paris : Gallimard, « Bibliothèque de la Pléiade », 1964) 1680-81.
2   Cité dans Anna Krakowski, *La Condition de la femme dans l'œuvre d'Emile Zola* (Paris : A.-G. Nizet, 1974) 96.
3   Arlette Farge et Christiane Klapisch-Zuber, *Madame ou Mademoiselle ? Itinéraires de la solitude féminine (XVIIIe-XXe)* (Paris : Montalba, 1984) 8.

Les deux historiennes posent le prémisse qu'« il faut à la femme seule, déclassée permanente, une crise profonde et brutale des appareils de production et des rapports politiques pour qu'elle trouve une case spécifique dans les tableaux et les analyses »⁴.

Nous voudrions proposer que dans *Au Bonheur des Dames* Zola entreprend la défense de la femme en tant que personne qui n'est pas « mise en relation à autre chose ou à autrui »⁵. Dans ce roman Denise est présentée comme une femme seule précisément parce que Zola veut donner une voix à *l'autre* femme, celle que la mère, la fille et l'épouse portent en elles. Nouvellement « déracinée », douée d'un regard vif, Denise détient une liberté de parole d'habitude refusée aux personnages féminins pris dans « le ciment du mariage et de la procréation »⁶.

Pourtant, la structure du roman semble complètement contredire notre hypothèse, à savoir que dans *Au Bonheur des Dames* nous voyons l'émergence d'une voix, des voix féminines. Colette Becker et Jeanne Gaillard ont très bien montré dans leur étude de *Au Bonheur des Dames* que deux lectures divergentes de l'œuvre sont tout à fait possibles. Le premier type, fondé sur l'amour moderne, « suppose entre Denise et Octave une entente et une collaboration étendues au métier [...] Cet amour qui fait de la femme une égale de l'homme et non point un objet de convoitise se définit lentement au long du livre »⁷. Comme deuxième lecture, elles proposent « le conte bleu ». C'est cette deuxième piste que nous voudrions poursuivre afin de voir plus clairement comment les structures du conte populaire jouent un rôle de premier plan et permettent de dévoiler l'ambivalence fondamentale du texte zolien.

Nous nous contenterons d'exposer très succinctement les séquences qui permettent d'établir un parallèle entre le roman de Zola et les contes de fées. Une jeune fille (Denise), pauvre et bonne, arrive dans la grande ville avec deux enfants, ses frères, dont elle a la charge. Elle est secourue par son oncle qui lui signale qu'on embauche du personnel au « Bonheur ». Devenue vendeuse, elle gravit les échelons par son courage et son assiduité au travail ; à la fin du roman, elle épouse Octave Mouret, propriétaire du

---

4 Farge et Klapisch-Zuber 8.
5 Farge et Klapisch-Zuber 13.
6 Farge et Klapisch-Zuber 13.
7 Colette Becker et Jeanne Gaillard, *Profil d'une œuvre.* Au Bonheur des Dames (Paris : Hatier, 1982) 71.

magasin, qu'elle séduit à son insu et qui finit par la séduire à son tour. La dernière phrase du roman évoque la fin des contes de fées où les jeunes mariés sortent du château, la main dans la main, ayant trouvé enfin le bonheur qui leur a été promis : « Il [Octave] ne lâchait pas Denise, il la serrait éperdument sur sa poitrine, en lui disant qu'elle pouvait partir maintenant, qu'elle passerait un mois à Valognes [...], et qu'il irait l'y chercher lui-même, pour l'en ramener, à son bras, toute puissante » (442).[8]

Les accessoires qu'on est habitué à voir dans les contes ne manquent pas non plus. David Baguley déclare que dans les contes de fées « les couleurs sont toujours nettes et claires, les étoffes riches, les matières précieuses, les eaux limpides, et les cieux de satin bleu »[9]. Ces histoires présentent un monde où « les ordres humain, animal et végétal sont capables d'une constante interchangeabilité »[10]. Nombreuses sont dans *Au Bonheur des Dames* les descriptions où les objets inanimés, tels les vêtements féminins posés sur les mannequins, prennent des allures provocantes pour séduire les passants. Nombreux aussi sont les passages où les marchandises, les nappes, par exemple, se transforment en « torrents » et les serviettes en « banquises de neige ». Quant au bruit produit par la clientèle du grand magasin, Zola note que « le bourdonnement des voix fai[sai]t un bruit énorme de fleuve qui charrie » (411).

Le cadre d'*Au Bonheur des Dames* est souvent présenté comme un décor féerique ou fantastique. Sous la plume de Zola, « Au Bonheur » se transforme en « chapelle », en « église », en « palais ». En lisant le dernier chapitre du roman, on pense à la séquence du bal des contes de fées : tout dans le roman semble mener à ce triomphe, à ce « grand final » (ce terme est de C. Becker). Comme Colette Becker et Jeanne Gaillard l'ont fait remarquer, on peut voir aussi dans *Au Bonheur des Dames* une histoire d'ogres, car le grand magasin est présenté comme un monstre qui se nourrit de chair humaine : « Etait-ce humain, était-ce juste, cette consommation effroyable de chair que les grands magasins faisaient chaque année ? » (438) se demande Denise. Les méchants (Bouthemont, M*me* Desforges, l'inspecteur Jouve) guettent l'héroïne, prêts à la « manger ». Lorsque Zola

---

8 Emile Zola, *Au Bonheur des Dames*, Paris : Garnier Flammarion, 1971. Toutes les références au roman renvoient à cette édition.
9 David Baguley, « Narcisse conteur : sur les contes de fées de Zola », *Revue de l'Université d'Ottawa* 4 (1978) : 385.
10 Baguley 387.

trace le portrait de Caroline Hédouin, la première épouse d'Octave qui, de sa tombe, continue à lui prodiguer ses conseils, on se souvient de la bonne fée qui vient au secours du héros. Aux parallèles déjà énumérés ajoutons celui de la moralité chrétienne sur laquelle se terminent la plupart des contes de fées: Denise, tout comme Cendrillon qui, en épousant le prince accède au rang de princesse, passe du statut de vendeuse à celui de propriétaire du grand magasin. Les deux histoires illustrent le mythe bourgeois selon lequel grâce à ses qualités morales, une fille pauvre accède à une vie meilleure.

Si la conclusion d'*Au Bonheur des Dames* rappelle celle de Cendrillon, précisons toutefois que dans le conte de Perrault c'est le soulier de verre qui permet la reconnaissance de la jeune fille, tandis que dans le roman de Zola, la raison et l'intelligence de Denise l'élèvent au-dessus des autres femmes et assurent sa place d'épouse du propriétaire et de maîtresse du grand magasin.

La critique d'inspiration féministe a beaucoup à dire sur la représentation de la femme à travers les contes de fées et sur les valeurs phallocentriques qui sont souvent à leur source. Selon Jennifer Waelti-Walters, la femme est obligée de porter un masque-masque qui, d'ailleurs, lui a été imposé de force par les hommes, et, si elle refuse de se conformer à l'idéal d'une beauté passive, ce manque de docilité est puni. La femme qui ose penser par elle-même et dont les idées ne s'alignent pas sur celles de l'homme devient une « sorcière ».[11]

Comment faudrait-il alors lire *Au Bonheur des Dames*? Faut-il conclure que Zola, en reprenant la structure du conte de fées a tendance à renier le féminin ou faudrait-il voir dans le roman une illustration de ce que Annelise Maugue appelle « l'identité masculine en crise ? »[12] Dans son livre, où justement il s'agit de la crise de l'identité masculine entre le milieu et la fin du dix-neuvième siècle, Maugue part de l'hypothèse que « [...] c'est à travers le discours sur la femme que la masculinité est contrainte de se constituer explicitement comme telle, de se définir, de se dire : le ‹Elles› appelle irrésistiblement un ‹ils› ou un ‹Nous, les hommes, nous les autres›».[13]

11 Voir Jennifer Waelti-Walters, *Fairy Tales and the Female Imagination* (Montreal: Eden Press, 1982).
12 Annelise Maugue, *L'Identité masculine en crise* (Paris: Rivages/Histoire, 1987) 7.
13 Maugue 7.

Il serait intéressant de voir comment le discours masculin « se laisse entrevoir » à travers la présentation des deux personnages principaux de ce roman, Denise et Octave, car, fidèle à ses principes naturalistes, Zola donne une peinture réaliste de la psychologie et du comportement des femmes et des hommes de son époque. Dans un livre récent *You just don't understand*, Deborah Tannen décrit le comportement type de l'homme et de la femme de notre époque mais en comparant les personnages du roman de Zola avec les modèles qu'elle présente, on se rend compte que le comportement type de l'homme et de la femme n'a pas beaucoup évolué depuis le dix-neuvième siècle.[14] C'est donc à la lumière des travaux de Tannen que nous nous proposons d'analyser les types humains dans *Au Bonheur des Dames*.

Tannen explique que ce qui anime les femmes en général, c'est l'esprit de coopération, de lien, tandis que ce qui compte pour les hommes est la course au pouvoir. Les femmes, ajoute Tannen, ressentant le besoin d'être aimées et appréciées par leur entourage, trahissent ainsi l'importance qu'elles attachent à n'avoir entre elles que des « rapports symétriques ». De nombreux exemples tirés du *Bonheur des Dames* illustrent ces caractéristiques. Comme le montre Colette Becker dans sa « Préface » au roman, « [Denise] ne se borne pas à lutter contre la précarité de l'emploi, elle cherche à attacher les ouvriers à la maison, leur fournissant des distractions, des leçons, des commodités, un médecin dont les consultations sont gratuites » (28). A maintes reprises, le romancier montre comment, à force de gentillesse et de travail assidu, Denise cherche à gagner le personnel du magasin. Les autres vendeuses, dans un premier temps, estimant qu'elle n'est pas à leur hauteur, et plus tard, jalouses, voyant en elle une rivale, cherchent à l'exclure du groupe : « Evidemment, ces demoiselles avaient flairé la vendeuse qui venait se présenter, et elles la dévisageaient, elles la déshabillaient du coin de l'œil, sans bienveillance, avec la sourde hostilité des gens à table qui n'aiment pas se serrer pour faire place aux faims du dehors » (87). Le sentiment d'appartenance au groupe semble si fort que quand le comptoir découvre l'amitié entre Denise et Pauline, « il voyait une bravade dans cette affection donnée à une vendeuse d'un comptoir ennemi » (167). Un dernier exemple suffira pour illustrer l'esprit de solidarité qui rapproche les femmes : « Les deux

---

14 Voir Deborah Tannen, *You just don't understand* (New York : Ballentine, 1991).

rayons [confections et lingerie] se touchèrent, étaient en continuelle hostilité ; mais ces demoiselles s'entendaient parfois pour se moquer des gens » (123). Les femmes, conclut Tannen, évitent les confrontations directes, les remplaçant par des potins et des commérages. C'est justement ainsi que les vendeuses, jalouses, se comportent vis à vis de Denise. Elles font courir le bruit que Denise avait « un manœuvre pour amant, et cachait un enfant dans le quartier. On la cribla d'allusions méchantes » (185). La tactique est réussie car « la jeune fille suffoquée comme si on l'avait accusée d'un crime, tâcha vainement d'expliquer les faits : on riait, on haussait les épaules » (185).

Dans l'univers féminin, nous entendons donc une multiplicité de voix qui s'élèvent, se heurtent et parfois se recoupent : la voix de Denise qui défend l'ordre, la raison, qui parle au nom de la justice ; la voix collective, solidaire des vendeuses des différents rayons ; la voix méchante des jalouses, représentative de l'opinion publique. Bakhtine, en élaborant son principe dialogique a montré que « dans le discours des personnages apparaît un conflit profond et inachevé avec la parole d'autrui, au plan de la vie (‹la parole de l'autre à mon sujet›), au plan éthique (jugement de l'autre, reconnaissance ou méconnaissance par les autres), enfin au plan idéologique (vision du monde des personnages sous forme de dialogue inachevé, inachevable) ».[15] A titre d'exemple on pourrait évoquer ici la réflexion que fait Denise pour se défendre (intérieurement) contre les vendeuses qui se moquent d'elle comme si elle n'était pas une vraie femme. « Quelle était sa faute pour qu'on s'attaquât de la sorte à sa taille trop mince, à son chignon trop lourd ? » (146).

La voix de la femme n'est pas une seule voix unique mais multiple et même hybride en dépit des circonstances et des situations qui rapprochent les femmes, toutes étant dans une position de dépendance : les vendeuses dépendent de leur chef de rayon, presque toujours un homme ; Denise dépendra de trois patrons : Bourdas, Robineau et Mouret, sans parler de l'inspecteur Jouve ; même Henriette ne représente pour Octave que « du plaisir profitable » (335). D'ailleurs le texte le dit clairement – elles « attendaient [le caprice de Mouret] en servantes soumises » (317).

Dans le contexte du roman la parole masculine est presque toujours un discours *autoritaire* qui juge et qui refuse d'entrer en dialogue. Pour

---

15 Mikhail Bakhtine, *Esthétique et théorie du roman* (Paris : Gallimard, 1978) 167.

le regard masculin la femme n'est qu'un signe qu'il lui convient de décrire et d'interpréter. Comment expliquer le fait que dans ce roman de Zola peu de femmes soient peintes de façon flatteuse, le narrateur faisant d'elles des êtres laids, possédant parfois des caractéristiques animales ? Par exemple, Mme Marty, est « une femme maigre, laide, ravagée de petite vérole. Elle était sans âge, ses trente-cinq ans en valaient quarante ou trente, selon la fièvre nerveuse qui l'animait » (97). Mademoiselle Prunaire est « grande et mince, la tête trop longue, ayant une allure de cheval échappé » (86). La seconde au rayon, Mme Frédéric est « une femme maigre et laide », « une veuve à la mâchoire saillante et aux cheveux durs » (87). Et finalement, pourquoi avoir donné à Mme Aurélie, ce « masque empâté d'empereur » (205) ?

Il semble que la stratégie narrative consiste à faire perdre à la femme l'identité clairement circonscrite qu'elle a eue jusqu'ici. Ce même procédé qui consiste à nier des qualités dites proprement féminines, est repris dans la représentation de Denise qui n'est ni belle, ni gracieuse, ni élégante, ni coquette. La liberté de mœurs qui caractérise les autres demoiselles du magasin sert à souligner, en fait, combien les valeurs de Denise, valeurs traditionnellement féminines, sont démodées. Sa pureté (« Elle leva ses grands yeux purs sur cette dame qui la blessait ainsi [...] » [336]), sa bonté, son honnêteté (« Elle n'avait jamais eu ni une exigence ni un calcul » [413]), son altruisme (« le dévouement maternel qu'elle avait voué à ses deux frères » [162]) sont présentés comme des qualités démodées à l'époque. Loin d'élever l'héroïne au-dessus de la mêlée, ces qualités définissent, dans le contexte du roman, sa médiocrité aux yeux des autres. Son refus de participer à l'idéologie dominante qui voit en la femme un objet d'échange la condamne à la solitude. Cette solitude constitue une période déterminante dans la formation de la conscience de Denise, et loin de favoriser le renoncement à la différence qu'elle porte en elle, renforce le caractère persuasif de sa voix intérieure. Nous employons le terme « voix persuasive » dans le sens défini par Bakhtine – c'est-à-dire, une parole qui « cherche à définir les bases mêmes de notre comportement et de notre attitude à l'égard du monde ».[16]

---

16 Bakhtine 161.

Ce qui fait la nouveauté d'*Au Bonheur des Dames*, c'est que dans ce roman l'héroïne – Denise – la femme – dépassera son renoncement : elle confrontera sa voix intérieure, sa vision du monde à celle d'Octave Mouret dont le discours est autoritaire, dominateur. Fière et forte – sa volonté ferme est égale à celle de Mouret – elle sait très bien repousser les avances d'Octave, faisant fi de ses menaces de « prendre des mesures » (318). « Non, laissez-moi... Je ne suis pas une Clara, qu'on lâche le lendemain. Et puis, monsieur, vous aimez une personne, oui cette dame qui vient ici... Restez avec elle. Moi, je ne partage pas » (318). De façon contradictoire, sa force vient de ses qualités « féminines » : « Elle apportait tout ce qu'on trouve de bon chez la femme, le courage, la gaieté, la simplicité ; et, de sa douceur, montait un charme, d'une subtilité pénétrante de parfum. On pouvait ne pas la voir, la coudoyer ainsi que la première venue ; bientôt, le charme agissait avec une force lente, invincible ; on lui appartenait à jamais, si elle daignait sourire » (349). C'est parce qu'elle refuse de se vendre à Mouret, que le magasin tout entier commence à parler de « sa toute puissance » (371). Denise, elle-même, semble surprise par tout ce pouvoir dont elle est dépositaire : « Sa souveraineté lui causait parfois une surprise inquiète : qu'avaient-ils donc tous à lui obéir ? » (372). Nous assistons à une transformation complète du personnage à la fin du roman où, enfin, le pouvoir dont Zola investit Denise est clairement défini : « En voilà une au moins qui mettait le pied sur la gorge du patron et qui les vengeait tous et qui savait tirer de lui autre chose que des promesses » (372). Une femme virile ? Denise serait-elle la version la plus achevée d'un type de femme nouvelle dont le roman permet de suivre l'évolution ? Une dernière citation du texte illustre de façon plus explicite encore le renversement de rôles qui s'opère : « Mais la victoire de Denise était plus complète encore sur ces messieurs, sur Jouve [...], sur Hutin [...], sur Bourdoncle enfin réduits à l'impuissance » (368).

Reprenons Bakhtine. A ce point de notre analyse, ses propos sur « le devenir idéologique » nous semblent particulièrement pertinents. Selon lui, ce processus est d'habitude « marqué par une forte divergence entre ces deux catégories : la parole autoritaire (religieuse, politique, morale) n'est pas entièrement persuasive pour la conscience ; tandis que la parole intérieurement persuasive est privée d'autorité, souvent méconnue socialement (par l'opinion publique, la science officielle, la critique). Le conflit et les inter-relations de ces deux catégories déterminent souvent l'histoire de la conscience idéologique individuelle ».[17] Dans le roman dialogique ces deux types de discours se confrontent et s'opposent, mais ne s'annulent jamais.

Colette Becker l'a montré dans son analyse du roman : ce qui rapproche Denise et Octave, ce n'est pas uniquement le fait qu'ils possèdent des qualités en commun. Ce qui assure surtout leur alliance, c'est la même conception du commerce. Octave prend connaissance un soir des idées de Denise sur le commerce, quand il la rencontre lors d'une promenade : « Alors Denise, gagnée par cette familiarité, se livra davantage, laissa voir qu'elle était pour les grands magasins, dans la bataille livrée entre ceux-ci et le petit commerce ; elle s'animait, citait des exemples, se montrait au courant de la question, remplie même d'idées larges et nouvelles » (229). Ce dernier exemple révèle plus clairement encore la nature hybride de la parole de Denise, car dans son discours nous repérons une assimilation des mots d'Octave. Faudrait-il en conclure, pour reprendre la terminologie de Bakhtine, que « la parole autoritaire » est devenue « une parole persuasive » ? Denise renonce-t-elle à sa propre voix pour embrasser celle de l'autre ?

En précisant la nature de la parole autoritaire, Bakhtine ajoute : « La parole autoritaire exige de nous d'être reconnue inconditionnellement, et non maîtrisée, assimilée librement avec nos mots à nous. Ainsi, n'autorise-t-elle aucun jeu avec le contexte qui l'enchâsse ou avec ses frontières, pas de commutations graduelles et mouvantes, de variations libres, créatives et stylisatrices ».[18] Alors, dans le cas de Denise, peut-on vraiment parler de la reprise de la parole autoritaire de l'autre ? Puisque le texte de Zola précise que Denise est séduite par les idées d'Octave, qu'elle s'enthousiasme pour elles, nous serions plus fidèle à l'esprit du roman en disant que Denise est conquise par « la parole idéologique d'autrui, intérieurement persuasive et reconnue par [elle] ».[19] Car, dans « le processus du devenir idéologique de la conscience individuelle » il y a la nécessité, affirme Bakhtine, que « la conscience s'éveille dans un monde où des paroles ‹étrangères› l'environnent, et dont tout d'abord

---

17 Bakhtine 162.
18 Bakhtine 162.
19 Bakhtine 164.

elle ne se distingue pas ; la distinction entre nos paroles et celles d'autrui, entre nos pensées et celles des autres, se fait assez tard. Lorsque commence le travail de la pensée indépendante, expérimentale et sélective, a lieu avant tout la séparation de la parole persuasive d'avec la parole autoritaire imposée et d'avec la masse des paroles indifférentes qui ne nous atteignent guère ».[20] L'affirmation de soi par Denise revêt donc une double signification. D'abord, c'est un refus du discours patriarcal (la parole autoritaire) et deuxièmement, elle consent enfin à donner une voix à « sa parole à elle ». Double victoire ?

Il reste, en fait, un autre problème à résoudre, à savoir le rapport entre « la parole intérieurement persuasive » d'Octave et « la parole autoritaire » de l'idéologie dominante. Car, avec son mépris de la femme Octave se situe bel et bien du côté de l'idéologie dominante de son époque. Après avoir longuement parlé des femmes dans *Au Bonheur des Dames,* il est temps de regarder la représentation des hommes dans le roman.

Il suffit d'étudier de près le texte pour voir que la passion, si souvent connotée par les images de consommation et de destruction, est devenue la propriété des hommes : ce sont les hommes qui sont en proie aux désirs dévorants. Il est vrai que les personnages féminins (Mme Desforges, Pauline, Clara) ne sont pas dénués de passion, mais Zola semble moins insister sur cet aspect de leur caractère, et les femmes, dans ce roman, savent contenir leurs désirs, tout comme elles savent (les vendeuses, du moins) voiler leur corps dans les sabres robes de soie. Comment expliquer ce renversement du comportement typique que nous attendons de l'homme et de la femme ? Remarquons qu'Octave, pour sa part, agit souvent selon des intuitions féminines. On pense surtout à ce coup de génie qui le fait « bouleverser tout » à l'intérieur du magasin, juste avant la grande vente : « Il avait eu la conscience soudaine que le classement des rayons adopté par lui était inepte. C'était pourtant un classement d'une logique absolue […]. Brusquement, il s'était écrié qu'il fallait lui casser tout ça » (260). « Le texte explique que les étalagistes renommés – Hutin, Mignot – viennent voir, mais ils affectaient de ne pas comprendre, étant d'une école différente » (260). « Avec son sens délicat de la femme » (91), Mouret « attire, émerveille, surprend » (23). Comme une femme, il « affectait des extases », « ravit et câlin, emporté continuelle-

---

20 Bakhtine 164.

ment dans de nouveaux amours » (70). Si d'habitude les hommes se font craindre pour se faire obéir, lui, « soignait sa popularité » (81). Contrairement au personnel féminin du « Bonheur des Dames » qui est laid, les hommes sont presque tous de « jolis hommes » (132). Si, comme le signale Tannen, les hommes se laissent guider par le pouvoir, la décision prise par Mouret de chasser Denise lorsque Bourdoncle lui apprend que celle-ci a des amants, s'expliquerait par le désir d'assurer sa supériorité : « Oh, pour moi, je vous le répète, je m'en moque, car elle a fini par m'agacer. Mais nous ne pourrions tolérer des choses pareilles chez nous » (355). Ou, ne pourrait-on voir, plutôt, dans son comportement, l'incapacité de séparer le privé et le public, l'émotion (son amour pour Denise) et la raison (le bon fonctionnement du magasin) ? Pourtant, cette « humeur égale » (364) ne manque pas à Denise qui, malgré la pression exercée sur elle par Mouret pour l'amener à lui céder, continue à exécuter ses tâches au magasin de façon efficace. Comment faudrait-il interpréter ce roman qui, à première vue, ressemble à un conte de fées mais dans lequel les hommes adoptent un comportement féminin et les femmes ressemblent de plus en plus aux hommes ?

Le verbe « manger » devient la clé pour élucider la problématique au cœur du roman. D'ailleurs, cela n'a rien d'étonnant que « *manger* » soit un des mots clés du texte : *Au Bonheur des Dames* est un roman sur le commerce, sur « la voracité », (415) l'appétit des autres « qui, de bas en haut jetait les maigres à l'extermination des gras » (415).

Dans le cadre réduit de cet article, nous n'envisageons pas de faire un inventaire systématique de la fréquence de ce verbe dans le texte mais plutôt de signaler les contextes représentatifs dans lesquels il est employé. Les hommes et les femmes se mangent, le Baron Hartmann met Mme Desforges en garde contre Octave : « Prenez garde ma chère, il vous mangera toutes » (118) ; les femmes se mangent entre elles (« Eh bien, on m'aurait mangée, les premiers jours » (147), dit Pauline Cugnot en parlant des autres vendeuses du « Bonheur »), ou elles sont mangées par le grand magasin. Monde brutal, monde carnavalesque en vertu du mélange des catégories et des classes sociales. Dans la première moitié du roman, les femmes sont plutôt les objets que les sujets du verbe « manger ». La deuxième partie en mettant en scène Denise, la « mangeuse de chair déguisée » (348), instaure la femme, comme sujet. La stratégie du roman consiste à multiplier les points de contact, de comparaison entre

Denise et le grand magasin, de sorte qu'à la fin du roman une rivalité existe entre les deux. Puisque le magasin et Denise se transforment en « machines », la question se pose de savoir si le roman dit de façon implicite que Denise est une machine à exploiter les hommes tout comme le magasin est une « mécanique » à exploiter les femmes. A la fin du roman que reste-t-il du vieux monde patriarcal ? Aurait-on encore une occasion de constater avec Annelise Maugue « l'identité masculine en crise » ?

Le but de ce travail a été de montrer que le roman lui-même conteste et subvertit, en fait, la structure du conte de fées que la fin heureuse nous invite à y voir. Si dans *Au Bonheur des Dames*, Zola adapte pour son compte certaines structures caractéristiques du conte de fées qui semblent perpétuer une image de la femme passive, soumise et objet du désir de l'homme, il est important de reconnaître que le roman déconstruit en même temps une telle définition de la femme. Car, si à la fin du roman la femme a une voix, c'est parce qu'elle n'est plus *l'objet* mais *le sujet* du discours.

En donnant à Denise et à Octave la même conception du commerce, en dotant Denise de la raison et de la logique d'habitude réservées aux hommes, et finalement, en accordant à Octave l'intuition, l'impétuosité, l'imagination et la passion, Zola aspire, au moyen de ce couple, à mettre en œuvre une exemplarité de l'humain, à dépasser les restrictions trop étroites imposées aux hommes et aux femmes par le concept du genre, et montre inconsciemment son admiration pour un *être humain* sachant réconcilier ses contradictions internes.

Au Bonheur des Dames met en scène plusieurs voix, plusieurs visions du monde. Pour la première fois dans la série des *Rougon-Macquart*, nous voyons un *parler* de femme qui menace les frontières du masculin. La plurivocalité, les différentes voix qui se font entendre (celle des hommes, des femmes, de l'opinion publique), qui se juxtaposent et s'opposent – illustrent l'importance accordée au principe dialogique, au dialogisme dans la construction de l'identité (masculine et féminine). Si à la fin du texte Denise est proclamée « toute puissante », reconnaissons en même temps qu'elle parle une langue « hybride », composée de discours féminins et de discours masculins. Denise épousera son prince charmant mais dans *Au Bonheur des Dames*, la femme décide elle-même de son destin et c'est là qu'on voit que le texte est un double plaidoyer. La fin du roman reste ouverte justement parce qu'aucune voix ne s'élève plus haut que l'autre.

Bibliographie

Baguley, David. « Narcisse conteur : sur les contes de fées de Zola ». *Revue de l'Université d'Ottawa* 4 (1978) : 382-97.

Bakhtine, Mikhail. *Esthétique et théorie du roman.* Paris : Gallimard, 1978.

Bauer, Dale M. *Feminism, Bakhtin and the Dialogic.* Albany : State University of New York, 1991.

Becker, Colette et Gaillard, Jeanne. *Profil d'une œuvre.* Au Bonheur des Dames. Paris : Hatier, 1982.

Farge, Arlette et Klapisch-Zuber, Christiane. *Madame ou Mademoiselle ? Itinéraires de la solitude féminine (XVIIIe-XXe).* Paris : Montalba, 1984.

Krakowski, Anna. *La Condition de la femme dans l'œuvre d'Emile Zola.* Paris : A.-G. Nizet, 1974.

Maugue, Annelise. *L'Identité masculine en crise.* Paris : Rivages/Histoire, 1987.

Tannen, Deborah. *You just don't understand.* New York : Ballantine, 1991.

Waelti-Walters, Jennifer. *Fairy Tales and the Female Imagination.* Montreal : Eden Press, 1982.

Zola, Emile. *Au Bonheur des Dames.* Paris : Garnier Flammarion, 1971.

—. *Les Rougon-Macquart.* Vol. 3, Paris : Gallimard, « Bibliothèque de la Pléiade », 1964.

La Machine, l'argent et l'eau de rose : le vrai « bonheur des dames » zolien

Laura C. Hartog

> Il était une fois la même histoire, répétant à travers les siècles le destin amoureux de la femme, son cruel schéma mystificateur [...] chaque mythe lui dit : « il n'y a pas de place pour ton désir dans nos affaires d'Etat ». L'amour est une affaire de seuil. Pour nous, hommes, qui sommes faits pour réussir, pour grimper à l'échelle sociale, la tentation est bonne, qui nous incite, nous pousse, nourrit nos ambitions. [...] Vous, les femmes, représentez pour nous l'éternelle menace, l'anti-culture. Nous ne restons pas dans vos maisons, nous n'allons pas demeurer dans vos lits. Nous rôdons. Appâtez-nous, énervez-nous, c'est tout ce que nous vous demandons. Ne faites pas de nous des êtres mous, allongés, féminins, sans souci du temps et de l'argent. L'amour à votre façon, c'est la mort pour nous.[1]

Cette citation tirée de *La Jeune Née* nous fait songer aux spéculateurs des *Rougon-Macquart* de Zola, ces « héros » du Second Empire en proie à l'obsession de leur métier, abandonnant tout et tous en chemin, quittes à se tuer au travail plutôt que de lâcher prise. Dans trois romans en particulier, *La Bête humaine*, *L'Œuvre*, et *Au Bonheur des Dames*, la femme est éclipsée par l'homme au profit d'une activité professionnelle tournant à l'obsession. Cela donne lieu à une substitution et à une réification du féminin par la « machine », symbole du travail. Dans un jeu de transfert qui caractérise *Les Rougon-Macquart*, la « machine » est à son tour anthropomorphisée, sexualisée : la locomotive que conduit Jacques Lantier, les toiles que peint son frère Claude, ou le commerce que tient leur cousin, Octave Mouret, sont en effet tous décrits comme des femmes vivantes et comparés à des maîtresses fidèles ou volages. Prenons un exemple tiré de *Au Bonheur des Dames* :

> [Octave] montra le nouveau commerce à l'œuvre... N'était-ce pas une création étonnante ? Elle bouleversait le marché, elle transformait Paris, car elle était faite de la chair et du sang de la femme... C'était la femme que les

---

[1] Hélène Cixous, *La Jeune Née* (Paris : UGE, « 10/18 », 1975) 122-23.

> magasins se disputaient par la concurrence, la femme qu'ils prenaient au continuel piège de leurs occasions, après l'avoir étourdie devant leurs étalages. Ils avaient éveillé dans sa chair de nouveaux désirs, ils étaient une tentation immense, où elle succombait fatalement... Mouret laissait ainsi passer la brutalité d'un juif vendant de la femme à la livre : il [...] cherchait sans relâche à imaginer des séductions plus grandes ; et derrière elle, quand il lui avait vidé la poche et détraqué les nerfs, il était plein du secret mépris de l'homme auquel une maîtresse vient de faire la bêtise de se donner. « Ayez donc les femmes, dit-il tout bas au baron, en riant d'un rire hardi, vous vendrez le monde ! » (110-11)[2]

En dépit de sa « brutalité » vis-à-vis des clientes qu'il exploite, le « héros » de *Au Bonheur des Dames* se distingue en partie de ceux des autres romans de la série des *Rougon-Macquart*, car il échappe au destin qui lui est imparti. Partout dans *Les Rougon-Macquart*, la passion sexualisée du métier entraîne inévitablement la déchéance personnelle et la désintégration du couple, comme c'est le cas pour Jacques Lantier et Séverine Roubaud, Claude Lantier et Christine Hallegrain, ou Gervaise et Coupeau. Seul le couple formé par Octave Mouret et Denise Baudu évitera la fin violente de ses prédécesseurs.

Dans Au *Bonheur des Dames,* on retrouve certes les éléments principaux du drame zolien : un jeune homme ambitieux, obsédé par son métier, l'objet féminisé de sa passion, et une femme qui aime cet homme de loin et souffre en silence. L'intrigue se déroule comme prévu dans les deux premiers tiers du livre, mais petit à petit, on commence à remarquer des différences frappantes entre ce roman et les autres, y compris une évolution singulière du personnage masculin principal, Octave Mouret, qui résulte directement de l'influence de Denise Baudu. *Au Bonheur des Dames* finit bien – le seul roman des *Rougon-Macquart* dont on puisse dire une telle chose. Dans cet article, nous nous proposons donc d'étudier cette exception à la règle zolienne pour voir de quelle manière elle s'intègre dans le contexte de la série entière, où les travailleurs acharnés ont une sexualité sublimée et dirigée vers un « obscur objet de désir ».

Octave doit son énorme succès commercial aux femmes qu'il exploite savamment dans son magasin comparé à la fois à une « chapelle élevée au

---

2 Emile Zola, *Au Bonheur des Dames* (Paris : Garnier-Flammarion, 1971). Toutes les citations tirées de ce roman renvoient à cette édition.

culte des grâces de la femme » (44), et à une « machine fonctionnant à haute pression » (53), où les femmes sont absorbées, saignées. Cette image double du magasin sied parfaitement à la conception qu'Octave a de la vente, suivant laquelle il lui faut « séduire » les femmes pour ensuite les « faire tomber » à l'achat, et leur vider les poches pendant la chute. Le rapport entre Octave Mouret et sa passion se complique, du fait qu'il doit cacher son mépris et se montrer aimable pour attirer les clientes dans ses rayons. Derrière ces dehors bonhommes, pourtant, bat un cœur d'obsédé, un cœur qui préfère « Le Bonheur » à la femme vivante. Le magasin lui-même revêt une apparence féminine auquel son créateur extasié, Mouret, prête vie.

Toute marchandise dans les rayons du « Bonheur » se sexualise, des dentelles « fais[ant] songer à un peuple de femmes qui se seraient déshabillées là, dans le désordre d'un coup de désir » (148), aux mannequins du rayon de la lingerie, dont « la lubricité troublante... [des] croupes énormes et tendues... [montrait] le déshabillé galant [...] comme si un groupe de jolies filles s'étaient dévêtues [...] jusqu'au satin nu de leur peau » (421). Le rayon entier est comparé à « une alcôve publiquement ouverte, dont le luxe caché [...] devenait comme une dépravation sensuelle [...] le déballage indiscret, la femme retournée et vue par le bas [...] le mystère frissonnant des jupes » (422). Jusqu'à l'étalage des soieries qui « était comme une grande chambre d'amour, drapée de blanc par un caprice d'amoureuse à la nudité de neige [...] toutes les pâleurs laiteuses d'un corps adoré se retrouv[ant] là, depuis le velours des reins, jusqu'à la soie fine des cuisses et au satin luisant de la gorge » (425). Le tout vient culminer dans le portrait des mannequins du rayon des confections :

> La gorge ronde [...] gonflait l'étoffe, les hanches fortes exagéraient la finesse de la taille, la tête absente était remplacée par une grande étiquette, piquée avec une épingle dans le molleton rouge du col ; tandis que les glaces, aux deux côtés de la vitrine, par un jeu calculé, les reflétaient et les multipliaient sans fin, peuplaient la rue de ces belles femmes à vendre, et portant des prix en gros chiffres, à la place des têtes. (44)

La personnification des marchandises est complète, les vêtements imitant les corps féminins qui les porteront, prenant vie et chair en même temps, créant les « croupes », la « peau », « les cuisses », les « reins », les « hanches » la «gorge» et la «taille» de la femme, avec une lacune notoire: la tête. A l'instar des mannequins du rayon des confections qui portent un prix à la place de la tête, l'omniprésence de la femme décapitée fait d'elle une valeur d'échange et apparaît comme le symbole cynique du rôle que lui fait jouer la société du Second Empire.

Les images des mannequins sexualisés sont également significatives en vertu du fait qu'elles sont «d'une lubricité troublante» montrant les charmes «d'un groupe de jolies filles dévêtues», et impliquent donc un regard masculin voyeur, suggéré par la phrase «une dépravation sensuelle [...] la femme retournée et vue par le bas [...] le mystère frissonnant des jupes». On se demande à qui ces appâts sont destinés – aux clientes qui viennent faire des emplettes, ou bien à Octave lui-même? La réponse est claire, les clientes sont attirées par les prix, épinglés à la place des têtes, et c'est le propriétaire qui jouit du reste, de son stock de marchandises transformées en des corps féminins sans têtes, et de ses clientes muées en des tirelires abondantes. C'est de ce mélange de signes sexuels et monétaires que surgissent les métaphores de la machine et de la chapelle, les clientes attirées sous prétexte de la glorification de leur corps, ensuite broyées par les mécanismes de la machine à Octave.

> [...] les étoffes vivaient [...] les dentelles avaient un frisson [...] les pièces de drap elles-mêmes, épaisses et carrées, respiraient, soufflaient une haleine tentatrice, tandis que les paletots se cambraient davantage sur les mannequins qui prenaient une âme, et que le grand manteau de velours se gonflait, souple et tiède, comme sur des épaules de chair, avec les battements de la gorge et le frémissement des reins. Mais la chaleur d'usine [...] venait surtout de la vente, de la bousculade des comptoirs. [...] Il y avait là le ronflement continu de la machine à l'œuvre, un enfournement de clientes, entassées devant les rayons, étourdies sous les marchandises, puis jetées à la caisse. Et cela réglé, organisé avec une rigueur mécanique, tout un peuple de femmes passant dans la force et la logique des engrenages. (53-54)

L'image du magasin en tant qu'énorme machine fonctionnant «avec une rigueur mécanique» est aussi spectacle pour les femmes «s'écrasant devant les glaces», et surtout pour Octave, maître de la maison. Dans les scènes-clés du roman, dont celles des grandes soldes organisées au «Bonheur des Dames», il se place toujours en haut de l'escalier central, dominant la foule des femmes avides, physiquement au-dessus de l'action, à la fois spectateur excité et régisseur de son propre théâtre, assistant aux drames qui se déroulent littéralement à ses pieds : « Il était revenu à son poste favori, en haut de l'escalier de l'entresol, contre la rampe ; et, devant le massacre d'étoffes qui s'étalait sous lui, il avait un rire victorieux » (148).

Même en société, en-dehors des heures normales de travail, Octave garde son attitude de conquérant lorsqu'il converse avec les clientes bourgeoises, les dames de sa connaissance, « trônant brutalement au-dessus d'elles, comme le roi despotique du chiffon » (117). Pendant la conversation, les femmes l'entourent tandis que lui reste debout, devant « se pencher… [et] effleurer de sa barbe leurs chevelures » pour expliquer de nouveaux dessins de dentelles : position de pouvoir, comme celle qu'il prend dans son magasin. Son désir de dominer se révèle non seulement dans sa position physique, mais aussi dans le plaisir qu'il prend à « étourdir [la femme] et [à] la garder à sa merci » (70), que ce soit dans la vente ou dans le boudoir.

Octave se flatte d'avoir « le sens de la femme », ce qui facilite la croissance de son empire mercantile et sexuel sur elle. En instruisant Bourdoncle, son second, il lui reproche de ne pas avoir ce talent-là, quand celui-ci s'inquiète sur ce qu'il considère comme une baisse dangereuse du prix des soies. Mouret lui dit :

> En vérité, mon cher, vous n'aurez jamais le sens de la femme… Nous perdrons quelques centimes sur l'article, je le veux bien. Après ? le beau malheur, si nous attirons toutes les femmes, et si nous les tenons à notre merci, séduites, affolées devant l'entassement de nos marchandises, vidant leur porte-monnaie sans compter ! Le tout, mon cher, est de les allumer, et il faut pour cela un article qui flatte, qui fasse époque. Ensuite, vous pouvez vendre les articles aussi cher qu'ailleurs, elles croiront payer chez vous meilleur marché. (76)

Le vocabulaire de ce passage et des autres qui décrivent la vente à la façon Mouret est révélateur : il baisse les prix pour « allumer » les clientes — genre de prélude financier stimulant — et les « séduire ». Le résultat final est de « vider leur porte-monnaie », tout un stratagème complexe de manœuvres sexuelles pour aboutir à des jouissances commerciales. Pour Octave, la femme reste un simple moyen, et toutes ses maîtresses servent à une fin bien calculée ; ainsi, sa liaison avec Mme Desforges est destinée à lui faire connaître le baron Hartmann, dans le but de lui proposer des projets d'agrandissement du magasin. Ce que les clientes prennent pour de la douceur et des manières élégantes ne sont que les éléments calculés d'une façade de « séduction jésuitique », pour « tendre des pièges [...] savants » (258) à celles qui ne se doutent de rien.

Ce qu'Octave appelle le « nouveau commerce » n'est donc pas autre chose que le trafic des femmes, que lui-même compare au « bétail dont il avait tiré sa fortune » (438). Baudu, l'oncle de Denise, protagoniste du roman, traite les étalages du « Bonheur » d'une « vraie parade de saltimbanque pour raccrocher les filles », et révèle qu'il « rougirait d'employer ces moyens » (65), tandis que le père de Bouthemont condamne les grands magasins comme « les maisons de tolérance du commerce » (325). Plusieurs autres personnages font allusion à cette image du Paris prostitué dans le texte : de Bourdoncle, tâchant de comprendre « le côté fille du succès, Paris se donnant dans un baiser au plus hardi » (71), au père Bourras, outragé de l'offre d'Octave d'acheter sa boutique, criant : « Savez-vous ce qu'ils ont eu le toupet de m'offrir? quatre-vingt mille francs! Ils en sont là, les bandits! ils croient que je vais me vendre comme une fille... » (232).

Enfin, le baron Hartmann lui-même « s'allume » aux méthodes d'Octave, car « une exploitation si galante l'échauffait, remuait en lui son passé de viveur. Il clignait les yeux d'un air d'intelligence, il finissait par admirer l'inventeur de cette mécanique à manger les femmes » (111). A un autre moment dans le récit, Hartmann change de métaphores et parle de l'entreprise d'Octave en comparant la femme à une « mine de houille » qu'il faut exploiter (333), complétant ainsi la chaîne d'associations rattachée au féminin : elle est bétail, fille, mine, elle est animale et minérale, toujours à conquérir, à coloniser, à exploiter jusqu'à ce qu'on ait sucé toute la moelle de ses os. Selon Octave, rempli d'un « écrasant dédain » à ce sujet : « Toutes lui appartenaient, étaient sa chose, et il n'était à aucune. Quand il aurait tiré d'elles sa fortune et son plaisir, il les jetterait en tas à la borne, pour ceux qui pourraient encore y trouver leur vie » (111).

Néanmoins, malgré l'attitude méprisante d'Octave et le succès de sa tactique colonisatrice, un contre-courant circule tout au long du roman, présageant la déposition de ce « roi despotique du chiffon », aux pieds d'une vendeuse rebelle sortie du troupeau du « bétail » féminin. Par exemple, quand Octave répète son refrain d'indifférence à Bourdoncle, disant « d'un haussement d'épaules qu'il les jetterait toutes par terre, comme des sacs vides, le jour où elles l'auraient aidé à bâtir sa fortune », Bourdoncle répond, sur un ton prophétique, « Elles se vengeront... Il y en aura une qui vengera les autres, c'est fatal » (69). De même, le baron Hartmann, tout en s'inclinant d'admiration devant les projets de son protégé, « eût le mot de Bourdoncle, un mot que lui souffla sa vieille expérience. ‹Vous savez qu'elles se rattraperont›». (111)

Ces visions de la chute d'Octave apparaissent régulièrement dans le texte, en signes annonciateurs toujours repoussés par Mouret qui en ricane, introduisant une note « romantique » dans le récit, note inattendue, singulière dans l'ensemble des romans de la série. En suivant les péripéties qui parcourent la vie de Denise, jeune vendeuse provinciale, « cédant à la séduction » du « Bonheur » qui « achèv[e] de la prendre tout entière » (65), Le lecteur ne s'attend à rien d'autre qu'à voir une autre victime d'Octave. Quand Mouret s'intéresse à elle, on constate toutefois que ce sont les prédictions de Bourdoncle et de Hartmann, qui sont en train de se réaliser. Le « roi du chiffon » se retrouve épris de cette femme, de ce « rouage dans la machine du magasin », plaidant sa cause désespérément auprès de celle qui se refuse à lui à cause de la façon dont il s'est comporté antérieurement, la suppliant même :

> « Mon Dieu ! je vous aime, je vous aime... Pourquoi prenez-vous plaisir à me martyriser ainsi ? Vous voyez bien que plus rien n'existe, que les gens dont je vous parle ne me touchent que par vous, que c'est vous seule maintenant qui importez dans le monde... Je vous ai crue jalouse et j'ai sacrifié mes plaisirs. On vous a dit que j'avais des maîtresses ; eh bien ! je n'en ai plus, c'est à peine si je sors... Dites, faut-il que je me mette à genoux pour toucher votre cœur ? » Il en était là. Lui qui ne tolérait pas une peccadille à ses vendeuses, qui les jetait sur le pavé au moindre caprice, se trouvait réduit à supplier une d'elles de ne pas partir, de ne pas l'abandonner dans sa misère. (365)

Le lecteur est frappé par ce volte-face inattendu : au moment où l'on s'attend à voir s'intensifier dans le texte l'obsession commerciale d'Octave et les souffrances de Denise, on constate, au contraire, que Mouret laisse tomber sa façade dédaigneuse pour se jeter aux pieds de sa vendeuse maltraitée. Il existe tout au long du roman un refrain prophétique faisant allusion à la chute inévitable du « roi du chiffon », mais quand cette chute se produit, elle n'est pas cauchemardesque telle l'horrible revanche des femmes de mineurs sur l'épicier Maigrat (*Germinal*, 361), qui, lui aussi, exerçait une domination sexuelle sur elles. Au contraire, l'angoisse d'Octave est tout ce qu'on peut imaginer de souffrance romantique, avec ses pleurs, ses serments et ses soupirs, sans parler du dénouement d'une tendresse sulfureuse rendue encore plus excessive du fait qu'on a l'habitude de voir chez Zola les revanches les plus atroces, surtout chez les amoureux sincères et les gens honnêtes. En fait, l'invraisemblable de la tournure que prend le récit le fait ressembler plus à un roman à l'eau de rose qu'à un ouvrage d'un naturalisme « scientifique ».

Si nous examinons la structure narrative du *Bonheur des Dames* à la lumière des théories de Janice Radway dans son ouvrage *Reading the Romance*, il s'avère que bien des ressemblances, en effet, existent entre les deux genres, qu'on croirait pourtant complètement opposés. Prenons donc comme point de départ la matrice du roman à l'eau de rose proposée par Radway dans son chapitre intitulé « The Ideal Romance: the Promise of Patriarchy » pour la comparer à la structure narrative du *Bonheur des Dames*:

1. The heroine's social identity is destroyed.
2. The heroine reacts antagonistically to an aristocratic male.
3. The aristocratic male responds ambiguously to the heroine.
4. The heroine interprets the hero's behavior as evidence of a purely sexual interest in her.
5. The heroine responds to the hero's behavior with anger or coldness.
6. The hero retaliates by punishing the heroine.
7. The heroine and hero are physically and/or emotionally separated.
8. The hero treats the heroine tenderly.
9. The heroine responds warmly to the hero's act of tenderness.
10. The heroine reinterprets the hero's ambiguous behavior as the product of previous hurt.
11. The hero proposes/openly declares his love for/demonstrates his unwavering commitment to the heroine with a supreme act of tenderness.
12. The heroine responds sexually and emotionally.
13. The heroine's identity is restored.[3]

---

3 Janice Radway, *Reading the Romance: Women, Patriarchy, and Popular Literature* (Chapel Hill: University of North Carolina Press, 1984) 134.

En comparant l'histoire de Denise Baudu à l'intrigue du roman d'amour, on constate qu'elle suit presque à la lettre le trajet des héroïnes des « romances » dont parle Radway : tout d'abord, le roman commence avec l'arrivée de Denise à Paris, qui a la garde de ses deux frères, car ils sont orphelins tous les trois. Or, comme l'explique Radway, la destruction de l'identité sociale de l'héroïne la force à affronter une nouvelle existence. Dans le cas de Denise, il s'agit de sa vie à Paris, où elle devient soutien de famille.

> As the initial function indicates, the ideal romance begins with its heroine's removal from a familiar, comfortable realm usually associated with her childhood and family [...] the move [...] strips her of her familiar supports and her sense of herself as someone with a particular place and a fixed identity[4]

Denise est impressionnée devant le magasin, fascinée et terrifiée en même temps. Quand elle se présente pour demander une place, sa peur la paralyse, et elle passe presqu'une heure à tourner en rond dans le quartier, avant d'entrer au « Bonheur ». Elle n'est embauchée qu'à cause de l'intervention de Mouret, le « mâle aristocratique » du récit, mais quand elle découvre l'identité d'Octave, elle « [est] reprise d[e] froid » (92), lui en voulant à cause des histoires qui circulent sur sa femme morte « dont le sang avait scellé les pierres de la maison » (92).

Quant à Octave, son comportement envers Denise est effectivement « ambigu », puisqu'il la trouve tantôt jolie, tantôt laide, fier de ce qu'il interprète comme de « l'extase » (90) dans le regard qu'elle fixe sur lui, affirmant qu'il veut en faire une expérience, la traitant « en enfant », mais avec « des envies méchantes de savoir comment une femme poussait et se perdait dans Paris [...] il éprouv[e] un sentiment indéfinissable de surprise et de crainte, mêlé de tendresse » (181). Denise est déconcertée par l'attitude d'Octave, elle le soupçonne de vouloir faire d'elle une de ses conquêtes, et l'évite par conséquent, le traitant avec froideur.

Comme dans l'étape six du schéma, Octave la punit, la laisse renvoyer à cause des rumeurs voulant qu'elle donne rendez-vous à ses amants dans le sous-sol du magasin (il s'agit en réalité de son frère Jean, mais personne ne veut la croire [204]). Denise et Octave se retrouvent alors « séparés physiquement et psychologiquement », car elle accepte un poste dans une

---

4 Radway 134.

autre boutique jusqu'à ce que Mouret la rencontre par hasard en se promenant au jardin des Tuileries. Il la traite « tendrement », lui disant :

> « Ecoutez, mademoiselle, j'ai des excuses à vous présenter... Oui, j'aurais été heureux de vous dire plus tôt combien j'ai regretté l'erreur qui a été commise. On vous a accusée trop légèrement d'une faute... Enfin, le mal est fait, je voulais seulement vous apprendre que tout le monde, chez nous, connaît aujourd'hui votre tendresse pour vos frères ». Il continua, fut d'une politesse respectueuse, à laquelle les vendeuses du *Bonheur des Dames* n'étaient guère habituées de sa part. (228-29)

En l'entendant lui faire des excuses, « le trouble de Denise augmente », mais en même temps « une joie inond[e] son cœur » (229). Continuant la conversation, Octave lui parle du commerce « sur un pied d'égalité charmante », tandis que Denise, « gagnée par cette familiarité » laisse entendre qu'elle est pour les grands magasins. Finalement, elle est ravie qu'Octave « sa[che] donc qu'elle ne s'était donnée à personne ! » (229) ; en d'autres termes, comme le dit Radway, elle « réinterprète son comportement ambigu ».

Vers la fin du roman, Octave propose une liaison amoureuse à Denise, qu'elle refuse, et qu'elle continue à repousser jusqu'à ce qu'il la demande en mariage. Proposition à laquelle Denise « répond sexuellement et affectivement », « avec son impétuosité d'enfant, elle se je[tte] à son cou, sanglot[e] elle aussi, en bégayant : ‹Oh ! monsieur Mouret, c'est vous que j'aime !› » (442). Enfin, la phrase qui clôt le roman nous montre Octave, « serrant [Denise] éperdument sur sa poitrine », en lui disant qu'elle peut maintenant passer un mois à Valognes, « ce qui fermerait la bouche du monde », et promettant d'aller ensuite la chercher « pour l'en ramener, à son bras, toute-puissante » (442). L'identité de l'héroïne est ainsi rétablie.

Nous constatons que les voix prophétiques avaient raison, et que la femme « s'est vengée » en prenant Octave à son propre piège. Et pourtant, Denise n'a rien d'intéressé dans son caractère ; au contraire, elle est toujours décrite comme bonne et douce, timide et innocente (et vierge, cela va sans dire) – toutes les qualités de l'épouse idéale. Mais malgré sa timidité, Denise s'affirme dès le début du roman : en dépit de sa peur, elle entre dans le magasin pour demander une place ; quand les autres vendeuses l'humilient et la taquinent, elle leur tient tête, et lorsque Octave veut faire d'elle sa maîtresse, elle refuse, pour des raisons de

« repos ». Elle est aussi d'une force et d'une justesse surprenantes, exigeant que Mouret aménage une salle de jeux, une bibliothèque, un cabinet de médecin destinés à l'usage des vendeurs qui logent dans le magasin, sans parler de l'amélioration de la nutrition et de la protection des femmes enceintes qui, avant son intervention auprès du patron, étaient renvoyées sur-le-champ. En voyant son intelligence et son esprit d'invention, le lecteur sait qu'elle est le complément parfait d'Octave, sa « meilleure moitié » pour ainsi dire, et son succès est dû entièrement au fait qu'elle refuse d'accepter son rôle d'objet ; contrairement aux mannequins, Denise, tout simplement, ne perd pas la tête. Dès qu'elle dispose du pouvoir, elle travaille pour le bien de tous ses camarades de travail, puisqu'elle « ne pouvait s'occuper d'une chose, voir fonctionner une besogne, sans être travaillée du besoin de mettre de l'ordre, d'améliorer le mécanisme » (370). Les améliorations qu'elle apporte au fonctionnement du magasin sont mêmes qualifiées de « l'embryon des vastes sociétés ouvrières du vingtième siècle » (371), legs impressionnant pour un simple « rouage [...] emporté par le branle de la machine » (164).

Pour sa part, Octave se rachète en abandonnant ses maîtresses calculées et, plus important encore, « sa continuelle exploitation de la femme » (390). En le voyant si changé, Denise approuve sa nouvelle sagesse, se sentant « sans rancune, aujourd'hui qu'il souffrait par elle. Cette souffrance l'avait grandi. Quand elle le voyait torturé, expiant si durement son dédain de la femme, il lui semblait racheté de ses fautes » (390). Toutefois, en dépit des « souffrances » d'Octave, ce dénouement utopique est problématique car l'attitude dédaigneuse vis-à-vis de la femme, bien qu'« expiée » par les tortures de l'amour non-partagé, ne l'est que dans le cas particulier de Denise, la bien-aimée. Le texte ne nous laisse aucun doute sur la fin du roman : le jeune couple heureux continuera à tenir le magasin « fait de la chair et du sang de la femme » (109), la femme aidant son mari à faire fonctionner encore plus efficacement les « engrenages de la terrible machine » (372).

Quoiqu'ils travaillent ensemble, c'est Octave qui s'occupe des finances, tandis que les améliorations apportées par Denise, si utiles qu'elles soient, restent du domaine féminin : les petits conforts ménagers, les soins des malades, même le menu lui est confié, et son poste de première se trouve dans le rayon (significatif) des enfants. Selon Radway, ceci n'est qu'un autre élément nécessaire au roman à l'eau de rose, car

« [l]ike all romances, these novels eventually recommend the usual sexual division of labor that dictates that women take charge of the domestic and purely personal spheres of human endeavor » (Radway 123). Et de toutes façons, le but de tout le trajet que fait Denise, tel que décrit dans la structure que nous avons présentée, n'est pas l'autodétermination, mais la perfection de son rôle ultime d'épouse et de mère.

> The [...] list of thirteen logically related functions explains the heroine's transformation from an isolated, asexual, insecure adolescent who is unsure of her own identity, into a mature, sensual, and very married woman who has realized her full potential and identity as the partner of a man and as the implied mother of a child.[5]

Ce dénouement utopique et quasi-invraisemblable découle d'une position passionnée et contradictoire de Zola : tout en glorifiant le progrès, l'écrivain vocifère contre la dégénérescence de la famille moderne, causée, selon lui, par la primauté de ces inventions qui mènent inévitablement aux pires désastres. (De nombreux exemples en témoignent : les hommes divisés, chacun courant de son côté, jamais un repas pris ensemble ; Geneviève abandonnée par Colomban pour une vendeuse du « Bonheur des Dames » ; les jeunes artistes de L'Œuvre éparpillés et solitaires). En se mariant, Octave suit les sages sermons de Sandoz qui, en porte-parole du naturalisme (et en représentant à peine déguisé de Zola lui-même), explique :

> [...] ses idées sur le mariage, qu'il considérait bourgeoisement comme la condition même du bon travail, de la besogne réglée et solide, pour les grands producteurs modernes. La femme dévastatrice, la femme qui tue l'artiste, lui broie le cœur et lui mange le cerveau, était une idée romantique, contre laquelle les faits protestaient. Lui, d'ailleurs, avait le besoin d'une affection gardienne de sa tranquillité, d'un intérieur de tendresse où il pût se cloîtrer, afin de consacrer sa vie entière à l'œuvre énorme dont il promenait le rêve. Et il ajoutait que tout dépendait du choix, il croyait avoir trouvé celle qu'il cherchait, une orpheline, la simple fille de petits commerçants sans un sou, mais belle, intelligente. (L'Œuvre, 216-17)

---

5 Radway 134.

Finalement, nous voilà de retour aux romans à l'eau de rose, avec la belle orpheline innocente épousant le romancier à succès, le couple vivant heureux et ayant beaucoup d'enfants. Il faut conclure que l'attitude de Zola vis-à-vis du vrai bonheur féminin est ambivalente, à la fois révolutionnaire et conservatrice ; car, si d'un côté il réclame le respect et une place pour les femmes dans la société, de l'autre, il veut la vie traditionnelle et bourgeoise du couple respectable et marié. Cette vision double de la « modernité » se remarque aussi à propos de la machine, qu'il admire pour son pouvoir et craint pour son effet déshumanisant. On pourrait même dire que l'histoire des femmes dans les romans de Zola reflète l'image du corps féminin prise dans une machine, qui la broie, la transforme jusqu'à ce qu'elle en sorte perfectionnée, mais réifiée. Ainsi, Christine est transformée par la « machine » artistique en l'image de la Baigneuse parfaite dans *L'Œuvre;* Séverine voyage littéralement à l'intérieur de la Lison, qui l'emmène à sa mort quand elle n'atteint pas la perfection voulue dans *La Bête humaine;* et les clientes du magasin se laissent tenter par la vue des mannequins parfaits, voulant se refaire à leur image, pénétrant dans la « machine » du « Bonheur », pour y perdre la tête, et en sortir transformées en ces mannequins décapités. Dans les trois cas, il s'agit d'une métaphore représentant la pression de la société sur la femme, la nécessité de transformer et de mutiler son corps à travers la machine sociale.

En définitive, si Zola fait appel à l'innovation extérieure, il réclame tout aussi énergiquement le maintien des convenances à l'intérieur du couple, et nous sommes forcés de conclure que le vrai « bonheur des dames » provient du foyer. Tout comme Saint Paul, le côté moralisant du texte proclame qu'il « vaut mieux se marier que de brûler ».

Bibliographie

Cixous, Hélène. *La Jeune Née.* Paris : UGE, « 10/18 », 1975.
Radway, Janice A. *Reading the Romance: Women, Patriarchy, and Popular Literature.* Chapel Hill : University of North Carolina Press, 1984.
Zola, Emile. *Au Bonheur des Dames.* [1883]. Paris : Garnier-Flammarion, 1971.
—. *La Bête humaine.* [1890]. Paris : Garnier-Flammarion, 1972.

–. *Germinal.* [1885]. Paris: Garnier-Flammarion, 1968.
–. *L'Œuvre.* [1886]. Paris: Livre de Poche, 1967.

Denise ou la vertu attentatoire dans *Au Bonheur des Dames*

Véronique CNOCKAERT

Le célèbre coup de hanche de Nana sur la scène du théâtre des Variétés, dès les premières pages du roman qui porte son nom, tout en installant la jeune femme dans le mythe de Vénus, révèle la déesse la plus éclatante de l'univers des *Rougon-Macquart*[1]; si aucune femme dans l'œuvre d'Emile Zola ne la détrône, certaines, au caractère moins exubérant, à la sexualité moins colorée, donneront à l'auteur la possibilité de créer des Vénus aux dimensions psychologiques plus complexes, plus raffinées. Ainsi Gervaise jeune, dont le corps légèrement disgracieux ne peut revendiquer la beauté éclatante et parfaite de sa fille, recèle une sensualité moins tapageuse, mais tout aussi efficace; Lantier, Coupeau et Goujet s'y feront prendre. Souvenons-nous dans *L'Assommoir* de cette saisissante description de la blanchisseuse dans sa boutique. Peinture qui défie en volupté, malgré l'hétérodoxie des lieux, tout autre naissance de Vénus:[2]

> [...] les tas avaient monté autour de Gervaise. Maintenant, toujours assise au bord du tabouret, elle disparaissait entre les chemises et les jupons; elle avait devant elle les draps, les pantalons, les nappes, une débâcle de malpropreté;

---

1 « Comme elle terminait le couplet, la voix lui manqua complètement, elle comprit qu'elle n'irait jamais jusqu'au bout. Alors, sans s'inquiéter, elle donna un coup de hanche qui dessina une rondeur sous la mince tunique, tandis que, la taille pliée, la gorge renversée, elle tendait les bras. Des applaudissements éclatèrent. Tout de suite, elle s'était tournée, remontant, faisant voir sa nuque où des cheveux roux mettaient comme une toison de bête; et les applaudissements devinrent furieux », (Emile Zola, *Nana*, vol. 2 [Paris: Gallimard, « Bibliothèque de la Pléiade »] 1108). Toutes nos références aux *Rougon-Macquart* renvoient à cette édition.

2 La plus célèbre dans *Les Rougon-Macquart* étant celle interprétée par Nana: « Nana était nue. Elle était nue avec une tranquille audace, certaine de la toute-puissance de sa chair. Une simple gaze l'enveloppait; ses épaules rondes, sa gorge d'amazone dont les pointes roses se tenaient levées et rigides comme des lances, ses larges hanches qui roulaient dans un balancement voluptueux, ses cuisses de blonde grasse, tout son corps se devinait, se voyait sous le tissu léger, d'une blancheur d'écume. C'était Vénus naissant des flots, n'ayant pour voile que ses cheveux », (Zola, *Nana* 1118).

> et, là-dedans, au milieu de cette mare grandissante, elle gardait ses bras nus, son cou nu, avec ses mèches de petits cheveux blonds collés à ses tempes, plus rose et plus alanguie. [...] Le soleil oblique battait la devanture, la boutique flambait. Alors, Coupeau, que la grosse chaleur grisait davantage, fut pris d'une soudaine tendresse. Il s'avança vers Gervaise, les bras ouverts, très ému.³

Bien que les flots aient fait place à une « mare » de linge sale, Zola ne travestit pas le mythe, il le développe au contraire, le métaphorise et l'habille d'une peau toute neuve. Au milieu du fatras, des reliques d'un quotidien poisseux, cette blanchisseuse entourée de « ces drapeaux de l'ordure triomphante »⁴ est en effet proche du mythe originaire.⁵ Le romancier naturaliste substitue simplement à l'écume et à la semence divine, des draps et des pantalons souillés, vestiges, il est vrai, de rencontres et d'échanges moins épiques.⁶ Mais le tour de force de Zola tient à ce que ces salissures transforment chaque pièce de linge en oriflamme impromptu d'une classe défavorisée, en symbole à déchiffrer : elles deviennent écriture. De sa place privilégiée, Gervaise les lit, comme autant de pages écrites, mettant « un nom sur chacune, au flair, à la couleur. Ces serviettes-là appartenaient aux Goujet [...]. Voilà une taie d'oreiller qui venait certainement des Boch »⁷, elle devine « les secrets de la propreté de chacun, les dessous des voisines [...]. Aussi est-elle pleine d'anecdotes »⁸, nous dit le texte. Ainsi, cette étrange fresque aux teintes

---

3   Zola, *L'Assommoir*, vol. 2 (Paris : Gallimard, « Bibliothèque de la Pléiade ») 508-09.
4   Zola, *L'Assommoir*.
5   Relisons un extrait du poème d'Hésiode qui relate la naissance d'Aphrodite : « Et le grand ciel vint amenant la nuit ; et, enveloppant Terre, tout avide d'amour, le voilà qui s'approche et s'épand en tout sens. Mais le fils, de son poste, étendit la main gauche, tandis que, de la droite, il saisissait l'énorme, la longue serpe aux dents aiguës ; et, brusquement, il hucha les bourses de son père, pour les jeter ensuite, au hasard, derrière lui. [...] à peine les eut-il tranchées avec l'acier et jetées de la terre dans la mer au flux sans repos, qu'elles furent emportées au large, longtemps ; et, tout autour, une blanche écume sortait du membre divin. De cette écume une fille se forma, qui toucha d'abord à Cythère la divine, d'où elle fut ensuite à Chypre qu'entourent les flots, et c'est là que prit terre la belle et vénérée déesse [...] que les dieux aussi bien que les hommes appellent Aphrodite, pour s'être formée d'écume ». (Hésiode, *Théogonie. Les Travaux et les jours. Le Bouclier*, texte établi et traduit par Paul Mazon [Paris : Edition « Belles Lettres », 1951] 38-39).
6   Zola pousse le mythe encore plus loin, l'histoire d'amour entre Gervaise et Goujet le forgeron n'est pas sans rappeler la liaison entre Vénus et Vulcain.
7   Zola, *Au Bonheur des Dames* 507.
8   Zola, *Au Bonheur des Dames* 507-08.

d'arrière-boutique – Gervaise au sommet et au cœur d'un « tas » d'histoires familières, dont elle respire l'intimité et délivre l'impudeur –, représente de manière habile la place souveraine de la femme du peuple et – Zola, on le sait, en fera les frais – du peuple dans la littérature.[9] Littérature qui n'hésite pas à montrer que tous les « mondes »[10] de la société renferment une perle dans leur coquille et que les Vénus naissent parfois dans les draps malpropres des quartiers populaires. Ces déesses s'habillent de robes rapiécées et de jupons sales. Ainsi vêtues, elles déambulent dans un monde de pacotille, et se pavanent très souvent dans un luxe douteux. Cependant, des Vénus immaculées à la virginité apparemment sans tache, l'œuvre d'Emile Zola en contient également, à preuve Denise, l'étonnante petite vendeuse de *Au Bonheur des Dames* dont la vertu cache des talents et des charmes insoupçonnés.

L'ange et Méduse

Au Bonheur des Dames ne fut pas un grand succès de librairie[11], par contre il échappa aux insultes et critiques acerbes qui éclaboussaient ordinairement tous les romans de Zola depuis *L'Assommoir*[12]. Les raisons en sont peut-être à chercher du côté de la conduite vertueuse et de l'apparente candeur de l'héroïne; il semble qu'emmaillotée dans sa vertu et son honnêteté, la jeune fille reste hors d'atteinte. Par ailleurs, nous pouvons lire dans *l'Ebauche*:

---

9   Henri Mitterand note dans *L'Histoire et la fiction* (Paris: PUF, 1990): « Le succès de *L'Assommoir* et les polémiques qui l'avaient accompagné venaient de transformer radicalement le statut littéraire de Zola. ‹Voilà une bien grande œuvre›, lui avait écrit Mallarmé, mais si l'éclat et la puissance évocatrice des grandes pages de ce roman valaient à son auteur l'admiration des artistes modernes, ils l'asservissaient aussi à l'image d'un romancier de la populace, des jouissances grossières, de l'argot, du linge sale et du *delirium tremens*... » (138).

10 Nous faisons ici référence à la taxinomie des différentes classes de la société qu'établit Emile Zola. Voir « Détermination générale » dans *Les Rougon-Macquart*, vol. 5 (Paris: Gallimard, « Bibliothèque de la Pléiade », 1967) 1734-35.

11 Le charme de Denise n'opère pas sur le public comme il peut le faire sur Octave Mouret. « Il fallut sept ans pour épuiser 60 000 exemplaires du premier tirage. Le 3 décembre 1902, deux mois après la mort de Zola, on en avait tiré 74 800 exemplaires. A la même date, *Nana,* de trois ans antérieur, atteignait le 198e mille [...] », cité par Colette Becker dans sa préface à *Au Bonheur des Dames*, vol. 3 (Laffont: « Bouquins », 1992) 673-74.

12 A ce sujet, voir le dossier, « La rédaction et la publication », par Henri Mitterand, vol. 3 (Paris: Gallimard, « Bibliothèque de la Pléiade ») 1702-04.

> Je veux celle-ci maigrichonne au début, timide, raillée, presque ahurie, écrasée ; puis peu à peu je la développe au milieu de l'élégance du magasin, elle se fait : alors le caractère qui apparaît : posée, sage, pratique [...], surtout ne pas en faire une rouée, une femme à calcul ; il ne faut pas qu'elle travaille à son mariage avec Octave, que ce mariage soit une conséquence et non un but.[13]

A première vue, nous avons affaire à une jeune femme qui réussit presque accidentellement, ou du moins par la force des choses, et qui semble spectatrice de son propre succès. Que Zola ait voulu créer un personnage positif en la personne de Denise, nous le savons, cependant la récurrence de l'image de Vénus dans les notes préparatoires, avec son triomphe comme aboutissement, nous laisse perplexe devant l'ingénuité du personnage dans le roman. En effet, dans les notes de *Au Bonheur des Dames*, le romancier réécrit la scène de Gervaise au milieu de son linge, mais cette fois-ci « en grand ». La blanchisseuse fait place à la vendeuse, et l'ouvrier zingueur au patron de grand magasin. L'atmosphère n'est plus à la tendresse et à l'enivrement, mais à la passion et à l'envoûtement de l'homme par la femme :

> C'est un type superbe de grâce et d'honnêteté à créer. [...] La femme très sympathique ; d'abord misérable, humiliée par tous, commis et clientes, par Octave lui-même, et peu à peu l'histoire de la passion de celui-ci [...]. Il peut essayer de la prendre de force, ne l'obtient pas, l'oublie, puis s'enrage ; et, à la fin, dans son triomphe d'argent, il sanglote de ne pas l'avoir, grande scène [...]. *Il ne voit plus qu'elle au milieu de la scène finale, de l'entassement des marchandises :* deux millions de recettes : le triomphe de Vénus.[14]

L'Antithèse de Gervaise, qui règne sur un mont de chiffons malpropres, Denise, la jeune femme « petite et fine, pas jolie, mais agréable »[15] finira au faîte d'une montagne de « marchandises » riches et chatoyantes où les soieries empilées rivalisent avec les dentelles dont regorge le grand magasin, *Au Bonheur des Dames*. La petite provinciale, au charme maladroit, sans expérience de la grande ville et de ses mœurs dangereuses,

---

13 *Ebauche* de *Au Bonheur des Dames*, vol. 3 (Paris : Gallimard : « Bibliothèque de la Pléiade ») 1684.
14 Zola, *Ebauche* de *Au Bonheur des Dames*. C'est nous qui soulignons.
15 Zola, *Ebauche* de *Au Bonheur des Dames*.

camoufle sous sa candeur et son innocence une « vénusté » triomphante. Néanmoins entre le projet initial et le dernier chapitre du roman, Emile Zola prend garde de ne pas mettre cette « vénusté » de l'avant ; tout au long du récit, Denise reste la personne simple et honnête des premières pages, comme si tous les événements antérieurs, la ruine des Baudu, la mort de Geneviève, la faillite des Robineau, la destruction du magasin de Bourras, ses propres difficultés au *Bonheur des Dames* l'avaient laissée intacte.

C'est avec raison qu'Henri Guillemin, dans la préface qu'il donne à ce roman, suspecte avec ironie la pureté de la jeune fille : « La conclusion du *Bonheur des Dames*, c'est le couronnement du négoce sous sa forme la plus élémentaire et la plus basse, du Profit [...] la fille sage et pauvre devient tout à coup la femme du patron – récompense de la vertu ; sa belle petite âme, éprise de bienfaisance, achèvera de décorer d'un badigeon le capitalisme triomphant »[16] écrit-il. Pierre de touche de l'histoire, Denise n'a rien d'un monolithe et n'est pas aussi univoque qu'il y paraît. Habitué à ciseler des caractères aux psychologies ambiguës et très souvent paradoxales, c'est dans l'ambivalence qu'Emile Zola campe son nouveau personnage. Il est vrai que, jour et nuit, robe de laine et robe de soie couvrent la chair de Denise au point de faire oublier au lecteur qu'elle a un corps, et l'invitent ainsi à ne voir que « sa belle petite âme ». Pourtant, Zola ne désincarne pas la jeune vendeuse. Simplement, si le corps ne resplendit pas sous l'habit, c'est qu'il s'épanouit au grand jour dans la floraison d'une chevelure scandaleuse : « C'est en effet la seule beauté de Denise. D'un blond cendré, ses cheveux lui tombaient jusqu'aux chevilles ; et quand elle se coiffait, ils la gênaient, au point qu'elle se contentait de les rouler et de les retenir en un tas, sous les fortes dents d'un

---

16 Henri Guillemin, Préface à *Au Bonheur des Dames* (Lausanne : Editions Rencontre, 1961) 9-26. Cité sans indication de la page par Claude Aziza (Paris : Presses Pocket), « Lire et voir les classiques », 1990) 470. Henri Mitterand, sans mettre en doute la probité de la jeune fille, soupçonne l'apparente clarté de la fin du roman : « Il y aurait d'ailleurs lieu de se demander si le triomphe apparent de Denise – son mariage avec Octave n'est pas le signe le plus éclatant du caractère inéluctable de l'aliénation féminine dans la société de libre entreprise et de profit – à moins que dans un sens, somme toute inverse, on y voie un apologue sur le danger mortel que court l'homme d'action et de création devant les séductions de l'éros féminin. Octave trouvera en Denise la maternelle Denise une mère autant qu'une épouse ; à y regarder de près, les dernières pages de ce roman ne sont pas aussi limpides qu'il y paraît » (*Au Bonheur des Dames* [Gallimard, « Folio », 1980] 558).

peigne de corne ».[17] Les rires et plaisanteries des vendeuses et calicots ne sont, à cet égard, que le résultat d'une jalousie point dupe quant aux pouvoirs séducteurs d'un tel apparat ; seule « Mme Aurélie ne rit pas, comme si les beaux cheveux sauvages et les fines épaules virginales de la débutante la déshonoraient dans la bonne tenue de son rayon ».[18] Nous comprenons pourquoi devant ses regards accusateurs et railleurs, Denise « se sent violentée et mise à nu ».[19] Au seuil d'une féminité certaine, mais naissante – à vingt ans elle paraît en avoir seize[20] –, toute l'ambiguïté de la jeune fille apparaît dans cette période trouble qu'est la fin de l'adolescence, passage délicat, enracinée dans l'enfance mais portant le germe de l'âge adulte. Denise enclôt sourdement dans son corps de sauvageonne « la force de la femme »,[21] subsumant dans une chair qui s'éveille et parce qu'elle s'éveille, toute la sensualité et tous ses pouvoirs. Denise, sa chevelure l'annonce, condense secrètement les désirs et appétits de la nature féminine. Rien d'étonnant, que plus la vendeuse s'épanouit, mieux elle coiffe son impressionnante crinière, comme si le fait de la dompter était le résultat d'une canalisation de cette énergie flamboyante et sensuelle qu'elle porte à l'intérieur d'elle-même. Enclavant la sensualité et la force érotique de la jeune fille dans une toison juvénile, mais invitante, le romancier, par ce subterfuge qui mêle habilement l'ange et la Méduse, peut couvrir le corps tout en révélant ses promesses.

La Vierge d'acier

De ce fait, Denise n'a pas besoin, comme toutes les autres femmes, de recourir à des artifices pour dominer Octave Mouret ; elle réussit par sa seule présence à le subjuguer. Cependant, si elle résiste avec tant d'obstination à toutes les tentations, celles de la chair ou celles de la mode, ce

---

17 Zola, *Au Bonheur des Dames* 473.
18 Zola, *Au Bonheur des Dames* 498.
19 Zola, *Au Bonheur des Dames* 498.
20 « Mme Aurélie la regardait de ses grands yeux fixes, sans qu'un pli de son masque d'empereur daignât s'attendrir /Quel âge avez-vous donc ?/ – Vingt ans, madame./ – Comment vingt ans ! mais vous n'en paraissez pas seize ! », Zola, *Au Bonheur des Dames* 439. A l'opposé, Nana « a dix-sept ans. Mais elle est très forte, on lui donnerait au moins vingt ans » (*Nana*, dossier préparatoire, mss, n.a.f. 10.313, 191).
21 Zola, *Ebauche* de *Au Bonheur des Dames* 1681.

n'est pas seulement parce que sa personne est à l'aube d'un éveil érotique, aux balbutiements d'un désir à peine éclos qui n'est pas à ce point développé qu'il puisse la dominer – comme c'est le cas chez Nana, très tôt spectatrice des effets de son désir –; si la vendeuse protège son corps, le cache, s'interdit toute forme de sexualité, se raisonne, si elle opte pour la retenue en s'enfermant chaque soir dans sa chambre comme dans une cellule, c'est que toute sa personne appartient, depuis qu'elle l'a vu, au monstre qu'est le grand magasin, devant lequel elle a succombé en s'offrant totalement. Ainsi nous pouvons lire dès les premières pages :

> Derrière le rideau de pluie qui tombait, [...] les vitrines se noyaient, on ne distinguait plus, en face, que la neige des dentelles, [...] et sur ce fond de chapelle, les confections s'enlevaient en vigueur [...]. Denise cédant à la séduction, était venue jusqu'à la porte, sans se soucier du rejaillissement des gouttes, qui la trempaient. A cette heure de nuit, avec son éclat de fournaise, le *Bonheur des Dames* achevait de la prendre tout entière.[22]

La ruine morale étant très souvent dans l'œuvre d'Emile Zola sœur de la ruine du corps – pensons à la déchéance de Gervaise ou à celle de Nana – la virginité de Denise est garante de la moralité du récit, mais l'ordre moral que représente Denise, exacerbé, mis en relief par le vice des femmes qui l'entourent – vendeuses et clientes –, fonctionne dans l'économie du roman comme un voile pour masquer l'engagement immoral de la jeune femme. Denise entre au « Bonheur », comme on entre en religion, et se voue corps et âme au dieu qu'elle a choisi, ce passage en fait foi : « Il lui fallut assister à l'œuvre invincible de la vie, qui veut la mort pour la continuelle semence. Depuis des années, elle était prise dans les rouages de la machine. N'y avait-elle pas saigné? ne l'avait-on pas meurtrie, chassée, traînée dans l'injure ? »[23], et « que de tortures! des familles qui pleurent, des vieillards jetés au pavé, tous les drames poignants de la ruine! Et elle ne pouvait sauver personne, et elle avait conscience que cela était bon, qu'il fallait ce fumier de misère à la santé du Paris de demain »[24]. Entre la terrible machine et Denise, un marché secret va rapidement s'établir. A cet ogre qui « tire l'argent de la chair »[25] des clientes,

---

22 Zola, *Au Bonheur des Dames* 414.
23 Zola, *Au Bonheur des Dames* 761.
24 Zola, *Au Bonheur des Dames* 748.
25 Zola, *Au Bonheur des Dames* 492.

la jeune fille vendra son âme et sa chair d'enfant, en contrepartie le monstre, temple de la beauté, lui forgera un corps de femme. Ainsi reçoit-elle le pouvoir, qui lui permet de se structurer, de prendre toute sa dimension de femme, du « Bonheur des Dames » qui reconnaît en elle sa déesse, sa vierge blanche[26], l'épouse tant attendue. Il faut à cette grandiose architecture, une âme belle et pure pour absoudre et sauver l'entreprise du crime commis, celui du charnier dont le grand magasin se repaît et grâce auquel il grandit ; à la jeune fille pubère et sauvage, il faut un corps d'acier pour affronter « la grande ville noire »[27] : le « Bonheur » en effet « flambait comme un phare, il semblait à lui seul la lumière et la vie de la cité. Denise y rêvait son avenir, beaucoup de travail pour élever les enfants, avec d'autres choses encore, elle ne savait quoi, des choses lointaines dont le désir et la crainte la faisaient trembler ».[28]

En faisant du grand magasin, de cette effroyable machine qui tue la concurrence et ruine la clientèle, qui brise des familles, une « chapelle » du progrès, un lieu de culte où l'on célèbre la femme et ses caprices, une église du corps et de son embellissement[29], Zola réussit presque à transformer le vice en apparente vertu. Car il ne faut pas l'oublier, le « Bonheur des Dames », est avant tout un immense autel de débauche, de

---

26   « La grande exposition de blanc prenait une splendeur féérique d'apothéose, sous cet éclairage nouveau. Il sembla que cette colossale débauche de blanc brûlait elle aussi, devenait de la lumière. […] la nef centrale surtout chantait le blanc trempé de flammes : les bouillonnés de mousseline blanche autour des colonnes, les basins et les piqués blancs qui drapaient les escaliers, les couvertures blanches accrochées comme des bannières, les guipures et les dentelles blanches volant dans l'air, ouvraient un firmament du rêve, une trouée sur la blancheur éblouissante d'un paradis, où l'on célébrait les noces de la reine inconnue. La tente du hall des soieries en était l'alcôve géante, avec ses rideaux blancs, ses gazes blanches, ses tulles blancs, dont l'éclat défendait contre les regards la nudité blanche de l'épousée ». (Zola, *Au Bonheur des Dames* 797).
27   Zola, *Au Bonheur des Dames* 414.
28   Zola, *Au Bonheur des Dames* 414.
29   « Mouret regardait toujours son peuple de femmes, au milieu de ces flamboiements. […] Sa création apportait une religion nouvelle, les églises que désertait peu à peu la foi chancelante étaient remplacées par son bazar, dans les âmes inoccupées désormais. La femme venait passer chez lui des heures vides, des heures frissonnantes et inquiètes qu'elle vivait jadis au loin des chapelles : dépense nécessaire de passion nerveuse, lutte renaissante d'un dieu contre le mari, culte sans cesse renouvelé du corps, avec l'au-delà divin de la beauté. S'il avait fermé ses portes, il y aurait eu un soulèvement sur le pavé, le cri éperdu des dévotes auxquelles on supprimerait le confessionnal et l'autel ». (Zola, *Au Bonheur des Dames* 797-98).

sacrifice – la première femme à y laisser sa vie et son corps sera Mme Hédouin, épouse d'Octave, à jamais emmurée dans les fondations de la bâtisse –, c'est un panthéon de la « dépravation sensuelle »[30], où chaque jour une multitude de femmes viennent s'immoler, sacrifiant réputation, honnêteté, famille et maris.

Contre cette victoire de l'homme sur la femme : « Ayez donc les femmes, […] vous vendrez le monde »[31] clamait Octave, Zola, dès le plan général de l'œuvre, voulait que Denise soit la revanche de toutes ces femmes que manipule adroitement l'homme d'affaires : « Octave exploitant la femme, puis exploité et vaincu par elle ».[32] Il le démontre parfaitement par ce passage quand le grand patron, seul devant « l'or, l'argent, et le cuivre coulant des sacs, crevant les sacoches, faisant un gros tas, le tas de la recette brute, telle qu'elle sortait des mains de la clientèle, encore chaude et vivante » rêve d'appartenir à Denise et s'avoue vaincu par elle. Roi de son empire, Octave devine que si Denise quitte le magasin, il ne sera plus qu'un prêtre abandonné par sa Vierge, un alchimiste sans pouvoir, il comprend que le million gagné ainsi que tous les autres à venir ne brilleront jamais sans les lumières de la jeune femme à ses côtés pour les éclairer. Magnifiée par le grand magasin, Denise en est devenue la raison d'être. Ainsi, il n'est peut-être pas tant question de rivalité entre Denise et le « Bonheur », comme le souligne Jacques Noiray dans son ouvrage *Le Romancier et la machine*[33], que d'un mariage secret à consonances faustiennes entre la diabolique entreprise et la jeune nubile. Le mariage de la vendeuse et du patron n'est plus dès lors que la pâle répétition de ce pacte plus obscur qui avait déjà eu lieu.

---

30 Zola, *Au Bonheur des Dames* 781.
31 Zola, *Au Bonheur des Dames* 461.
32 Plan général de *Au Bonheur des Dames*, cité par Henri Mitterand (Zola, *Au Bonheur des Dames* 1696).
33 « Restant à l'écart du mécanisme commercial, elle échappe […] au pouvoir de la machine, et par conséquent est seule capable de rivaliser avec elle » (Jacques Noiray, *Le Romancier et la machine. L'Image de la machine dans le roman français [1850-1900]. L'Univers de Zola*, vol. 1 [Paris : Librairie Josée Corti, 1981] 270).

La « mouche d'or » et la perle

Dans *Au Bonheur des Dames*, Zola réactualise à l'intérieur d'un dispositif socio-économique la structure archaïque du mythe d'Ouranos et de Cronos. L'ensemble du roman, nous l'avons dit rapidement, décrit comment le grand magasin, enfant légitime du petit commerce, se développe à ses dépens.[34] L'appétit titanesque du monstre provoque son érosion progressive, sa déchéance et se nourrit de sa mort, ainsi que de celle de ses artisans.[35] Par cette gigantesque structure socio-économique, le *Bonheur des Dames*, dont elle se nourrit, Denise apparaît comme la fille naturelle de ce meurtre symbolique. L'ascension de la jeune fille, sa mise au monde[36], à la vie, à l'amour, à la réussite, sont donc le fruit d'une castration. Sa vie privée et sa vie professionnelle suivent la voie linéaire du progrès, la poussent à encourager le développement du grand magasin dont elle acquiert, peut-être malgré elle, le pouvoir désagrégeant :

> Aujourd'hui encore elle s'épouvantait parfois, lorsqu'elle se sentait choisie par la logique des faits. Pourquoi elle, si chétive ? pourquoi sa petite main pesant tout d'un coup si lourd, au milieu de la besogne du monstre ? [...] Mouret avait inventé cette mécanique à écraser le monde, dont le fonctionnement brutal l'indignait ; il avait semé le quartier de ruines, dépouillé les uns, tués les autres ; et elle l'aimait quand même pour la grandeur de son œuvre, elle l'aimait davantage à chacun des excès de son pouvoir, malgré le flot de larmes qui la soulevait, devant la misère sacrée des vaincus.[37]

Dans le sillage de la jeune fille, tout n'est que désolation. Sa foi dans le progrès, et son amour inconditionnel pour Octave Mouret, en font la

---

34 Ce passage tiré de *Pot-Bouille*, roman qui relate entre autres les débuts d'Octave, révèle la prochaine expension du «Bonheur des Dames» : « [...] Auguste, que la politique laissait froid, donnait les signes d'une stupéfaction indignée, debout à la porte du petit salon. Comment ! sa sœur allait recevoir le ménage de l'ancien amant de sa femme ! Et dans sa rancune d'époux, il y avait encore la colère jalouse du commerçant ruiné par une concurrence triomphante ; car le «Bonheur des Dames», en s'agrandissant et en créant un rayon spécial de soierie, avait tellement épuisé ses ressources, qu'il s'était vu obligé de prendre un associé » (Zola, *Pot-Bouille*, vol. 3 [Paris : Gallimard, « Bibliothèque de la Pléiade »] 375).
35 « le petit commerce écrasé par les grands magasins », plan général de *Au Bonheur des Dames* (ms. 10278, f°s 30-32), cité par Henri Mitterand 1696.
36 *A contrario*, *Nana* est le récit de la chute de Vénus.
37 Zola, *Au Bonheur des Dames* 761.

représentante d'une société neuve. Si Nana, nous dit Zola, est « un ferment de destruction »,[38] une « mouche d'or »,[39] « une force de la nature, mais cela sans le vouloir, par son sexe seul et par sa puissante odeur de femme, détruisant tout ce qu'elle approche »,[40] Denise, Vierge consacrée, Vénus absolue, porte sa foi douloureuse comme une maladie. Malgré la proximité familiale ou amicale qui la lie aux Baudu et aux petits commerçants voisins, la jeune fille séraphique, telle une anomalie dans un monde pour elle vétuste et obsolète, traverse leur vie comme une étrangère, comme une perle qui roule sur des ruines. Les habitus très différents de Nana et de Denise – encore qu'elles fassent toutes deux commerce – occultent à première vue leur fonction similaire, cependant à la manière de la courtisane, qui « ne laisse que des ruines et des cadavres autour d'elle »,[41] Denise cache sous sa vertu un même pouvoir de destruction. Alors que Nana détruit par la chair, la vertu de Denise est un paravent qui masque sa fonction symbolique : la destruction de l'ancien monde. Bourras, le marchand de parapluies, l'a bien compris lorsqu'au moment où il voit sa boutique mise à terre, il rétorque à Denise qui désire lui venir en aide : « ce serait trop commode, de faire la charité aux gens qu'on assassine ! [...] Vivez donc heureuse, vous qui êtes jeune, et n'empêchez pas les vieux de partir avec leurs idées ».[42]

A Paris, il y a donc deux manières d'être reine, mettre à ses pieds tous les hommes de la ville comme le fait Nana, ou bien, à la façon de Denise, épouser et mettre à genoux l'homme qui, grâce à son grand magasin, possède toutes les femmes. La différence entre ces deux couronnes n'est qu'affaire de points de vue : Nana, figure d'itinérance, agit par instinct et dépense sans compter ; *a contrario*, Denise suit un itinéraire, attend et raisonne. Nana, figure de gaspillage, est la face éclatante du vice ; Denise, figure de rétention, en est la face cachée.

---

38 Zola, *Nana* (dossier préparatoire, B.N., Mss, n.a.f. 10.313) 192.
39 Zola, *Nana* (dossier préparatoire, B.N., Mss, n.a.f. 10.313) 1.
40 Zola, *Nana* (dossier préparatoire, B.N., Mss, n.a.f. 10.313) 192-193.
41 Zola, *Nana* (dossier préparatoire, B.N., Mss, n.a.f. 10.313) 211.
42 Zola, *Au Bonheur des Dames* 758.

Bibliographie

Aziza, Claude. *Lire et voir les classiques.* Paris: Presses Pocket, 1990.
Guillemin, Henri. «Préface». *Au Bonheur des Dames.* Lausanne: Editions Rencontre, 1961.
Hésiode. *Théogonie. Les Travaux et les jours. Le Bouclier.* Trad. Paul Mazon. Paris: Edition «Belles Lettres», 1951.
Mitterand, Henri. «Préface». *Au Bonheur des Dames.* Paris: Gallimard, «Folio», 1980.
—. «La rédaction et la publication». Vol. 3. Paris: Gallimard, «Bibliothèque de la Pléiade», 1964.
—. *L'Histoire et la fiction.* Paris: Presses Universitaires de France, 1990.
Noiray, Jacques. *Le Romancier et la machine. L'Image de la machine dans le roman français (1850-1900). L'Univers de Zola.* Vol. 1. Paris: Librairie José Corti, 1981.
Zola, Emile. *L'Assommoir.* Vol. 2. Paris: Gallimard, «Bibliothèque de la Pléiade», 1961.
—. *Au Bonheur des Dames.* Vol. 3. Laffont: «Bouquins», 1992.
—. *Au Bonheur des Dames.* Gallimard, «Folio», 1980.
—. *Au Bonheur des Dames.* Paris: Gallimard, «Bibliothèque de la Pléiade», 1964.
—. «Détermination générale». *Les Rougon-Macquart.* Vol. 5. Paris: Gallimard, «Bibliothèque de la Pléiade», 1967.
—. *Ebauche* de *Au Bonheur des Dames.* Vol. 3. Paris: Gallimard, «Bibliothèque de la Pléiade», 1964.
—. *Nana.* Dossier préparatoire. mss, n.a.f. 10.313.
Nana. Vol. 2. Paris: Gallimard, «Bibliothèque de la Pléiade», 1961.
—. *Pot-Bouille.* Vol. 3. Paris: Gallimard, «Bibliothèque de la Pléiade», 1964.

Shopping for an «I»: Zola's *The Ladies' Paradise* and the Spectacle of Identity

Eleanor SALOTTO

The department store in Zola's *The Ladies' Paradise* creates an identity for woman in late nineteenth-century Paris. Zola uses the department store as an icon for woman, reflecting the broad political, social, and technological changes in France in the latter part of the nineteenth century. In the novel, woman's identity shifts and is based on the cult of the spectacle: the image of woman gazing at a fantasy image. But there are fissures in this fantasy image, and the department store serves metonymically to disturb the unitary image of domesticated woman. Woman in the store embodies a place of freedom where she can take on many guises. One may argue that commercialization further encases woman in a static image; she actually buys a created image that she consumes. Thus, woman in the store is exploited.[1] But Zola's novel takes pains to turn this categorical reading topsy-turvy. As the department store in Zola's novel seems to be like a maze in order to confuse women and render them helpless before the profusion of items, so too women's identity in the novel figures as a maze, not reducible to a notion of closure or completeness.[2]

---

1 Peter Brooks argues that «Mouret's establishment figures a culture in which a woman, through the relay of the economy, commercial, and erotic, established by man, is forced to accept herself as other; she is foreclosed from her own desire, never in full possession of her own body» (Peter Brooks, *Body Work: Objects of Desire in Modern Narrative* [Cambridge: Harvard University Press, 1993] 154); while Rachel Bowlby proposes that Mouret's project of commercial seduction effects a «colonization of the mind designed to produce new areas of need and desire» (Rachel Bowlby, *Just Looking: Consumer Culture in Dreiser, Gissing and Zola* [New York: Methuen, 1985] 70).
2 For studies describing the potential destabilizing effects of the department store, see David Chaney who posits that the real fear [of the department store] was that circumstances gave women an effective choice which ran counter to conventional contemporary expectations about female submissiveness (David Chaney, «The Department Store as a Cultural Form,» *Theory, Culture and Society* 1-3 [1983]: 29). Rita Felski similarly postulates that «if consumer culture simply reinforced women's objectified and powerless status, it becomes difficult to understand why the phenomenon was attached so vehemently as a threat to men's traditional

Accoutrements used to figure woman abound in Zola's department store. The department store, representative of woman in the text, continually changes its look. Mouret mounts elaborate and intricate displays to shock and woo women, thereby engendering desire for the unordinary and unusual. This commodity culture paradoxically produces a transformative and progressive identity for woman. As I will argue, the mania in the text to prescribe images for the woman actually hides a desire for the subject to be in her place. The merchandise in the store that renders woman an object for consumption translates into a displaced desire for her. Zola's love plot – or the desire for a happy ending – encapsulates the capitalist success story of a rags-to-riches heroine and the department store workers' need to consume fictions of their own. But the plots of woman and love converge and reveal the constructed and artificial nature of woman's identity and roles she is allotted.

The profusion of items in the department store represents a change in conceptions of identity for women. Jacques Lacan elaborates a notion of identity that moves metonymically on the signifying chain, mimicking desire, for that which cannot be possessed. Lacan proposes that signication always refers back to another meaning when he states: « Its [significations] origin cannot be grasped at the level at which it usually assures itself of the redundancy proper to it, for it always proves to be in excess of the things that it leaves floating within it » (126).[3] The department store serves as the signifier for the breaking up the discrete identity of the individual. In other words, woman in the department store cannot be reduced to one definable meaning. Browsing in the department store, woman receives glimpses of meaning, fragments of a possible self. Desire for goods and their consumption suggests the possibility of moving outside one's proper identity. The world of Zola's novel and the culture of capitalism take as their cultural repository of meaning the department store, and the department store offers a way to challenge and reinterpret the cultural sign of woman.

---

authority over women » (Rita Felski, *The Gender of Modernity* [Cambridge: Harvard University Press, 1995] 66).

3   Jacques Lacan, *Ecrits* trans. Alan Sheridan (New York: W. W. Norton, 1977).

One of the ways that the text accomplishes this reinterpretation is through the department store's reconstruction of the notion of time and the self existing in time. If we view a person's movement through time as a kind of cultural narrative that places him or her in a meaningful and coherent narrative, then the department store in its deployment of departments and cult of the spectacle begins to chip away at the notion of a discrete identity in time. Much like the *flâneur*, the nineteenth-century male who apprehends identity through a series of fragmentary moments, woman in the department store perceives time and her being in time or narrative as a series of moments which may not be able to be unified.[4]

In this reclassication of the signifier through time, we have the possibility for the creation of new potential signifieds for woman. This new potentiality is embedded in the spectacle in nineteenth-century French society which promises a moving outside the self. When Denise Baudu first arrives in Paris, the sight of the department store arrests her: « On arriving in the Place Gaillon, the young girl stopped short, astonished » (5).[5] As Zola makes clear, the spectacle arises out of capital culture in nineteenth-century society. The store presents itself as the object of the gaze, and Denise is captivated. The spectacular success of the Crystal Palace in England and the cult of the *flâneur* in France are markers of this phenomenon. To display engenders desire for the other, essentially a desire to be what one is not. The spectacle then creates identity as something that one moves toward, not as something which one is.[6] The spectacle recalls Lacan's mirror stage which inaugurates identity based on an idealized image that one has of oneself. He elaborates: « The jubilatory

---

4   See David Chaney who posits: « Panoramic perception organises a jumble of impressions through a synoptic perspective, the sensations may be blurred and discontinuous but they are held together by our admiration for the spectacle and by our gratification with the service rendered » (Chaney 27).

5   Pagination in brackets after quotes from Zola are taken from Emile Zola, *The Ladies' Paradise* (Berkeley: University of California Press, 1992).

6   Joseph Litvak in his work on the nineteenth century and theatricality argues: « [I]f the self is treated as not just a text but a contingent cluster of theatrical roles, then it becomes possible to make a spectacle of the impervious, domestic, sexual, and aesthetic ideologies for which, and in which, it is bound. » (Joseph Litvak, *Caught in the Act: Theatricality in the Nineteenth-Century Novel* [Berkeley: University of Califonia Press, 1992] xii), thus in a sense turning the look back on the spectacle itself.

assumption of the image in the mirror shows the truly imaginary nature of the Ego.»⁷ Underneath that image is the fragmented subject. The notion of the self is a visual one that guarantees a coherent image. Lacan makes this clear when he writes:

> [I]n the scopic field, the gaze is outside; I am looked at, that is to say, I am a picture. This is the function that is found at the heart of the institution of the subject in the visible. What determines me, at the most profound level, in the visible, is the gaze that is outside. It is through the gaze that I enter life and it is from the gaze that I receive its effects. Hence it comes about that the gaze is the instrument through which light is embodied and through which [...] I am photographed.⁸

As the passage demonstrates, the subject sees itself through the other as a spectacle.

The department store makes possible the display of an idealized conception of identity presented to its customers as a staged scene of identity in which they are available for public display. One sees oneself as an object to be viewed, thus allowing for a performative view of identity. Zola writes of the performance Denise has to put on, « It happened that the next day she had to play the part of the well-dressed girl. Some well-known customers came in, and Madame Aurelie called her several times in order that she should show off the new styles. And while she was posing there, with the stiff graces of a fashion plate, she was thinking of Pepe's board and lodging » (112). Charles Dickens, in his public readings of his own fiction, puts on display his re-enactment of the fictional lives of his characters. Through the profusion of his characters, Dickens inaugurates character as spectacle. In the famous painting, « Dickens's Dream, » completed in 1870 by Robert William Buss, Dickens's characters are on display. They appear as in a parade, arising out of his imagination. The characters become a crowd; in other words, identity is as mobile as the crowds in the streets of London or Paris.⁹

---

7   Lacan, *Ecrits* 15.
8   Jacques Lacan, *The Four Fundamental Concepts of Psycho-analysis*, trans. Alan Sheridan (New York: W. W. Norton, 1978) 106.
9   See Felski who writes that in the « crowd scenes of Zola's novel [...] the seething mass of female shoppers assumes a sinister, even demonic, quality » (Felski 73).

The department store announces the spectacular spectacle of viewing. The act of looking though the window of a department store prepares the viewer to see identity as a succession of images. Identity moves through space, whereas before the advent of the department store and the cult of the spectacle, identity was more spatially fixed. So too the advent of the railroad reproduced a new conception of the visual in time. The view of identity that I am suggesting is embodied in the figure of the model or the dummy which Zola describes.

> The well-rounded neck and graceful gures of the dummies exaggerated the slimness of the waist, the absent head being replaced by a large price-ticket pinned on the neck; whilst the mirrors, cleverly arranged on each side of the window, reected and multiplied the forms without end, peopling the street with these beautiful women for sale, each bearing a price in big figures in the place of a head. (8)

At first glance, the model form in *The Ladies' Paradise* presents a negative view of woman without a head, and thus without a brain. Looking for identity yields to looking at the symbol of desire — namely capital. This desire for an image is ever-changing and exchangeable.

Zola's use of the dummy suggests that what lies behind the image of woman is a stand-in that can never fully capture her. The mirror in the passage reflects and multiplies the figure of the dummy. I am suggesting that this image creates a new picture of identity in nineteenth-century society. It makes identity into replications, into desire for an image, which always already begins as an image, as we have seen in Lacan's mirror stage. Furthermore, identity is something to be viewed and corroborated by the masses. This new view of identity is most readily gleaned through a reading of the love plot of Denise and Mouret, as I shall argue subsequently.

In her introduction to the novel, Kristin Ross has observed that the department store is the main character.[10] In making the department store the central character in the novel, Zola adds to our apprehension of identity. The department store in its plurality suggests that identity cannot remain in one frame — it continually moves on a chain of meaning. To give the store the characteristics of character is to suggest that

---

10 Kristin Ross, « Introduction, » in Zola x-xi.

character in consumer culture becomes a text that can be changed. The subtitle of *The Ladies' Paradise*, a realistic novel, figures an ironic way to read identity. Identity is no more realistic in commodity culture than in any other; rather Zola offers to us a « realistic » view of how to read identity in this text. In other words, identity is a series of signs that can never be reduced to one meaning.

To give a face to a thing is paradoxically to say as Paul De Man has shown in « Autobiography as De-facement, » that words produce tropological substitutions for things.[11] To personify a thing recalls to us that in our use of language we try to give a face to inanimate things; we are always confronted with our attempts to give a name to something. Several times in the text Zola personifies the department store's provisions. Merchandise is meant to stand in for woman.

> The silk department was like a great chamber of love, hung with white by the caprice of some snowy maiden wishing to show off her spotless whiteness. All the milky tones of an adored person were there, from the velvet of the hips, to the fine silk of the thighs and the shining satin of the bosom. Pieces of velvet hung from the columns, silk and satins stood out, on this white creamy ground, in draperies of a metallic and porcelain-like whiteness: and falling in arches were also poult and gros grain silks, light foulards, and surahs, which varied from the heavy white of a Norwegian blond to the transparent white, warmed by the sun, of an Italian or a Spanish beauty. (366)

The trope of personification suggests the collapse of what we commonly hold to be identity; that is to say, personification highlights the limitations inherent in assuming a persona. To take on an identity is to take on a persona of successive images. The figure of Coppelia in Hoffmann's « The Sandman » demonstrates that the wooden doll is the figure for identity — an image created and then taken apart by Coppelius. At the ending of the tale, he drags the figure of the dummy down the steps, and parts of her body break off. Similarly, personification of the goods in *The Ladies' Paradise* shows that woman functions in a system of language which names, controls, and defines them. But through personification,

---

11 See Paul De Man, « Autobiography as De-facement, » *The Rhetoric of Romanticism* (New York: Columbia University Press, 1984).

Zola demonstrates that woman has power to remake the image. Using a thing to figure woman, Zola presents woman as presentation, capable of representing herself. We remember that Lacan points out the « illusion that the signifier answers to the function of representing the signifier. »[12]

The store's history shows a way of refiguring woman. Zola tells us that Madame Hedouin inherited the store from her family, and after becoming a widow she married Mouret. When Madame Hédouin dies, Mouret inherits the entire business. As she looks at the portrait of Madame Hédouin, Denise thinks of stories she has heard: « The idea of this woman who had met her death amidst the foundations came back to her » (28). The store is literally founded on the body of a woman, « whose blood has helped to cement the stones of the house » (52). One could very well argue that this history is one of woman's oppression, that the store itself traffics in women, thus replicating the masculine traffic in woman.[13] Even though I find some aspects of this argument seductive for an understanding of woman's position in nineteenth-century society, my argument turns on a more complex reading of identity. I want to posit another interpretation of Zola's configuration of the tale of woman. The death of woman and the erection of the store mark the death of the old image of woman, ushering in a new image.

The death of Mouret's wife inaugurates the new age of the department store, which thus becomes the spectacle of the cultural apparatus of femininity. With Madame Hedouin dies an old age, and a new age of capitalism and fluidity in woman's identity is ushered in. Denise listens to Madame Hedouin's story as if listening to « a fairy tale » (22). If fairy tales point to embedded tales of cultural ways of being, then the embedded tale in Madame Hédouin's tale seems to be one of sacrifice and redemption. The bliss suggested by the name of the store is foreign to a woman's life of domesticity and adherence to a strict code of identity. It is worthwhile in this context to point out that none of the illustrations depicts the department store itself; instead, we are offered depictions of the characters. « The Ladies' Paradise » is a place to be imagined. The

---

12 Lacan, *Ecrits* 150.
13 Kaja Silverman writes: « The image of a woman in front of the mirror playing to both the male gaze and her own, has become a familiar metaphor of sexual oppression. » (Kaja Silverman, « Fragments of a Fashionable Discourse in Shari Benstock and Suzanne Ferris, eds, *On Fashion* [New Brunswick: Rutgers, 1994] 183).

story of Madame Hédouin as the foundation of the store and of the plot makes possible the image of woman in the text to live on in a different story, a story of display and theatricality.

The store, founded on the literal dead body of woman, comes to stand in for the figure of woman. Zola remarks of the store: « Was it not an astonishing creation ? It was causing a revolution in the market, transforming Paris, for it was made of woman's flesh and blood » (68). The store is fleshed out with the accoutrements of woman's pleasure, and this pleasure is readily observable in the store's displays. Mouret creates a display for one of the store's sales:

> And the marvel, the altar of this religion of white was, above the silk counter, in the great-hall, a tent formed of white curtains, which fell from the glazed roof. The muslin, the gauze, the lace flowed in light ripples, whilst very richly embroidered tulles, and pieces of oriental silk striped with silver, served as a background to this giant decoration, which partook of the tabernacle and the alcove. It made one think of a broad white bed, awaiting in its virginal immensity the white princess, as in the legend, she who was to come one day, all powerful, with the bride's white veil. (353)

The thread of illusion, adduced from the passage, leads to a speculation on masculine and feminine identity in the text. Zola employs the department store to traffic in illusions, and his use of metaphor and embedded stories of a princess in his description of the bed above allude to the textual inscription of masculine and feminine identity.[14] That is to say, identity in the text comes to represent a changing text of signifiers which has as its central backdrop the department store and its changing face.

Zola's language in the text overturns neat categorizations of the masculine and feminine, creating a new text for an understanding of gender in late nineteenth-century French society. At first glance, as already pointed out, the novel presents to us a picture of woman as a pawn in the capitalist system of exchange. The store is a place where Mouret imagines himself as « lord and master of the conquered city » (64). Further, Zola goes on to explain Mouret's trafficking in woman.

---

14 Stephen Heath writes that « Men and women may be differentiated on the basis of biological sex but that differentiation is always a position in representation [...] the individual is a sexed being in representation, always represented by his or her sexuality » (Stephen Heath, « Difference, » *Screen* 19.3 [1978]: 109).

> And if woman reigned in their shops like a queen, cajoled, attered, overwhelmed with attentions, she was an amorous one, on whom her subjects traffic, and who pays with a drop of her blood each fresh caprice. Through the very gracefulness of his gallantry, Mouret thus allowed to appear the brutality of a Jew, selling woman by the pound. He raised a temple to her, had her covered with incense by a legion of shopmen, created the rite of a new religion, thinking of nothing but her, continually seeking to imagine more powerful seductions; and, behind her back, when he had emptied her purse and shattered her nerves, he was full of the secret scorn of a man to whom a woman had just been stupid enough to yield herself. (69)

This scene casts Mouret as the seducer of woman who uses her for his own gain and then feels contempt for her. Behind his worship of her lies his hatred for her and a wish to demonstrate his supremacy. Clearly, the passage reveals all of this. But Zola does not stop there, and presents to us a complicated notion of masculine and feminine relations in the text.

It is my contention that the text reveals to us an ambiguous portrayal of gender reflecting the nineteenth century's ambivalence toward the emerging new woman who clamored for changes in every aspect of society from reform in divorce laws to advocating for the power to vote. This ambivalence lies at the very heart of the notion of a department store for women. For the department store brought women into the public sphere while at the same time exploited woman's desires.

Laura Mulvey in her groundbreaking « Visual Pleasure and Narrative Cinema » provides a way to understand representational meanings in a patriarchal culture:

> Woman [...] stands in patriarchal culture as signifier for the male other, bound by a symbolic order in which man can live out his fantasies and obsessions through linguistic command and by imposing them on the silent image of woman still tied to her place as bearer of meaning, not maker of meaning.[15]

While I find Mulvey's argument productive for a framework in which to understand woman's oppression, it is my intention to try to get beyond binary oppositions which reinforce inscribed meanings of masculinity

---

15 Laura Mulvey, « Visual Pleasure and Narrative Cinema » in Constance Penley, ed., *Feminism and Film Theory* (New York: Routledge, 1988) 58.

and femininity. Mary Ann Doane presents a similar argument to Mulvey's when she writes of the «female appetite for the image, an appetite sustained by the commodity fetishism which supports capitalism. And the ultimate commodity [...] is the body adorned for the gaze.»[16] Again Doane presents a convincing argument, but Zola's text mounts its own resistance to woman as passive spectacle and instead presents us with plurality of meanings to inscribe woman.[17]

One of the ways that the text reinscribes the meaning of woman is by its obsession with objects that stand in for the woman. The text presents to us woman as a commodity through a series of objects meant to adorn her. But the profusion of images for woman reveals a fascination with her. The obsession with woman and with all the objects that are displayed in *The Ladies' Paradise* reveals a wish simultaneously to make woman into a fetish so as to ward off the threat of castration,[18] but also, and more importantly, to put oneself in her place, so to speak. This fascination in the text with dressing woman, providing her with all the different items that go into making her into an object read as woman, actually is colored by identication. What I mean here by identication is that the department store serves as the site of the feminine which, in our culture, has been cast aside in favor of masculine edifices. The department store and, by association, woman come to figure as the object which is invested psychically with a power that cannot be denied.

To dress woman in the text means to participate in the undressing of binary notions of the masculine and feminine. That is to say, dressing woman in the text becomes a way to imaginatively recreate a scenario where masculine and feminine meet. It is almost as if the text's focus on women reveals that which haunts the societal founding of male supremacy – the feminine. The store serves as a *memento mori*; that is to

---

16 Mary Anne Doane, «Woman's Stake: Filming the Female Body » in *Feminism and Film Theory* 198.
17 Drucilla Comell makes a similar point : « [we] cannot know once and for all who or what she is, because the fictions in which we confront her always carry within the possibility of multiple interpretations, and there is no outside referent, such as nature or biology, in which the process of interpretation comes to an end» (Drucilla Cornell, *Transformations* [New York: Routledge, 1993] 88).
18 See Freud, « Three Essays on The Theory of Sexuality, » *The Standard Edition of the Complete Psychological Works*, vol. 7, trans. James Strachey, (London: The Hogarth Press, 1953).

say, it is a continual reminder of the sacrice of woman's flesh and blood to a masculine economy. As Zola points out in the text, the foundation of the store rests on the literal body of Madame Hédouin. The *memento mori* of the store then brings man's desire into play for something that has been lost, namely the feminine.[19]

All of the language then in the text of mastery and control masks the desire to be the feminine or to inhabit the position of the feminine. The text simply cannot rid itself of woman and her significations, as Zola makes clear in the following passage:

> And at this last moment, amidst this over-warmed air, the women reigned supreme. They had taken the whole place by storm, camping here as in a conquered country, like an invading horde installed amongst the overhauling of the goods. The salesmen, defeated, knocked up, were now nothing but their slaves, of whom they disposed with a sovereign tyranny. (236)

One could argue here that women have become slaves to fashion and that their power is ultimately empty, but to read the passage categorically is to deny woman's potential for disorder and disruption which the passage elucidates. The women in the passage take the « place by storm. » If we read the passage as one which overturns and upsets gender identication, then we can chart the text's preoccupation with questioning gender categories.

Dress has always functioned as the covering and the marker for gender identity. Dress accentuates femininity and masculinity. Anne Hollander argues that « the mirror remains a picture, inextricable from the representational style of its moment. »[20] One in a sense is read as masculine or feminine by virtue of his or her dress. Chinese opera, drag, kabuki, and Elizabethan theater all play this out in their acting out and performing gender through an elaborate system of dress and gestures. In the passage above, Zola inverts the stereotypical associations of man as

---

19 See Judith Butler who writes of the « ungrieved and ungrievable loss in the formation of what we might call the gendered character of the ego » (Judith Butler, *The Psychic Life of Power: Theories in Subjection* [Stanford: Stanford University Press, 1997] 136). Diana Fuss argues similarly that « All identication begins in an experience of traumatic loss and in the subject's tentative attempts to manage this loss. » (Diana Fuss, *Identication Papers* [New York: Routledge, 1995].)

20 Anne Hollander, *Seeing Through Clothes* (New York: The Viking Press, 1978) 416.

invader and woman as being invaded. A crucial part of war is the invasion of a country and the rape of its women. In the passage, it is the women who are gigured as the « invading horde. » The salesmen are « knocked up » by the women who have conquered them. It is no accident that Zola reverses imagery here. Again, one could argue that the passage describes woman's seduction by the power of goods. But I think Zola presents us with a more complicated vision in which images used to describe men and women shift and cannot be read coherently as a definitive text, as against the sacred text or symbolic order, which is predicated on continuity and coherence.

Zola's text of commercialism has at its core the element of fascination that strains to produce endless vistas of possibility. Desire in the text, which is ultimately a desire for the other, moves from object to object without resting on one fixed meaning. Desire for embodiment is simply an illusion. Thus the passage about the dummies as already analyzed above comes to represent the wish for clothing to embody the figure as a cover for what was not there to begin with.

Therefore, beneath the image of woman, nothing is there but the images used to describe her. All is illusion and word play as commercialism takes up woman as image to be seduced and taken in, but the image rests ultimately on an inability to fully embody woman. The department store then becomes the site for the absent woman, the woman who can never fully occupy the text of the displays that depict her. The narrator says:

> And the stuffs became animated in this passionate atmosphere: the laces uttered, drooped, and concealed the depths of the shop with a troubling air of mystery; even the lengths of cloth, thick and heavy, exhaled a tempting odour, while the cloaks threw out their folds over the dummies, which assumed a soul, and the great velvet mantle particularly, expanded, supple and warm, as if on real fleshly shoulders, with a heaving of the bosom and a trembling of the hips. (16-17)

What is woman? The passage indicates that she is made of stuffs – lace, cloaks, and mantles – these are perhaps the stuff of identity. The department store becomes the sign for the taking on of identity through a line of merchandise: what creates the woman is a commercial machine which turns her out.

As I have stated previously, these accoutrements surrounding woman reflect desire for her. The profusion of objects which the store offers its clientele may be understood as traces of desire. And we know from Lacan that lack and the resultant desire stem from the loss of the loved one, namely the mother. Language, according to Lacan, reflects this desire in its search for the ultimate object of desire, which, of course can never be fulfilled. I am suggesting here that the store, with all of its signs for the woman, with its textual apparatus for woman, underscores nineteenth-century culture's desire to embody woman, to recreate her into an image of fantasy and desire. This image of fantasy and desire would recapture the fantasy of the mirror stage where the child conceives an image of himself or herself based on the idealized figure of the mother or the idealized figure of the subject. The heaps of objects in the store serve as a means of displacement or as a way to manage the loss of the loved object, which is the mother. But, as we have seen, all of the objects underscore the need to cover over what perhaps was never there. The illusion of femininity protects and cements the power of the masculine subject.

In our culture woman is particularly associated with desire. Her body has been subjected to and scrutinized by the male gaze, thereby denying her agency. But this subjection of woman also figures a desire to stand in the place of the woman. Looking may involve power and control, as Freud has noted, but it also involves feelings of loss.[21] Woman as object retains her power because she simply cannot be captured or read. The frenetic activity in the store reflects a longing and desire, and articles for sale are stand-ins for what cannot be represented. Elizabeth Grosz explains Jacques Lacan's depiction of woman as the unconscious: « [A]re women, not, partly, the unconscious? That is, is there not in what has been historically constituted as the ‹unconscious›, some censored, repressed element of the feminine. »[22] The fixation with the objects in the store is an embodiment of the feminine. The desire for the image of the woman is fraught with the impossibility of capturing that image.

---

21 Diana Fuss has argued that « The images by fashion photography operate both ways: as defenses (or screens) against the early interruption of the homosexual-maternal continuum, but also more importantly as defenses against the pain that this psychical rupture continues to inflict on the adult subject » (Diana Fuss, « Homospectatorial Fashion Photography, » *Critical Inquiry* 18.4 [1992]: 734).

22 Elizabeth Grosz, *Jacques Lacan: A Feminist Introduction* (London: Routledge, 1990) 171.

The objects serve then to manage and control the anxiety of the masculine subject. Zola describes a display of silks thus:

> At first stood out the light satins and tender silks, the satins *à la Reine* and Renaissance, with the pearly tones of spring water; light silks, transparent as crystals – Nile-green, Indian-azure, May-rose, and Danube-blue. Then came the stronger fabrics: marvellous satins, duchess silks, warm tints, rolling in great-waves; and right at the bottom, as in a fountain-basin, reposed the heavy stuffs, the figured silks, the damasks, brocades, and lovely silvered silks in the midst of a deep bed of velvet of every sort – black, white, and coloured – skillfully disposed on silk and satin grounds, hollowing out with their medley of colours a still lake in which the reflex of the sky seemed to be dancing. The women, pale with desire, bent over as if to look at themselves. (93)

This passage presents a scenario of desire for the woman as represented by the accumulation of objects. In fact, the passage plays out a scenario of woman looking into the mirror and seeing the cultural image of woman surrounded by accoutrements. When the women « pale with desire » bend over « as if to look at themselves, » they see a series of signifiers, as evidenced in the various descriptions of the silk. The passage then describes what I have been arguing so far – the objects surrounding the women stem from a desire to create a fantasy image of wholeness. The objects take on the role of language, evoking a thing by means of a substitute, which the thing is not. Thus, we are always substituting for the original object. But as we have seen, the objects in their profusion prevent a crystallized image; rather, desire moves on to increasingly more and more elaborate objects.

This desire for woman is the desire for embodiment. For to capture the image of woman would mean in effect to revert to the idealized image of the mother's face or the ultimate object of desire. The desire for the woman is the desire to render whole the viewer.[23] This, of course, is an impossibility, but woman and her accoutrements offer the possibility of a fantasy of completeness. Her picture offers the possibility of all objects coalescing into what the masculine subject desires, namely a

---

23 See Mitchell and Rose, who argue that « the absolute Otherness of the woman [...] serves to secure for the man his own self-knowledge and truth » (Juliet Mitchell and Jacqueline Rose, *Feminine Sexuality: Jacques Lacan and the école freudienne* [New York: W. W. Norton, 1982] 50).

readable text. In this connection, the inscription above the store, « The Ladies' Paradise, » held up by « Two allegorical figures, representing two laughing, bare-breasted women » (6) reveals that the store and woman in the text cannot be read as simple allegory. Rather the text functions as pure desire, which cannot be represented fully.

Baudelaire's « The Painter of Modern Life » offers a productive framework to read woman as image of desire in the text. The poet writes that « All the things that adorn woman, all the things that go to enhance her beauty, are part of herself; and the artists who have made a special study of this enigmatic being are just as enchanted by the whole *mundus muliebris* as by woman herself. »[24] For Baudelaire and, I would argue, for the history of woman's representation, a woman cannot be separated from the series of objects which guarantee her fascination. This fascination is part of the desire for woman to be the guarantor of subjectivity. The word enchant derives from the Latin: to chant or to sing. For Baudelaire, woman possesses the power to charm and to cast a spell precisely because of her adornment. This adornment is the very function of desire, for the apparel composes the woman: « all the things [...] are part of herself. »[25] She presents to the masculine subject an enigma, which is displaced onto the object. The object then comes to represent woman which marks woman as composed of a series of signifiers. Writing of an artist's representation of woman, Baudelaire posits the following: « When he describes the pleasure caused by the sight of a beautiful woman, what poet would dare to distinguish between her and her apparel? Show me the man who, in the street, at the theatre, or in the Bois, has not enjoyed, in a wholly detached way, the sight of a beautifully composed attire. »[26] Woman is then a function of her attire and, as an object of desire, she retains plasticity. To envision woman as the sum total of « beautifully composed attire » is not to render her into an object but rather to deconstruct the notion of what makes up identity. Paradoxically, capitalism advances identity as a series of signifiers whose meanings are fixed by the dominant culture, but it also signifies an identity capable of being

---

24 Charles Baudelaire, « The Painter of Modern Life, » *Selected Writings on Art and Literature*, trans. P. E. Charvet, (New York: Penguin, 1972) 423-24.
25 Baudelaire 423.
26 Baudelaire 424.

changed. To see woman as a function of her attire is to read woman as a text whose outer covering masks her identity. Clothing is akin to language, which is a function of history and culture. Composed of clothing, woman stands as the social signifier of her day. And fashion impresses onto her body a way to render her but not to define her fully, for her attire bears the weight and burden of signification.

In arguing that «beauty [is] enhanced by every kind of artifice,»[27] Baudelaire posits the constructed nature of woman. The department store therefore promotes fascination with the ideal, as against the natural or the real in its presentation of fashion. In so doing, fashion presents to woman the many disguises she wears. In disguising herself, woman points to identity as performance, as against the rigidity of the phallic signifier. Baudelaire goes on to postulate:

> Fashion must therefore be thought of as a symptom of the taste for the ideal that oats on the surface in the human brain, above all the coarse, earthy and disgusting things that life according to nature accumulates, as a sudden distortion of nature, or rather as a permanent and constantly renewed effort to reform nature.[28]

Baudelaire suggests that woman cultivate artifice in order to distort nature. The object here is, of course, desire for the love object, which always already exists as artifice, as representation, outside what Baudelaire terms as «earthy and disgusting that life according to nature accumulates.»

Implicit in Baudelaire's observations is the notion that to be womanly is indeed to take on the articles of how our culture registers a woman. This desire for artifice then is a desire to be the fantasy image of a woman, or an ideal figure. This desire also registers for woman a textual identity which is based on the desire for ever more elaborate disguises. Disguise then disguises that woman's image is always already a fantasy built on the bedrock of a supposed stationary subject that can be read definitively.[29]

---

27 Baudelaire 428.
28 Baudelaire 426.
29 Lacan's assertion that woman does not exist as translated by Mitchell and Rose means «that phallic sexuality assigns her to a position of fantasy» (Mitchell and Rose 137).

The rise of the department store contributes to the making of woman's identity into a commodity for the stores' owners to manipulate, but paradoxically, this seeming victimization and exchange of women's bodies results in a novel way to read woman's identity. The department store figures woman's identity as fraught with performance and display. The objects surrounding women, such as her clothing, are built around a desire for the woman which is not woman. That is to say, underneath the societal image of woman is an empty figure as evidenced in the figure of the dummy in the text. The objects in the store then serve as a means of shoring up an image that never has existed.

The desire for woman's identity to represent a stable one masks a fear that she is always already outside that identity. Thus, desire in the text, in the form of the eroticization of objects that go into making woman's figure, moves along a continuum that never ends. The text records the impossibility of possessing the original object of desire, a fantasy image of woman, and desire in the text moves on to substitutions, displacements, and replacements.

This desire in the text to adorn woman in order that she may fascinate is closely aligned with the desire (in the text) to fashion a love story for the two main characters: Denise Baudu and Octave Mouret. This is no ordinary love story, for it functions (in the text) as a spectacle for the workers to exchange gossip, opinions, and innuendo. The love plot for the store's workers becomes a fantasy escape where they can project their fears and desires. The department store, emblem of desire, is the setting for the workers to watch scenes of love. The erotic energy in the store plays itself out in the love plot. As Denise first enters the store, « there was mingled with her desire to enter it a vague sense of danger which rendered the seduction complete » (17). Everything in the store is primed to seduce her. She hears a succession of stories about the founding of « The Ladies' Paradise, » most notably the story of Madame Hédouin, who, as we have seen, meets her death « amidst the foundations » (28). Thus, storytelling about the store functions as desire. The women shoppers circulate stories about the acquisition of goods. Madame Marty displays her purchases at a gathering of friends:

> The bag became inexhaustible, she blushed with pleasure, a modesty like that of a woman undressing herself made her appear more charming and

embarrassed at each fresh article she took out. There was a Spanish blonde-lace cravat, thirty francs: she didn't want it, but the shopman had sworn it was the last, and that in the future the price would be raised. Next came a Chantilly veil: rather dear, fifty francs; if she didn't wear it she could make it do for her daughter. (74)

In the passage, Zola presents an erotic scene of Madame Marty showing off her purchases. The desire for the object thus becomes a sensual display of the woman's body. The desire for objects translates into a desire for the love plot to move forward.

This sensual display in the novel is a prelude to, and I would argue the impetus for, the love plot. It is almost as if the department store becomes the shrine of love. Zola remarks: « A fine dust rose from the floor, laden with the odour of woman, the odour of her linen and her bust, of her skirts and her hair, an invading, penetrating odour, which seemed to be the incense of this temple raised for the worship of the body » (225-26). Commercialism in the text becomes linked with the desire for a love story and also for a wish to fabricate a love story of one's own. In its making possible the democratization of objects or at least the fantasy of possession, commercialism also makes possible the desire to tell a love story.

The love plot is the spectacle for the consumption of the department store workers: Denise and Mouret become then the biggest display in the novel. Regarding Denise and the gossip of her co-workers, Zola writes: « But Mouret's sufferings were destined to increase, for he became jealous. One morning, in the office, before the board meeting commenced, Bourdoncle ventured to hint that the little girl [Denise] in the ready-made department was playing with him.

> « How? » asked he, very pale.
> « Yes! she has lovers in this very building. »
> Mouret found strength to smile. « I don't think any more about her, my dear fellow. You can speak freely. Who are her lovers? »
> « Hutin, they say, and then a salesman in the lace department – Deloche, that tall awkward fellow. I can't speak with certainty, never having seen them together. But it appears that it's notorious. » (300)

The stories about Denise and her supposed lovers fuel a need for the workers to monitor Denise's and woman's sexual behavior. But in a more complicated way the stories turn on a fascination with the desire to be in the place of Denise or to identify with her. The circulation of the love plot then works to diffuse the desire to be in the position of a woman. Work on fantasy stresses the mobility of the subject. Parveen Adams observes that « fantasy is laid out – in scenarios and the subject can take up now one position, now another in the scenario. »[30]

This means of identification is aligned with the desire to be the Other. The desire for objects and for woman cannot be separated from the desire to create a story of love as the following passage makes clear : « Amidst the crowded sea of customers, this sea of bodies, swelling with life, beating with desire, all decorated with bunches of violets, as though for the bridals of some sovereign » (378). Here desire for the store is aligned with the desire for the marriage or the love plot to succeed. Thus, the love plot indeed leads to the ultimate desire, marriage, or to the acquisition of the place of the Ladies' Paradise.

But, as the text reveals, the novel needs the love plot in order to stimulate desire for the final acquisition of the woman or the language of conquest in the text. Clearly, whoever has the story in the text possesses the power to fascinate, to stimulate desire. The story then becomes a valuable commodity to be passed on and embellished with the accoutrements of desire.

The figure of woman is the figure in the story, and it is fabricated or embellished for the amusement of the men in the store.

> All the counters were talking of nothing else but the governor's love affairs, amidst the press of business. The adventure, which had for months been occupying the employees, delighted at Denise's long resistance, had all at once come to a crisis ; it had become known that the young girl intended to leave The Ladies' Paradise, not withstanding all Mouret's entreaties, under the pretext of requiring rest. And the opinions were divided. Would she leave ? Would she stay ? Bets of five francs circulated from department to department that she would leave the following Sunday. (355)

---

30 Parveen Adams, « Per Os (cillation) » in Constance Penley and Sharon Willis, eds, *Male Trouble* (Minneapolis : University of Minnesota Press, 1993) 4. In a similar vein, Cora Kaplan argues that fantasy is « a scenario in which the shifting place of the subject is a characteristic part of the activity » (Cora Kaplan, « The Thorn Birds : fiction, fantasy, femininity » in Victor Burgin, James Donald, and Cora Kaplan, eds, *Formations of Fantasy* [London : Methuen, 1986] 151).

This inset piece on the love plot serves to figure woman as a series of stories told by men. But Zola makes the story into elements of desire for woman to conform to an already existing plot or story about her. The text, however, reveals a different story about the image of woman: to traffic in the image of woman opens up the possibility for resistance and the denial of closure. The return of repressed woman's desire can be read in the traces of the remains of what is left over after the store's much vaunted sales. The threat in the text of woman's revenge looms over the success of the store: Baron Hartmann tells Mouret: « I fancy they're [women] taking their revenge... They're getting tired of belonging to you » (276). Woman's desire cannot be suppressed or contained. The department store in its mazes and twists loses sight of one story to tell about woman. Instead multiple stories, including Denise's, inform the telling of the love plot.

The love plot functions as a kind of commodity in the text; it reflects the readers' and the employees' desire to see love conquering all. But Zola's plot reveals that even though Mouret wins Denise at the end through her withholding her sexuality – her « goods » – his emphasis is on the mechanics of plot itself and the artificiality of that construction. In other words, the love plot begins to resemble Zola's point about the construction of women in the text, which is a multivalent sign: Zola points to the possibility of woman's desire escaping commodification. Similarly, the love plot in the mechanical gestures of the happy ending allows for the possibility of other plots and gestures. Using the love plot that contains the idea that virtue (sexual purity) will gain Denise her man, Zola emphasizes the love plot as a commodity to satisfy readers' desires for a « happy » ending. But the artificiality of this plot subverts the idea of a happy ending. At the same time that Zola's text contains a happy ending, he demolishes it with a critique of the monological desire for happy endings which bind loose ends and loose identities. The text's insistence on countless metaphors to describe woman tells a story of desire that cannot be contained. The desire to narrate woman cannot be foreclosed by the « happy » ending.

Bibliography

Adams, Parveen. « Per Os[cillation] » in *Male Trouble*. Constance Penley and Sharon Willis, eds Minneapolis: University of Minnesota Press, 1993.

Baudelaire, Charles. « The Painter of Modern Life. » *Selected Writings on Art and Literature*. Trans. P. E. Charvet. New York: Penguin, 1972.

Bowlby, Rachel. *Just Looking: Consumer Culture in Dreiser, Gissing and Zola*. New York: Methuen, 1985.

Brooks, Peter. *Body Work: Objects of Desire in Modern Narrative*. Cambridge: Harvard University Press, 1993.

Butler, Judith. *The Psychic Life of Power: Theories in Subjection*. Stanford: Stanford University Press, 1997.

Chaney, David. « The Department Store as a Cultural Form. » *Theory, Culture and Society*, 1-3 (1983): 22-31.

Cornell, Drucilla. *Transformations*. New York: Routledge, 1993.

De Man, Paul. « Autobiography as De-facement. » *The Rhetoric of Romanticism*. New York: Columbia University Press, 1984.

Doane, Mary Ann. « Woman's Stake: Filming the Female Body » in *Feminism and Film Theory*. Constance Penley, ed. New York: Routledge, 1988.

Felski, Rita. *The Gender of Modernity*. Cambridge: Harvard University Press, 1995.

Freud, Sigmund. « Three Essays on The Theory of Sexuality. » *The Standard Edition of the Complete Psychological Works*. Vol. 7. Trans. James Strachey. London: The Hogarth Press, 1953.

Fuss, Diana. « Homospectatorial Fashion Photography. » *Critical Inquiry* 18.4 (Summer 1992): 713-737.

—. *Identification Papers*. New York: Routledge, 1995.

Grosz, Elizabeth. *Jacques Lacan: A Feminist Introduction*. London: Routledge, 1990.

Heath, Stephen. « Difference. » Screen 19.3 (1978): 51-112.

Hoffmann, E.T.A. « The Sandman. » *The Tales of Hoffmann*. Trans. Michael Bullock. New York: Frederick Ungar, 1963.

Hollander, Anne. *Seeing Through Clothes*. New York: The Viking Press, 1978.

Kaplan, Cora. « The Thorn Birds: Fiction, Fantasy, Femininity. » *Formations of Fantasy*. Victor Burgin, James Donald, and Cora Kaplan, eds London: Methuen, 1986. 142-166.

Lacan, Jacques. *Ecrits.* Trans. Alan Sheridan. New York: W. W. Norton, 1977.

—. *The Four Fundamental Concepts of Psycho-analysis.* Trans. Alan Sheridan. New York: W. W. Norton, 1978.

Litvak, Joseph. *Caught in the Act: Theatricality in the Nineteenth-Century Novel.* Berkeley: University of California Press, 1992.

Mitchell, Juliet and Rose, Jacqueline. *Feminine Sexuality: Jacques Lacan and the école freudienne.* New York: W. W. Norton, 1982.

Mulvey, Laura. « Visual Pleasure and Narrative Cinema » in *Feminism and Film Theory.* Constance Penley, ed. New York: Routledge, 1988.

Silverman, Kaja. « Fragments of a Fashionable Discourse » in *On Fashion.* Shari Benstock and Suzanne Ferris, eds New Brunswick: Rutgers, 1994.

Zola, Emile. *The Ladies' Paradise.* Berkeley: University of California Press, 1992.

For the Pleasure of Ladies: Theft, Gender, and Object Relations in *Au Bonheur des Dames*

Rosemary PETERS CRICK

> Et, nerveusement, enchanté d'avoir un sujet, il donnait des détails intarissables, racontait des faits, en tirait un classement. D'abord, il citait les voleuses de profession, celles qui faisaient le moins de mal, car la police les connaissait presque toutes. Puis, venaient les voleuses par manie, une perversion du désir, une névrose nouvelle qu'un aliéniste avait classée, en y constatant le résultat aigu de la tentation exercée par les grands magasins. Enfin, il y avait les femmes enceintes, dont les vols se spécialisaient: ainsi, chez une d'elles, le commissaire de police avait découvert deux cent quarante-huit paires de gants roses, volées dans tous les comptoirs de Paris. *Au Bonheur des Dames* 632[1]

Zola's *Au Bonheur des Dames* foregrounds the rapidly developing commercial culture in Paris and the middle class's struggle to come to grips with the ensuing changes in the social and economic structure they inhabit. The store, and novel, illuminate an increasingly important *underside* of commerce, as well as a growing phenomenon in late nineteenth-century psychological and medical studies: shoplifting. Losses of this kind were not new to business ventures, nor even to literary representation, in the nineteenth century. Defoe's Moll Flanders was sent to Newgate Prison for stealing from a milliner, and Jean Valjean spent nearly two decades at hard labour after stealing his notorious loaf of bread. What was new at the close of the century, however, was the willingness – or anxiety – to catalogue the thieves themselves; to adapt the vocabulary of criminal, medical, and psychological studies to accommodate an essentially unclassifiable class of thieves, who could not even be called « thieves » because of the unthinkability of ladies' committing crimes of that nature, as Elaine Abelson discusses in her book on Victorian shoplifters. Using Zola's novel as a basis, my paper will address the emergent phenomenon of kleptomania in late nineteenth-century

---

[1] Emile Zola, *Au Bonheur des Dames* (Paris: Gallimard, « Bibliothèque de la Pléiade », 1964). All references to *Au Bonheur des Dames* are from this edition.

French literature and discuss the significance and specificity of « objets volés, » along with sociological and psychological ramifications for the new, unclassifiable, class of thieves.

Au Bonheur des Dames is not merely a novel about nineteenth-century economy or psychology; it also represents an important advance as far as Zola is concerned in the understanding of human behaviour. Throughout the *Rougon-Macquart* series, Zola turns his attention to the aberrant, the deviant, the biologically destined criminal elements of French society. His department-store novel seems somewhat of an anomaly, since its protagonists are generally decent, hard-working people who have risen above prevailing genetic and socio-cultural constructs to create an empire in the consumer world. In fact, one could interpret the « criminal » in this novel as the store itself and the capitalist ideals it embodies, the same ideals that threaten to overtake the small, independent businesses of the Passage Choiseul and ruin traditional, local economy in favour of the larger, corporate one. Nonetheless, we can locate a return to the pathologies of daily life and the current of degeneration that runs through society, in a small but quite significant episode near the end of the novel: the Comtesse de Boves' arrest for shoplifting.

> – Dame! répondit Mouret, on a beau les mettre chez elles, on ne peut pourtant pas leur laisser emporter les marchandises sous leurs manteaux... Et des personnes très distinguées. Nous avons eu, la semaine dernière, la sœur d'un pharmacien et la femme d'un conseiller à la Cour. On tâche d'arranger cela. (632)

The criminal mind became an increasingly popular object of study at the end of the nineteenth century, and Zola's literary approach offers no exception to this trend. The case of Mme de Boves, however, represents an odd dilemma for late-nineteenth-century society. Shoplifting is not only a very different kind of theft, but the shoplifter herself is a very different kind of thief. Lloyd Klemke describes « an ‹epidemic› of shoplifting [...] [during which] for the first time, significant numbers of middle-class females were being apprehended. »[2] The choice of the word – epidemic – elucidates several important facts about the shoplifting trend: that it

---

2   Lloyd W. Klemke, *The Sociology of Shoplifting: Boosters and Snitches Today* (Westport, CT: Praeger Publishing, 1992) 19.

was considered a medical, rather than a strictly legal, concern; and, perhaps more importantly, that it had the potential to affect not only all shoppers, but all women shoppers, and even more specifically, all women in general. Klemke continues, « Medical specialists were initially called in to diagnose these kinds of cases and found numerous variations of ‹sexual physiological accidents and problems› such as menopause, regular and irregular menstruation, pregnancy, and unfulfilled sexual desires. »[3] These various explanations seem ludicrous but their real danger lies in their incoherent generalities. The fact that menstruation, a « physiological accident, » was thought to be a cause of shoplifting automatically excluded the male population from this contagion; furthermore, doctors could not even pinpoint actual problems with this monthly occurrence but concluded that both regular and irregular incidences of it must pose a threat to commerce. Women, therefore, menaced economy. Abelson writes, « the medical permeated public discussion as well [...] [D]octors and the public alike embraced a view of women that limited them to biological dependency, to prescribed social roles, and to actions governed by emotions. »[4] Soon the diagnosis was taken up by psychiatrists, who « redefined the cause of [...] shoplifting as pathological mental conditions instead of pathological *physical* conditions. »[5] And the psychiatrists gave this mental condition a name: kleptomania. For many practitioners, like Dr. Orpheus Everts, kleptomania simply provided another name for a female reproductive disorder, « womb disease mania, » which manifested itself as « larceny and eroticism with hysteria. »[6]

> When physicians suggested that the middle-class shoplifter was inherently unstable, lawyers, judges, merchants, and newspaper reporters were able to accept the diagnosis; ready to believe that many females were biologically inferior. Shopping was a « mania, » and women routinely succumbed to temptation. All women were affected by this new representation because all women shopping were seen as potential shoplifters. Part of the collective identity of middle-class women, the shoplifter legitimated existing notions of gender and the structural inequality of [...] society.[7]

3 Klemke 19.
4 Abelson, Elaine S., « The Invention of Kleptomania, » *Signs* 15.1 (1989): 131.
5 Klemke 19.
6 Abelson, « Invention » 125.
7 Abelson, Elaine S., *When Ladies Go A-Thieving: Middle-Class Shoplifters in the Victorian Department Store* (Oxford: Oxford University Press, 1989) 8.

Let's turn for a moment to one of the primary (albeit problematic) criminologists of the late-nineteenth century, Cesare Lombroso. Lombroso's study of physiognomy took the lead in attempting to classify and categorise criminals, based on aspects of phrenology as well as facial expressions, body types, and sheer observation of features. His description of « Louise C., » a nine-year-old girl, for instance, includes not only a brief criminal biography and even briefer psychological assessment, but also the following sentence: « Her physiognomy is Mongolian [...] with a prognathous underjaw, asymmetry of face, and above all, precocity and virility of expression. » He continues, « [Louise] looks like a grown woman – nay, a man. »[8] Louise C. has a « mad father, » is « of weak intelligence, » and has a lifelong history of bad instincts; moreover' by looking at her photograph, one can tell she « offers the exact type of the born criminal. »[9] Louise epitomises only one type of female thief, according to Lombroso's system; the other type, the kleptomaniac, is notable for her inability to resist temptation or to quell her own desires for the fine objects she sees in the stores. « [T]he huge shop, with its manifold and various seductions, betrays [women] into crime. »[10] These women, relatively invisible in the world of the department store, are from the middle class, usually well-married, and move in a circle of friends from the same social echelon. They are the reason for the re-making of the shoplifting diagnosis into a psychological, hellenicised disorder from its original legal and later biological states; « because this new breed of shoplifters came from affluent families, new explanations were created to minimise their guilt. »[11] At the end of the nineteenth century, a middle-class wife, mother, and society figure could simply not be labeled as a criminal, especially when she was just one of so many middle-class women participating in a current trend. Even Sir Arthur Conan Doyle wrote in a letter to the *London Times* about a notorious shoplifting case, « If there is any doubt of moral responsibility, the benefit of the doubt should be given to one whose sex and position [...] give her a double claim to our consideration. It is in the consulting room and not to the cell that

---

8   Lombroso, Cesare, *The Female Offender* (London: P. Owen, 1959) 206-07.
9   Lombroso 206-07.
10 Lombroso 99.
11 Klemke 19.

she should be sent. »[12] The criminality of these women was at first overlooked, then hushed up with secret arrangements for recompensing the merchants, and finally brought into the open, analysed by the psychiatric and medical communities and turned into a disease, something from which women suffered with no volition, no control, and consequently no fault, of their own. « I think her hysterical, weak, and unbalanced, but not criminal, » wrote one physician[13] of a kleptomaniac under his care.

This diagnosis stands in direct contradiction to cases of female criminals in the earlier part of the century, which could not be swept under a rug and were sensationalised, to make an example or prove a moral point, and were frequently so full of legal holes they are still under question from archivists and historians today. Marie Lafarge, for example, accused in 1840 of poisoning her husband with arsenic, underwent a trial in which a great deal of circumstantial evidence condemned her as an unnatural daughter, unloving wife, and scheming woman anxious to be rid of the claims of a man who didn't live up to her Romantic notions about marriage. She was found guilty and sentenced to life in prison. Victoire Lemoine, nearly two decades later, was convicted of murdering her fifteen-year-old daughter's newborn baby and sentenced to twenty years in prison. Again, as in Mme Lafarge's case, evidence was lacking and circumstantial, and it seems that the popular sentiment against Mme Lemoine was based more on her « alleged Voltairean beliefs, her separation from her husband and, most importantly, her failure as a mother »[14] than on her crime itself. Lafarge and Lemoine may have been « hysterical, weak, and unbalanced, » but they were certainly criminal, and no effort to reform or treat them medically was made. The conviction of each of these renowned female criminals came from a society ever reacting to the changing roles of women in a changing time, and their « guilt » may have consisted of their desire for more freedom than that society wanted to allow them, their refusals or inabilities to conform to standards for their sex. In the 1840s and 1850s, a woman who committed a crime was

---

12 *San Francisco Chronicle* 10 November 1896: 1, column 4.
13 Mitchell, S. Weir, « The Relations of Nervous Disorders in Women to Pelvic Disease, » *The University Medical Magazine* (1897): 35.
14 Mary S. Hartman, *Victorian Murderesses: A True Story of Thirteen Respectable French and English Women Accused of Unspeakable Crimes* (New York: Shocken Books, 1977) 56.

punished extremely, for she defied more than just the law; she defied social codes, expectations, and constructs, and refused to be a victim of the gender-biased legal codes.

The kleptomaniac, on the other hand, in the last two decades of the century, redefined certain of those constructs, even to the point of endorsing archaic views of femininity. In essence, she *chooses* to adapt herself to the codes typifying women, because to do so offered her the ability to move between two worlds, that of the thief and that of the lady. «[D]ysfunctional behaviour was easily labeled disease, the symptom of which [was] crime,» Abelson writes.[15] In a prolepsis unique to criminal history, the shoplifter adopted the so-called «cause» of her crime in order to excuse the effects of it. Namely, by accepting the diagnoses of hysteria and kleptomania and playing up the characteristics of these diseases as they had been listed in contemporary medical journals and prescribed to those apprehended in stores — by using the diagnosis as an excuse and a justification for their actions, even by simply knowing they could always rely on that justification — women who stole became complicit in reinforcing popular beliefs about female weakness and susceptibility. Those beliefs are precisely what Mouret, the proprietor of «Au Bonheur des Dames», counts on when he explains his business theory to Hartmann, the influential banker he wants to enlist in helping him expand the store.

> Mouret, cependant, avait jeté un coup d'œil vers le salon. Et, en quelques phrases dites à l'oreille du baron Hartmann, comme s'il lui eût fait de ces confidences amoureuses qui se risquent parfois entre hommes, il acheva d'expliquer le mécanisme du grand commerce moderne. Alors, plus haut que les faits déjà donnés, au sommet, apparut l'exploitation de la femme. Tout y aboutissait, le capital sans cesse renouvelé, le système de l'entassement des marchandises, le bon marché qui attire, la marque en chiffres connus qui tranquillise. C'était la femme que les magasins se disputaient par la concurrence, la femme qu'ils prenaient au continuel piège de leurs occasions, après l'avoir étourdie devant leurs étalages. Ils avaient éveillé dans sa chair de nouveaux désirs, ils étaient une tentation immense, où elle succombait fatalement, cédant d'abord à des achats de bonne ménagère, puis gagnée par la coquetterie, puis dévorée. (460-61)

---

15 Abelson, «Invention» 133.

One of the novel's pivotal episodes centers around a certain weave and pattern of silk, the *Paris-Bonheur*, to which Mouret claims exclusivity and sells at a ridiculously low price. The women in Henriette's salon, where one evening Mouret announces an upcoming discount of *Paris-Bonheur*, talk excitedly of their plans for buying this special silk, chatt[ing] about it, promis[ing] it to themselves, worked up by desire and doubt (463), and « the idea of having merchandise at the store's loss [lashes] in them that sharpness of a woman, for whom the pleasure of being a shopper is doubled, when she believes she is stealing from the merchant. » Finally, Mouret can see his theories of commerce in practice, and he watches and listens smugly to the feverish discussions about silk. He knows these women, any women, are incapable of resisting a good sale (both, 465). In fact, Zola tells us that during the sale itself, several days later,

> Mais, dans cette volupté molle du crépuscule, au milieu de l'odeur échauffée de leurs épaules, il demeurait quand même leur maître, sous le ravissement qu'il affectait. Il était femme, elles se sentaient pénétrées et possédées par ce sens délicat qu'il avait de leur être secret, et elles s'abandonnaient, séduites : tandis que lui, certain dès lors de les avoir à sa merci, apparaissait, trônant brutalement au-dessus d'elles, comme le roi despotique du chiffon. (468)

The immense landscape of the shop, « Au Bonheur des Dames » – whose « mirrors, cleverly arranged on each side of the window, reflected and multiplied the forms without end, peopling the street with these beautiful women for sale » (392) – at once emblematises and encapsulates a new and different kind of desire, the disembodied potential for limitless satisfaction through consumer goods. According to Mouret's commercial ideas, the shoppers are commodified as well, and this sentence offers a nice moment of confusion as to which « beautiful women » exactly, the mannequins or the shoppers, are for sale. In a sense, Mouret prostitutes his customers, using his adept manipulations of the store's stimuli to lure them in and force them to spend money. Abelson writes, « Women were invited to participate in a sexually stimulating environment that often elicited behaviour they felt unable to control. »[16] Thus we have a character like Mme Marty, whose hunger for things is never quite sated and who

---

16 Abdelson, *Thieving* 46.

compromises her husband's career and exhausts their financial resources, in order to keep shopping. Mme de Boves also compromises her husband's name and status, but in a different, deliberate, way.

Before we examine Mme de Boves' shoplifting behaviour, though, let's consider the third part of this paper's title: the relevance of object-relations theory to the notions of theft and gender. The term « object relations » derives from Anna Freud's *need-satisfying object,* or « an object not recognised as a person but [...] regarded as being there only to satisfy libidinal needs. »[17] Psychoanalysts of the twentieth century have spilled much ink discussing the various interpretations and ramifications of the object-relation in every kind of subject from newborn infants to schizophrenic adults, and their theories differ widely in many respects. For analysts like Ian Suttie and Harry Stack Sullivan, the « object » consists of anyone other than the infant's own self (usually, the infant's mother). Melanie Klein, on the other hand, emphasises the importance of a subject's interpretations of objects and develops the notion of *internal objects*; that is, « phantasies of objects inside the mind or the body whose counterpart resides in the outside world. »[18] Further, her theories include the element of projective identification,

> [...] a process in which a part or parts of the self or even the whole self is phantasied as being put, along with its impulses, into an external object. [...] It is accompanied by splitting of one part of the self from the other, and is usually motivated by a need to rid the self of its unwanted or dangerous aspects, as well as by a wish to possess or control the object. This process [...] is accompanied by a sense of the object becoming « an extension of the self [...] a representative of the ego. »[19]

W. R. D. Fairbairn shifts the focus of object-relations theory back away from Freud's and Klein's ideas by rejecting once again, like Suttie and Sullivan (see Bacal and Newman, chapters 1, 2, and 7), the centrality of instincts. Freud introduced the principle of the libido; Fairbairn redirects this idea by asserting that libido is not merely pleasure-seeking but

---

17 Howard A. Bacal and Kenneth M. Newman, *Theories of Object Relations: Bridges to Self Psychology* (New York: Columbia University, 1990) 58.
18 Bacal and Newman 59.
19 Bacal and Newman 66-67.

rather, primarily object-seeking. He continues the real libidinal aim is the establishment of satisfactory relationships with objects.[20]

To return to Lombroso's study for a moment, it is not insignificant that young Louise steals. « At age three she was a thief, and laid hands on her mother's money, articles in shops, on everything, in short, that came her way. »[21] Louise, for want of adequate fulfillment from others, turns to herself and her own resources in hope that the stolen items will satisfy her somehow. Her « libidinal » fulfillment is directed entirely at things, not at people, and satisfied only through illicit possession of them. « At age five she was arrested [...]. She shrieked, tore off her stockings, threw her dolls into the gutter, lifted up her skirts in the street. »[22] Each of these actions bears symbolical significance, and each involves an object which Louise tries to defile or destroy. The stockings, limp and flat once she removes them, still bear their shape; tearing them off might represent her attempt to amputate her own legs, to mutilate herself. The doll, likewise, she throws into the gutter. In the nineteenth century, gutters were notoriously filthy, as they became the repositories for all manner of things swept off the streets and sidewalks themselves: horse dung, food waste, soot, and other refuse. Louise, « splitting [...] one part of [her]self from the other, » identifies with the doll, and tries « to rid the self of its unwanted or dangerous aspects, as well as [...] to possess or control the object, » in Klein's words. She wants to soil the doll so completely that it will represent more accurately her feelings about herself – disgust, dissatisfaction, desperation perhaps – and just as the doll cannot articulate her rage and grief to Louise, neither can Louise articulate hers to the police or to her parents. Abelson explains that « ‹things› became ascendent for the middle class, as ownership of new material objects was geared to the parallel assumptions of status and public display. »[23] We do not know the class origins of Louise C. – though we can imagine she is not a member of the upper classes, given her family history – and certainly her « public display » is of a quite different nature from what this quotation intends, but the ideas nonetheless hold true: ownership, or

---

20 Bacal and Newman 20, 137.
21 Bacal and Newman 206.
22 Lombroso 207.
23 Abelson, *Thieving* 28.

even possession of specific things can give a person an appearance of greater status than she necessarily has. And through appearance comes a kind of comfort, a feeling that on the surface at least one has arrived at a place of success and acceptance. For a woman of means, that acceptance extends even into her criminal activities and allows her a margin of euphemism to conceal her crimes; for Louise C., society has nothing but the label of « thief. »

The object-relations theories I have briefly outlined above can apply to our literary examination. Mme de Boves has a need-satisfying object, her husband, but his inaccessibility and infidelity render the relationship problematic, to say the least, for her. Her internal objects are those items she glimpses before confronting her husband — expensive laces, fine gloves, lengths of fabric — whose external counterparts line the countertops and display cases of « Au Bonheur des Dames ». And finally, her shoplifting is at once a means of getting herself through an unsatisfactory marriage, with its inappropriate extenuating circumstances, and an attempt to provide herself with objects to replace it. As a defense mechanism, Mme de Boves' shoplifting reflects « a desperate need to [...] maintain self-organisation and to defend against unmanageable affects, »[24] a description provided by Harry Stack Sullivan regarding object-attachments. The scenes around Mme de Boves' developing kleptomania elucidate this analysis better.

> Celle-ci, après avoir battu tous les rayons avec sa fille, sans rien acheter, venait d'échouer aux dentelles, dans une rage de désir inassouvi. Brisée de fatigue, elle se tenait pourtant debout devant un comptoir. Elle fouillait dans le tas, ses mains devenaient molles, des chaleurs lui montaient aux épaules. Puis, brusquement, comme sa fille tournait la tête et que le vendeur s'éloignait, elle voulut glisser sous son manteau une pièce de point d'Alençon [...] Mme de Boves, qui l'écoutait, se voyait entre deux gendarmes, avec ses quarante-cinq ans, son luxe, la haute situation de son mari; et elle était sans remords, elle songeait qu'elle aurait dû glisser le coupon dans sa manche. (641)

The psychologist Fabian Rouke, writing in 1955, lists four primary psychological forces which historically drive women to shoplift: unfulfilled sexual gratification, the need to gain status or social acceptance,

---

24 Bacal and Newman 38.

an unconscious need for humiliation or punishment, and finally, the desire for revenge against oppressive authority figures.[25] Similarly, W. Lindesay Neustatter presents generalisations of five atypical female shoplifters: none was obsessive-compulsive (that is, kleptomaniac), experienced sexual problems, or stole for money; all had tension and/or depression, especially in their spousal relationships and at least three were suggestible, having been diagnosed as hysterics.[26] It is easy to make the theoretical leap from Mme de Boves' sudden desire to steal lace to her ongoing, unspoken, desire to enact revenge against her cheating husband. As for Rouke's four factors, certainly Mme de Boves is sexually unfulfilled, since her husband has been sleeping with someone else; as for her social status, however, this is where the turn-of-the-century shoplifter presents an especially interesting dilemma to psychiatrists and literary critics alike. With the advent of goods and services available in department stores, not to mention a life outside the home for women, coupled with the situation of ease the de Boves occupy, one could wonder what Mme de Boves lacks – or at least, why she would need to steal. « Depuis un an, Mme de Boves volait ainsi, ravagée d'un besoin furieux, irrésistible [...]. Maintenant que [son mari] lui laissait vider ses tiroirs, elle volait avec de l'argent plein sa poche » (793). Certainly there are women worse off than the countess – Denise Baudu, for one, whose pockets are never « full of money » and whose ability to sustain herself and her siblings would be significantly increased if she succumbed to the temptation to steal. After her dismissal, in the first half of the novel, this step on her part would seem even more logical: she could both avenge herself on the store which fired her, and provide for her brothers more ably. Yet Denise, who has every foreseeable reason to shoplift, does not, Mme de Boves, who has seemingly no reason, does.

This conundrum is the reason I bring in the theories of object relations: I would like to posit that the wealthy women who became thieves at the close of the nineteenth century acted out of neither need nor illness, but saw in the things they stole a possibility of filling some inner void, a way of appeasing dissatisfaction with their station in life or easing emotional losses they had experienced. If we construe external

---

25 Cited in Klemke.
26 Klemke.

« objects » which serve as the bases for internal-object fantasies as simply objects (not people) onto which the patient projects her/his feelings of love, anger, and neglect, we depart from both Klein's and Fairbairn's theories. In an analysis of Zola's fevered shoppers and kleptomaniac countess, however, the extension proves invaluable. Arnold Modell, drawing on the work of D. W. Winnicott, among others, creates an analogy between object-relations theory and Paleolithic art: the world described in cave paintings overlaps with and pervades the paintings themselves, whose wish is literally to

> [...] create the environment. [...] These are not pictures on a wall or on a surface, the images and the surface [...] interpenetrate. This is in accord with the belief in the chthonic power of the cave itself, a belief in earth as a generative force. It is the power of the symbol to give form to the environment – to literally create the environment. But what is created is not a hallucination – it has substance, hardness, and permanence. [...] [T]he inner process interpenetrates the objects of the environment and gives them life.[27]

Winnicott terms this process, essentially a form of transference. A « transitional object relationship, » in which a child invests a favourite object – a blanket, doll, or teddy bear – with lifelike qualities, and Modell extends this process to include the relationships of adults: the object « stands midway between what is created by the inner world and that which exists in the environment. »[28] For the wealthy woman who steals remnants of lace, then, the lace represents a very real world of her own creation. Her wanting to possess that lace becomes her desire to integrate the created world into herself and her « real » environment. And the way in which Mme de Boves accomplishes her shoplifting is indicative of not only her prowess as a thief, but also her urge for this kind of integration.

> [...] les vendeuses fouillaient la comtesse et lui ôtaient même sa robe, afin de visiter sa gorge et ses hanches. Outre les volants de point d'Alençon, douze mètres à mille francs, cachés au fond d'une manche, elles trouvèrent, dans la gorge, aplatis et chauds, un mouchoir, un éventail, une cravate, en tout pour quatorze mille francs de dentelles environ. (793)

---

27 Arnold H. Modell, M. D, *Object Love and Reality: An Introduction to a Psychoanalytical Theory of Object Relations* (New York: International Universities Press, Inc., 1968) 32-33.
28 Modell 35.

Mme de Boves does not use loose clothing as camouflage for her thefts; rather, she slides the stolen objects into her closely fit garments, pressing lace items against her throat, in an attempt not only to conceal them but also to get them as close to her person as possible.

And why lace? Is it possible to assume a projective identification with an object such as this. The lace, with its delicate tatting, is a product of hours of fine work traditionally performed by women. Laurel Thatcher Ulrich discusses the art and significance of such feminine labour in her writings: textiles, she states, are but one strand « of a broad and largely invisible local economy managed by women. »[29] Needle- and lace-work also fall into a category archetypally associated with women, with its origin in such mythological stories as Arachne's contest and Philomela's telltale tapestry, drawing on images of weaving, spinning, and storytelling. Perhaps, in Mme de Boves' confusion of female roles, she identifies with both these characters. In French, the passage in which she is arrested has the saleswomen searching « sa gorge » (793) – literally, her throat. Since she has accepted her role as silent participant in the disintegration of her marital life, it is not impossible that she identifies with the voiceless weaver and her story, which combines emotional and physical violence with the revenge of wronged women. In the increasingly manufacture-oriented consumer culture, we find ourselves faced with a sudden influx of mass-produced fabrics in the industrial era, a fact which makes it inevitable that these crafts will lose not only their symbolic importance but also their high quality, their rarity. Lace is notoriously fragile; a low-quality, high-volume means of producing the finery would make it even more so. So maybe Mme de Boves steals expensive laces because she identifies with the progressive cheapening of things traditionally sanctified in a woman's life – on one end of the continuum, a delicately wrought web of threads that tell a feminine story; on the other, a woman's value in the masculine world.

Other women, unwittingly, contribute to Mme de Boves success as a shoplifter. « Au Bonheur des Dames » seems to host a constant traffic-jam of women at its counters and the high number of salespeople adds to the body-count. Furthermore, not all the clerks are keen or well-trained

---

29 Laurel Thatcher Ulrich, *A Midwife's Tale: The Life of Martha Ballard, Based on Her Diary, 1785-1812* (New York: Vintage Books, 1990).

enough to spot and stop potential shoplifters. Abelson sees the lack of direct, individualised rapport with a shop-owner as a crucial pivot of the new department-store culture at the end of the nineteenth century: « In the new world of consumption, [...] the relationship was only between object and consumer. »[30] In the world made real by Mme de Boves' transference onto items of fine lace, the ability to possess these items empowers her; the ability at once to possess them and to wreak revenge upon her husband by the manner in which she does so gives her a heady thrill.

> Les crises empiraient, grandissaient, jusqu'à être une volupté nécessaire à son existence, emportant tous les raisonnements de prudence, se satisfaisant avec une jouissance d'autant plus âpre, qu'elle risquait, sous les yeux d'une foule, son nom, son orgueil, la haute situation de son mari. (793)

If we remember Rouke's reasoning, the countess's actions don't seem so motiveless.

Finally, Mme de Boves steals because, practically, she can. She can't, for legal reasons, get a divorce, nor can she do away with the count or his mistress; such acts would involve inconceivable measures on her part, and leave tangible evidence and victims. Obviously, shoplifting is not a victimless crime: stores suffer from the losses, prices go up, and consumers end up paying more. It is, however, vastly different from other criminal activities, even from other kinds of theft, and the perpetuators tend to vanish in crowds, unrecognisable and indistinct in the grey sea of faces drifting through the store. As Zola tells us, Mme de Boves has managed to become invisible in this sea of faces for at least a year before getting caught. To quote Abelson again, « successful retailing assume[s] female susceptibility »[31] – and the double edge of this susceptibility involves both the inability to resist a purchase and the temptation to steal the desired item. Mme de Boves listens while Mouret relates stories about women who steal; she knows the popular explanation for this phenomenon and knows how these women are categorised and dealt with once they are caught. Despite her recurring fantasy about a police arrest, she relies on good esteem and treatment because of her

---

30 Abelson, *Thieving* 53, and quoting Nina Auerbach, *Women and Demon: The Life of a Victorian Myth* (Cambridge: Harvard UP, 1982) in the second passage.
31 Abelson, *Thieving* 56.

wealth and title. For this reason she permits herself greater and greater liberties, taking greater and greater risks in the department store, allowing herself the illusion perhaps that her behaviour will simply be accepted and glossed over because of who she is. And yet it seems she wants to be caught, wants to be shamed, in the ways Rouke outlines, and that when she is caught her punishment disappoints her; it isn't strict or public enough. We remember that Mme de Boves is finally apprehended by Inspector Jouve and questioned by Bourdoncle, not by Mouret himself. Fittingly, her punishment – which involves paying the store a certain sum in order to reclaim the confession to shoplifting she has signed – is as private and secret as her crime has been. Until she brings in the full amount of money, the paper will sit in Bourdoncle's desk drawer, a hidden but tangible reminder of her crimes. For a shoplifter, this kind of evidence represents the worst possible outcome of her actions; it is a moral, not a legal, reminder, and unless she complies with the arrangements, it is permanent. For Mme de Boves, this paper is worse than a police record, since the police have already figured into her fantasies about being caught and would treat her *impersonally*. Bourdoncle deprives her of that fantasy and of the opportunity to be yet another nameless thief apprehended in the store; he makes her sign her name, treats her with the respect due to her class status, and elucidates painfully the effects this paper could have on her social standing. The statement I quoted earlier, « I think her hysterical, weak, and unbalanced, but not criminal, » comes to bear on the case of Mme de Boves, who presents an interesting and contradictory study. She wants to live in both worlds: to retain the accoutrements of marrying well – good social standing, a respected name, wealth – all of which happen to include the possibility for the diagnosis of « hysterical, weak, and unbalanced »; and yet simultaneously to be, and be treated as, criminal. In her situation, this epithet has become her sole source of power.

The Comtesse de Boves as a kleptomaniac is not just another minor character in a long involved Zola novel with a cast of thousands. Around her center several important and ongoing developments in *fin-de-siècle* ideologies about women, class, psychology and crime. As a kleptomaniac, she has a unique relationship with objects and the « created world » they represent for her, a world she herself invents for them and with whose power she endows them. The objects in their turn represent a new attitude toward class and social mobility blooming in the economic world of late-nineteenth-century France: « Purveyors as well as arbiters of a particular meaning of class, department stores also held out the specious hope of symbolic social mobility, if not equality, through possession. »[32] The *fin-de-siècle* kleptomaniac belonged uniquely to the middle class; a lower-class woman (like Louise C.) would be, simply, a thief. Perhaps this is one reason Denise, Zola's young and forward-thinking protagonist, does not give in to the impulse to steal; she knows she will not be afforded the same generous interpretation as a woman of leisure. In the developing department-store culture, the conflicts in class, gender, and criminal terminology become even more clearly drawn. Those who can afford to spend thousands of hours and francs in department stores can be treated with a certain cautious indulgence: proprietors do not wish to disrupt the balance of class-based economy or run the risk; of ruining their own reputation by challenging the reputations of their clients, no matter how much proof they may have. And yet this indulgence has a double edge: it leads to the classification of women not as thieves, shameful women with damaged reputations but as gentle lunatics who must be suffering from mental or uterine disorders that cause them to act so criminally.

Only in the world of the department store can Mme de Boves be a kleptomaniac. She therefore adapts herself to this role and contributes to popular beliefs about women. Naturally, Mme de Boves is a figment of Zola's fictional world, and the consequences of her actions can only extend so far into the real world. And yet *Au Bonheur des Dames*, published in 1883, precedes many of the more notorious shoplifting cases and psychiatric treatises about kleptomania not to mention the building and expansion of most of the famous international department stores. The novelist shows himself particularly prescient in terms of criminal, psychological, and economic trends in an ever-modernising world. Life, it would seem, imitates art; or perhaps participates in the world created by it, like a figure in a Paleolithic painting.

---

32 Abelson, *Thieving* 53-54.

Bibliography

Abelson, Elaine S. « The Invention of Kleptomania. » *Signs* 15.1 (Autumn 1989): 123-43.

—. *When Ladies Go A-Thieving: Middle-Class Shoplifters in the Victorian Department Store.* Oxford: Oxford University Press, 1989.

Bacal, Howard A. and Newman, Kenneth M. *Theories of Object Relations: Bridges to Self Psychology.* New York: Columbia University Press, 1990.

Hartman, Mary S. *Victorian Murderesses: A True Story of Thirteen Respectable French and English Women Accused of Unspeakable Crimes.* New York: Shocken Books, 1977.

Klemke, Lloyd W. *The Sociology of Shoplifting: Boosters and Snitchers Today.* Westport, CT: Praeger Publishing, 1992.

Lombroso, Cesare. *The Female Offender.* London: P. Owen, 1959.

Mitchell, S. Weir. « The Relations of Nervous Disorders in Women to Pelvic Diseases. » *The University Medical Magazine* (1897): 35-40.

Modell, Arnold H., M. D. *Object Love and Reality: An Introduction to Psychoanalytical Theory of Object Relations.* New York: International Universities Press, Inc., 1968.

San Francisco Chronicle 10 November 1896.

Ulrich, Laurel Thatcher. *A Midwife's Tale: The Life of Martha Ballard, Based on Her Diary, 1785-1812.* New York: Vintage Books, 1990.

Zola, Emile. *Au Bonheur des Dames.* Vol. 3 Paris: Gallimard, « Bibliothèque de la Pléiade », 1964.

A propos des auteurs

Lydia BELATÈCHE a obtenu son Ph.D. en littérature française à l'Université Yale, USA. Elle enseigne à l'Université du Minnesota à Twin Cities. Elle a aussi donné un cours sur Zola et Monet à l'Institut des Arts de Minneapolis. Elle a publié des articles sur Zola et les frères Goncourt dans *Excavatio*, un article sur l'enseignement dans *Profession*. Elle a également fait des comptes rendus de livres pour *Nineteenth-Century French Studies*.

Danielle KENT BISHOP a obtenu son doctorat en littérature française à l'Université de Cardiff, pays de Galles. Sa thèse de doctorat s'intitule : « Zola's Women : The Power of Powerless ». Dr Kent Bishop enseigne le français et l'espagnol à l'Université de Plymouth en Angleterre. Elle a publié plusieurs articles sur Zola dans *Excavatio* et dans *The Emile Zola Society Bulletin*. Ses recherches actuelles portent sur la fonction des meubles et de la décoration intérieure dans *Les Rougon-Macquart* de Zola.

Détentrice d'un doctorat de troisième cycle, Catherine BOSCHIAN-CAMPANER enseigne la littérature française à l'Université de Metz, France. Elle a fait paraître une biographie sur Barbey d'Aurevilly (Editions Séguier, 1989), ainsi que plusieurs articles sur l'esthétique naturaliste dans diverses revues internationales. Actuellement, Dr Boschian-Campaner effectue des recherches sur le symbolisme. Elle travaille aussi sur un livre établissant une comparaison entre l'écrivain américain, Francis Vielé-Griffin, et le dramaturge français, Henri Ghéon.

Chantal-Sophie CASTRO termine présentement un Ph.D. en littérature comparée à l'Université Laval, Canada. Sa thèse porte sur l'étude du vêtement dans l'œuvre d'Emile Zola et de Giovanni Verga. Madame Castro donne des cours de littérature française et italienne à l'Université Laval. Elle a publié plusieurs articles sur Zola et Verga, dont un dans *Excavatio*.

Véronique CNOCKAERT a complété une thèse de doctorat intitulée « Jeunesse et adolescence dans *Les Rougon-Macquart* d'Emile Zola » à l'Université de Reims, France. Elle enseigne la littérature française et la sémiotique à l'Université du Québec à Montréal. Elle a publié plusieurs articles sur Zola dans les *Cahiers naturalistes, Excavatio* et *French Forum*.

Martine CREMERS a obtenu son Ph.D. de l'Université d'Etat de Floride à Tallahassee, USA. Elle enseigne le français au Collège Shorter en Géorgie. Elle a publié plusieurs articles sur Zola et Malraux. En plus de poursuivre ses recherches sur des écrivains français du XIXe et XXe siècle, elle se spécialise dans l'étude de la relation entre cinéma et littérature.

Rosemary PETERS CRICK a complété son Ph.D. à l'Université Harvard, USA. Sa thèse porte sur la perception légale et littéraire de la cleptomanie entre 1789 et 1914. Outre son intérêt pour la littérature française, Dr Crick est aussi romancière et poète. Plusieurs de ses fictions ont été publiées dans *The Dudley Review* et *Poetry, USA*.

Anna GURAL-MIGDAL a obtenu son Ph.D. à l'Université de Montréal, Canada. Sa thèse de doctorat s'intitule « Fonction et fonctionnement de la métaphore dans *Le Ventre de Paris* d'Emile Zola ». Dr Gural-Migdal enseigne la littérature et le cinéma français à l'Université de l'Alberta. Elle a publié plus de 70 articles sur Zola, Huysmans, Artaud, Duras, la littérature francophone du Québec et du Maghreb, la culture populaire, les cinémas français, italien et canadien. Son livre, *Le Cinéma de Paul Tana* (en coll. avec Filippo Salvatore), est paru en 1997 aux Editions Balzac à Montréal. Anna Gural-Migdal se spécialise dans les études zoliennes et naturalistes, ainsi que la théorie littéraire et filmique. Elle est actuellement présidente de l'AIZEN (Association Internationale Zola et le Naturalisme) et directrice de la revue internationale d'études naturalistes, *Excavatio*.

Susan HARROW a terminé ses études de doctorat à l'Université d'Edinburgh, Ecosse. Elle enseigne le français à l'Université de Wales au pays de Galles. Elle est l'auteur d'un manuel sur *La Curée* de Zola publié aux Presses de l'Université de Glasgow. Ses recherches actuelles portent sur le rapport entre la littérature et les arts plastiques, les théories du modernisme et la poésie française avant-gardiste (1914-1918).

Laura C. HARTOG a obtenu son Ph.D. à l'Université de l'Illinois à Urbana-Champaign, USA. Sa thèse de doctorat a pour titre : « Derrière Zola : le corps féminin par le petit bout de la lorgnette ». Elle a publié plusieurs articles sur Zola dans *Excavatio*. Ses recherches portent essentiellement sur la représentation de la femme dans la fiction naturaliste et la littérature post-coloniale.

Susan S. HENNESSY a obtenu son Ph.D. à l'Université du Colorado, USA. Sa thèse intitulée « *Elle se fit maternelle*. Motherhood at the Expense of Sexuality in *Les Rougon-Macquart* » examine la répression de la sexualité féminine en faveur de la maternité à la fin du XIXe siècle en France. Outre qu'elle se spécialise dans l'étude de la sexualité féminine chez Zola, Dr Hennessy s'intéresse aussi au romantisme, au réalisme et au naturalisme français, à l'écriture du féminin et aux théories féministes.

Jurate D. KAMINSKAS a complété des études de doctorat à l'Université Paris X-Nanterre, France. Elle enseigne la littérature française à l'Université Queens de Kingston au Canada. Elle a publié de nombreux articles sur Zola et le naturalisme, dont plusieurs dans *Les Cahiers naturalistes* et *Excavatio*. Ses recherches se concentrent principalement sur une approche sociocritique, féministe et esthétique du texte zolien.

Linda BEANE KATNER a obtenu son Ph.D. de l'Université de l'Illinois à Urbana Champaign, USA. Sa thèse a pour titre « In the Streets, Shops and Mines : The Voices of Emile Zola's Working-Class Women ». Elle enseigne la littérature française au Collège St Norbert à De Pere dans le Wisconsin. Elle a publié plusieurs articles sur Zola et s'intéresse tout particulièrement à l'analyse du discours dans *Les Rougon-Macquart*.

Elisabeth ROGERS LANOIS a complété ses études de doctorat à l'Université du Wisconsin à Madison. Elle enseigne le français au Collège Maryville au Tennessee. Elle a publié plusieurs articles sur Zola en rapport avec la peinture. Ses recherches portent sur la représentation de la femme et le motif du regard dans la fiction naturaliste.

Leslie Ann MINOT a obtenu son Ph.D. en littérature comparée à l'Université Berkeley, USA. Sa thèse de doctorat s'intitule : « Remembering

Sex: Prostitution, Memory and History in Nineteenth-Century French and English Literature ». Elle a publié des articles sur George Sand, Simone Schwarz-Bart, ainsi que sur la relation entre l'écriture du féminin et la Commune.

Julia PRZYBOS est détentrice d'un Ph.D. de l'Université Yale, USA. Elle enseigne la littérature française au Collège Hunter de New York, CUNY. Elle a publié de nombreux articles sur la littérature française du XIXe siècle dans diverses revues internationales, ainsi que deux livres : *L'entreprise mélodramatique* (Paris : José Corti, 1987) et *Un sceptique s'il vous plaît* (Paris : José Corti, 1996). Elle prépare actuellement une édition critique de *Emma ou quelques lettres de femmes* de Jacques de Crèvecœur de Boucher de Perthes.

Eleanor SALOTTO a complété un Ph.D. en littérature anglaise au College Bryn Mawr, USA. Sa thèse de doctorat a pour titre « The Engendering of the Subject in 19th-Century British Fiction ». Elle enseigne au Département d'anglais du Collège Sweet Briar en Virginie. Elle a publié entre autres un article sur « *Villette* and the Perversions of Feminine Identity » dans *Female Perversions*. Ses intérêts en matière de recherche portent en particulier sur les écrivains anglais du XIXe siècle tels que Dickens, Brontë et Shelley.

Ruth SCHÜRCH-HALAS a obtenu son Ph.D. en littérature française à l'Université de Calgary, Canada. Elle enseigne le français dans cette même université. Elle a publié plusieurs articles dont « Femme-enfant, enfant-femme : un symptôme fin-de-siècle ? La perversion du ‹féminin› dans les récits décadents et dans la subculture populaire de ‹child beauty pageants› aux Etats-Unis » dans les Actes du colloque sur la littérature fin de siècle (Presses de l'Université de Nottingham, 1998). Ses recherches traitent en particulier du discours médical et de la notion de *gender* dans la littérature européenne de la fin du XIXe siècle.

Maria WATROBA détient un Ph.D. de l'Université Yale, USA. Elle enseigne à l'Université de Paris VIII en France. Elle a publié des articles sur Zola, les Goncourt, Gide, Valéry et Leiris dans *Poétique*, *Littérature*, *Romantisme* et *Excavatio*. Elle achève le manuscrit d'un livre sur la représentation de la femme dans Freud, Flaubert, Zola et Gide, qui a pour titre : *Eros profane/Eros sacré : l'équivoque féminine*.

Jeremy WALLACE a obtenu son Ph.D. en littérature française à l'Université de La Colombie Britannique, Canada. Sa thèse de doctorat intitulée « Former ou déformer ? La pédagogie noire en France au XIXe siècle » analyse le discours pédagogique à cette époque et la représentation des enfants. Il a publié des articles sur Zola, les frères Goncourt, Saint-Simon et Rousseau, en Europe, au Canada et aux Etats-Unis. Il est spécialiste de littérature française du XVIIIe et XIXe siècle.

Servanne WOODWARD a reçu son Ph.D. de l'Université du Wisconsin à Madison, USA. Elle enseigne la littérature française à l'Université Western Ontario au Canada. Elle a publié un livre sur *Diderot and Rousseau's Contributions to Aesthetics* (New York : Peter Lang, 1991), ainsi que de nombreux articles sur la fiction naturaliste et la littérature féminine du XVIIIe siècle. En 2001, elle a fait paraître aux édition Edwin Mellen Press, un livre intitulé : *En Retrait : Exploration de la représentation au dix-huitième siècle français – Chardin, Vigée-Lebrun, Diderot, Marivaux*.

Robert ZIEGLER est détenteur d'un Ph.D. en études romanes de l'Université de Cornell, USA. Il enseigne à l'Université du Montana Tech à Butte. Il a publié de très nombreux articles dans diverses revues internationales sur la fiction naturaliste et décadente à la fin du XIXe siècle. Il vient de faire paraître un livre sur le processus de création chez Huysmans et les décadents, *Beauty Raises the Dead : Literature and Loss in the Fin de Siècle* (University of Delaware Press, 2002).